Toma Ivanovic

Russland und die Staaten der GUS

nimrod-Reiseführer

Toma Ivanovic

RUSSLAND
und die Staaten der
GUS

mit 51 Wildzeichnungen
von Zoran Ivanovic

<u>**338 Abbildungen:**</u>
229 Fotos
55 Zeichnungen
50 Verbreitungskarten
4 Gebietskarten

nimrod
verlag + versandbuchhandel

Alle in diesem Buch enthaltenen Angaben wurden vom Autor nach bestem Wissen erstellt und von ihm und dem Verlag mit größtmöglicher Sorgfalt überprüft. Gleichwohl sind im Sinne der Produkthaftung inhaltliche Fehler nicht vollständig auszuschließen. Daher erfolgen die Angaben ohne jegliche Verpflichtung oder Garantie des Autors oder Verlages. Deshalb können beide keinerlei Verantwortung oder Haftung für eventuelle inhaltliche Unstimmigkeiten übernehmen. Wir bitten dafür um Verständnis.
Für Korrekturhinweise sind wir dankbar. Wir werden uns bemühen, sie in der nächsten Auflage einzuarbeiten.

Postfach 11 13, Düsterneichen 8, 27 386 Bothel
Telefon 04266/8666, Telefax /8667, ISDN /94041

Printed in Germany
ISBN 3-927848-12-3

TITELGESTALTUNG: Frank Rakow
LEKTORAT UND DTP: Frank Rakow
LITHOS: GWS Lüneburg
DRUCK: Druckerei Wulf, Lüneburg
BINDUNG: Willy Keller, Kleinlüder

Inhaltsverzeichnis

III Vor, während und nach der Jagd: TIPS FÜR DIE REISE

ANHANG

Zu diesem Buch

Als Gott den Norden Rußlands überflog, hat es ihn an den Händen so gefroren, daß ihm sein ganzes Gold, seine Edelsteine und Diamanten auf die Erde fielen". So erklärt ein altes sibirisches Märchen den Reichtum Rußlands. Auch was die Tiere betrifft, hat Gott es wohl nur gut mit diesem Land gemeint: Er machte Rußland zum Reich der Bären und Wildschafe – zur großen Freude der Jäger.

Ende der achtziger Jahre wurden die Grenzen Osteuropas durchlässiger, und bald machten sich mit den ersten Neugierigen und Abenteuerlustigen auch die Jäger auf, den Osten neu zu entdecken. Es war ein Weg, der sie weit über die Grenzen Europas hinausführte: den Landweg nach Asien, Seidenstraße und Mongolensteppe zurückverfolgend, bis an die Ostküste, bis an den Pazifik, dort, wo die alte Welt – Asien – wieder mit der neuen – Amerika – zusammenstößt.

Nicht Rußland öffnete seine Grenzen, der ganze unermeßlich große eurasische Kontinent mit einer unglaublichen Landschafts- und Wildvielfalt eröffnete sich. Interesse für bisher kaum wahrgenommene Menschen und Landschaften einerseits, unvergleichlicher Wildreichtum andererseits machten Rußland und die übrigen GUS-Staaten über Nacht zum neuen Jagdland Nummer eins.

Im Augenblick ist die GUS mit ihren nach wie vor nur zu einem Bruchteil erforschten und erschlossenen Jagdgebieten ohne Zweifel eines der wichtigsten Jagdgebiete der Erde, das in jeder Hinsicht eine große Herausforderung für den international aktiven Jäger bedeutet. Kein anderes Gebiet der Welt bietet heute eine so eindrucksvolle Palette von verschiedenen und hierzulande oft noch unbekannten Wildarten wie die frühere Sowjetunion.

Das brachte aber auch Schwierigkeiten mit sich. Angesichts der Größe des Landes und der Vielfalt seiner Möglichkeiten war es für den Auslandsjäger bisher sehr schwer, oft sogar unmöglich, sich in der Fülle der Wildarten, Jagdgebiete und Jagdmöglichkeiten zu orientieren. Einschlägige aktuelle Darstellungen fehlten, und die vereinzelten Berichte in der Jagdpresse konnten auch zwangsläufig nur Mosaiksteine bilden.

Der vorliegende Reiseführer sucht dem Informationsbedürfnis der Jägerschaft in neuer Form nachzukommen. Nach vielen Jagdreisen und oft monatelangen Aufenthalten in fast allen Regionen der früheren Sowjetunion nahm ich das Angebot des NIMROD-Verlegers FRANK RAKOW gerne an, dieses neue Jagdland in einem ebenso aktuellen wie kompakten Informationswerk komplett vorzustellen. Dieser Jagdreiseführer ist damit ein Pilotprojekt, dem weitere aktuelle Darstellungen interessanter Jagdländer folgen sollen.

Da er vom Jäger für den Jäger und Naturfreund geschrieben ist, soll der Jagdführer nicht nur informieren, sondern auch Lust machen auf Jagden und Abenteuer, wie sie dieses hierzulande in vielem noch unbekannte Jagdland zu bieten hat. Er will neben der Jagd aber auch Interesse wecken für Land und Leute, deren Lebensweise und Kultur. Um dem Leser einen klaren Überblick zu verschaffen, ist das Buch in drei große Abschnitte eingeteilt: Im ersten Teil werden die Hauptjagdgebiete vorgestellt, im zweiten werden die wichtigsten Wildarten und Jagdmöglichkeiten beschrieben, im dritten Teil schließlich werden die notwendigen praktischen Reiseinformationen gegeben. Wer sich dann die aktuellen Angebote an Jagdmöglichkeiten in den einzelnen GUS-Republiken besorgen will, für den wird das im Anhang abgedruckte Verzeichnis der einschlägigen Jagdvermittler sehr nützlich sein. Dort ist auch ein kleines russisches Jagdlexikon zu finden, sowie ein Verzeichnis weiterführender Literatur zum Thema.

GUS (Gemeinschaft unabhängiger Staaten) heißt seit Ende 1991 das Territorium der früheren Sowjetunion mit Ausnahme der baltischen Republiken Litauen, Lettland und Estland. Im allgemeinen Sprachgebrauch war (und ist) man gewohnt, mit „Rußland" die Sowjetunion oder heute die GUS zu bezeichnen; dennoch macht Rußland nur einen Teil

Mit Pferden auf der Bockjagd – wegen der Weitläufigkeit der Reviere eine im Altai übliche und sehr erfolgreiche Jagdmethode

dieses eurasischen Riesenreichs aus, wenn auch den größten. Um Mißverständnissen vorzubeugen, wurde im Titel des Buches bereits hervorgehoben, daß hier neben Rußland (als größtem GUS-Land) auch alle übrigen GUS-Staaten behandelt werden; gemäß der politischen Aufteilung der früheren Sowjetunion sind die Länder des Baltikums jedoch nicht mit berücksichtigt worden.

Die GUS bzw. die frühere Sowjetunion nimmt etwa die Hälfte Eurasiens ein und hat also selbst fast die Größe eines Kontinents. Mit ihren 22,4 Mio. Quadratkilometern ist die GUS um ein Viertel größer als Südamerika; sie hat auch eine größere Landfläche als Nordamerika. Die Küsten des Nordpolarmeeres sind fast 5.000 km von der tadschikisch-afghanischen Grenze im Süden der GUS entfernt, die West-Ost-Ausdehnung beträgt mit 10.000 km das Doppelte. Das entspricht 11 Zeitzonen (zum Vergleich: die USA sind in 6 Zeitzonen aufgeteilt). Vom Norden bis zum Süden der GUS findet man fast alle bekannten Klimazonen: von der Polarwüste und der Tundra bis zur Taiga, Waldsteppe, Steppe, Halbwüste und Wüste, damit aber auch (mit Ausnahme der tropischen Regenwälder und Savannen) alle Hauptklimatypen der Erde. Die Vielfalt der natürlichen Voraussetzungen von Klima, Relief, Böden und Vegetation hat ideale Bedingungen für die Entwicklung einer einmaligen und artenreichen Tierwelt geschaffen, die für den Waidmann seit Urzeiten fast unbegrenzte Jagdmöglichkeiten bot.

Dieses Buch wurde nicht „aus Büchern" geschrieben, sondern seine Grundlage bilden meine vielen, oft mehrmonatigen Jagdreisen und Forschungsaufenthalte in fast allen Gebieten der GUS, von Smolensk bis Tschukotka, vom Ural bis nach Kirgisien. Nur so war es möglich, umfangreiches Material über Wildarten, Jagdgebiete und Jagdmöglichkeiten vor Ort zu sammeln, mit GUS-Wildbiologen und einheimischen Berufsjägern, Förstern und Guides persönlich zu sprechen und dadurch eine jagdlich ebenso relevante wie aktuelle Materialauswahl für das Buch zu treffen. Da ich Russisch spreche, erhielt ich Informationen stets aus erster Hand (und nicht über Dolmetscher, die in Sachen Jagd oft überfordert sind); hörte aber auch viel von den Erlebnissen und Erfahrungen, den Hoffnungen und Nöten all jener, die mit der Jagd in diesen Ländern zu tun haben. So wird dem Leser alles vermittelt, was man als Gast in diesen Ländern wissen muß: Sachliche

Information und praktische Erfahrung über das Wild und die Jagd – ein Wissen, das man bisher in keinem GUS-Jagdbuch finden kann, das aber bereits einen festen Bestandteil der heutigen jagdlichen Kultur und Praxis dieses Teils der Erde bildet.

Bei der Vielfalt der Wildarten einerseits, der Jagdgebiete und Jagdmöglichkeiten andererseits, war es schwer, eine praxisnahe (wie die Jagd es verlangt) und gut fundierte (wie der Leser es wünscht) Konzeption des Buches zu finden. Obwohl alle Wildkapitel dieselbe Gliederung aufweisen, habe ich mich beim Schreiben durch den Grundsatz „Information vor Konzeption" leiten lassen, weshalb manche Wildartikel (wie z. B. Bär, Elch, Maral, Sibirischer Rehbock, Marco-Polo-Argali etc.) eine etwas abweichende, aber, wie mir scheint, notwendige erweiterte Konzeption aufweisen.

Nicht nur unter amerikanischen Auslandsjägern gilt als besonders verpönt, die Biologie und das jagdliche „Drumherum" der zu bejagenden Wildart nicht zu kennen. Ich habe viele passionierte westeuropäische Jäger kennengelernt, die umfangreiche Materialsammlungen über die Wildarten angelegt hatten, denen sie in aller Welt nachstellten. Sie lesen alles, was darüber geschrieben wird, selbst die kleinsten Meldungen und Fotos aus der Jagdpresse werden sorgfältig archiviert.

Mit dem Wild der GUS steht die Sache jedoch viel schwieriger, da Veröffentlichungen (Monographien, Fachbücher und Zeitschriftenartikel) fast nur auf Russisch vorliegen und somit für die meisten westlichen Jäger nicht nutzbar sind. Da ich russische Literatur und Philosophie in Deutschland studiert habe (in der GUS dazu auch monatelang wissenschaftlich geforscht habe), konnte ich direkt aus russischen wildbiologischen Quellen das Wichtigste im vorliegenden Buch zusammenfassen und um Informationen über Jagdgebiete, Jagdarten und Reisen in der GUS ergänzen. Um den Sachbuchcharakter nicht zu gefährden, wurde bewußt auf die Angabe von Preisen verzichtet. Dafür befinden sich im Anhang einige Anzeigen, in denen Agenturen, die sich mit diesem neuen Jagdland befassen, auf ihre Dienste aufmerksam machen.

Um Verwechslungen zu vermeiden und die Eindeutigkeit bei der Angabe der Wildartennamen zu sichern, wurden am Anfang jeden Wildkapitels neben dem deutschen auch der wissenschaftliche (lateinische) Name sowie die englischen (abgekürzt mit „E") und russischen (Abkürzung „R") Bezeichnungen angeführt.

Um die Lesbarkeit russischer topographischer Namen sowie der Eigennamen einem breitem Publikum zu erleichten, wurde im Buch die landläufig übliche Duden-Umschrift benutzt. Lediglich die Quellenangaben im Literaturverzeichnis wurden in der verbindlichen wissenschaftlichen Transkription aufgezeichnet; ebenso wurde die bereits eingebürgerte Schreibweise beibehalten bei Eigennamen von international bekannten Personen, so z.B. der Name des russischen Wildbiologen Dr. NIKOLAI ZHELEZNOV.

Ursprünglich war schon für dieses Buch auch ein Teil mit Jagderlebnissen geplant. Da aber bereits die gesammelten Materialien für die Jagdgebiete, Wildarten und Reisetips den gesteckten Rahmen bei weitem überstiegen, haben wir uns dazu entschlossen, diesem Informationsband ein weiteres Buch mit den interessantesten und aufregendsten Jagderlebnissen folgen zu lassen. Von mehr als zwanzig internationalen Jägern von Kanada bis Mexiko, von Schweden bis Italien, von Frankreich bis in die Türkei liegen mir bereits Berichte über ihre Jagderfahrungen auf fast alle in der GUS vorkommenden Wildarten in den wichtigsten Jagdgebieten vor.

Das Erlegen des Wildes ist nur ein Teil des Kulturphänomens Jagd, das – oft unter Entbehrung und manchmal auch Lebensgefahr – durch die gemeinsame Jagd und die gemeinsam verbrachte Zeit Menschen verbindet, Kenntnisse ferner Länder und wenig bekannter Landschaften fördert. Da sind Auslandsjäger in einer besonderen Lage: Noch lange bevor „neue Länder" (wie einst Rumänien, Sowjetunion, China etc.) für den „normalen" Tourismus erschlossen sind, waren die Jäger als erste da und haben bereits in den schwierigsten Zeiten des Aufbaus des Tourismus schon ihre Reisen gemacht, Sehenswürdigkeiten besichtigt, Menschen kennengelernt. Auslandsjäger aus Westeuropa und

Amerika sind überall willkommen, nicht nur weil sie für ihre Jagden viel Geld bezahlen, sondern (vor allem bei den Menschen vor Ort) deshalb, weil sie andere Kulturen respektieren und neben ihrer westlichen Welt einen integralen Pluralismus gelten lassen. Der „integrale Pluralismus“ umfaßt nach Worten des russischen Nobelpreisträgers SOLSCHENIZYN „den Pluralismus vieler Welten – wie zum Beispiel auch Rußlands, Chinas, Indiens, Japans, ganz Afrikas, der islamischen oder lateinamerikanischen Welt. Jede dieser Welten hat ihre eigene Tradition, jahrhundertealte Prägung, ihr eigenes System von Weltanschauungen und Ansichten“. Wir Auslandsjäger sind uns dessen voll bewußt, daß es für Frieden und Stabilität in Eurasien entscheidend wichtig ist, wenn Europa und die Staaten der GUS zueinanderfinden und sich näherkommen.

Der Aufstieg der GUS zum Jagdland Nummer eins hat natürlich auch seine Schattenseiten, die man gerade im Interesse der Natur, des Wildes und aller am Jagdtourismus Beteiligten nicht verschweigen darf. Um den gewünschten schnellen Jagderfolg zu „garantieren“, ließ man sich mancherorts leider zu unwaidmännischen Jagdpraktiken verleiten, die den empfindlichen sibirischen und mittelasiatischen Wildbestand ebenso schnell wie er entdeckt wurde auch wieder zum Verschwinden bringen können.

Ob und wie Rußland und die ganze GUS als Jagdparadies zu retten und zu bewahren ist, hängt von den ausländischen Gästen ebensosehr ab wie von Jagdagenturen und Organisatoren: Verantwortungsbewußte Selbstbeschränkung auf Seiten der Jäger fördert in gleichem Maße verantwortungsbewußte Entscheidungen der für den Erhalt der Wildarten wie der Natur Verantwortlichen. Vielleicht kann man mit entsprechenden finanziellen Mitteln vor Ort den einen oder anderen Jagdhüter zum unerlaubten Freigabe einer bedrohten Wildart verleiten; es liegt in unserem ureigenen Interesse, solchen Machenschaften entschieden entgegenzutreten. Damit nutzen wir die Chance, den oft angegriffenen Ruf des Jägers als Naturschützer mit Recht zu bewahren.

Bereits heute suchen nationale und internationale Jagd- und Naturschutzorganisationen aus dem Westen und Amerika zusammen mit GUS-Jagdorganisationen nach optimalen Lösungen, um dem Jagdtourismus in der GUS neuen Aufschwung zu geben. Zwar war die sowjetische Wildbiologie ausgezeichnet entwickelt und das Jagdwesen gut orga-

Einladung zur Meditation: vom frühen Morgen an reitet der Schafsjäger einsam zwischen Himmel und Erde im Gebirge des Tienschan

nisiert, aber in der jetzigen Zeit fehlender finanzieller Mittel angesichts der unvermeidlichen Umstrukturierung von Wirtschaft und Gesellschaft ist eine enge Zusammenarbeit mit westlichen Jagdwissenschaftlern besonders gefragt. Denn diese könnten mit ihren Erfahrungen wesentlich dazu beitragen, durch entsprechende Maßnahmen eine nachhaltige Bewirtschaftung der Wildbestände zu gewährleisten, wovon auch die Zukunft der Jagd in diesem Teil der Welt abhängig sein wird. Dafür sind alle Voraussetzungen gegeben, da dieses Land dank seiner enormen Wildvielfalt immer noch das reichste der Welt ist und es immer noch Sinn hat, seine guten Seiten und nicht seine Mängel in den Mittelpunkt zu stellen.

Da sich in den letzten Jahren in der GUS politisch und jagdlich beinahe alles geändert hat und diese Veränderungen immer noch andauern, kann kein Reiseführer Anspruch auf absolute Aktualität erheben. Deshalb bin ich jedem Leser für Anregungen ebenso dankbar wie für die Mitteilung persönlicher Erfahrungen, festgestellter Änderungen sowie eventueller Fehler. Sie tragen damit dazu bei, die Aktualität dieses Reiseführers auch bei den nächsten Auflagen zu gewährleisten.

Schon jetzt möchte ich mich für Anregungen, Mithilfe oder für die zur Verfügung gestellten Fotos ganz herzlich bedanken bei meinen Jagdfreunden, die vielfach auch Kollegen in der Jagdberichterstattung sind, bei den vielen Helfern und Betreuern meiner bisherigen Reisen in die GUS, sowie bei denen, deren wissenschaftliche Forschungen und jagdliche Erfahrungen mir weitergeholfen haben, unter ihnen aber ganz besonders: Karen Aiunc, Rispek Baidawletow, Sergei Baranow, Jesali Barlykbaev, Alexander Berber, Ishenbek Berdigulov, Josef Bertagnoli, Laszlo Büki, Dr. Ulrich Ellringmann, Søren Ervig, Michail Frolow, Patricio Robles Gil/Sierra Madre, Johann Gottfried, Karin und Martin Günther, Oleg Gusev, Karl Herzog, Horner & Schilcher, Dr. Hans-Jochen Kaiser, Dr. Maria Kau, Bob Kern, Alexander Khokhlov, Andrei Khotenko, Rüdiger Klotz/Wild und Hund, Norbert Kreisel, Walera Kusenkow, Wadim Kusnezow, Mike Madden, Lee T. Marchman, Günter Mensching/Jagen weltweit, Hans Moser, Asis Omurakunov, Cholponbek Omurakunov, Wladimir Ostanin, Peter Osterwalder, Sasha Ovcharov, Gustav Ozmec, Wladimir Perebeinos, Erwin Pfister, Dr. Jan Poëll, Büchsenmacher Reinhold Reuscher, Wulf Rieger, Mag.-pharm. Wolfgang Rizy, Andreas Rockstroh/Jagen weltweit, Alexei Rybalski, Wolfgang Schenk, Markus Schmitz, Ralf Schneider, Dipl.-Ing. Friedrich Scholtes, Hubertus Siebmanns, Sergei Stepanchenko, Camille Studer, Sergei Tischkewitsch, Andrey Treschov, Dr. Wladimir Treschov, Gustav Trinkaus, Dirk Waltmann/Die Pirsch, Ludo Wurfbain/Safari Press, Peter Wolter, Dr. Georg Zapfe, Dr. Nikolai Zheleznov, Jesus Yuren.

Darüberhinaus gilt ein ganz spezieller Dank Dr. Jurij Paul, dessen Wissen und Witz viele meiner Reisen so angenehm machten, sowie dem Moskauer Berufsjäger und Taxidermisten Alexander Korsakow, mit dem ich ebenfalls viele Reisen in Rußland und Kasachstan unternommen habe. Er hat mir freundlicherweise während mehrerer wochenlanger Moskauer Aufenthalte Wohnung und Bibliothek zur Verfügung gestellt, eine unschätzbare Sammlung zoologischer Bücher, Artikel und Fachzeitschriften aus dem Besitz seines Vaters, des bekannten russischen Wildbiologen Georgi K. Korsakow.

Meiner Frau Dr. Christine Ivanovic verdanke ich manchen Hinweis bei der Konzeption des Buches, und nicht zuletzt habe ich meinem Bruder, dem Kunstmaler Zoran Ivanovic zu danken für die Geduld, mit der er in meinem Auftrag all die Wildzeichnungen anfertigte, die das vorliegende Buch nun bereichern. Und schließlich danke ich Frank Rakow, der mit verlegerischem Gespür dieses Projekt von der ersten Idee bis zur Vollendung mit viel Engagement gefördert und begleitet hat. Deshalb freue mich schon jetzt auf unser nächstes gemeinsame Vorhaben „Jagderlebnisse in der GUS“!

August 1995 *Toma Ivanovic*

Ein Wort zuvor:

Jagd und Artenschutz

Obwohl schon seit Beginn des intensiven Jagdtourismus in der früheren Sowjetunion in der russischen Jagdpresse mehrere recht positive Artikel über die Trophäenjagd in der damaligen UdSSR erschienen sind, wollte ich vom Chefredakteur der auflagestärksten russischen Jagdzeitung „OCHOTA" („Die Jagd") stellvertretend für die organisierte Jägerschaft hören, wie man in Rußland den zahlenden Auslandsjägern gegenübersteht.

Ich wußte, daß beispielsweise in Rumänien die Gastjäger den einheimischen Waidmännern gelegentlich ein Dorn im Auge sind. Der Chefredakteur von „OCHOTA" jedoch erklärte, man stehe dem devisenbringenden Jagdtourismus ganz positiv gegenüber und sehe in den Auslandsjägern durchaus keine Konkurrenz. In Rumänien, meinte er, sei die jagdliche Situation unter Ceausescu eine ganz andere gewesen, normale Jäger hätten Schalenwild nicht bejagen dürfen, starke und aussichtsreiche Trophäenträger schon gar nicht. Eine solche Entwicklung habe es in der früheren Sowjetunion nicht gegeben, wo die traditionelle Fleischjagd eine wichtige Quelle zur Fleischversorgung bedeutet habe und noch immer bedeute.

Befragt nach den organisatorischen Möglichkeiten, erläuterte der Jagdexperte, es gebe derzeit nur in Moskau etwa 40 Firmen, die sich mit der Jagdorganisation beschäftigen. Obwohl die Versorgungslage heute schlecht sei, würden die einheimischen Jagdveranstalter doch die größten Anstrengungen unternehmen, um den Gästen einen angenehmen Jagdaufenthalt in den Revieren zu bieten.

Alle seien aufrichtig darum bemüht, eventuelle Mängel bei der Jagdorganisation zu beseitigen und erfolgreiche Jagden zu sichern. Dafür sei jedoch auch Verständnis auf seiten der Gäste nötig, weil man in diesem großen Land nichts über Nacht schaffen könne.

Zum Schluß wollte der erfahrene Jagdjournalist die Gäste daran erinnern, daß sie in einem Land mit großer jagdlicher Tradition (auch im kulturellen Bereich) jagen, und er drückte die Hoffnung aus, daß durch die jetzigen persönlichen Kontakte von Jäger zu Jäger, von Mensch zu Mensch, eine gute Möglichkeit gegeben sei, sich ein bißchen näher zu kommen.

Die Jagd als aktiver Beitrag zur Völkerverständigung? Warum nicht!

Rußland ist ein Land mit großer Jagdtradition; sein wohl prominentester Jäger war der Schriftsteller IWAN TURGENJEW. Er erreichte mit den „Aufzeichnungen eines Jägers" Weltruhm (Turgenjew nach einem Gemälde von N. D. DMITRIJEW-ORENBURGSKI, 1879)

Artenschutz durch Nutzung

Einige Wildschafe und -ziegen sind zwar in der GUS bedroht, jedoch nicht durch die Trophäenjagd, sondern infolge von Wilderei und verstärkter wirtschaftlicher Erschließung ihrer ursprünglichen Lebensräume.

Wild- und Artenschutz sind ein teures Unternehmen, ein Luxus, den sich viele arme GUS-Länder (Tadschikistan, Turkmenien, Kirgisien, Usbekistan u.a.) mit ihrer notleidenden Bevölkerung gar nicht leisten können. So bringen nur Trophäengebühren und bezahlte Abschüsse Geld für die nötige Hege und den Schutz bedrohter Wildarten in die Kasse. Sonst sind sie Wilderern und Fleischjägern hoffnungslos ausgeliefert.

Zwar sind für Wildschutz zuständige Behörden und Inspektionen überall in der GUS vorhanden, aber das Personal ist unmotiviert, schlecht bezahlt und völlig ohne Ausrüstung: nur kaputte Fahrzeuge, keine Uniformen, kaum brauchbare Waffen und Munition.

Die bisherigen Erfahrungen in Afrika und Asien haben gezeigt, daß das Wild nichts mehr bedroht als nicht kommerziell vermarktete Bestände, weil dann jegliches Interesse der Wildschutzbehörden für den Schutz der bedrohten Wildarten fehlt. Ganz anders ist aber die Situation, wenn sie das Gefühl bekommen, sie hüten wertvolle Wildarten, für die ausländische Jagdgäste bereit sind, tausende von Dollar zu bezahlen.

Auch Wilderer wissen, daß in solchen Revieren Kontrollen strenger und uner-

Nach dem Grundsatz „Erhalt durch Nutzung" sollen mit den hohen Einnahmen aus der Trophäenjagd der Artenschutz und das Weiterbestehen der Wildreservate in der GUS gesichert werden – vor allem der der Argalis, hier ein Sewerzow-Widder aus Usbekistan

Nicht nur Gastjäger dringen auch in die entlegensten Gegenden Sibiriens vor: mit jedem Hubschrauber kommt zugleich humanitäre Hilfe aus dem Westen und aus China zu Siedlungen am Rande der Welt – Hilfe, von der oft das Überleben der Menschen in diesen unwirtlichen Regionen abhängt

laubtes Jagen gefährlicher ist. Wo internationale Jäger sind, ist auch die Jagdpresse da: Über bedrohte Wildarten (die leider in der Regel den breiten Bevölkerungs- und Jägerkreisen unbekannt sind) und ihre Lebensräume wird berichtet, aber auch deren Probleme werden einer breiteren Öffentlichkeit vorgeführt.

Nicht nur daß internationale Jäger bisher noch keine Wildart im Bestand bedroht haben, sondern gerade das Gegenteil ist der Fall: Nach dem Motto „Erhalt durch Nutzung" wird durch hohe Gebühren von der Trophäenjagd der Artenschutz und das Weiterbestehen der Wildreservate in den entlegensten Gegenden der GUS aus eigener Kraft gesichert. Denn bis internationale Hilfe – von der man vor Ort meistens nichts weiß – hierher kommt, kann es schon zu spät sein.

„Das Rote Buch" der GUS

Soweit das zur sowjetischen Zeit möglich und finanzierbar war, wurde schon seit Jahrzehnten sehr viel für den praktischen Artenschutz getan.

Als Antwort auf die immer größer werdende Gefahr des Verschwindens und Aussterbens vieler Tier- und Pflanzenarten erschien 1978 in der früheren Sowjetunion die erste Auflage der „Roten Liste" bedrohter Arten unter dem Titel „Krasnaja kniga SSSR" (Das Rote Buch der UdSSR).

Das war der erste Versuch einer Inventur der vom Aussterben bedrohten Tiere und Pflanzen, der aber gleichzeitig das Interesse am Naturschutz in der Bevölkerung weckte und zur Grundlage für spätere Tier- und Wildschutzgesetze wurde. 1984 erschien dann eine verbesserte zweite Auflage. Auch mehrere Wildarten sind darin aufgenommen worden, wie z.B. Kragen- und Eisbär, Wildkatze, Amur-Tiger, Buchara-Hirsch, Kropfgazelle, Bezoarziege, Altai-Argali, Urialschaf u.a.

Der Bedrohungsgrad jedes Tieres ist in fünf Kategorien abgestuft. Die einzelnen Kapitel enthalten Angaben zu Art und Unterart der bedrohten Spezies, zu seiner geographischen Verbreitung, zur Bestandsgröße und -entwicklung, zu den Gründen des Aussterbens und über Maßnahmen zum Schutz der betreffenden Art.

Seit Jahren ist eine dritte Auflage in Vorbereitung, die den entsprechenden Durchbruch im praktischen Tier- und Naturschutz bringen soll.

Ein solches Verzeichnis gefährdeter Arten gab es seit Ende der 70er Jahre nicht nur für die gesamte UdSSR, auch jede Unionsrepublik hatte ihr eigenes Rotes Buch, das ich hier am Beispiel Kasach-

Auch die wissenschaftliche Forschung wird durch die Auslandsjäger unterstützt: der Wildbiologe Dr. Nikolai Zheleznov (Mitarbeiter an mehreren C.I.C.-Projekten) nimmt Blut- und Gewebeproben zur Unterartbestimmung des Elchvorkommens östlich des Tscherski-Gebirges auf Tschukotka

stans abschließend kurz vorstellen möchte:

Dem weltweiten Trend der Zeit folgend, betrachtet auch die GUS-Republik Kasachstan den Natur- und Artenschutz als eine wichtige gesellschaftliche Aufgabe, die ihren verbindlichen Niederschlag im 1978 in erster Auflage erschienenen „Roten Buch Kasachstans“ (2. Auflage 1991) fand.

In diesem Buch haben Wildbiologen Kasachstans in jahrelanger Arbeit die wichtigsten Daten über seltene und vom Aussterben bedrohte Tiere ihres Landes zusammengetragen, sowie über Schutzmaßnahmen zu ihrer Rettung.

Die Kropfgazelle gehört zum Beispiel dazu, denn die Zeiten sind schon längst vorbei, in denen man stellenweise Gazellenrudel mit mehreren zehntausend Stück beobachten konnte. Unkontrollierte Gewerbsjagd, Wilderei und strenge Winter dezimierten ihren Bestand in Kasachstan. Man stellte sie unter Schutz und in den Gebieten ihres Hauptvorkommens wurden große Wildreservate eingerichtet, so daß sich ihr Bestand langsam erholen konnte.

Mit der drastischen Verringerung der Kropfgazellenbestände verschwand fast vollständig auch der Gepard aus Mittelasien, dessen Nahrungsgrundlage diese Gazelle bildete.

Die Situation der Wildschafe (Karaganda-Argali ausgenommen) ist in Kasachstan genauso kritisch wie in vielen anderen Ländern Asiens, nur daß sie hier von Berufsjägern und Wildbiologen ganz ernst genommen wird und dementsprechend viel – wie ich mich auch selbst im Herbst 1992 im Gebiet Karaganda überzeugen konnte – für die Erforschung und den Schutz der Schafe getan wird.

Sehr selten ist auch der Schneeleopard geworden, der in den Bergen vom Südlichen Altai bis zum Westlichen Tienschan lebt, jedoch immer wieder von Jagdgästen beobachtet wird, während der Rothund schon seit Jahrzehnten von keinem Wildbiologen mehr gesichtet wurde.

Kasachische Jagd- und Wildschutzbehörden machen sich keine Illusionen über einen Wildschutz auf dem Papier und wissen nur allzugut, daß allein ein devisenbringendes Jagdmanagement die nötigen Mittel für Forschung und Artenschutz bringt, besonders in der jetzigen Zeit, in der die Staatskasse praktisch leer ist und es ganz andere Prioritäten gibt. So ist zu verstehen, daß einige Wildarten – bei denen das bestandsmäßig zu verantworten ist – aus dem Roten Buch (wie momentan Karaganda-Argali, Urialschaf oder Kropfgazelle) jedes Jahr in einem ganz kleinen Umfang von zahlenden Gästen bejagt werden dürfen.

I

Durch Steppe, Taiga und Gebirge:

Die Jagdgebiete im Überblick

Der europäische Teil der GUS

Das Moskauer Gebiet

Das weitläufige und wildreiche Jagdgebiet rund um Moskau (russisch *„Podmoskowlje“*) ist neben Kamtschatka und Jakutien jagdtouristisch sicherlich einer der wichtigsten Jagdgründe Rußlands.

Unter *„Podmoskowlje“* versteht man jagdlich nicht bloß die administrative Einheit Moskaus (russ. *„Moskowskaja oblast“*), sondern auch angrenzende Gebiete wie z. B. Twer, Jaroslawl, Kaluga u. a., also das zentrale Gebiet im Umkreis von 300–400 km um Moskau herum; alles Reviere, die man leicht mit dem Auto erreichen kann.

Die Landschaft erstreckt sich hier flach bis leicht hügelig, wobei großflächige Mischwaldkomplexe (meist Kiefer und Birke) mit Wiesen, Feldern, Sümpfen und Seen abwechseln.

„In diesem Herbst haben Ausländer erstmals die Möglichkeit, in verschiedenen Wildreservaten unweit von Moskau zu jagen. Freigegeben sind vorerst 3 Rothirsche, 25 Stück Schwarzwild und 12 Elchschaufler.“ Als diese Kurzmeldung im September 1984 in der deutschen Jagdpresse erschien, wußte keiner so genau, was ihn in Rußland wirklich erwartet. Und es wäre damals vermessen gewesen anzunehmen, daß in zehn Jahren eine einzige Jägergruppe solche Strecken machen würde.

Heute fahren jedes Jahr tausende von Auslandsjägern in den Raum Moskau und nutzen eine breite Palette von Jagdmöglichkeiten. Sehr beliebt sind gleich zu Beginn der Jagdsaison im Frühjahr die Balzjagden auf Auer- und Birkhähne, die sehr oft erfolgreich für jeden Teilnehmer abgeschlossen werden.

Es folgen im Hochsommer traditionelle Bärenjagden am Haferfeld, bis dann im Herbst der Andrang der Jagdgäste seinen Höhepunkt bei den Jagden auf Elch, Schwarzwild, Rot- und Sikahirsch, Maral und Wolf erreicht.

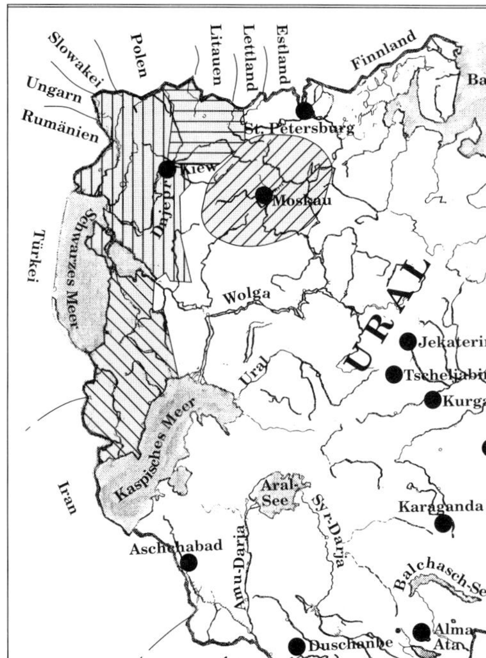

Hauptjagdgebiete im europäischen Teil
- **Moskauer Gebiet**
- **Weißrußland**
- **Ukraine**
- **Kaukasus**

Die Reviere im Moskauer Gebiet lassen sich auch mit unseren Maßstäben als wildreich und gut erschlossen bezeichnen und bieten daher auch älteren Jägern ausgezeichnete Jagdmöglichkeiten, zumal die Unterkünfte für russische Verhältnisse sehr komfortabel ausfallen. Wer also eine lange Anreise und das Risiko sowie alle Unbequemlichkeiten einer Wildnisjagd scheut, auf eine interessante Jagd und attraktive Trophäen jedoch nicht verzichten möchte, ist hier gut aufgehoben.

WILD und JAGDMÖGLICHKEITEN:
Podmoskowlje ist für sein reiches Vorkommen an **Auer-, Birk- und Haselwild** bekannt und gilt wegen seiner sehr modera-

Dem westeuropäischen Jäger am vertrautesten ist wohl die Jagd auf Auer- und Birkwild in der jagdlich gut erschlossenen Region um Moskau. Reichhaltige Bestände und problemloser Zugang zum Jagdgebiet sind sichere Garanten für den Erfolg

ten Abschußgebühren seit Jahren als der Tip für die Jagd auf Rauhfußhühner. Es ist quasi in allen Revieren möglich, gleichzeitig auf Auer- und Birkwild zu jagen.

In der Hochbalz (15. April bis 10. Mai) werden in Revieren, die von Moskau aus problemlos in einer drei- bis sechsstündigen Autofahrt zu erreichen sind, neben kapitalen Auer- und Birkhähnen auch **Waldschnepfen und Enten** mitbejagt. In den letzten Jahren betrug die Erfolgsquote für Auerhahn 90 Prozent. Selbst Wochenendtrips in die Nähe Moskaus verlaufen trotz der kurzen Zeit meistens erfolgreich.

Im Unterschied zu Ostsibirien, wo die Rufjagd auf Elch praktisch unbekannt ist, werden im Moskauer Gebiet neben guten Herbstdrückjagden (Oktober/November) auch zur Brunftzeit im September spannende Jagden mit dem Elchruf angeboten.

Der Europäische **Elch** ist zwar nicht so stark und endenreich wie der Ostsibirische, sein Bestand ist aber mit bis zu 12 Stück pro 1.000 ha unvergleichlich höher als in der weitläufigen Tundra Ostsibiriens. Durchschnittlich wiegen Elchgeweihe hier 8–10 kg und haben 8–10 Enden (wobei es oft auch Stangenelche auf eine gute Auslage und hohes Geweihgewicht bringen können), starke Elchschaufler erreichen bis 15 kg.

Auf den winterlichen Treibjagden wird in der Regel neben dem Elch- auch das **Schwarzwild** bejagt. Treibjagden sind eine Lieblingsjagdart russischer Jäger, die sie auch sehr gut beherrschen. Als Zusatztrophäe kann in einigen Revieren (z. B. in Wladimir oder Brjansk) auch der Rothirsch erlegt werden.

Auf Treibjagden wie auf der Ansitzjagd kommen im Moskauer Gebiet sehr starke Keiler zur Strecke. Gewichte von 250 kg und Gewehrlängen von 23–25 cm sind

Weniger interessant als die Trophäe ist hier wohl die traditionelle Bejagung mit Laufhunden oder mit dem Elchruf – auch unter Auslandsjägern beliebte Jagdarten

keine Seltenheit. Im Herbst 1992 hat in der Nähe von Moskau ein russischer Jäger sogar einen hochkapitalen Keiler mit knapp 31 (!) cm Waffenlänge erlegt, was zwar eine absolute Ausnahme ist, aber von der hervorragenden Trophäenstärke der Keiler dieses Gebietes zeugt.

Wer gezielt nur starke Keiler jagen will, macht das auf dem Ansitz. Die beste Zeit dafür ist z. B. in Wladimir im Juni/Anfang Juli (in den „Weißen Nächten") oder im Herbst (Revier Barsuki). In 5 Jagdtagen rechnet man in jedem Fall mit sicherem Erfolg.

Wer gezielt auf starke Keiler jagen will, wählt die Ansitzjagd und nimmt sich ein paar Tage Zeit, um einen solchen alten Bassen vor die Büchse zu bekommen

Eine Besonderheit des Moskauer Gebietes stellen sicherlich Bärenjagden am Haferfeld und am Winterlager, sowie die Jagden auf Sika- und Rothirsch, Maral und die Lappjagd auf Wolf (siehe darüber das Kapitel über Wolf) dar.

Der **Braunbär** wird im Moskauer Gebiet (und nur hier!) traditionell am Haferfeld (Ende August bis Mitte September) oder am Winterlager bejagt, nur ist diese letztere Jagdmethode im Westen nicht gerade beliebt. Im September sind Bärendecken bereits voll ausgebildet und gut im Haar, so daß man in jedem Fall ein ansehnliches Beutestück mit nach Hause nehmen kann.

Ein ausgewachsener Bär wiegt hier um

Die Sommerjagd (bei Mond) auf den Bär im Haferfeld gehört zu den typischsten Jagdarten in Rußland

200 kg (maximal 300 kg) und hat eine Deckenlänge zwischen 1,8 und 2,3 m.

In einigen Militär- und Diplomatenrevieren in der Nähe von Moskau sind aus dem gebirgigen Altai **Marale** erfolgreich eingebürgert worden, obwohl diese als typische Berghirsche hier mit einer (für sie eher untypischen) lieblichen, hügeligen Landschaft vorlieb nehmen müssen.

Wie im Altai oder den Sajanen werden auch in diesen gut gepflegten Revieren

Über 12 Kilogramm brachte dieser Maral aus Jaroslawl – bester Beweis für die erfolgreiche Einbürgerung der eigentlich im Altai heimischen Berghirsche in das Moskauer Jagdgebiet

Marale in der Brunftzeit (September) mit der Maralpfeife gejagt. Durchschnittlich wiegen ihre Geweihe im Gebiet Moskau 10 kg, ganz starke bis zu 13 kg.

Im Moskauer Gebiet gibt es auch mehrere sehr gute Sikawildvorkommen, wo **Sikahirsche** Geweihgewichte auch über 4 kg erreichen können und zur Brunft (September/Oktober) bejagt werden.

Ein Sikahirsch aus dem Moskauer Gebiet mit beachtlicher Trophäe

Wie bei Maral und Sika ist auch das Vorkommen des **Rotwildes** im Westen Rußlands inselartig. Nur wenige wissen, daß man in Rußland kapitale Hirsche um mehr als die Hälfte günstiger als in Osteuropa bekommen kann. Allerdings ist ihre Populationsdichte wesentlich geringer; wenn ein starker Hirsch also gesehen wird, darf man nicht lange zögern.

Im Schnitt liegen die Geweihgewichte zwischen 8 und 10 kg, wobei auch Hirsche bis 12,8 kg erlegt worden sind.

Neben der Rufjagd zur Brunftzeit (September) werden auch winterliche Pirschfahrten (November) veranstaltet, zu einer Zeit also, in der das Rotwild oft auf den Feldern auf der Wintersaat steht.

Die Anreise ist ziemlich einfach und erfolgt mit Flugzeug bis Moskau, von dort dann weiter mit dem Auto (3–6 Stunden) ins Revier. Seit kurzem werden auch für Begleitpersonen spezielle Besichtigungstouren in Moskau – mit Tagesausflügen nach Sagorsk und Susdal – angeboten.

Weißrußland und die Ukraine

Diese zwei früheren Sowjetrepubliken und seit 1991 souveränen Staaten der GUS werden hier zusammen vorgestellt, wofür es mehrere Gründe gibt. Sie gehören geographisch zusammen und bilden den westlichen Teil der GUS. Auch jagdlich sind diese zwei Länder sehr ähnlich: ihre Jagdgebiete sind landschaftlich (Flachlandreviere) und von dem Vorkommen an Wildarten fast gleich, weshalb in beiden Ländern auch die gleichen Jagdarten praktiziert werden.

Die Republik **Weißrußland** oder **Belarus** (offizieller Staatsname seit September 1991: Republik *„Belarus"*) im Westen der ehemaligen Sowjetunion umschließt eine Fläche von 207.600 km^2 mit 10,3 Mio. Einwohnern. Davon sind 78 Prozent Weißrussen (oder Belorussen), 13 Prozent Russen, 4 Prozent Polen und 3 Prozent Ukrainer. Die Hauptstadt Minsk beherbergte 1989 1,6 Mio. Einwohner.

Kapitale Rothirsche wie dieser mit über 13 Kilo Geweihgewicht bleiben ein Wunschtraum, wenn man nicht genug Zeit mitbringt. Die Reviere in Weißrußland und der Ukraine sind sehr weitläufig, die Wilddichte entsprechend gering

Ein typisches Hochwildrevier in Schitomir (Westukraine), der ideale Lebensraum für viele Wildarten. In der Ukraine und in Weißrußland können häufig Rot-, Elch- und Schwarzwild nebeneinander gejagt werden

Weißrußland grenzt im Osten an Rußland, im Westen an Polen, im Norden an Litauen und Lettland, und im Süden an die Ukraine. Es bildet den Westteil der osteuropäischen Tiefebene. Sein Gebiet besteht hauptsächlich aus Flachland, geprägt durch viele Moore und Sümpfe.

Die **Ukraine** (offizieller Staatsname seit Dezember 1991: „*Ukraine*" bzw. „*Ukraina*") ist mit 51,8 Mio. Einwohnern der zweit- und mit 603.700 km² nach Rußland und Kasachstan flächenmäßig der drittgrößte Staat der GUS. 73 Prozent der Bevölkerung werden von Ukrainern gestellt, 22 Prozent von Russen, 5 Prozent von verschiedenen anderen Nationalitäten. Die Hauptstadt Kiew hat 2,6 Mio. Einwohner.

Die Ukraine grenzt im Osten an Rußland, im Norden an Weißrußland, im Nordwesten an Polen und im Westen an die Slowakei, Ungarn, Rumänien sowie Moldawien. Wie Weißrußland ist auch die Ukraine (zu 95 Prozent) ein riesiges Tiefland, mit Ausnahme der Karpaten und leicht erhöhter bewaldeter Plateaus im Westen, sowie eines Mittelgebirges auf der Krim.

WILD und JAGDMÖGLICHKEITEN:

„Zahlreiche Seen, typisch östlich geprägte Wälder mit birkenumsäumten Streuwiesen und Moorbänken sowie riesige Hochmoore prägen das Landschaftsbild. Beherrschend sind die gewaltigen Pripjat-Sümpfe, die im Süden auf die Ukraine übergreifen", so beschrieb ein Jagdjournalist die weitläufigen Flachlandreviere Weißrußlands, die auch für die Ukraine charakteristisch sind.

Leichter zugängliche Reviere und solide Trophäen bewegen immer mehr Jäger zur Elchjagd in Weißrußland und der Ukraine

In den typischen Elchbiotopen zwischen dem Dnjepr im Osten und der polnischen Grenze im Westen wird in Weißrußland und der Ukraine (hauptsächlich im Gebiet Wolhynien im Nordwesten) das **Elchwild** erfolgreich bejagt.

Der Elchbestand ist wie überall im europäischen Teil der GUS sehr hoch und die Trophäenqualität relativ gut. Neben Stangenelchen werden jedes Jahr auch Schaufler mit Geweihgewichten um 10 kg (ganz starke auch bis 15 kg) zur Strecke gebracht.

Das Elchwild wird meistens zusammen mit dem **Schwarzwild** hauptsächlich auf großflächigen Treibjagden (September-Dezember) bejagt. Dabei werden auch Laika-

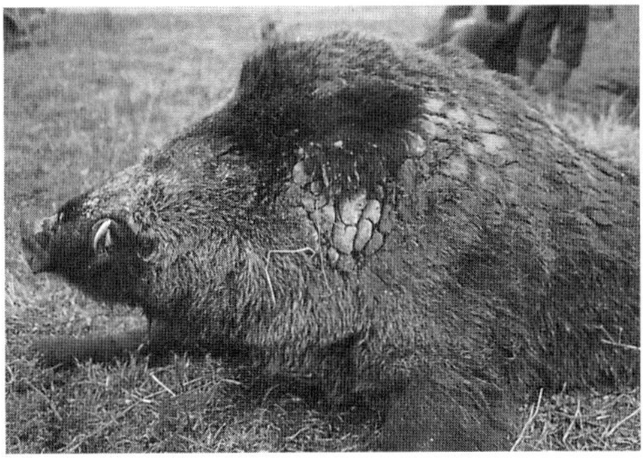

Auch hier haben Sautreibjagden Tradition. Dabei gesellt sich zum starken Keiler oft auch Rot- und Elchwild

Elchhunde eingesetzt. Je nach Revier können in Treiben auch Rotwild, Wolf und Luchs vorkommen. Starken Elchbullen und Keilern (mit Waffenlänge bis 25 cm) kann aber auch auf der Pirsch nachgestellt werden. Dabei ist zu beachten, daß der Schaufler bereits Mitte November, spätestens Anfang Dezember abwirft.

In den besten Hochwildrevieren Weißrußlands können Treib- und Drückjagdstrecken relativ hoch ausfallen: durchschnittlich 40 Stück Wild in 3 Jagdtagen, darunter bis zu 10 Stück Elchwild. So hat eine Gruppe von 9 Jägern in drei Jagdtagen 84 Stück Rot- und Schwarzwild erlegt, darunter Keiler mit Waffenlängen bis 22 cm, was aber eher die Ausnahme darstellt. Denn die Wilddichte und die

Jagd wie in Urzeiten: In der weißrussischen Bjeloweschskaja Puschtscha und in einigen Revieren der Ukraine kann in begrenztem Umfang auch dem Wisent nachgestellt werden

Streckenerwartung ist in Weißrußland nur selten so hoch wie in Polen oder Ungarn.

Das bekannteste Jagdgebiet Weißrußlands ist ohne Zweifel der Bjelowescher Urwald (russ. „*Bjeloweschskaja Puschtscha*") an der Grenze zu Polen, wo sich auch der größte **Wisentbestand** Europas befindet. Durch die Grenzziehung zwischen Polen und Weißrußland nach dem Zweiten Weltkrieg wurde auch der 160.000 ha große Urwald von Bjelowesch – das einstige Jagdrevier des russischen Zaren – geteilt, wobei Weißrußland der größere Part (87.200 ha) zugeschlagen wurde.

Der südliche Abschnitt des Bjelowescher Urwaldes wird forstlich bewirtschaftet, während der nördliche Teil in seinem urtümlichen Charakter bewahrt wird, so daß man hier wirklich von einem Urwald sprechen kann. Im Bjelowescher Urwald (aber auch im ukrainischen Revier Zuman, Gebiet Wolhynien) ist es möglich, von September bis März auf kapitalen Wisentbullen zu pirschen.

Neben Wisentjagden werden im Urwald von Bjelowesch auch die Drückjagden auf Elch-, Schwarz- und Rotkahlwild, sowie Wolf und Luchs mit sehr viel Erfolg organisiert.

Nach dem Bestandsrückgang weißrussischer Waldhühner und einem darauffolgenden kurzen Jagdverbot Mitte der 80er Jahre, erholte sich ihr Bestand wieder, so daß seit ein paar Jahren sehr gute Balzjagden (1. April–20. Mai) auf **Auer- und Birkhahn** veranstaltet werden.

In vielen Revieren Weißrußlands und der Ukraine kommt das **Rotwild** in guten Beständen vor (Gesamtbestand in Weißrußland 50.000 Stück). Das Kahlwild wird auf winterlichen Drückjagden bejagt, der Hirsch zur Brunft.

Der **Sikahirsch** ist in einigen ukrainischen Revieren (z. B. im Revier Zuman, Gebiet Wolhynien im äußersten Nordwest-Zipfel des Landes) erfolgreich eingebürgert worden und läßt auch eine Bejagung zu (Jagdzeit September–Dezember).

Wolfsjagd hat in Weißrußland Tradition, wo dem Graurock hauptsächlich auf der klassischen Lappjagd (siehe dazu das Kapitel über Wolf) nachgestellt wird. Der **Wolf** kommt heute im ganzen Land vor, und allein in den Pripjat-Sümpfen hat sich seine Zahl von 200 im Jahr 1965 bis heute fast versechsfacht.

Der **Braunbär** ist zwar aus den Pripjat-Sümpfen verschwunden, zieht aber im Bjelowescher Urwald, im Oberlauf der Beresina und in den großen Wäldern im Osten immer noch seine Fährte. Wie im ganzen europäischen Teil Rußlands ist es auch in Weißrußland üblich, auf den Braunen am Haferfeld (Ende August/Anfang September), am Winterlager oder mit Hunden zu jagen, nur hat er keine besondere Bedeutung für den Jagdtourismus.

Zum Schluß sollen noch **drei jagdliche Besonderheiten der Ukraine** erwähnt werden, ohne die man sich dieses (bisher leider im internationalen Jagdtourismus etwas vernachlässigte) Land gar nicht denken kann:

Den passionierten Hirschjägern ist sicher bekannt, daß in den Wäldern der gebirgigen **Krim-Halbinsel** der Krimhirsch lebt, den manche Wildbiologen sogar als eigenständige Unterart (*Cervus elaphus brauneri*) einstufen.

Es wurden bisher gut organisierte Jagden auf kapitale Krimhirsche im ehemaligen Zarenrevier angeboten, die Reaktion der Auslandsjäger war (wohl aus Unkenntnis) wider Erwarten gering. Neben dem Rothirsch ist es auch möglich, Muffel- und Schwarzwild zu bejagen.

Die Krim ist speziell für diejenigen Jäger interessant, die gern mit der Familie verreisen, weil sich hier in idealer Weise ein Badeurlaub am Schwarzen Meer mit der Jagd verbinden läßt.

Für den traditionsbewußten Karpatenjäger stellt die Jagd auf den Brunfthirsch in herrlicher Berglandschaft der ukrainischen **Ostkarpaten** sicherlich eine ganz besondere Herausforderung dar. Das Karpatenrevier Maidan befindet sich nur rund 160 km von der ungarischen Grenze entfernt, so daß es auch mit dem eigenen Auto über Ungarn erreicht werden kann. Diese Jagdmöglichkeit ist kaum bekannt und gilt deshalb unter Hirschkennern als Geheimtip.

Von besonderer jagdlicher Bedeutung ist auch das südukrainische Steppenreservat **Askania-Nowa**., Zoo und Aufzuchtstation für bedrohte Tierarten (Markhor, Wisent, Prschewaljski-Pferd usw.)

Dieses erste private Reservat Rußlands (errichtet 1874) wurde 1921 zum staatlichen Naturreservat erhoben. Seit 1956 untersteht Askania-Nowa als Wildforschungszentrum der Ukrainischen Akademie der Wissenschaften und zählt zu den erfolgreichsten Zuchtstationen für bedrohte Wildtiere.

Aus Askania-Nowa stammen viele seltene Wildarten, die in den letzten Jahrzehnten in verschiedenen Gebieten der GUS erfolgreich (wieder)eingebürgert wurden.

Die Anreise nach Weißrußland kann mit dem eigenen Auto über Polen (Grenzübergang Brest/Terespol) erfolgen oder mit dem Flugzeug bis Warschau oder Minsk und anschließendem Weitertransfer ins Revier.

In die Ukraine empfiehlt sich nur die Anreise ins Karpatenrevier Majdan mit dem eigenen Auto über Ungarn (bis Tschop, von dort aus sind es noch etwa 160 km bis zum Ziel). In andere Jagdgebiete erfolgt die Anreise am besten per Flugzeug, zumeist über Kiew.

Gewöhnlich werden in den hohen kaukasischen Bergen die Steinhäuser der Hirten von den Jägern genutzt; in entlegeneren Tälern dienen Zeltcamps als Basislager

Der Kaukasus

Unter dem **Kaukasus** versteht man jagdlich das 440.000 km² große Kaukasien (russisch „*Kawkas*"), die Landbrücke zwischen Schwarzem und Kaspischem Meer im Süden des europäischen Teils Rußlands. Das Großgebiet Kaukasus besteht aus drei Teilen: Nordkaukasus oder Kaukasusvorland (russ. „*Sewernyj Kawkas*" oder „*Predkawkasje*"), Gebirgszug des Großen Kaukasus (russ. „*Bolschoj Kawkas*", 1.500 km lang und 32– 180 km breit, im Elbrus 5.633 m hoch) und Transkaukasien (russ. „*Sakawkasje*").

Alle drei Teile sind jagdlich äußerst interessant und in vielfacher Hinsicht einmalig, nur gelten sie politisch immer noch als unstabil. So werden in Transkaukasien wegen der kriegerischen Auseinandersetzungen zwischen Armenien und Aserbaidschan um die Enklave Berg-Karabach seit Jahren gar keine Jagden für Ausländer veranstaltet, seit dem Krieg in Tschetschenien auch keine Jagden im Ostkaukasus mehr.

Zwar gab und gibt es bürgerkriegsähnliche Zustände auch in Georgien und im Nordkaukasus (vor allem Konflikte zwischen Georgiern und Abchasiern, Inguschen und Osseten u. a.), nur werden hier und im russischen Westkaukasus – natürlich immer nur dort, wo die Sicherheit der Jagdgäste nicht gefährdet ist – schon seit Ende der 80er Jahre sehr gute Jagden organisiert.

Wer im Kaukasus jagen will, muß also im ständigen Kontakt mit seinem Vermittler bleiben, um sicher zu sein, daß zum Zeitpunkt seines Aufenthaltes im betreffenden Landesteil die politische Situation eine solche Exkursion auch wirklich zuläßt.

Im Kaukasus als dem historischen Durchzugsland findet man heute ein buntes Völkergemisch. Neben den eigentlichen Kaukasusvölkern (altkaukasische Völker) wie Kharthwelier, Lesgier, Tschetschenen, Tscherkessen und Abchasen, leben hier auch die iranischen Volksstämme Osseten, Taten, Talyschen, ferner Armenier, Bergjuden und die türkischen Aserbaidschaner, Karatschaier, Balkaren, Bergtataren und Kumüken.

Die ersten Erlebnisberichte über eindrucksvolle Kaukasusjagden erschienen

Unverkennbares Wahrzeichen des Kaukasus: Von allen kaukasischen Wildarten ist der Tur bei den internationalen Jägern sicher die beliebteste

in deutschen Jagdzeitschriften bereits Ende der 80er Jahre. Die Faszination der Landschaft des Kaukasus und seiner Vorberge wurde dabei ebenso in schillernden Farben ausgebreitet wie die spannende Jagd auf Turböcke, mächtige Keiler und Hirsche. Bis heute hat sich daran nichts geändert, der Kaukasus war und ist immer noch der Traum vieler Berg- und Saujäger. Und das mit Recht.

WILD UND JAGDMÖGLICHKEITEN:
Ganz grob unterteilt gibt es im Kaukasus zwei verschiedene Möglichkeiten zu jagen, die durch zwei grundverschiedene Arten von Revieren bedingt sind. Entweder Jagd im Hochgebirge des Großen Kaukasus auf Tur und Gams oder in dessen Vorland auf Rot- und Schwarzwild, Wisent und Bär.

Ohne Tur (siehe dazu das Kapitel über beide Turarten) kann man sich den Kaukasus gar nicht vorstellen, er ist mittlerweile zu seinem jagdlichen Wahrzeichen avanciert. Denn die beiden Arten des sogenannten Kaukasischen Steinbocks oder Tur kommen weltweit nur im Hochgebirge des Großen Kaukasus vor und stellen wegen ihrer begehrten Trophäe und der äußerst schwierigen Jagd eine der größten Herausforderungen für Bergjäger dar.

Im westlichen Teil des Großen Kaukasus lebt der **Kuban-Tur** (oder Westkaukasischer Tur), während der **Dagestan-Tur** (oder Ostkaukasischer Tur) in der östlichen Hälfte des Großen Kaukasus ab dem Fluß Tscherek anzutreffen ist. Da diese beiden Turarten im Zentralkaukasus bastardisieren und Mischlinge mit ihrer Biegung der Hornspitzen nach innen dem Dagestan-Tur ähnlich sind, sollte man echte Turarten möglichst im äußersten Westen (Zielflughafen Sotschi) bzw. Osten (Zielflughafen Wladikawkas oder Machatschkala) des Großen Kaukasus bejagen. Wem aber nur die herrliche Bergjagd im hohen Kaukasus und weniger die arttypische Trophäe wichtig ist, der kann natürlich im Zentralkaukasus auf den Tur jagen.

Auf der Tur-Jagd wird noch eine für den Kaukasus charakteristische Wildart bejagt, nämlich die **Kaukasische Gams**

Die urigen Wälder des Kaukasus bieten hervorragende Pirschmöglichkeiten auf Berghirsche. Nicht nur die Jagd selbst, auch die Bergung des erlegten Hirsches aus dem Urwald ist oft eine mühselige Sache: Hier hilft nur das Seil

Das Pferd ist das einzige Transportmittel auf der Tur- und Gamsjagd

(*Rupicapra rupicapra caucasica*), die die gesamte Großkaukasus-Kette, sowie einige Berge des Kleinen Kaukasus und Transkaukasiens bewohnt.

In vielen Revieren des Nordkaukasus werden in einem Umkreis von 30– 200 km von den Städten Wladikawkas, Naltschik und Mineralnyje Wody (die gleichzeitig Zielflughafen sind) typische kaukasische Drück- und Pirschjagden auf viele interessante Wildarten angeboten. Hierbei handelt es sich nicht um Hochgebirgsjagden, sondern um Jagden in urigen hügeligen bis leicht bergigen Revieren des Kaukasusvorlandes.

Im Nordkaukasus gibt es nicht nur beste Möglichkeiten zur Jagd auf den **Kaukasischen Rothirsch** (sowohl in der Brunft wie auf der Drückjagd), sondern auch auf starke **Keiler**, denn nirgendwo in ganz Rußland ist die Schwarzwilddichte so hoch wie hier.

Im Herbst können auf der Pirsch **Sikahirsch** (Naltschik), Braunbär und in freier Wildbahn auch der **Kaukasische Wisent** erlegt werden. Sehr interessant sind typische Kaukasus-Drückjagden (Oktober/November), auf denen praktisch alle diese Wildarten – als Hauptwildart gilt dabei normalerweise das Schwarzwild – zur Strecke kommen können.

Da die Reviere weitläufig und wild sind (dadurch ist das Abstellen sehr zeitaufwendig), können nur 3–4 Treiben pro Tag durchgeführt werden. Ähnlich wie auf den Drückjagden in den Vorbergen der Karpaten fallen hier zwar keine großen Tagesstrecken an, dafür wird die Strecke häufig von starken Bassen sowie vielen verschiedenen Wildarten aufgewertet.

Bei den Unterkünften ist die ganze Bandbreite von einfach bis edel vertreten: von einfachen Jagdhütten und Zeltcamps bis zu ehemaligen komfortablen Regierungsdatschen ist alles möglich.

Die Anreise hängt vom Jagdgebiet und der politischen Situation ab. Wer im äußersten Westkaukasus auf den Kuban-Tur jagt, fliegt über Moskau nach Sotschi. Bei allen anderen Jagden im Ost- bzw. Nordkaukasus führt der Weg ebenfalls zunächst auch über Moskau nach Machatschkala, Wladikawkas, Naltschik oder Mineralnyje Wody. Von diesen Landeplätzen aus wird die letzte Etappe normalerweise in ein paar Stunden mit dem Auto ins Jagdgebiet zurückgelegt.

Die mittelasiatischen Republiken

Kasachstan

DAS JAGDLAND KASACHSTAN

Nach Rußland und China ist Kasachstan das größte Land Eurasiens. Nach dem Zusammenbruch des Sowjetimperiums bekommt diese neue Atom- und Ölmacht immer mehr politisches Gewicht. Gleichzeitig präsentiert sich dieser junge Staat als äußerst reizvolles Jagdland mit hohem internationalen Stellenwert. Aus diesem Grund wird es hier ausführlich vorgestellt.

Wenn man eine geographische Karte Kasachstans vor sich auf den Tisch legt und diese „erzählen" läßt, erfährt man gleichzeitig viel und wenig von dem weiten Land. Fast die ganze Kartenfläche ist mit dem Gelb der Steppengebiete, Wüsten und Halbwüsten bedeckt, lediglich in den südlichen und östlichen Grenzregionen sind hohe Gebirgszüge markiert, die aber eher winzig im Vergleich zu den gelben Flächen erscheinen. So stellt sich der Jäger die berechtigte Frage, ob dieses Land auch jagdlich etwas zu bieten hat?

Dasselbe Bild vom Kasachenland vermitteln auch alte Reiseberichte, die bis heute unsere Vorstellung von diesem Teil Mittelasiens bestimmen: Kasachstan wird als ein rauhes, karges Land mit wenig Bewuchs geschildert, als unendliche Steppe und weites Wüstenreich.

Mehr aber konnten die frühen Reisenden aus der Alten Welt auf ihrem Weg nach Osten auch gar nicht sehen, führten ihre Wege zu den Märkten in Orient und Okzident auf den Karawanenstraßen nur durch den äußersten Süden. Sie suchten die beste Verbindung, nicht den Kontakt zu den Gebirgsbewohnern, zu Argalis und Maralen, nach denen wir Jäger Ausschau halten. Gerade deshalb entdecken wir heute ein ganz neues, in seiner Landschafts- und Wildvielfalt bisher unbekanntes Kasachstan.

Von Urial bis Maral: Jagdlich verrät uns die geographische Karte Kasachstans wenig, selbst die riesigen Entfernungen

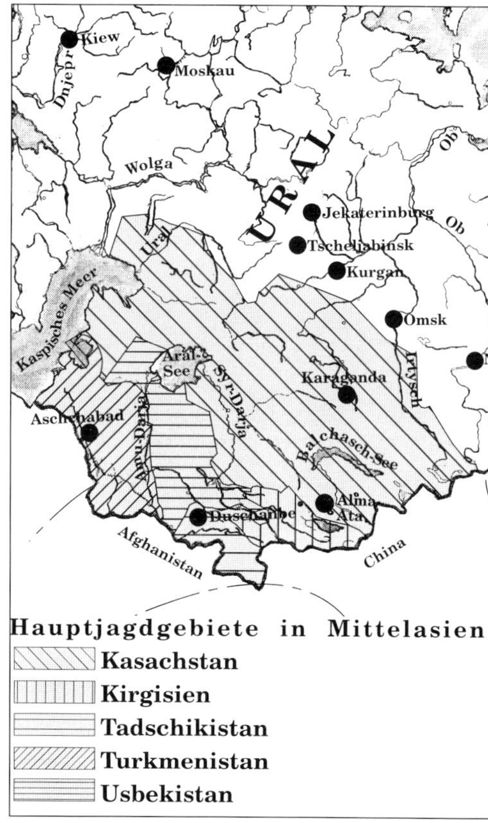

Hauptjagdgebiete in Mittelasien

treten einem erst richtig ins Bewußtsein, wenn man im Lande ist.

Wer würde erwarten, in den hügeligen Halbwüsten- und Wüstenregionen der Halbinsel Mangyschlak an der nordöstlichen Küste des Kaspischen Meeres kopfstarken Rudeln von Urialschafen und Kropfgazellen zu begegnen? Gerade dieser Gegend haben aber erfahrene Schafsjäger wegen der ausgezeichneten Bestände und dem leicht begehbaren Terrain eine gute jagdtouristische Zukunft vorausgesagt.

Im Norden des Landes fühlt man sich wiederum wie in einer anderen Welt: Weite, flache Flußlandschaften wechseln ab mit Wiesen, Kornfeldern und Birkenwäldern. In Sumpfgebieten ist der Elch wieder heimisch geworden, der Sibirische Rehbock zieht hier überall seine Fährte.

Das Herz Kasachstans bildet das weit ausgedehnte, landschaftlich einzigartige

Kasachische Kleinhügelland, das Reich des Karaganda-Argali. Auf diesen Hügeln und kleinen Plateaus, zwischen fahlrötlichen felsigen Faltengebirgen leben Wildschafe mit langen, massigen Schnecken von der Größe der Marco-Polo-Argalis. Zur Überraschung internationaler Schafsjäger leben in solch „sanftem“ Gelände, in dem man sich fast überall mit dem Jeep bewegen kann, solche Riesenschafe.

Am wenigsten schließlich kann die geographische Karte helfen, sich ein richtiges Bild von der wirklichen Ausdehnung und Größe der Gebirge Kasachstans zu machen; hier befinden sich die Hauptjagdgebiete mit den beiden imposantesten Wild-

Der Reiz Kasachstans liegt vor allem im unmittelbaren Nebeneinander unterschiedlicher Landschaftsformen – endloser Steppe (oben) wie Hochgebirge (unten) – und damit auch der Lebensräume unterschiedlicher Wildarten: In direkter Nachbarschaft des Marals, der die Berghänge im Vordergrund des Bildes bevölkert, leben Steinbock und – in den schneebedeckten Bergen – der seltene Schneeleopard

Solch gewaltige Marale aus Ostkasachstan haben dieses mittelasiatische Jagdland berühmt gemacht. Links Outfitter WLADIMIR PEREBEINOS, der die Grundlage für erfolgreiche Jagden auf Maral und Steinbock in diesem Gebiet legte. Rechts Dr. HANS-JOCHEN KAISER; er setzte als erster den Elk-call bei der Maraljagd ein

arten, die für diese Region typisch sind: der Maral und der Sibirische Steinbock.

Alle diese verschiedenen, voneinander tausende von Kilometern entfernten Gebiete bekamen die frühen Reisenden nicht zu Gesicht. Doch heute gibt es schon viele internationale Jäger, die in drei bis vier Wochen auf fast alle in Kasachstan vorkommenden Großwildarten in den entlegendsten Gegenden des Landes gejagt und dabei die unterschiedlichsten Landschaften kennengelernt haben. Auch unter massivem Einsatz von Flugzeugen, Hubschraubern, Geländewagen und viel Personal ist das logistisch immer noch ein schwieriges und aufwendiges Unternehmen.

Bisherige Jagderfolge: In der Durchführung von teueren Schafs-, Steinbock- und Maraljagden haben zu Beginn der 90er Jahre erfahrene Moskauer Jagdveranstalter wesentlich dazu beigetragen, daß die ersten Jagden für Auslandsgäste auch in den Hauptjagdgebieten Kasachstans erfolgreich abliefen. Sie hatten schon Jäger aus Europa und Amerika zu Gast, schickten eigene mit der Jagdorganisation vertraute Berufsjäger ins Land, stellten mit Hilfe westlicher Vermittler die nötige Ausrüstung für Jagdführer, Helfer und Camps zur Verfügung, machten Vorfinanzierungen mit eigenem Kapital usw., was am Ende – von einigen Mißerfolgen abgesehen – überraschend reiche Früchte trug.

In den letzten Jahren wurden erfolgreiche Maraljagden veranstaltet, die zu den interessantesten Angeboten in ganz Eurasien gehören. Es gibt Reviere, in denen jede Saison reichlich Marale mit einem Geweihgewicht von über 13 Kilogramm zur Strecke kommen. Hier sind auch bereits Maralhirsche mit knappen 16 und 17 Kilo erlegt worden. In Kasachstan wurde auch im Herbst 1992 der neue inoffizielle SCI-Weltrekordmaral von einem luxemburgischen Jäger gestreckt!

Bergreviere in Kasachstan sind grundsätzlich viel leichter zu bejagen als etwa die in Kirgisien oder Tadschikistan, zudem sind die Bestände des Sibirischen Steinbocks in der Regel ebenfalls hoch, so daß diese Jagden unter den Bergjägern einen sehr guten Ruf genießen.

Nach gelungenen Testjagden Ende der 80er Jahre werden in Kasachstan nun jedes Jahr einige wenige Lizenzen auf Karaganda-Argali vergeben, der in jeder Beziehung dem Marco-Polo-Schaf eine ernsthafte Konkurrenz macht. Die Jagden sind hervorragend organisiert und meines Wissens nach bisher immer erfolgreich gewesen. Dazu wird viel getan, um die Schafe weiter zu erforschen und alle erforderlichen Maßnahmen zu ihrem Schutz zu treffen.

Wildschutzmaßnahmen der letzten Jahrzehnte und das Vorhandensein vieler Wildreservate ermöglichen es heute auch weitere interessante Wildarten international anzubieten, die bisher streng geschützt waren. Seit dem Herbst 1992 kann man hier z.B. den Transkaspischen Urial oder die Kropfgazelle bejagen, bald kommt vielleicht auch der zahlreich gewordene Tienschan-Braunbär dazu. Weitere Wildarten werden folgen.

Ein Jagdland mit Zukunft: Kasachstan verfügt bereits jetzt über ein breites Angebot an interessanten Wildarten, kann auch beachtliche Jagderfolge vorzeigen, obwohl es bisher nur einen kleinen Teil seiner wirklichen Möglichkeiten genutzt hat. Es besteht in der nahen Zukunft sogar die Gefahr, daß es die starke Nachfrage etwa bei den Maral- oder Steinbockjagden gar nicht wird bewältigen können.

Hohe Bestände, solide Trophäenqualität und relativ leicht begehbare Berge machen den sibirischen Steinbock zum Zukunftswild Kasachstans

Im Osten Kasachstans habe ich Maral- und Steinbockgebiete besucht, deren Größe zwischen 200.000 und 500.000 (!) Hektar lag. Auf einem so riesigen Territorium waren ein, höchstens zwei Jagdcamps vorhanden, was absolut genommen sehr wenig ist. Die betreffenden Gebiete waren praktisch unerschlossen und ohne Wege. So konnte man sich nicht darauf verlassen, einfach Gäste mit dem Hubschrauber einzufliegen und nach der Jagd wieder abzuholen. Denn bei schlechter Witterung oder Kerosinmangel wäre der Hubschrauber ausgefallen und die Gäste würden im Revier steckenbleiben und womöglich ihren Rückflug verpassen.

Ein weiteres Problem ist die Bereitstellung von qualifiziertem Jagdpersonal. Dieser Mangel wird zur Zeit – soweit möglich – noch durch russische und kirgisische Berufsjäger und Helfer ausgeglichen.

Kasachische Gebietsjägermeister, die ich kennengelernt habe und die sich mit der Jagdorganisation befaßt haben, kannten alle diese Schwierigkeiten und hatten durchaus realistische Vorstellungen über die Weiterentwicklung des Jagdtourismus in ihrem Land, den sie schon jetzt ohne Hilfe aus Moskau betreiben können.

Sie wollen natürlich dem wachsenden Interesse der ausländischen Gastjäger gerecht werden. Deshalb will man versuchen, gute Maral- und Steinbockgebiete zu erschließen und neue Camps anzulegen. Zusätzliche Jagdführer werden ausgebildet und in die Arbeit eingeführt, Pferde und Campausrüstung beschafft, die Wilderei stärker bekämpft, die Fleischjagd kontrolliert, und es werden neue Hegemaßnahmen initiiert.

So will man von Jahr zu Jahr langsam expandieren, dabei aber nur so viel Gäste aufnehmen, wie es die aktuelle Infrastruktur zuläßt. Die Kasachen sind sich durchaus bewußt, daß sie in ihrem für den Gastjäger unbekannten und faszinieren-

Eine von Schafsjägern begehrte Beute aus dem wüstenartigen Hügelland im Küstengebiet des Kaspischen Meeres: das Transkaspische Urialschaf, für das es aber in Kasachstan nur eine Handvoll Lizenzen gibt

den Land etwas Besonderes anbieten können und wollen ihre große Chance nicht durch schlechte Jagden verspielen, denn die Einnahmen durch den internationalen Jagdtourismus sind für dieses Land jetzt schon zu einem bedeutenden Wirtschaftsfaktor geworden.

WILD und JAGDMÖGLICHKEITEN: Zwar ist die Zeit der kühnen Tigerjagden in Kasachstan längst vorbei, doch lockt dieses immer noch fast unbekannte Land zu einem Jagdtrip mit anderen exklusiven Abenteuern und starken Trophäen.

Die erstaunliche Wildartenvielfalt Kasachstans ist dem westlichen Jäger bis vor kurzem ebenso entgangen wie seine landschaftliche Mannigfaltigkeit. Alte Reisende, die über die Karawanenstraßen kamen, sahen und schilderten in ihren Reisetagebüchern in der Regel nur den Süden Kasachstans, der an die großen Wüsten Mittelasiens anschließt.

So denkt man heute noch üblicherweise an Kasachstan als eine unendliche Steppe und tierarme Wüste. Das ist in der Tat so, aber nicht im ganzen Land! Denn in Kasachstan gibt es fast alle denkbaren Landschaftsformen und damit verbunden auch einen erstaunlichen Wildartenreichtum, der nur denen bekannt ist, die das ganze Land bereist und gesehen haben.

In der heutigen Fauna Kasachstans sind 155 Säugetier- und 480 Vogelarten vertreten, die natürlich nicht alle dem Jagdrecht unterliegen und von denen nur wenige für den westlichen Jäger interessant sind.

In den letzten Jahrhunderten sind auch auf dem kasachischen Gebiet viele Tierarten verschwunden oder heute in ihrem Bestand gefährdet. Noch zu Beginn des vorigen Jahrhunderts gab es in der Nähe von Ust-Kamenogorsk und im Bezirk Saissan Tiger, die den lokalen Viehhaltern zu schaffen machten und auf die deshalb damals abenteuerliche und oft gefährliche Jagden veranstaltet wurden.

Für den westeuropäischen Jäger, der aus dem heimatlichen Revier Hirsch, Bock und Sau gut kennt, ist Kasachstan besonders wegen seiner hervorragenden Jagden auf Maralhirsch, Sibirischen Stein- und Rehbock interessant.

Maral: In meinen Beiträgen für die deutsche Jagdpresse habe ich vor der Maralherbstjagd 1992 die Vermutung geäußert, daß es vielleicht gerade in der kommenden Saison – wie ein Jahr vorher bei der Jagd auf den Sibirischen Rehbock in Westsibirien – in Kasachstan (und nicht

Für sportliche Jäger, die weder vor Pferden noch den Strapazen einer Wildnisjagd zurückschrecken, bietet Ostkasachstan mit seinen mächtigen Maralhirschen eine echte Herausforderung

im russischen Altai) zum Durchbruch bei den Maraljagden auf dem Gebiet der GUS kommen könnte. So war es auch!

Ich hatte auch diesmal das Glück, „dabei zu sein“: im Dschungarischen Alatau-Gebirge (Gebiet Taldy Kurgan), im wohl besten Maralgebiet Kasachstans, auf den Hirschgiganten selbst zu jagen und mehrere dort erbeutete Spitzentrophäen zu sehen und zu vermessen.

Vorab muß gesagt werden, daß im Augenblick die objektiv stärksten und schwersten Maraltrophäen der Welt aus Ostkasachstan kommen. Sie haben die mongolischen weit übertroffen.

Im September 1992 ist gerade in Kasachstan von einem luxemburgischen Jäger auch der neue inoffizielle SCI-Weltrekordmaral (Geweihgewicht 15,6 kg) erlegt worden; dazu kommen noch mehrere kapitale Trophäenträger mit einem Geweihgewicht zwischen 13 und 17 Kilogramm. Das sind keine russischen Märchen mehr, sondern Angaben, die durch Messungen vor Ort bestätigt wurden.

Diese Jagderfolge haben sich schnell herumgesprochen und das Interesse der Auslandsjäger ist so groß, daß man auch für die kommenden Jahre noch bessere Ergebnisse erwarten darf. Diesen Andrang wird man allerdings organisatorisch kaum problemlos bewältigen, so daß es vermutlich auch enttäuschte Gäste geben wird, die ohne die ersehnte Beute nach Hause zurückkehren müssen.

Der Maral lebt nur im gebirgigen Osten und Südosten Kasachstans auf den Gebirgen Altai, Saur, Tarbagatai, Dschungarischer Alatau sowie auf den Bergen des östlichen Tienschan. Im Norden befindet sich eine qualitativ gute, neugegründete Population in Borowoje bei Koktschetaw. In fast allen diesen Gebieten werden immer mehr Jagden für ausländische Jäger angeboten.

Sibirischer Rehbock: Der Sibirische Rehbock kann grundsätzlich in allen Maralgebieten im bergigen Osten, vor allem auf den Vorbergen und in den Tälern bejagt werden, aber auch in weitläufigen Flachlandrevieren im Norden. Der Gesamtbestand von etwa 16.000 Stück Reh-

Der Bestand des Sibirischen Rehwildes liegt in Kasachstan weit unter den Möglichkeiten, die der ausgezeichnete Lebensraum bietet; ein solch guter Bock bleibt daher eine echte Glückstrophäe auf der Maraljagd

wild und die damit verbundene geringe Wilddichte liegt natürlich weit unter dem, was der Lebensraum tragen könnte.

Der Sibirische Rehbock ist eine für den westlichen Auslandsjäger außerordentlich attraktive Wildart, nur ist sein Bestand im Norden und Osten Kasachstans – trotz idealer Lebensräume – nicht so hoch, um erfolgreiche Jagden für die Gäste garantieren zu können. Mit entsprechenden Hegemaßnahmen und effektivem Wildereischutz könnte man aber schon in wenigen Jahren seinen Bestand erheblich erhöhen und stabilisieren, so daß man mit den aus dem Jagdtourismus gewonnenen Devisen weitere Hege- und Wildschutzmaßnahmen finanzieren und teilweise auch die Fleischversorgung der Bevölkerung aus anderen Quellen sichern könnte.

Sibirischer Steinbock: Der Sibirische Steinbock (kasachisch *„tau teke“*, russ. *„gorni kasjol“* oder *„kasjerog“*) wird in Zukunft neben Maral und Wildschafen wegen seiner hohen Bestände – unter der Voraussetzung einer guten Jagdorganisation – wohl eine der Hauptsäulen des kasachischen Jagdtourismus sein.

Wie der Maral lebt auch der Sibirische Steinbock in den höheren Regionen in fast allen Gebirgen Kasachstans: von den Gebirgszügen des östlichen Tienschan über die Gebirge Dschungarischer Alatau, Tarbagatai und Saur bis zum kasachischen Altai, worauf sich auch die Jagdangebote konzentrieren. Je nach Jagdgebiet sind die Städte Alma-Ata, Taldy-Kurgan oder Ust-Kamenogorsk Zielflughafen. Weiter geht es in die Bergreviere per Hubschrauber oder mit Geländewagen.

Bekanntlich sind die Steinböcke Kasachstans nicht ganz so stark wie die Kirgisiens, doch weisen sie einen guten Bestand auf, der Gastjäger hat viel Anblick und jagt in einem nicht übermäßig schwierigen Gelände (Berge zwischen 2.500 und 3.000 Meter) so wie in Kirgisien. Es gibt genügend gute Böcke mit einer Hornlänge über einen Meter, sehr starke Trophäen liegen zwischen 110 und 125 Zentimeter.

Die Unterkunft erfolgt in Jagdhäusern oder geheizten Zelten. Gejagt wird zu Fuß (oft wird der Aufstieg oder ein langer Hinweg mit dem Geländewagen verkürzt) oder mit Pferden. Wenn der Bestand gut ist und der Jagdführer sich auskennt, kann man bei günstiger Witterung praktisch jeden Tag einen Steinbock zur Strecke bringen, besonders in den Naturschutzgebieten oder Reservaten, wo in der Regel eine Überpopulation anzutreffen ist, die von Einheimischen nicht bejagt wird.

Argalis: Der Argali (*Ovis ammon*) ist in Kasachstan mit seinen fünf (oder sechs, wenn man den Dschungarischen Argali, *O. a. littledalei*, aus dem Dschungar-Alatau-Gebirge als eine echte Unterart nimmt) Unterarten vertreten, die alle im „Roten Buch“ Kasachstans stehen. Im Augenblick ist nur eine begrenzte Bejagung des Karaganda-Argali möglich.

Nach Auskunft der kasachischen Wildbiologen leben im kasachischen Altai auch 50–60 Stück des seltenen **Altai-Argali** (*O. a. ammon*), im Karatau-Gebirge ist eine klein gewordene Population von **Karatau-Argali** (*O. a. nigrimontana*) vorhanden. Klein ist auch der Randbestand (50 – 100 Wildschafe) des **Sewerzow-Argali** (*O. a. severtzovi*), der eigentlich im Nachbarland Usbekistan zu Hause ist. Vom **Tienschan-Argali** (*O. a. karelini*) leben in den Bergen des kasachischen Tienschan noch etwa 300 Stück.

Gleich auf der ersten Karaganda-Argali-Jagd im März 1990 wurde einer der stärksten Karaganda-Widder mit einer Hornlänge von 137,5 cm und einem Basisumfang von 43 cm erlegt (hier im Bild mit Jagdinspektor A. Berber)

Ganz anders steht die Sache mit dem **Karaganda-Argali** (*O. a. collium*) aus dem Kasachischen Kleinhügelland (*Kasachski melkosopotschnik*) Zentralkasachstans, dem eigentlichen Wahrzeichen Kasachstans, dessen Bestand mit etwa 12.000 Wildschafen als stabil gilt und für den seit ein paar Jahren eine limitierte Anzahl von Lizenzen für internationale Jäger ausgegeben wird.

Durchschnittstrophäen dieses dem Marco-Polo-Schaf ähnlichen Argali sind um 120 Zentimeter, starke wiederum können 130 Zentimeter und mehr aufweisen.

Urial: Das Transkaspische Urialschaf (*Ovis orientalis arkal*) lebt im Westen Kasachstans im Küstengebiet des Kaspischen Meeres, auf dem Mangyschlak und dem Ustjurtplateau. Bestand 6.000 Stück.

Die Jagden werden normalerweise in der Nähe der Stadt Aktau (früher Schewtschenko, die auch Zielflughafen ist) in einem fast unberührten, leicht begehbaren Gebiet mit sehr viel Erfolg organisiert und mit der Jagd auf die Kropfgazelle kombiniert. Dort haben schon welterfahrene Schafsjäger gejagt, die diesem Schafsparadies eine große Zukunft prophezeihen. So schrieb der mexikanische Großwildjäger Jesus Yuren nach seiner Jagd in Westkasachstan im Herbst 1992 an mich: *„After* *you left, we went to Aktau, in West Kazakhstan, there I could get two Trans Caspian Urial Sheep and a Jeram or Persian Gazelle. This is an almost virgin area, plentifull of both sheep and gazelle, having the Caspian Sea at the West and the great desert at the East, and pretty easy terrain to hunt, should be a hot spot for the sheep hunter very soon*".

Saiga. Das Areal der Saigaantilope (*Saiga tatarica*) umfaßte in der früheren Sowjetunion Ende der 70er Jahre 2,5 Mio. km², bei einem Gesamtbestand von 2 Mio. Tieren. Das Vorkommen war verteilt auf zwei Gebiete: Kalmykische Steppe und Kasachstan, wo sich ihr Hauptbestand (damals 1,5 Mio.) befindet. Danach verkleinerte sich ihr Lebensraum und die Population sank.

So gab es Ende der 80er Jahre in Kasachstan 600.000 bis 750.000 Saigaantilopen (nach Sokolow), die aber nicht mehr so intensiv jagdwirtschaftlich genutzt werden wie in den Jahrzehnten nach dem Krieg. Dennoch ist in Kasachstan die Jagd für Gäste möglich und sehr erfolgreich, in der Regel wird sie (mit einem Revierwechsel) als Kombination z.B. zu Maral- oder Steinbockjagd angeboten.

Die hierzulande wenig bekannte Saiga-Antilope ist für viele Jäger die typischste Wildart der kasachischen Steppen

Kropfgazelle: Die Kropfgazelle (*Gazella subgutturosa*; russ. „*dschäiran*") lebte früher in fast allen flachen Gebieten der Halbwüsten- und Wüstenzonen Kasachstans. Heute ist ihr Vorkommen mehr sporadisch, man findet sie in den isolierten Populationen auf dem Mangyschlak, dem Ustjurt, in Karakumy, Kysylkum, Betpak-Dal und im Balchasch-Gebiet. In Mittelasien und Kasachstan gab es Ende des 19. und zu Beginn des 20. Jahrhunderts einige hunderttausend Kropfgazellen, heute nur noch etwa 10.000 Stück, die geschützt sind.

Früher weit verbreitet in fast allen flachen Halbwüstengebieten Kasachstans, ist die Kropfgazelle heute seltener geworden, so daß nur wenige Lizenzen pro Jahr vergeben werden

Erst seit 1992 ist eine streng limitierte Bejagung (etwa als Kombination zur Urialjagd im kasachischen Westen) für Auslandsjäger wieder möglich, um aus diesen Einnahmen ihren weiteren Schutz gewährleisten zu können.

Weitere Großwildarten: In Kasachstan begegnet man auch anderen Wildarten, die aber heute von untergeordneter Bedeutung für den Jagdtourismus in diesem Land sind. In vielen Hügel- und Berggebieten (oft auch auf einer Höhe von über 2.000 m) – vor allem dort, wo Marale und Sibirische Rehböcke ihre Fährten ziehen – kann man z. B. als Zusatztrophäe **Schwarzwild** erbeuten.

Nachdem das **Elchwild** um die Jahrhundertwende ganz aus Kasachstan verschwunden war, wurde der erste Elch erst wieder 1936 im Westkasachischen Gebiet gesichtet. Die Jagd auf diesen Einwanderer aus Sibirien wurde verboten, so konnte er hier wieder Fuß fassen. Schon 1950 gab es dann Elchwild in 9 von 16 administrativen Gebieten, er bewohnt heute alle nördlichen Teile Kasachstans und kann in einigen Revieren auch bejagt werden.

Das Areal des **Braunbären** deckt sich mit dem des Maral. Der Bär ist auf den Gebirgszügen des Tienschan im Süden des Landes anzutreffen, dann weiter nordöstlich auf den Gebirgen Dschungarischer Alatau, Tarbagatai und Saur. Auf allen angeführten Gebirgen lebt eine ganz besondere Unterart des Braunbären: der **Tienschan-Braunbär** (*Ursus arctos isabellinus*; die systematische Stellung des Braunbären aus Tarbagatai und Saur ist immer noch unklar). Der Bestand des Tienschan-Bären betrug Mitte der 80er Jahre in Kasachstan 1.000 Stück, weswegen er geschützt ist. Dazu kommt noch die Braunbärpopulation des kasachischen Altai.

Heute ist der Bärenbestand in Ostkasachstan deutlich gestiegen. Auch wir Gastjäger haben auf unseren Herbstjagden in bergigen Maral- und Steinbockrevieren sehr oft Bären beobachtet, gefährtet und seine Spuren gesehen. Wahrscheinlich wird es schon bald einige Bärenlizenzen für den kasachischen Südosten geben, da eine begrenzte Bejagung jetzt sinnvoll erscheint.

In der GUS gibt es kein anderes Gebiet, das **Wölfe** mit einer größeren Populationsdichte aufweist als Kasachstan. Anfang der 80er Jahre lebten dort 31.000 Wölfe, gebietsweise auch mehr als 7 Stück pro 1.000 km^2 (nach den aufbereiteten Bälgen gerechnet). Das spürt und sieht auch der Gast, der dem Isegrim oft im Revier – vornehmlich im Gebirge bei der Maral- und Steinbockjagd – begegnet und hier mehr Gelegenheit als irgendwo sonst hat, auf ihn zum Schuß zu kommen. Trotzdem bleibt auch in Kasachstan der Wolf nur eine Zusatztrophäe und eine Glücksache.

Niederwild: Kasachstan ist bekannt

Wie in allen anderen Jagdgebieten der Erde ist der Wolf wegen seiner unsteten Lebensweise und der großen Tagesmärsche auch in Kasachstan nur eine Glückstrophäe. Da er aber hier zahlreich und seine Populationsdichte sehr groß ist, begegnet man ihm viel häufiger als in den anderen GUS-Republiken

als ein Land mit unzähligen Gewässern, hat es doch fast 11.000 Flüsse und Seen. Dementsprechend sind natürlich auch die Möglichkeiten guter Wasserjagden – in erster Linie auf **Enten und Gänse** im Norden und Osten des Landes – vorhanden. Auf dem Morgen- und Abendgänsestrich rechnet man mit etwa 100 Schuß pro Tag, auf Enten weit drüber.

In vielen Landesteilen Kasachstans werden erfolgreiche Jagden auch auf **Auer-** und **Birkhahn, Stein-** und **Rebhühner** angeboten, die in reichen Besätzen vorhanden sind.

Mit solchen Angeboten wird sich dieses Jagdland wohl keinen Namen machen, doch ist das alles eine schöne Ergänzung zu den typischen kasachischen Jagden wie etwa auf Maral, Sibirischen Steinbock, Saiga oder auf Karaganda-Argali und Urial. Manch passionierter Niederwildjäger wird sich jedoch solch eine Gelegenheit nur ungern entgehen lassen.

Politische Bedeutung

Nicht nur jagdlich ist Kasachstan ein besonderes Land. Nach dem Zerfall der Sowjetunion erlangte Kasachstan nach 1991 schnelle Anerkennung und auch politisch eine besondere internationale Bedeutung.

Kein Wunder, handelt es sich doch um eine neue Atommacht mit großem Wirtschaftspotential. Zudem scheint die kasachische Regierung fest entschlossen, schnelle und radikale Wirtschaftsreformen durchzuführen. Daß es sich dabei nicht um ein Lippenbekenntnis handelt, davon konnten sich verschiedene westliche Vertreter aus Politik und Wirtschaft bereits überzeugen. Da Kasachstan von allen Staaten Mittelasiens bisher augenscheinlich die größten Fortschritte beim Aufbau der Demokratie gemacht hat, ist es fast über Nacht zu einem wichtigen Wirtschaftspartner der westlichen Staaten geworden.

Kasachstan ist trotz aller Bemühungen bei weitem noch kein Staat mit fortgeschrittener Wirtschaftsentwicklung. Nach den zahlreichen positiven Presseberichten überraschte es geradezu, daß Kasachstan Ende 1992 zusammen mit vier weiteren mittelasiatischen ehemaligen Sowjetrepubliken den Status eines Entwicklungslands erhalten hat. Er sichert ihm zwar nicht automatisch Entwicklungshilfe durch die reichen Länder bzw. internationale Organisationen, stellt aber eine wichtige Vorstufe dafür dar.

Man spricht von Kasachstan auch als von einer neuen Weltölmacht. Hat doch der amerikanische Konzern Chevron Mitte 1992 nicht umsonst einen Ölfördervertrag in Höhe von 20 Milliarden Dollar mit der Regierung Kasachstans geschlossen; er stellt das bisher größte internationale Projekt in einem GUS-Staat dar.

Geschichtlicher Abriß: Das Volk der Kasachen, die von alters her Nomaden waren, entstand an der Schwelle des 16. Jahrhunderts hauptsächlich aus lokalen türkischen und mongolischen Stämmen Zentralasiens. Im 16. und 17. Jahrhundert waren Kasachen unter dem Namen „Kasak“ bekannt, danach wurden sie bis 1925 fälschlicherweise als „Kirgisen“ bezeichnet. Die kasachische Sprache gehört zu den Turksprachen, bedient sich allerdings seit 1940 des kyrillischen Alphabets.

Nach dem Zerfall des mongolischen Imperiums entstand zu Beginn des 16. Jahrhunderts ein kasachisches Reich, die „kasachische Horde“. Noch im selben Jahrhundert drangen Russen auf kasachisches Gebiet vor. In der Folgezeit bauten sie immer schneller ihren Einfluß aus, bis Rußland 1873 Kasachstan in sein Reich vollständig eingliederte.

Nach der Oktoberrevolution leistete Kasachstan heftigen Widerstand gegen die Sowjetisierung. 1936 erhielt es den Status einer Unionsrepublik.

Mit der Kolonisierung und Kollektivierung Kasachstans verlor das einstige Nomadenvolk ein Viertel (!) seiner Bevölkerung durch Hunger oder aber Flucht nach China und in andere Teile Zentralasiens. Es wurde so praktisch zur Minderheit in der eigenen Heimat.

Seit den 70er Jahren sind die Kasachen aber bereits in vielen lokalen Institutionen in der Mehrheit (mit steigender Tendenz), was auch wir Jagdgäste bemerkt haben. Denn es gibt kaum noch Gebietsjägermeister oder Direktoren in den Reservaten und Naturschutzgebieten, die keine Kasachen sind. Allerdings wurden sie offenbar – wie man draußen im Revier feststellen konnte – nicht unbedingt nach dem Leistungprinzip ausgewählt. Die Spannungen zwischen den verschiedenen Nationalitäten sind zwar auch in Kasachstan vorhanden, doch ist der ethnische Frieden hier bisher bewahrt worden.

Steckbrief Kasachstan

Staatsname: Republik Kasachstan („*Qazaqstan Respublikasy*“), umbenannt am 10.12.1991; Souveränitätserklärung am 25.10.1990, für unabhängig erklärt am 16.12.1991

Fläche: 2,7 Mio. km^2 (nach Rußland zweitgrößtes Land der GUS)

Hauptstadt: Alma-Ata (kas. *Almaty* = „Vater des Apfels“); 1,1 Mio. Einwohner (663.000 Russen, 252.000 Kasachen, 20.000 Deutsche u.a. Nationalitäten)

Großstädte: Karaganda, Tschimkent, Semipalatinsk, Pawlodar, Ust-Kamenogorsk, Dschambul

Angrenzende Staaten: Im Norden die

längste Grenze mit Rußland, im Osten China, im Süden Usbekistan und Kirgisien, im Westen Turkmenistan

Bevölkerung: 16,7 Mio. Einwohner, 6,2 pro Quadratkilometer;

40 % Kasachen (6,6 Mio.), 38 % Russen (6,2 Mio.), 6 % Deutsche (0,9 Mio.), 5 % Ukrainer, je 2 % Usbeken und Tataren u.a. Nationalitäten

Amtssprache: 1989 wurde Kasachisch zur Staatssprache erhoben, Russisch – das früher im öffentlichen Leben bevorzugt wurde – erhielt dagegen den Status einer Sprache internationaler Verständigung

Währung: 1 Tenge = 500 Rubel (1 US$ = 41 Tenge)

Zeit: 2 Stunden Zeitunterschied zu Moskauer Zeit im kasachischen Westen, bzw. 3 Stunden im Osten (Alma-Ata: MEZ + 4 Stunden)

Maße und Gewichte: Metrisch

Natur: Den größten Teil Kasachstans bilden weites Tiefland, niedrigere Plateaus, Hügelland, Wüsten und Halbwüsten, nur im Osten und Südosten gibt es Gebirge. Im Westen befindet sich die Kaspische Senke, an die sich im Süden und Südosten die Halbinsel Mangylschlak und die Ustjurt-Platte, im Nordosten das Ural-Emba-Plateau, die Ausläufer des Südural und das Mugodschary-Gebirge anschliessen. Den Norden Kasachstans nimmt ein breiter Streifen des Westsibirischen Tieflands ein, das nach Süden in das Turgai-Tafelland und das Kasachische Kleinhügelland (russ. *Kasachski melkosopotschnik*) übergeht. Südlich vom Kasachischen Kleinhügelland befinden sich vorwiegend Wüsten und Halbwüsten. Den äußersten Süden bilden Gebirgsketten des Tienschan: Kungej-Alatau, Transili-Alatau, Kirgisisches Gebirge u.a. Im Osten erstreckt sich das Altaigebirge, südlicher von ihm dann weitere Gebirgszüge – jeweils durch Senken getrennt – wie Saur, Tarbakatai und Dschungarischer Alatau. Die größten Gewässer: das Kaspische Meer im Westen, der Aralsee im Süden und der Balchasch- und Saissansee im Osten.

Klima: Extrem kontinental und trocken; durchschnittliche Temperatur im Juli im Norden 20°C, im Süden 26° bis 29° (Maximum 45°); im Januar –16° bis –19° (Maximum –45°) im Norden, –1,4° bis –5°C im Süden

In den kasachischen Bergen kommen auch viele Tiere vor, die in Europa bereits oder fast ausgestorben sind. So ist der Anblick des riesigen Bartgeiers hoch über dem Kopf des Jägers während der Maral- und Steinbockjagden immer noch recht häufig

Bodenschätze: Großer Reichtum an Bodenschätzen (über 90 Arten); reiches Vorkommen an Erdöl, das in Zukunft mit ausländischer Unterstützung gefördert werden soll

Großwild: Maral, Sibirischer Steinbock, Sibirischer Rehbock, Transkaspisches Urialschaf, Karaganda-Argali, Tienschan-Argali, Karatau-Argali, Sewerzow-Argali, Saiga, Kropfgazelle, Elch, Schwarzwild, Bär, Wolf

Seltenes Großwild: Schneeleopard, Gepard, Wildesel (Kulan)

Anreise: Einreisevisum und Einfuhrdokumente für Waffe und Munition besorgt der westliche Jagdvermittler. Anreisestrecke ist vom Jagdgebiet abhängig. Nach Alma-Ata kann man jetzt zweimal wöchentlich von Hannover direkt fliegen, oder dreimal pro Woche aus Frankfurt. Auch die Lufthansa fliegt seit 1994 Kasachstan direkt an. Seit kurzem kann man aus Deutschland auch direkt nach Karaganda fliegen. Bei Kombinationsjagden fliegt man ab Moskau zum gewünschten Zielflughafen nach Taldy-Kurgan, Ust-Kamenogorsk, Koktschetaw oder Aktau.

Kirgisien

Im Reich des Sibirischen Steinbocks: Der Sibirische Steinbock ist ein typischer Bewohner der subalpinen Gebirgszone, die in Kirgisien ganze 60 Prozent (etwa 100.000 km²) aller Jagdrevierflächen ausmacht. Wegen des großen Bestands des Sibirischen Steinwildes und seiner auf der Welt einmaligen Trophäenqualität (Hornlänge bis über 130 cm) wird Kirgisien mit Recht „das Paradies der Sibirischen Steinböcke“ genannt.

Neben dieser größten Wildziege ist Kirgisien unter den internationalen Großwildjägern auch als „Argali-Land“ bekannt, wo jedes Jahr 10–15 Marco-Polo-Widder von ausländischen Jagdgästen erlegt werden.

In der Tat haben sich in diesem Gebirgsland große Steinbock- und Argalirudel erhalten, die stellenweise hundert und mehr Stück zählen. Allein der Anblick eines solchen kopfstarken Rudels mitten in einer herrlichen Gebirgslandschaft erfüllt das Jägerherz mit Freude und läßt den Waidmann alle Strapazen einer langen Anreise und des beschwerlichen Aufstiegs schnell vergessen. Auf einer Steinbock- und Argalijagd in Mittelasien ist man immer hoch in den Bergen und hat den weiten Blick auf zahlreiche Bergwiesen, über die A. KNYSTAUTAS in seinem Buch „Naturparadies UdSSR“ folgende Zeilen schrieb:

Für diesen Anblick fliegt man nach Kirgisien: nicht nur wir wollen die Steinböcke sehen, ebenso gespannt beobachten auch sie uns, neugierig aus ihrem steinigen Reich herausspähend

„Die alpinen Wiesen Mittelasiens in voller Blüte gehören mit ihrer Pracht und Frische zu den schönsten Anblicken in der ganzen Sowjetunion. Im Frühling sind die Wiesen noch mit blaßgrünem Blattwerk bedeckt, bis zum Frühsommer haben sich die Blüten geöffnet: liebliche Vergißmeinnicht, blaßrosa Hahnenfußgewächse, gol-

Die „Schweiz Mittelasiens“ wird Kirgisien zu Recht gepriesen; wer einmal die unvergleichliche Schönheit seiner Gebirge sah, wird immer gerne wiederkommen

dene Trollblumen, blaßgelber Alpen-Mohn und viele andere. Die letzte Grenze dieser obersten Vegetationszone in den mittelasiatischen Gebirgen kann bei 3.800 bis 4.000 Meter liegen", wo sich nur noch Jäger und Bergwild begegnen.

Territorium und Bevölkerung: Die Republik Kirgisien befindet sich im Nordosten des ehemals sowjetischen Teils Mittelasiens. Auf einer Fläche von 200.000 km² – Kirgisien ist also so groß wie die Schweiz und Österreich zusammen – leben nur 4,2 Mio. Einwohner (52 % Kirgisen, 21,5 % Russen, 13 % Usbeken u.a.). Es grenzt im Westen an Usbekistan, im Süden an Tadschikistan, im Osten an China, und im Norden erstreckt sich seine längste Grenze mit Kasachstan.

Kirgisien ist ein ausgesprochenes Gebirgsland. Drei Viertel seines Territoriums liegen höher als 1.500 m und ganze zwei Drittel über 3.000 m über dem Meeresspiegel. Zwei Gebirgssysteme beherrschen das Land: im Osten der Tienschan (mit dem zweithöchsten Berg der GUS, dem 7.439 m hohen „*Pik Pobedy*") und im Südwesten das Pamir-Alai-System. Wegen seiner alpinen Bodenform und einmaligen landschaftlichen Schönheit wird Kirgisien auch die „Schweiz Mittelasiens" genannt.

Die Hauptstadt Bischkek (620.000 Einwohner, davon 345.000 Russen und 142.000 Kirgisen) hieß bis 1991 Frunse und in vorsowjetischer Zeit Pischpek.

Die heutige Währung ist Som (im Oktober 1994 war 1 US-$ = 10 Som bzw. 1 Som = 220 Rubel).

Zeitunterschied zu Bischkek: MEZ + 4 Stunden.

WILD und JAGDMÖGLICHKEITEN:

Seit 1990 werden in Kirgisien hervorragende Bergjagden vor allem auf zwei hochbegehrte Wildarten, nämlich auf Sibirischen Steinbock und Marco-Polo-Argali, veranstaltet.

Der kirgisische Steinbock gehört zur Unterart „**Mittelasiatischer Steinbock**" (*Capra sibirica alaiana*), die im Tienschan- und Pamir-Alai-Gebirgssystem verbreitet ist. Sein Gesamtbestand in Kirgisien beläuft sich auf 30.000–40.000

Kirgisien hat die mit Abstand weltstärksten Steinböcke zu bieten

Stück, der Jahresabschuß beträgt 3.000 (davon erlegen devisenbringende Auslandsjäger etwa 120 Stück). Die größte Populationsdichte wurde Ende der 60er Jahre auf dem Gebiet der Forstwirtschaften Ala-Buka, Usgen, Toktogul und Dschumgal festgestellt (nach JU. N. TSCHITSCHIKIN).

Sibirische Steinböcke aus Kirgisien sind mit Abstand – sowohl körperlich (Gewicht erwachsener Böcke bis 130 kg) wie von der Trophäe her – die stärksten Steinböcke der Welt. Eine „normale" Steinbocktrophäe liegt hier zwischen 100 und 120 cm Hornlänge, es wurden aber in den letzten Jahren auch Steinböcke mit über 130 cm – Ende 1993 schoß ein österreichischer Jäger einen Bock mit 142 cm! – von Jagdgästen zur Strecke gebracht. Die neue inoffizielle Weltrekordtrophäe (erlegt von einem einheimischen Jäger) mit ihrer unglaublichen Länge von 158 cm stammt ebenfalls aus Kirgisien.

Da sich Sibirische Steinböcke in der Regel in höheren Lagen (3.000–4.500 m) aufhalten und nur während der Wintermonate in die Waldzone heruntersteigen, ist ihre Bejagung sehr anstrengend. Gute

Kondition ist für den Jagderfolg genauso wichtig wie die Fähigkeit, einen sicheren Schuß auch auf größere Entfernungen (250–300 m) anzubringen.

Um den beschwerlichen Aufstieg im steilen Gelände zu erleichtern, werden spezielle Bergpferde zur Jagd eingesetzt. Früh am Morgen verlassen der Gast und sein Führer auf Pferden das Basiscamp und bleiben normalerweise den ganzen Tag im Hochgebirge auf der Jagd. Nur wenn der Steinbock früh erlegt worden ist, kehrt man vor dem Abend zurück.

Steinböcke äsen morgens, bleiben somit bis etwa 9 Uhr in Bewegung und können leichter gesehen werden. Nach 9 Uhr ziehen sie zu ihren Tagesruheplätzen, die unweit (500–1.500 m) ihrer Äsungsplätze liegen. Wenn sie aber vergrämt werden, flüchten sie sehr weit immer bergauf (nur krankgeschossene Steinböcke flüchten bergab). Am Abend sind sie wieder ab etwa 17 Uhr aktiv.

Auf ihren Ruheplätzen hoch in den Gipfelregionen schlafen oder dösen Steinböcke auf warmen Steinen. Wenn sie nicht gestört werden, bleiben sie so 2–4 Stunden auf ihren Ruheplätzen liegen. Der Jäger und sein Führer glasen die Gegend ab und wenn ein starker Steinbock hoch oben in den Felsen ausgemacht wird oder am Morgen vor ihnen bergauf geflüchtet ist, wird er um den Kamm herum vorsichtig bis auf 200–300 m angepirscht und beschossen.

Da ein Steinbockcamp in Kirgisien gewöhnlich auf etwa 2.500–3.000 m Höhe liegt, ist keine Akklimatisation nötig. Die Unterkunft erfolgt in transportablen, geheizten Fertigzelten mit gepolsterten Wänden (die in kirgisischen Fabriken hergestellt werden; Größe 2,5 x 4,5 m). In jedem Zelt ist normalerweise auch Licht vorhanden, das von einem tragbaren Stromaggregat erzeugt wird.

Die Anreise erfolgt per Flugzeug über Moskau nach Bischkek, dann weiter mit dem Auto noch 80–150 km bis zum Steinbockcamp (wenn das Revier im Kirgisischen Gebirge liegt) oder mit dem Hubschrauber, wenn das Jagdgebiet weit von Bischkek entfernt liegt. Eine andere Möglichkeit wäre der Direktflug von Alma-Ata mit Lufthansa, dann der Weitertransport mit dem Auto bis Bischkek (236 km) und dann bis zum Camp.

Beste Jagdzeit ist Oktober/November, es kann aber – allerdings unter größerer Anstrengung, da sich die Steinböcke zu dieser Zeit sehr hoch aufhalten – auch im September erfolgreich gejagt werden.

In Kirgisien kommen drei Unterarten des **Argali** vor: 1. Marco-Polo-Argali, 2. Tienschan-Argali und 3. Sewerzow-Argali. Im Westen Kirgisiens leben heute nur noch etwa 100 Stück **Sewerzow-Argali** (*Ovis ammon severtzovi*), dessen Hauptvorkommen in Usbekistan zu finden ist, wo er heute auch bejagt werden kann. In Kirgisien ist aber dieser mufflonähnliche Argali geschützt.

Den wichtigsten Platz im kirgisischen Jagdtourismus nimmt nach dem Sibiri-

Um den Aufstieg soweit wie möglich zu erleichtern, werden die Steinbockcamps nicht unter 3000 m errichtet. Nach dem Frühstück ist dann alles bereit für den langen Ritt oder Fußmarsch zu den Gipfelregionen

schen Steinbock sicherlich der **Marco-Polo-Argali** (*Ovis ammon polii*) ein. Sein Areal in Kirgisien umfaßt den bergigen Süden des Landes südlich des Naryn-Flusses bis zur chinesischen Grenze, vor allem das Gebirge Kakschaal-Too (ausgenommen die Berge südlich und südöstlich vom See Issyk-Kul, in denen der Tienschan-Argali vorkommt), wo auch die Jagden stattfinden.

In Kirgisien leben etwa 9.000 Marco-Polo-Schafe, die dort fast den Status eines Nationalheiligtums besitzen. Aus diesem Grunde werden alle Marco-Polo-Lizenzen – die nur an ausländische Jagdgäste vergeben werden – vom zuständigen Minister persönlich genehmigt und ausgestellt.

Im Unterschied zu Sibirischen Steinböcken halten sich Argalis in etwas niedrigeren Regionen auf. Sie bevorzugen breite Hochebenen zwischen den Bergen und sanftere Gebirge ohne steile Felsen. Mächtige und stark gewundene Argalihörner faszinierten in allen Zeiten Einheimische und Fremde.

Kirgisische Bergjäger glauben fest daran, daß ihr „Bergfreund" Argali nicht umsonst so starke und lange Hörner trägt. Denn alte Jagdgeschichten berichten darüber, daß sich von Wölfen verfolgte Argaliwidder – um sich zu retten – von den Felswänden in die Tiefe stürzen, dabei auf ihre Hörner fallen und so überleben.

Marco-Polo-Widder aus Kirgisien sind – trotz einiger Ausnahmen, die ich kenne – nicht ganz so stark wie diejenigen aus dem Pamir im Süden Tadschikistans. Man rechnet mit einer Hornlänge zwischen 130 und 135 cm, es sind aber auch Widder mit 152–155 cm Hornlänge zur Strecke gekommen.

Die Berge erreichen hier Höhen zwischen 3.000 und 4.500 m und liegen damit nicht ganz so hoch wie in Tadschikistan (Pamir). Das Basiscamp wird auf etwa 3.000 m (deshalb keine Akklimatisation notwendig) zu erwarten sein. Das Gelände ist leichter begehbar als etwa auf reinen Steinbockjagden, so daß auch Pferde und Geländewagen mit eingesetzt werden können.

Die Unterkünfte entsprechen in etwa denen bei Steinbockjagden, nur daß in Marco-Polo-Camps bessere Verpflegung geleistet und mehr „Komfort" (jeder Gast erhält z. B. ein eigenes geheiztes Zelthäuschen) geboten wird.

Die Jagden werden von September bis Ende November (und in Ausnahmefällen im Februar/März) veranstaltet. Anreise erfolgt mit Flugzeug über Moskau nach Bischkek, danach noch Helikoptertransport etwa 300 km in Richtung Süden ins Basiscamp. Heute gibt es auch einen Lufthansa-Direktflug von Frankfurt nach Alma-Ata.Von Alma-Ata aus kann man

Man muß in den Gebirgen an der kirgisisch-chinesischen Grenze gewesen sein, um die nach dem Zusammenbruch der intensiven Viehzucht wieder zahlreich und kopfstark gewordenen Marco-Polo-Rudel bewundern zu können. Dr. Georg Zapfe (rechts) hat als einer der ersten deutschen Jäger auf das Argali-Schaf mit dem berühmten Namen in Kirgisien gejagt

Alte Marco-Polo-Widder lassen am Fuße der Berge jüngere Widder vorwegziehen, damit sie im tiefen Schnee „spuren“, da „den alten Herren“ die massigen Hörner bei solchen Schneelagen schwer zu schaffen machen. Am windgepeitschten Berghang dagegen bleibt nur wenig Schnee liegen, dort fällt den Widdern das Weiterkommen leichter

entweder direkt ins Camp mit einem Hubschrauber fliegen oder über Bischkek bis zum Camp mit einem Auto fahren. Eine dritte Möglichkeit wäre der Autotransport von Alma-Ata nach Bischkek (236 km) und dann ein Hubschrauberflug von Bischkek direkt ins Camp.

Eine Marco-Polo-Jagd ist logistisch – vor allem in Ländern wie Kirgisien und Tadschikistan, die eine unterentwickelte Infrastruktur haben – eine aufwendige und teure Angelegenheit, die sich nicht jedermann leisten kann. Sie ist immer noch mehr Expedition als Jagd. Solange sie so bleibt und ein echtes Abenteuer verkörpert, wird sie auch weiterhin Generationen von internationalen Schafsjägern anziehen.

In Kirgisien lebt auch die Hauptpopulation – etwa 4.000 Stück, während die restlichen 1.000 in Kasachstan ihre Fährte ziehen – des **Tienschan-Argali** (*Ovis ammon karelini*), deren Areal sich im Südosten auf langer Strecke mit dem des Marco-Polo-Argali berührt. Er ist verbreitet im gesamten Kirgisischen Gebirge, im Westen des Talas-Alatau, in den Bergen um den Son-Kul-See, südlich und südöstlich des Issyk-Kul-See bis zur chinesischen Grenze und im Norden bis zum östlichen Terski-Alatau einschließlich.

Zwar sind einige wenige Lizenzen für das Gebiet südlich vom Issyk-Kul-See vorhanden, die Jagd auf Tienschan-Argalis hat aber bei weitem nicht die Bedeutung für den Jagdtourismus wie etwa die auf Marco-Polo-Schaf.

Der **Maral** als ein typischer Bewohner der Gebirgswälder war früher in ganz Kirgisien weit verbreitet, wurde aber vor 30 Jahren vom Menschen fast ausgerottet. Ende der 60 Jahre lebte er nur noch am Oberlauf des Naryn-Flusses im zentralen Tienschan, wo 1958 zu seinem Schutz das Naryn-Schutzgebiet (Bestand Ende der 60er Jahre 130 Stück, heute 700–1.000) errichtet wurde. Eine zweite Maralpopulation befindet sich in einem anderen Schutzgebiet, diese ist mit nur 50–100 Stück Maralwild jedoch wesentlich kleiner als die aus der Naryn-Region.

Der relativ kleine Bestand in Kirgisien beherbergt vielleicht die stärksten Marale der GUS. Denn aus Kirgisien kommt auch der offizielle Weltrekordmaral (963,00 CIC-Punkte, Erleger N. Leschtschenko im Jahre 1966; ausgestellt auf der internationalen Jagdausstellung in Plovdiv 1981) mit einem Geweihgewicht von 18 Kilogramm. Bisher gab es wegen des genannten starken Rückgangs des Bestandes für Kirgisien keine Marallizenzen und keine Jagd für ausländische Jagdgäste.

An Großwild kommen in Kirgisien ansonsten noch **Braunbären** (1.400), **Schwarzwild** (9.600), **Sibirisches Rehwild** (8.000 Stück, das in niedrigeren Lagen von ausländischen Gästen in kleinerem Rahmen bejagt werden kann), **Wölfe** (3.550) und **Schneeleoparden** (1.400) vor, nur haben sie keine größere Bedeutung für den Jagdtourismus.

Tadschikistan

Exklusivjagden auf dem „Dach der Welt“. Dem Marco-Polo-Argali, dieser „begehrtesten Trophäe der Welt“, kann man heute nur noch in der GUS nachstellen. Die wohl stärksten Marco-Polo-Widder leben im tadschikischen Pamir, dem „Dach der Welt“. Da dieses Riesenschaf und seine sagenumwobene Hochgebirgsheimat jagdlich unvergleichlich reizvoll sind, zählt diese teure Jagd sicherlich zum Höchsten, was der moderne Jagdtourismus zu bieten hat.

Im hohen Pamir leben außerdem sehr starke Sibirische Steinböcke, die so zusammen mit Marco-Polo-Argalis das kleine und arme Tadschikistan zu einem der interessantesten Jagdländer der Erde für passionierte Trophäenjäger mit guter körperlicher (und finanzieller !) Kondition machen, mit dem sich in dieser Beziehung nur noch Kirgisien messen kann.

Seit den ersten Unruhen in Duschanbe und an anderen Orten im Februar 1990 kam es in den letzten Jahren in Tadschikistan wiederholt zu bürgerkriegsähnlichen Auseinandersetzungen, denen ethnische, kulturelle, politische und soziale Faktoren zugrundeliegen. Die Kämpfe, die bisher in und um die Hauptstadt Duschanbe sowie in Südwestregionen Kurgan-Tjube und Kuljab stattfanden (also weit weg von den abgelegenen Hauptjagdgebieten im hohen Pamir), haben 500.000 Einwohner Tadschikistans zu Flüchtlingen gemacht.

Die unsichere politische Situation im Lande schadete zwar dem Jagdtourismus, machte ihn jedoch in den letzten fünf Jahren nicht unmöglich. Wenn es zu unsicher war, über die Hauptstadt Duschanbe weiter Richtung Pamir zu fliegen, wurden Jagdgäste über Kirgisien nach Tadschikistan gebracht. Da die politische Situation in Tadschikistan immer noch als unstabil gilt, empfiehlt es sich auf jeden Fall, vor einer Reise die aktuelle politische Lage sorgfältig zu recherchieren.

Territorium und Bevölkerung: Tadschikistan befindet sich im Südosten Mittelasiens und ist mit seinen 143.000 km² flächenmäßig der kleinste unter den mittelasiatischen GUS-Staaten. Es grenzt im Süden an Afghanistan, im Osten an China, und im Norden und Westen an Kirgisien und Usbekistan.

Tadschikistan ist ein nur schwer zugängliches, schroffes Gebirgsland, dessen Fläche zu 93 Prozent von Gebirgen (davon mehr als 70 Prozent Hochgebirge) der Systeme Gissaro-Alai und Pamir bedeckt ist. Wegen seiner Bodenform heißt es „das senkrechte Land“. Auf dem Pamir findet man den höchsten Berg der GUS, den 7.495 m hohen „Pik Kommunisma“.

Zu Beginn der 90er Jahre hatte Tadschikistan 5,2 Mio. Einwohner (62% Tadschiken, 23,5% Usbeken und 8% Russen). Die Hauptstadt ist Duschanbe (was „Montag“ heißt, von Montagsmarkt) mit 600.000 Einwohnern, darauf folgt Chodschent (früher Leninabad) mit seinen 160.000 Einwohnern als zweitgrößte Stadt.

Die Währung ist Rubel. Der Zeitunterschied zu Duschanbe beträgt MEZ + 4 Stunden.

WILD und JAGDMÖGLICHKEITEN: Der mächtige **Marco-Polo-Argali** (*Ovis ammon polii*) lebt im zentralen und östli-

Harte Vorbereitung fordert die Jagd auf diesen Bergbewohner, soll sie von Erfolg gekrönt sein: Ganz passionierte Schafsjäger respektieren den „Heimvorteil“ des Marco-Polo-Widders und jagen ihn tagein-tagaus nur zu Fuß

Typisches Gebirgspanorama des tadschikischen Pamir, der Heimat des Marco-Polo: in den breiten Tälern der Hochebenen vergißt man oft, daß man sich auf einer Höhe von über 4000 m befindet und die meisten Berggipfel 5000 m oder höher sind

chen Teil Pamirs auf einer Höhe zwischen 3.500 und 5.000 m ü. NN. Es werden immer mehr neue Jagdgebiete im südöstlichen Teil Pamirs an den Grenzen zu Afghanistan und China erschlossen, wo sich Basiscamps in einer Höhenlage von 4.000 m befinden und die Berggipfel stellenweise 5.000 m überschreiten. Trotzdem ist es in einigen Bergrevieren möglich, sogar Pirschfahrten mit einem Geländewagen zu machen und so Ausschau nach reifen Widdern zu halten. Die Jagd selbst erfolgt zu Fuß, ist sehr anstrengend und bedarf einer guten Kondition sowie gründlichster Vorbereitung.

Die Zeiten sind vorbei, in denen dieses exklusivste Jagdabenteuer unserer Zeit nur amerikanischen Schafsjägern vorbehalten war. Auch passionierte deutsche, schweizerische und österreichische Großwildjäger stellen schon seit Jahren mit viel Erfolg dem faszinierenden Marco-Polo-Widder nach.

In Tadschikistan leben wahrscheinlich die stärksten Marco-Polo-Argalis überhaupt. Die Hornlänge von über 60 Inches (152 cm) ist keine Seltenheit. Eine Trophäe brachte es sogar auf 66 Inches (168 cm).

Auf diese teuren Schafsjagden haben sich mehrere Moskauer Jagdveranstalter spezialisiert. Eine Agentur gibt sogar (zu einem entsprechenden Preis) Garantien für Trophäen über 59 Inches (150 cm); wenn trotzdem ein schwächerer Widder zur Strecke kommt, zahlt der Gast nur den halben Preis, der dann in etwa den normalen Tarifen entspricht. Zu diesem Zweck sind mehrere erfahrene örtliche Berufsjäger und Jagdführer Wochen vor Jagdbeginn im Revier unterwegs, um kapitale Widder zu orten.

Als Zusatztrophäe kann auf dieser Jagd (manchmal auch kostenlos) der Sibirische Steinbock erlegt werden, als Zufallsbeute auch Wolf.

Auf dem Pamir ist die Populationsdichte des Marco-Polo-Argali mit bis zu 36,5–80,2 Stück pro 1.000 Hektar sehr hoch, was auch große Rudel von mehreren Hundert oder sogar Tausend Wildschafen nur bestätigen. Ende der 70er Jahre gab es in Tadschikistan 70.000–80.000 Marco-Polo-Schafe (nach G. N. SAPOSCHNIKOW) und schon damals erkannte man, daß sie in Zukunft eine wichtige Rolle im internationalen Jagdtourismus haben werden.

Fast genauso wie für seine kapitalen Marco-Polo-Widder ist Tadschikistan auch für die starken **Sibirischen Steinböcke** aus dem Pamir bekannt. Wie nur noch in Kirgisien möglich, können in tadschikischen Hochgebirgen Sibirische Steinböcke mit einer Hornlänge von 110–130 cm auf einer anstrengenden Abenteuerbergjagd zur Strecke gebracht werden.

Die Reviere liegen auf einer Höhe zwischen 3.500 und 4.500 m. Von Basiscamps aus wird gepirscht oder es werden Pferde zur Jagd eingesetzt.

Für das Areal des Sibirischen Steinwildes ist das Vorhandensein lokaler Mikro-

„Wenn Du auf Marco-Polo gehst, vergiß den Steinbock nicht" – dieser jagdliche Spruch gilt auch für den Pamir

populationen charakteristisch, die durch seinen steilfelsigen Biotop bedingt ist. Diese Biotope sind voneinander durch flache Hochgebirgsreliefformen getrennt, wo das Steinwild aufgrund seiner ökologisch-morphologischen Eigenheiten nicht leben kann.

Aus diesem Grund sind in Tadschikistan drei gut isolierte Vorkommen des Sibirischen Steinbocks vorhanden (alle Angaben nach G. SAPOSCHNIKOW):

1. Die „nördliche" Population ist verbreitet in den Gebirgen Serawschan, Gissar, Alai, Karategin sowie im Turkestanischen Gebirge, wo in den meisten Gebieten – mit Ausnahme des Mogoltau-Gebirges nördlich von Chodschent (früher Leninabad) – ein guter Bestand vorhanden ist;

2. die „Pamir"-Population in den Gebirgen Zentraltadschikistans (vor allem in den Gebirgen Wachsch, Peter der Erste, Chasratischoch und Darwas), in Badachschan und Pamir ist ebenfalls sehr groß und von ausgezeichneter Trophäenqualität;

3. die „südwestliche" Population im äußersten südwestlichen Zipfel Tadschikistans hat sich nur auf einem kleinen Gebiet ihres früheren Vorkommens erhalten. Hier gibt es weniger typische felsige Steinbockbiotope, die deshalb für den Menschen leichter zugänglich sind, was zum Verschwinden des Steinwildes aus dieser Region beigetragen hat.

Große Populationsdichte (9–11 Stück Steinwild pro 1 Quadratkilometer typischen Lebensraumes) stellte O. W. JEGOROW im Baljand-Kiik-Tal (Pamir), sowie im Dschaanbai (Pamir) fest. Im Reservat „Ramit" im Gissar-Gebirge wurden bei einer Wildzählung im Jahre 1972 auf einer Fläche von 7.600 ha etwa 170 Stück festgestellt. Der Gesamtbestand des Sibirischen Steinwildes beläuft sich heute in Tadschikistan auf einige Zehntausend Stück.

Mit dem **Buchara-Markhor** (*Capra falconeri heptneri*) zu Marco-Polo-Argali und mächtigem Sibirischen Steinbock hätte Tadschikistan ein international an Exklusivität kaum zu überbietendes Angebot. Die Schraubenziege läßt sich aber wegen politischer Unruhen immer noch nicht bejagen, obwohl ihr Bestand in Tadschikistan größer ist als in Turkmenistan.

Heute kennt man genau die Grenzen des Markhor-Areals in Tadschikistan und seine ökologischen Eigenheiten. Auf dem tadschikischen Gebiet gibt es zwei isolierte Vorkommen (Angaben wiederum nach dem russischen Wildbiologen G. SAPOSCHNIKOW). Das eine ist klein (und könnte ohne entsprechende Schutzmaßnahmen in Zukunft vielleicht verschwinden). Es umfaßt die Gebirge Sanglok und Sar-Sarak. Das andere Vorkommen in den Gebirgen Chasratischoch und des südlichen Teils von Derwas ist stabil. Den Gesamtbestand schätzt SAPOSCHNIKOW auf 1.000 Stück.

Die Jagd auf Markhor ist momentan

Das Basiscamp im hohen Pamir steht meist nicht unterhalb 4.000 m, weshalb eine kurze Akklimatisierung in niedriger gelegenen Gebirgsdörfern nötig ist

nur in Turkmenistan möglich. Es laufen aber seit Jahren Verhandlungen auch mit der tadschikischen Regierung, um einige Markhorlizenzen zu bekommen. Eine Jagd im Südwesten Tadschikistans – wo das Hauptvorkommen des Markhor konzentriert ist – wird aber erst möglich sein, wenn sich die politische Lage dort stabilisiert hat.

Im Südwesten Tadschikistans, südlich der Gebirge Gissar und Karategin sowie des Flusses Obichingou, lebt auch eine seltene Urialunterart: der **Afghanische Urial** (*Ovis orientalis cycloceros*). Sein tadschikischer Bestand Ende der 70er Jahre betrug nach SAPOSCHNIKOW 10.000 Stück, nach anderen Angaben aber nur 1.400 (FROLOW, GOLUB).

Ähnlich wie beim Markhor, ist zur Zeit wegen der politischen Lage in Tadschikistan keine Urialjagd für ausländische Gäste möglich.

Auf das Vorhandensein des **Sewerzow-Argali** (*Ovis ammon severtzovi*) auf dem Territorium Tadschikistans hat 1968 als erster SAPOSCHNIKOW hingewiesen. Nach seinen Angaben lebt diese kleinste Argaliunterart auf den westlichen Ausläufern des Alai-Gebirges, im Turkestanischen Gebirge sowie in den Gebirgen Serawschan und Gissar. Der Bestand ist hier sehr niedrig, so daß eine begrenzte Bejagung heute nur im Gebiet seines Hauptvorkommens in Usbekistan möglich ist.

In Tadschikistan kommen außerdem **Schwarzwild** (7.000 Stück), **Buchara-Hirsch**, **Braunbären** (700 Stück; nur 3 – 4 Lizenzen jährlich, da der Bär geschützt ist), **Wölfe** (Zufallstrophäe auf der Marco-Polo- oder Steinbockjagd), **Schakale**, **Schneeleoparden**, **Luchse** und **Kropfgazellen** vor, nur hatten sie bisher keine Bedeutung für den Jagdtourismus.

Am riesigen Kairakkum-Stausee 70 km östlich von Chodschent (früher Leninabad) werden vom 1. Oktober bis 15. Januar Wasserjagden auf **Enten und Gänse** – die hier überwintern – angeboten. Am Morgen- bzw. Abendstrich erwartet man 100 Schuß pro Jäger. Gejagt wird vom Boot aus oder aus den in den Schilfzungen versteckten Schirmen.

Turkmenistan

Jagen im Wüstenland: Schon mitten in Asien gelegen macht Turkmenistan den bekannteren Jagdländern Rußland und Kasachstan allmählich Konkurrenz mit einmaligen Jagdangeboten und orientalischem Flair. Nach seiner staatlichen und damit auch jagdtouristischen Unabhängigkeit boten sich mit einem Male ganz neue Möglichkeiten auch für den Jagdtourismus.

Jagen im Wüstenland? Da würde man vielleicht eher nach schwarzem Gold suchen als nach Wildschafen und Wildziegen. Echtes jagdliches Gold liegt aber tatsächlich in dem „Gelben Land", das in letzter Zeit für mehr Überraschungen im internationalen Jagdtourismus sorgte als so manches andere der großen Jagdländer.

Wer hätte noch vor ein paar Jahren daran gedacht, eine der wenigen Lizenzen für den Markhor völlig legal zu bekommen? Doch die gibt es wirklich seit 1992: In Turkmenistan brachte ein Waidmann im Herbst 1992 als erster westlicher Jäger einen Buchara-Markhor zur Strecke. Dabei handelt es sich um eine der teuersten Jagden überhaupt, obwohl die Wildziegenjagden gewöhnlich im Preis weit unter dem Niveau von Schafsjagden liegen.

Teure Lizenzen für bedrohte Wildarten an ausländische Jäger zu verkaufen, fällt keiner Regierung leicht. Man steht aber vor dem Problem, daß durch Wilderei und die wirtschaftliche Erschließung einer Region eine Art von der Ausrottung bedroht wird, wenn entsprechende Schutzmaßnahmen ausbleiben. Wild- und Artenschutz ist aber ein teueres Unternehmen, besonders in einem Land wie Turkmenistan, wo es an allem fehlt: Wildhüter und Berufsjäger haben keine Ausrüstung (Waffen, Munition und Ferngläser sind Mangelware), es gibt weder Fahrzeuge noch Benzin, sie sind schlecht bezahlt und infolgedessen unmotiviert, und ihre Arbeit ist oft gefährlich (so beispielsweise das Stellen von Wilderern etc.).

Ganz anders ist die Situation, wenn sie das Gefühl bekommen, sie hüten wertvolle Wildarten, für die manche ausländische

Auf dem Weg ins Kopetdag-Gebirge: In Mittelasien ist das Dromedar ein weit verbreitetes Haus- und Lasttier, das hervorragend an die klimatischen und geographischen Bedingungen angepaßt ist

Jäger bereit sind, tausende von Dollar zu bezahlen. Durch die so erwirtschafteten Devisen bekommen sie höhere Gehälter, Prämien und gute Trinkgelder und dazu fließt genügend Geld für echten Wildschutz in die leeren Kassen. Auch Wilderer wissen, daß in solchen Jagdgebieten strenger kontrolliert wird und die Wildhüter öfter unterwegs sind als anderswo, was alles in allem das unerlaubte Jagen erheblich vermindert. Außerdem ist mit einem Schlag auch das internationale Interesse da. Über bedrohte, den breiten Bevölkerungs- und Jägerkreisen aber oft unbekannte Wildarten wird berichtet, ihre Lebensräume, aber auch deren Probleme (Überweidung durch Viehherden, Intensivierung der Landwirtschaft etc.) werden einer breiteren Öffentlichkeit bekanntgemacht.

Es bleibt eine Tatsache, daß internationale Jäger bisher noch keine Wildart durch Abschüsse in ihrem Bestand bedroht haben. Das genaue Gegenteil ist der Fall: Nach dem Motto „Erhalt durch Nutzung“ wird durch teure Abschüsse der Artenschutz und das Weiterbestehen der Reservate in den entlegensten Ecken der Erde aus eigener Kraft gesichert, ohne daß man auf internationale Hilfe – von der man z.B. im Mittelasien kaum etwas weiß – angewiesen wäre.

Im selben Gebiet – dem Kugitangtau-Gebirge an der turkmenisch-usbekischen Grenze – kann man seit 1992 neben dem Markhor auch dem Afghanischen Urial nachstellen. Damit ist Turkmenistan das einzige Land der Welt, das die Jagd auf diese Urialunterart zur Zeit möglich macht, da die politischen Verhältnisse in den anderen Ländern eine sichere Durchführung von Jagden für Jagdgäste gar nicht erlauben.

Eine landschaftliche und jagdliche Besonderheit Turkmenistans stellt der Kopetdag im Süden des Landes dar. In diesem faszinierenden Gebirge leben Bezoarwild und transkaspische Uriale, die seit dem Frühjahr 1992 bejagt werden dürfen. Alle diese Jagden sind in kürzester Zeit mit Hilfe erfahrener Moskauer Berufsjäger aufgebaut worden und dürfen bisher als äußerst erfolgreich angesehen werden.

In den niedriggelegenen Teilen des Kopetdag und an seinen Vorbergen leben jetzt zahlreich gewordene Wildesel (Kulane). Der Kulan lebt auch im Reservat Badchys (errichtet 1941) im äußersten Süden des Landes, wo es darüberhinaus auch noch Kropfgazellen gibt.

Die Jagden in Turkmenistan sind zwar teuer und etwas exklusiv, damit ist aber immer noch kein Luxus verbunden. Solange diese Jagden auch weiterhin gut organisiert und die Gäste erfolgreich sind, stört das keinen. Im Gegenteil, man hat das Wilde und Abenteuerliche dieser Jagden zu schätzen gelernt und ist – vor allem im Kopetdag – angenehm von den guten Urial- und Bezoarbeständen überrascht.

Die „Sonnenrepublik" Mittelasiens: Turkmenistan liegt im Südwesten der GUS zwischen dem Kaspischen Meer im Westen und dem Amu-Darja-Fluß im Osten. Im Süden des Landes erstreckt sich das Kopetdag-Gebirge, wo der mittelasiatische Staat an den Iran und an Afghanistan angrenzt. Am Fuße des Kopetdag befinden sich große Baumwollplantagen und Weingärten.

Etwa 80 Prozent der Landesfläche ist mit Sandwüste (Karakum, d.h. „Schwarzer Sand") bedeckt. Man findet dort viele Siedlungen, in denen intensive Viehhaltung betrieben wird.

Nach Kasachstan ist Turkmenistan mit seinen 488.000 Quadratkilometern der zweitgrößte Staat Mittelasiens, dessen Besiedlungsquote (nur 7,4 Einwohner pro Quadratkilometer) sehr gering ist. 1990 wurden 3,6 Millionen Einwohner gezählt, davon 72 Prozent Turkmenen, 9,5 Prozent Russen und 9 Prozent Usbeken. Die Hauptstadt Aschchabad (400.000 Einwohner) ist die kleinste unter den Hauptstädten der GUS-Länder.

Noch bevor das Ende der Sowjetunion offiziell besiegelt wurde, erklärte sich Turkmenistan am 22. 8. 1990 für souverän und am 27. 10. 1991 für unabhängig. Die Währung ist Manat (1 Manat = 0,50 US$). Der Zeitunterschied zu Aschchabad: MEZ + 3 Stunden.

WILD und JAGDMÖGLICHKEITEN: „Jagdlich wird ein Markhor für fast alle Jäger ein unerfüllter Traum bleiben" formulierte 1991 ein deutscher Jagdautor und ahnte nicht, daß es bereits im darauffolgenden Jahr möglich sein würde, zum erstenmal in der GUS auf Markhor zu jagen.

Seit 1992 gibt es in Turkmenistan in der Tat jährlich 2–3 Markhorlizenzen, um aus diesen Mitteln den weiteren Artenschutz überhaupt aufrechtzuerhalten, denn der **Buchara-Markhor** (*Capra falconei heptneri*) – z. Zt. wird aber in den EU-Ländern keine Einfuhrgenehmigung für Markhor erteilt – ist durch Wilderei und die Intensivierung der Viehhaltung ernsthaft bedroht, dem Staat fehlen aber die Mittel für teure Schutzprojekte.

Die Anreise erfolgt von Moskau oder von Istanbul nach Aschchabad, dann folgt ein weiterer Inlandflug mit anschließendem Autotransport zum Basiscamp. Das gebirgige Jagdgebiet liegt nicht hoch, wird jedoch durchschnitten von vielen tiefen

Zwar werden – um den Schutz aufrechtzuerhalten – für den Buchara-Markhor 2–3 Lizenzen jährlich ausgestellt, eine Einfuhrgenehmigung in die EU-Staaten wird zur Zeit jedoch nicht erteilt

Schluchten mit steilen felsigen Hängen. Gejagt wird zu Fuß, es stehen aber auch Pferde zur Verfügung. Jagdzeit ist von Oktober bis März.

Der **Bezoarbock** aus Turkmenistan ist zwar etwas schwächer als der geschützte aus dem Kaukasus, darf dafür seit 1992 im kleinen Rahmen von ausländischen Jägern bejagt werden. Die Bezoarziege bevorzugt steile und felsige Hänge der Gebirgszüge in einer Höhe von 1.000 – 2.200 m. Im turkmenischen Kopetdag-Gebirge lebt sie in einem Gebiet zusammen mit dem transkaspischen Urial, nur hält sich das Bezoarwild höher auf steilen Felsen auf, für Jäger oft fast unerreichbar.

Die nur wenigen Bezoarlizenzen werden normalerweise an diejenigen Gäste vergeben, die im Kopetdag-Gebirge im Süden Tukmenistans auf den transkaspischen Urial jagen und diese Bezoarunterart mitbejagen wollen.

Die Reviere (Jagdzeit Oktober bis März) befinden sich also im Kopetdag-Reservat, unweit von Aschchabad. Wenn der Urialwidder nach 2–3 Jagdtagen erlegt ist, wird dann im gleichen Revier – nur etwas höher – auf den Bezoarbock gegangen.

Im Süden des Landes (Kopetdag-Gebirge, Badchys, Karabil, im Westen bis zum Chosardag und dem Großen Balchan) findet man das südliche Hauptvorkommen

Das transkaspische Urialschaf zählt zu den Hauptwildarten Turkmenistans. Es bewohnt die niedrigen Erosionsberge und Anhöhen in den Wüsten und Halbwüsten im Westen des Landes, im Kopetdag steigt er aber bis auf 2500 m. Mit seinem Gewicht von bis zu 90 kg bei den erwachsenen Widdern ist es das größte aller Urialschafe (unten vor dem Panorama des Kopetdag-Gebirges)

des **Transkaspischen Urials** (*Ovis orientalis arkal*) der GUS, wo er seit Frühjahr 1992 bejagt werden kann.

Gejagt wird in Turkmenistan im Kopetdag-Gebirge nahe der Hauptstadt Aschchabad, die auch Zielflughafen ist. Unterkunft für Gruppen von 2 – 3 Jägern erfolgt hier in Blockhütten. Die Jagd wird in den Bergen zwischen 1.200 und 1.400 Meter mit Pferden – kombiniert mit Fußpirsch – ausgeübt. Als Zusatztrophäen können hier noch Bezoarbock oder (nach einem Gebietswechsel) Kropfgazelle erbeutet werden. Jagdzeit Oktober bis März.

In Turkmenistan lebt auch der **Afghanische Urial** (*Ovis orientalis cycloceros*) im gesamten Kugitangtau-Gebirge im äußersten Südosten des Landes an der Grenze zu Usbekistan. Er ist auf den Berg- und Plateauhängen von 300 bis 3.000 Meter mit einem ebenen Relief anzutreffen, die mit typischem Halbwüsten- und Steppenbewuchs bedeckt sind, aber auch auf den mit Schluchten durchschnittenen Gebirgsketten mit Steilhängen, die rundliche Konturen aufweisen.

Erst 1992 ist bekannt geworden, daß die Regierung Turkmenistans bereit ist, einige ganz wenige Lizenzen für diese Urialunterart an westliche Jäger zu verkaufen.

In Turkmenistan kommt der **Vorderasiatische Braunbär** (*Ursus arctos syriacus*) nur als Wechselwild vor und ist geschützt. Da sich der Bestand der **Kropfgazelle** (*Gazella subgutturosa*) in den letzten Jahrzehnten erholt hat, wird auch sie als Zusatztrophäe auf der Urialjagd angeboten. Keine Bedeutung für den Jagdtourismus hat das **Schwarzwild** (Bestand 2.300 Stück) und der **Turkmenische Leopard** (*Panthera pardus tullianus*), der geschützt ist.

Bedingt durch seine klimatischen und landschaftlichen Verhältnisse weist Turkmenistan keine besondere Vielfalt an Wildarten auf, wie etwa Rußland oder Kasachstan. Was aber den ausländischen Jägern geboten wird, ist so exklusiv und selten, daß es diesem Land einen besonderen Stellenwert im internationalen Jagdtourismus verschafft.

Usbekistan

Von allen mittelasiatischen Ländern war bisher von Usbekistan in der deutschsprachigen Jagdpresse am wenigsten die Rede. Dieses 447.000 Quadratkilometer große Wüstenland zwischen den Flüssen Amu-Darja und Syr-Darja hat jedoch mannigfaltige Landschaften und eine interessante Tier- und Pflanzenwelt. Am 20. Juni 1990 erklärte Usbekistan seine Souveränität, seine Unabhängigkeitserklärung erfolgte dann am 31. August 1991. Der mittelasiatische Staat hat in der GUS die höchste Einwohnerzahl mit 20,3 Mio., und mit 45 E./km^2 auch die durchschnittlich größte Bevölkerungsdichte in ganz Mittelasien. Seine Hauptstadt Taschkent, seit dem 16. Jahrhundert ein wichtiges Handelszentrum, ist mit über 2 Mio. Einwohnern die größte Stadt Mittelasiens. Die Währung ist Sum. Der Zeitunterschied zu Taschkent beträgt MEZ + 4 Stunden.

Jagdtouristisch – abgesehen von Argalijagden – ist es immer noch völlig uner-

Trotz guter Bestände und direkter Flugverbindungen mit Westeuropa hat Usbekistan bisher nur wenig getan, um seine guten Jagdmöglichkeiten auf den Sibirischen Steinbock für ausländische Jäger nutzbar zu machen

schlossen. Es gibt nur wenige westeuropäische Vermittler, die in kleinem Rahmen Steinbockjagden in Usbekistan anbieten.

Mitte der 70er Jahre gab es (nach A. ABSALOW) in Usbekistan 300 Bären, 16.800 Stück Schwarzwild, 2.300 Sibirische Steinböcke, 3.050 Sewerzow-Argalis, 500 Markhors, 250 Stück Sibirischen Rehwildes, 50 Schneeleoparden und 400 Wölfe. Mit wenigen Ausnahmen ist der Bestand fast aller dieser Wildarten heute gestiegen.

Jagdlich besonders reizvoll sind die im Osten gelegenen Vorgebirge der beiden großen Massive Pamir und Tienschan. In den höheren Lagen zwischen 2.000 und 3.500 m werden seit einer erfolgreichen Testjagd im Spätherbst 1992 **Sibirische Steinböcke** bejagt (Jagdzeit 15. März–31. Mai, 1. Sept.–10. November; beste Jagdzeit: Oktober).

Starke Böcke erreichen hier eine Hornlänge zwischen 105 und 120 cm (also etwa wie die Steinböcke aus Kasachstan), der stärkste bei einer Testjagd erlegte Sibirische Steinbock brachte es auf 117 cm.

Es wird normalerweise ein 10tägiges (7 Jagdtage) Programm angeboten. Anreise per Flugzeug über Moskau, oder mit Lufthansa direkt aus Frankfurt nach Taschkent, wo man übernachtet, dann Weitertransport mit dem Jeep oder Hubschrauber ins Revier.

Die kleinen Gruppen von 2 – 3 Jägern werden in guten, beheizbaren Zelten untergebracht und ausreichend verpflegt. Nach Auskunft eines Jagdvermittlers ist die Organisation und Jagdführung „vorbildlich“. Die Jagd selbst ist anstrengend; wer aber fit ist, der bekommt normalerweise seinen Steinbock.

Als Zusatztrophäen können auf dieser Jagd **Bär** (Jagdzeit September und 15. März bis 25. Mai) und **Sibirischer Rehbock** (Jagdzeit 25. August bis Ende Oktober) erbeutet werden.

In den Gebirgen Aktau und Nuratau

Auf den bisherigen Testjagden kamen Tienschan-Steinböcke mit einer Hornlänge bis zu 117 cm zur Strecke, obwohl es auch in Usbekistan – vor allem im bergigen Grenzgebiet zu Kirgisien und Kasachstan im äußersten Nordosten – Spitzentrophäen bis zu 130 cm und mehr geben soll

Zwar läßt die Jagdorganisation beim Sewerzow-Argali noch manches zu wünschen übrig, bei Testjagden kamen aber viele gute Schafe in Anblick, die auch im Bild festgehalten wurden

lebt die Hauptpopulation des kleinsten Argali der Welt: der **Sewerzow-Argali** (*Ovis ammon severtzovi*), das Wahrzeichen Usbekistans. Wie in den anderen Staaten Mittelasiens will man auch hier die Argalis nicht mehr sich selbst und damit auch den Wilderern überlassen, sondern den weiteren Artenschutz dieser bedrohten Wildschafe durch den Verkauf einiger weniger Lizenzen an westliche Jäger sichern.

So war es zum erstenmal im Herbst 1992 möglich, einige alte Sewerzow-Widder zu erlegen. Anders als bei den sehr erfolgreichen Jagden auf Karaganda-Argali in Kasachstan, die am Anfang mit Hilfe erfahrener Moskauer Jagdveranstalter durchgeführt wurden, gab es in Usbekistan Probleme bei der Jagdorganisation. Daher mußten einige Gäste unverrichteter Dinge nach Hause zurückkehren, was in erster Linie auf die Unerfahrenheit der örtlichen Jagdorganisatoren zurückzuführen ist; denn Wildschafe kamen genug in Anblick.

Im äußersten Süden des Landes sind im Kugitangtau-Gebirge an der turkmenisch-usbekischen Grenze und im Babatag-Gebirge an der Grenze zwischen Usbekistan und Tadschikistan zwei isolierte Vorkommen vom **Buchara-Markhor** *(Capra falconeri heptneri)* vorhanden, die aber geschützt sind.

In fast allen Gebirsgregionen Usbekistans ist das **Steinhuhn** zu Hause. Wegen seiner guten Besätze eignen sich für spezielle Jagdprogramme vor allem folgende drei Gebiete: die Berghänge des Tschatkal-Gebirges nordöstlich von Taschkent, die Vorberge des Turkestan-Gebirges östlich der Stadt Dschisak und das Hügelland im Nordwesten des Nuratau-Gebirges.

Steinhuhnjagden sind für Gruppen von 4 bis 7 Jägern geeignet und erstrecken sich zumeist über 7 Reisetage. Die Tagesausbeute ist natürlich auch von den Schießkünsten der Teilnehmer abhängig, sollte aber durchschnittlich 15 bis 25 Vögel pro Tag und Flinte erreichen. Die beste Jagdzeit wäre vom 20. Oktober bis 10. Dezember und dann wieder vom 20. Februar bis 20. März.

Auch auf **Wasserwild** bietet Usbekistan attraktive Jagdmöglichkeiten, die ähnlich wie beim Steinhuhn noch genauer getestet werden müssen. So können in der Zeit von Oktober bis Februar Wildenten und -gänse am Ajdarkul-See sowie im Arnasaj-Überschwemmungsgebiet etwa 300 km südwestlich von Taschkent bejagt werden. Ein anderes Gebiet, das sich besonders für Wildgänse (Jagdzeit von September bis November) eignet, liegt in der Nähe des Amu-Darja-Deltas nördlich der Stadt Nukus.

Jagdgebiete mit guten Wildbeständen sind also bekannt, die Wünsche der Gäste ebenfalls. Bleibt also nur noch zu hoffen, daß aus Fehlern der Vergangenheit die richtigen Konsequenzen gezogen werden, dann stände einem erfolgreichen Ausbau des jagdtouristischen Sektors in diesem Land nichts mehr im Wege.

Sibirien

Westsibirien

Dieses große Gebiet zwischen Uralgebirge und Jenissei umfaßt neben den Halbinseln Jamal und Gydan das riesige Einzugsgebiet des Ob, sowie viele jagdlich wichtige Regionen um die Regionshauptstädte Kurgan, Tscheljabinsk, Omsk, Tjumen, Nowosibirsk, Tomsk, Kemerowo und Barnaul.

Die nördliche Grenze Westsibiriens bildet die Kara-See, die westliche das Uralgebirge, im Südwesten grenzt es an Kasachstan an, im Süden an das Altai-Gebirge (*Gorno-Altaisk*), während seine Ostgrenze entlang des Jenissei verläuft.

Kurgan z. B. ist seit Herbst 1991 für passionierte Auslandsjäger ein Begriff. Jeder weiß, daß es in den weitläufigen Flachlandrevieren um Kurgan oder um die Städte Tscheljabinsk, Omsk, Barnaul oder Kemerowo (die auch Zielflughafen sind) sehr starke **Sibirische Rehböcke** gibt.

Dementsprechend ist das Interesse im Westen sehr groß, so daß manche russische Veranstalter den starken Andrang der Bockjäger nur schwer bewältigen können. Die ersten Gruppen erlegten bei Testjagden 1991 außerordentlich starke Böcke, in nur zwei Jagdtagen schoß jeder Gast bis 4 und mehr Böcke.

In den Jahren danach wollten viele Gastjäger 4–6 Böcke haben, nur erwies sich das unter sibirischen Verhältnissen als unrealistisch. Seriöse Veranstalter sehen deshalb heute mehr Jagdtage (4–6) vor und geben als realistische Streckenerwartung nur 1–2 Böcke an. Wer mehr haben will, muß auch in besten Revieren entweder viel Glück und guten Anlauf haben, oder zwei Jagden nacheinander machen.

Obwohl Westsibirien als das weltbeste Gebiet für Sibirische Rehböcke gilt, gibt es erhebliche regionale Qualitätsunterschiede. Denn der Name selbst sagt uns hier immer noch sehr wenig, obwohl viel mit bekannten Gebieten wie „Kurgan" oder „Tscheljabinsk" geworben wird. Auch

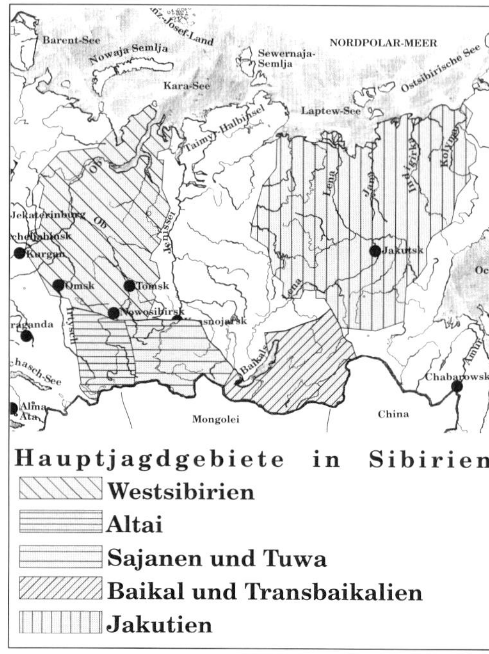

Hauptjagdgebiete in Sibirien

im Kurganer Gebiet (71.000 km^2, also fast so groß wie Österreich) ist der Rehwildbestand sehr unterschiedlich und dementsprechend auch der Jagderfolg der Gäste.

Im Gebiet Tscheljabinsk habe ich im Herbst 1992 einige Reviere besucht, in denen nur sehr wenig Rehböcke in Anblick kamen; mehrere Jäger haben dort wenig oder nur schwache Böcke geschossen. In anderen Revieren wiederum erlegten Gastjäger Böcke von außergewöhnlicher Trophäenstärke (mit Geweihgewichten von weit über 1.000 g und Stangenlängen um 40 cm und mehr), so daß es zur Zeit schwer ist, sichere Empfehlungen zu geben.

In die weitläufigen Flachlandreviere wird man zunächst mit Hilfe von Geländewagen gebracht, von wo aus das Angehen der Böcke dann zu Fuß erfolgt. Auf Wunsch können auch interessante Drückjagden in kleinen Birkenwäldern oder auf Wiesen mit hohem Gras arrangiert werden. Als Zusatztrophäe können in fast allen westsibirischen Bockrevieren in der Jagdzeit (Ende August/September, also zur Brunftzeit des Sibirischen Rehwildes, die einen Monat später liegt als beim Europäischen Rehwild) gute Elchschaufler und Schwarzwild erlegt werden.

Erst die kommenden Jahren werden zeigen, woher wirklich die stärksten Böcke stammen und wo die Jagdorganisation am besten ist.

Westsibirien ist mit seinem jetzigen Besatz von über 20 Millionen **Wildenten und-gänsen** auch ein Dorado für alle Wasserwildjäger (Jagdzeit September/Oktober). Bisher fand diese Möglichkeit leider wenig Beachtung.

Das gleiche gilt auch für **Auer- und Schneehühner**, die hier zahlreich sind und auf typisch russische Art mit Vogelhunden (Laikas; Jagdzeit März/April oder September/Oktober) preiswert bejagt werden können.

Obwohl Frühjahrsjagden auf Auer- und Birkhähne sich wegen des geringen Zeit- und Kostenaufwandes im Moskauer Raum konzentrieren, lassen sich solche Jagden auch hervorragend in vielen Gebieten Westsibiriens organisieren.

Westsibirien ist Heimat relativ starker

Auch beim Sibirischen Rehbock entscheidet die Wahl des richtigen Reviers über den Jagderfolg. Die südlichen Regionen Westsibiriens zwischen Jekaterinburg und Krasnojarsk gelten als die Hauptbockreviere; ein wahres Paradies für den Sibirier ist aber das Gebiet Kurgan, wie diese Exemplare bestätigen

In Westsibirien sind Elchbullen eher mittelstark, bringen es also auf ein Geweihgewicht von 6–8 Kilo. Es kommen aber recht häufig Schaufler vor, nicht selten auch Goldmedaillen-Elche wie dieser 10-Kilo-Bulle mit einer Auslage von 124 cm aus dem Kurgan-Gebiet

Elche, die hier sowohl in der Brunftzeit (September) mit dem Elchruf oder auf der Pirsch (Oktober/November) bejagt werden. Obwohl die Schaufler aus diesem Teil Rußlands gut und die Kosten erträglich sind, gilt das Interesse der internationalen Jäger immer noch fast ausschließlich den viel stärkeren und wesentlich teureren ostsibirischen Riesenelchen aus Tschukotka und Kamtschatka.

In Westsibirien gibt es außerdem **Braunbären, Wölfe, Karibus und Schwarzwild,** nur ist ihre Bedeutung für den Jagdtourismus im Augenblick gering.

Die Anreise in westsibirische Reviere ist nicht so lang und schwierig wie etwa in den russischen Fernen Osten. Man fliegt entweder mit Lufthansa direkt von Frankfurt nach Jekaterinburg, oder über Moskau in die betreffende Gebietshauptstadt und legt dann mit dem Auto im Schnitt noch 100–200 km bis zum Revier zurück. In einigen entlegenen Revieren des Nordens (z. B. bei Wasserjagden nahe der Stadt Nowyj Urengoj), wo es keine Straßen gibt, ist allerdings noch ein zusätzlicher Hubschraubertransport nötig.

Altai

Im Maralparadies. Das südsibirische Altai-Gebirge im Quellgebiet des Ob ist ein berühmtes Jagdgebiet von einmaliger Schönheit, die eigentliche Heimat der wohl stärksten Marale der GUS. Seine Berge sind im Unterschied zum Sajan-Gebirge höher (der höchste Berg des Altai "Belucha" ragt 4.506 m auf) und steiler, dafür aber auch schwieriger zu bejagen.

Der GUS-Teil des Altai-Systems (im Unterschied zum 1.700 km langen Mongolischen Altai) umfaßt den Russischen Altai (dazu gehören das Altai-Gebiet im Norden mit der Gebietshauptstadt Barnaul und die Gorno-altaische Republik bzw. Gorno-Altaisk im Süden mit der Hauptstadt Gorno-Altaisk) und den Kasachischen Altai im Westen, mit Ust-Kamenogorsk als Gebietshauptstadt der Region Ostkasachstan.

Wildbestand des Gorno-Altaisk. Im Herzen Altais, in Gorno-Altaisk (was auf Deutsch „Hoch- oder Berg-Altai" heißt; heute ist es das 92.600 km^2 große Gebiet der gebirgigen Gorno-altaischen Republik), leben etwa 15.000 Stück Maralwild, dessen größte Bestandsdichte sich im Einzugsgebiet der Flüsse Tschulyschman, Kadrin, Sumulta und Argut befindet.

In Gorno-Altaisk leben nach SOBANSKI noch sieben weitere Schalenwildarten. Am zahlreichsten vertreten ist mit einem Gesamtbestand von 40.000 Stück das Moschustier.

Mitte der 80er Jahre gab es 16.000 Stück Sibirischen Rehwildes (dessen Lebensraum aber auch leicht mehrere Hunderttausende vertragen würde!), aber nur noch 300–400 Karibus.

Die größte Populationsdichte des Elchwildes besteht im Nordosten des Altai, wo etwa 3.000–3.500 Stück leben sollen. Vom Sibirischen Steinbock kommen in diesem Gebiet heute 4.000–5.000 Stück vor, der Bestand war früher fast zehnmal so hoch. Sehr kritisch ist die Zahl des vom Aussterben bedrohten Altai-Argali, von denen im Winter 1986/87 in Gorno-Altaisk lediglich 150 Stück (1972 gab es immerhin noch 1.000) gezählt wurden.

Mitte der 60er Jahre gab es im Altai noch kein Schwarzwild, doch dann wanderte es in den 70er Jahren aus Tuwa und der Mongolei ein, später auch aus Kasachstan. Mitte der 80er Jahre schätzte man die Gesamtzahl auf 400–500 Sauen, Tendenz steigend. Wildexperten der Region gehen davon aus, daß der Bestand aller Schalenwildarten des Altai zehn- bis hundertmal höher sein könnte als die zur Zeit registrierten Vorkommen.

Jagdmöglichkeiten: Der faszinierende **Maral** ist ein ausgesprochener Gebirgshirsch, dessen eigentliche Heimat gerade im Altai-Gebirge liegt. Aus dem Altai stammen auch die meisten Marale, die in verschiedenen Gebieten der GUS (wieder)eingebürgert wurden.

In der sowjetischen Zeit (vor den ersten Jagden ausländischer Jäger im Herbst 1990) kamen die stärksten und schwersten Maraltrophäen weder aus Kasachstan noch aus Tuwa, sondern aus dem Altai. Ich habe in Moskau viele kapitale Maralgeweihe aus dem Gorno-Altaisk gesehen, deren Geweihgewicht zwischen 14 und 18 Kilogramm liegen dürfte.

Russische Berufsjäger und Wildbiologen sprechen sogar von Geweihgewichten der Altaimarale um 20 kg und mehr, was vielleicht stimmt. So starke Marale wurden bisher allerdings nach meinem Wissen noch von keinem Jagdgast erlegt (15,6 kg war das höchste, was ich bisher beim Maral aus der GUS gemessen habe). Allerdings muß auch gesagt werden, daß viele Gebiete im Gorno-Altaisk bis vor kurzem für Ausländer gesperrt waren und daß Gorno-Altaisk bis heute – trotz hervorragenden Wildbeständen und Jagdmöglichkeiten – jagdtouristisch immer noch wenig erschlossen ist.

In den herrlichen Altaibergen werden „klassische“ Rufjagden (Jagdzeit September) auf Brunftmarale in goldenen Herbstwäldern in einer Höhe zwischen 1.500 und 3.000 m veranstaltet. Die Jagdführer beherrschen meistens hervorragend den Ruf auf der sogenannten Maralpfeife. Diese Jagdart hat im Gorno-Altaisk Tradition (im Kapitel über Maral wird diese Jagdmethode genau beschrieben).

Vom Basislager aus können ganz- oder mehrtägige (mit Übernachtung in Zelten hoch in den Bergen) Jagdtouren mit Pferden oder zu Fuß unternommen werden. Man hat normalerweise jeden Tag viel Anblick: von Maral, Sibirischem Rehbock und Steinbock, Wolf und Bär bis zum seltenen Schneeleoparden.

Ein landschaftliches wie jagdliches Spitzenerlebnis bietet die Jagd in den „Goldenen Bergen“ des Altai

König des Altai ist der Maral; die Jagd in den Zügen dieses Gebirges stellt daher eine besondere Attraktion für alle passionierten Hirschjäger dar

Starke Marale lagen bisher zwischen 10 und 16 Kilogramm. Eine Besonderheit des Gorno-Altaisk ist sicherlich, daß man in vielen Gebieten vom Camp aus mit viel Erfolg auch den Sibirischen Steinbock (in Gipfelregionen und steilem Gelände) und Braunbär mitbejagen konnte. Sonst liegen Maralcamps normalerweise niedriger als spezielle Hochgebirgslager für Steinböcke.

Im Altai lebt eine besondere Unterart des Sibirischen Steinbocks, nämlich der **Altai-Steinbock** (*Capra sibirica sibirica*), der körperlich und von der Trophäe etwas schwächer ist als der Steinbock aus Tienschan und Pamir. Auf den bisherigen Testjagden brachten starke Altai-Steinböcke eine Hornlänge zwischen 100 und 110 cm, der stärkste sogar 124 cm (was aber eher als Ausnahme anzusehen ist).

Altai-Steinböcke wurden auf den steilen Hängen der Gipfelregionen (zwischen 2.500 und 3.500 m) entweder von Marallagern aus auf einer Kombinationsjagd bejagt oder bei Spezialarrangements aus höhergelegenen Steinbockcamps.

Auf Testjagden in Gorno-Altaisk wurden zu Beginn der 90er Jahre jeden Tag 60 bis 200 Stück Steinwild beobachtet. Durchschnittlich standen bei jedem Rudel bis zu 3 starke Böcke mit einer Hornlänge von einem Meter und mehr.

Im Frühjahr (Mitte April bis Mitte Mai) lassen sich im Gorno-Altaisk auch **Braunbären** bejagen, nach Wunsch in Kombination mit Auerhahn. Die Bären sind mittelstark bis stark und können durchaus bis 400 kg wiegen.

Auch im Herbst (September) während der Maral- oder Steinbockjagd im Hochgebirge hat man die Möglichkeit, auf einen starken Braunen zum Schuß zu kommen. Auf einer solchen Testjagd auf Maral und Altai-Steinbock wurden über 10 Bären gesichtet, darunter mehrere starke.

Die Flachlandreviere am Fuße des Altai und seine Vorberge (bis zu 1.200 m) sind für ihre starken **Sibirischen Rehböcke** bekannt. In der Sowjetzeit kamen mehrere Rekordtrophäen aus dem Altai. Zwar sind hier auch von Jagdgästen mehrere kapitale Bocktrophäen (mit Stangenlänge bis 40 cm und Geweihgewichten bis 985 g) erbeutet worden, der Altai ist jedoch seinem Ruf als Bockparadies noch nicht gerecht geworden und liegt momentan in dieser Hinsicht hinter Westsibirien.

Im Altai werden auch Jagden auf **Elch** und **Flugwild** (Wachtel, Waldschnepfe und Bekassine) angeboten, nur haben sie keine große Bedeutung für den eigentlichen Jagdtourismus. Elchschaufler aus Gorno-Altaisk können allerdings sehr starke Trophäen (mit Geweihgewichten der Rekordhirsche bis über 20 Kilogramm, die allerdings eher eine Ausnahme sind)

„In die Vorberge des Altai der Böcke wegen"– diese Devise eingeweihter Rehwildjäger gilt nach wie vor

Trotz ihrer Höhe um die 2000 m wirken die Maralberge wenig gebirgig; ihr sanftes Panorama, das in Jahrtausenden geglättet wurde, beruhigt die Seele und macht aus einer anstrengenden Jagd eine Entspannungsreise

tragen. Sie leben im Sommer und Herbst im Altai-Gebirge und ziehen dann zum Überwintern in die tieferliegenden Ackerbau- und Sumpfgebiete.

Das **Moschustier** ist hier zahlreich und seine Bejagung sehr interessant (siehe dazu das Kapitel über Moschustier), nur findet diese wenig bekannte Wildart kaum Beachtung unter den Auslandsjägern.

Die Anreise in den Russischen Altai erfolgt per Flugzeug über Moskau nach Barnaul (Flugdauer etwa 4 Stunden; 4 Stunden Zeitunterschied zu Moskauer Zeit). Die Jagden auf Sibirische Rehböcke finden im Flachland, in hügeligen Revieren und auf den Altaivorbergen in Barnaulnähe statt, wohin man mit dem Auto gebracht wird.

Da die Maral- und Steinbockreviere 400–700 km von Barnaul entfernt in den Gebirgen des Gorno-Altaisk liegen, ist ein Hubschraubertransfer von Barnaul ins Jagdgebiet nötig.

Wer aber im Kasachischen Altai jagt, fliegt über Moskau nach Ust-Kamenogorsk in Ostkasachstan, danach wird er mit dem Auto ins Revier befördert oder mit dem Helikopter direkt ins Maral- und Steinbockgebiet gebracht, wenn es zu weit und unzugänglich gelegen ist.

Sajanen und Tuwa

In Südsibirien zwischen Altai-Gebirge und Baikalsee befindet sich das jagdlich hochinteressante Sajanische Gebirgssystem. Es besteht aus zwei Zügen: dem West- und dem Ostsajan.

Der 650 km lange **Westsajan** stellt trotz geringer Höhe (1.500 – 2.900 m) infolge größerer Niederschläge und stärkerer eiszeitlicher Vergletscherung ein wildes Hochgebirge von alpinem Typ dar. Von jagdlicher Bedeutung sind hier die Bergreviere um **Abakan** im nordwestlichen Teil des Westsajan und die riesigen Jagdgebiete in der Republik **Tuwa** (der südliche Teil des Westsajan bis zur mongolischen Grenze).

Der **Ostsajan** (höchste Erhebung in der Hochgruppe Munku-Sardyk mit 3.491 m) ist 1.100 km lang und, wie schon sein nordwest-südöstlicher Verlauf verrät, gehört er dem Alten Scheitel um den Baikalsee an. Von jagdlichem Interesse ist hier vor allem der bergige Süden der Region Krasnojarsk (südlich der Stadt **Krasnojarsk**), der den westlichen Teil des Ostsajan und den nördlichen Teil des Westsajan umfaßt.

Neben dem Altai kann auch das Sajanische Gebirgssystem als der typische gebirgige Lebensraum und somit als eines der

Hauptjagdgebiete des **Maral** bezeichnet werden. Trotzdem wissen wir bis heute wenig über die wirkliche Trophäenstärke der Marale aus den Sajanen. Natürlich gibt es auch hier Maralhirsche mit über 10 kg (ganz starke bis 14 kg) Geweihgewicht. Erst die kommenden Jahre werden aber zeigen, ob die Sajan-Marale denen im Altai und in Kasachstan ernsthafte Konkurrenz machen können.

Ähnlich wie im Altai wird auch in den Sajanen der Maral traditionell in der Brunft (September) mit Maralpfeife auf Pferden oder auf der Pirsch bejagt. Nach der Maraljagd ist auf den sanften Vorbergen die Jagd auf starke **Sibirische Rehböcke** möglich.

Aber auch in einigen gebirgigen Maralrevieren (z. B. in Tuwa) kann man auf sanften Hängen jeden Tag Sibirische Böcke sehen. Sonst ist in der Regel für die Rehbockjagd (etwa in Abakan) ein Revierwechsel in die Ebene nötig.

In Tuwa habe ich selbst im September 1991 auf Maral und Sibirischen Rehbock gejagt und bin bis heute von der Schönheit der goldfarbenen Herbstlandschaft und dem jagdlichen Können der tuwinischen Guides sowie von dem großen Maralbestand zutiefst beeindruckt. Die 170.500 km^2 große Republik Tuwa ist jagdtouristisch immer noch so unerschlossen, daß wir noch nicht wissen, wo es genügend starke Marale und Sibirische Rehböcke gibt.

In den Hochgebirgen im Westen der Republik Tuwa (Einzugsgebiet des Chemtschik, vor allem an der Grenze zu Gorno-Altaisk) leben viele **Sibirische Steinböcke**, die zur Unterart *Capra sibirica sibirica* (Altai-Steinbock) gehören. Für sie gibt es leider kaum Jagdangebote, obwohl Tuwiner sagen, daß man sie in vielen Hochgebirgen erfolgreich bejagen könnte. In einigen Gebieten, in denen Flüsse durch tiefe felsige Schluchten fließen, wäre es sogar möglich, die Steinböcke in

Jäger aus Tuwa führten während der ersten Testjagden kapitale Maralgeweihe (wie die 14-Kilo-Trophäe oben) vor – Beweis für die ausgezeichnete Trophäenqualität der Sajan-Marale. Mit den erfahrenen tuwinischen Jägern, die auch den Maralruf beherrschen, kann leicht gute Strecke gemacht werden

An nordamerikanische Trapperhütten erinnern diese als Basislager genutzten Blockhütten in der Wildnis Transbaikaliens

den steilen Felswänden über den Flußufern vom Boot her auszumachen (danach ans Land gehen und anpirschen), eine Jagdmethode, die auf Steinböcke sicherlich nicht gerade üblich, aber dafür sehr interessant erscheint.

Im Frühjahr 1992 wurde ein Bärengebiet in Abakan erfolgreich getestet. In dieser Testgruppe wurde ein Bär mit einer Deckenlänge von 224 cm gestreckt. Jetzt gibt es für diese Gegend eine Frühjahrsjagd (Ende April bis Mitte Mai) auf **Braunbär**, mit Auer- und Haselhahn als Zusatztrophäen.

Unterkunft im Jagdhaus. Bei den täglichen Pirschgängen bis zu 5 Stunden ist gute Kondition erforderlich. Für Krasnojarsk und Abakan gibt es auch günstige Pauschaljagden auf **Steinauer- und Birkhahn**.

Die Anreise in die Sajanen (Zielflughäfen sind – abhängig von der Lage des jeweiligen Jagdgebiets – Kysyl, Abakan oder Krasnojarsk) erfolgt mit dem Flieger, danach Weiterfahrt mit dem Auto – oder gegen Aufpreis Weiterflug mit dem Hubschrauber – ins Jagdgebiet. In allen diesen Gebieten beträgt der Zeitunterschied gegenüber der Moskauer Zeit 4 Stunden.

Baikal und Transbaikalien

Was ich hier als „Baikal und Transbaikalien" bezeichne, umfaßt ein riesiges gebirgiges Gebiet im Südosten Sibiriens zwischen dem Baikalsee im Westen und der Region Primorje im Süden des russischen Fernen Ostens.

Diese Gebirge sind nicht nur von einmaliger Schönheit, sondern auch jagdlich sehr reizvoll, obwohl sie bisher viel weniger jagdtouristisch erschlossen sind als sie es nach ihrem reichen Wildbestand verdienen.

Unter „Baikal" oder Baikal-Gebiet verstehen wir jagdlich Gebirgsreviere um den Baikalsee im Südosten Sibiriens. Der 650 km lange und 80 km breite Baikalsee ist der größte und tiefste (mit einer Tiefe bis zu 1.637 m) Süßwassersee der Welt und mit 25 Millionen Jahren auch der älteste. Er hat 336 teilweise kristallklare Zuflüsse und nur einen einzigen Abfluß: die Untere Angara in der Nähe der Gebietshauptstadt Irkutsk. Von 2.635 Arten und Unterarten der Flora und Fauna am Ufer oder im Baikal sind etwa 70 Prozent nur dort heimisch, darunter die einzige Süßwasserrobbe.

Transbaikalien (russisch „*Sabaikalje*") umfaßt das weite Gebirgsland im sibirischen Südosten und erstreckt sich vom Baikalsee im Westen bis zur fernöstlichen Region Primorje im Osten. Es besteht aus vielen leicht begehbaren Mittelgebirgsketten (Höhe 1.000–2.000 m), weitläufigen Gebirgssenken und Tiefebenen.

WILD und JAGDMÖGLICHKEITEN:
Die ersten Testjagden im Baikalgebiet Ende der 80er und zu Beginn der 90er Jahre galten hauptsächlich dem **Bär**, so daß man auch heute sofort an Bärenjagd denkt, wenn man den Namen Baikal hört.

Im Baikalgebiet gibt es zwar starke Braunbären mit Gewichten um 300 kg und mehr, nur sind sie natürlich nicht ganz so riesig wie auf Kamtschatka. Frühjahrsbärenjagden im landschaftlich wunderschönen Baikal sind vor allem für diejenigen Jäger interessant, die vor Anstrengungen nicht zurückschrecken und Natur und Berge lieben.

Der Baikal ist seit jeher bekannt für seine Bären; wenn man ihm Aug in Aug gegenübersteht, ist mancher vielleicht froh, daß er nicht die Größe der Kamtschatka-Braunbären erreicht

Die Bärenjagden im Frühjahr (Mai; zu dieser Zeit ist das Bärenfell hier von bester Qualität) finden im Gebirge auf einer Höhe um 2.000 m statt. Meister Petz verläßt im Mai sein Winterlager, treibt sich auf den lichten und sonnigen Berghängen umher, gräbt nach Zwiebelgewächsen und ist häufig am Tage zu beobachten.

Einheimische Führer sind mit dieser Jagdmethode gut vertraut, reiten mit dem Gastjäger durch die verschneite Landschaft und glasen immer wieder Berghänge nach Bären ab. Es passiert nicht selten, daß man an einem Abhang auch mehrere Bären gleichzeitig ausmacht.

Unterkunft für Gruppen von 2–3 Jägern ist in Zeltcamps oder "*Isbi* " (Einzahl "*Isba*", die russische Trapperhütte).

Obwohl seriöse russische Veranstalter, die die Jagdmöglichkeiten des Baikal sehr gut kennen, nachdrücklich darauf hinweisen, daß diese Bärenjagden interessant und sehr erfolgreich sind, ist das Interesse dafür im Westen bisher relativ gering.

Im Baikalgebiet (genauer gesagt in Burjatien, dem Gebiet südlich und östlich vom Baikalsee) überschneiden sich die Verbreitungsgebiete von Maral und Isubra-Hirsch. Deswegen findet man hier nur eine Mischform mit schwachem Geweih vor, die aber dem **Maral** näher steht und wildbiologisch und jagdlich als Maral behandelt wird. Wie schwer die Geweihe dieser Mischlinge wirklich sind, wissen wir noch nicht genau.

Obwohl Marale aus Burjatien vielleicht nicht gerade die stärksten sind, ist es jagdlich (besonders in bezug auf die starken **Sibirischen Böcke** aus diesem Gebiet) gesehen sicher sehr schade, daß diese herrlichen Jagdgründe am Baikalsee nicht stärker von passionierten Hirsch- und Bockjägern aufgesucht werden. Denn die Jagden in dieser Wildnis sind gerade nach dem Geschmack westlicher Waidmänner: Man befindet sich mit Pferden auf einer Abenteuertour in goldener Herbstberglandschaft (September/Oktober), wo man mit dem Maralruf den Brunfthirschen nachstellt. In fast allen Maralrevieren ist es außerdem möglich, gleichzeitig auf Sibirischen Rehbock und Bär zu jagen.

Bei der momentanen Preisgestaltung ist es kein Wunder, daß Maraljäger bei fast gleichem Preis „klassische" Maralgebiete (Altai, Sajanen, Kasachstan) mit starken Trophäenträgern bevorzugen und nicht ins Baikalgebiet reisen. Erst wenn der Baikal mit seinen herrlichen Bergen und spannenden Maraljagden preislich deutlich unter den konkurrierenden Maralgebieten liegt, kann man hoffen, daß die Hirschjäger seine Vorzüge „entdecken" und verstärkt dorthin auf die Jagd gehen.

Von Transbaikalien (östlich von Burjatien) bis einschließlich der Region Primorje im russischen Fernen Osten erstreckt sich das Reich des **Isubra-Hirsches**. Er sieht nicht nur aus wie der Maral, er hat auch die gleiche Geweihform, nur fällt er in seinen gesamten Dimensionen zierlicher aus.

Wie auf den Maral, so wird auch der Isubra-Hirsch auf der herbstlichen Rufjagd (September/Oktober) mit Pferden in der „goldenen Taiga" bejagt. Im gleichen Revier können meist auch Sibirischer Rehbock, Bär, Schwarzwild, Moschustier und Steinauerhahn mitbejagt werden.

Auf dieser Wildnisjagd schlechthin campiert man in beheizten Zelten oder in der Isba. Bisher gab es kaum Jagdangebote auf Isubra-Hirsche in Transbaikalien.

Der Isubrahirsch zählt zur Hauptwildart Transbaikaliens; er ist schwächer als der Maral, seine Bejagung aber nicht weniger interessant

In Frage käme hier vor allem die Gebirgslandschaft (sanfte Berge zwischen 1.000 und 1.500 m, so daß Pferde und Geländewagen zum Einsatz kommen können) um die Stadt Tschita, die für ihre Isubra-Hirsche und sehr starke Sibirische Rehböcke bekannt ist.

Die Anreise erfolgt – in Abhängigkeit vom jeweiligen Jagdgebiet – per Flugzeug über Moskau nach Ulan-Ude oder Irkutsk. Von dort aus werden die Jäger mit einem Hubschrauber direkt in die verschiedenen Reviere gebracht.

Wie der Maral wird in Transbaikalien der Isubrahirsch mit dem Hirschruf gejagt

In Jakutien, im Herzen Sibiriens, jagt man in sanften Gebirgen auf Schneeschaf, Bär und Karibu, wie hier im Werchojansk-Gebirge: echte und weltvergessene Wildnis, die das Gemüt des Jägers nicht unbeeindruckt läßt

Jakutien

Jakutien umfaßt beinahe den gesamten Osten Sibiriens, neben Kamtschatka wohl eines der bekanntesten und besten Jagdgebiete (gelegen hauptsächlich zwischen den Flüssen Lena und Kolyma) Rußlands und Eurasiens. Es gibt nur wenige Regionen, in denen man die rauhe und unberührte sibirische Wildnis in dieser Intensität spüren kann wie in Jakutien.

Wenn man Jakutien hört, denkt man sofort an mächtige ostsibirische Elche mit Riesenschaufeln, die immer mehr zur ernsthaften Konkurrenz für die Alaska-Yukon-Elche werden. Der Elch aus dem Einzugsgebiet von Kolyma und Indigirka war und ist bis heute die Hauptwildart Jakutiens geblieben.

Nicht weniger ist Jakutien auch nach seinen starken und zahlreichen Schneeschafen unter den internationalen Jägern bekannt. Dazu kommen gute Gebiete für Bären und Karibus, sowie die Möglichkeit als Zusatztrophäe auch Wolf, Vielfraß, Schneehasen, Hasel- und Schneehuhn zu bekommen.

Jagdlich versteht man unter Jakutien das riesige (3.103.200 km^2 mit nur 1,1 Mio. Einwohnern) Territorium der russischen Republik Jakutien (jetzt Republik Sacha genannt). Es erstreckt sich vom Stanowoi-Gebirge im Süden bis zur Laptew- und Ostsibirischen See im Norden, und von Zentralsibirien im Westen bis zu den fernöstlichen Gebieten Tschukotka, Magadan und Chabarowsk im Osten. Zu Jakutien gehören die Einzugsgebiete der Flüsse Anabar, Olenjok, Lena, Jana, Indigirka und der Oberlauf der Kolyma.

Zwei Drittel Jakutiens werden von Gebirgen eingenommen. Im Norden des Landes befinden sich Polarwüsten, die in die Tundra übergehen und weiter südlich von der wildreichen Taiga (mit flachwurzelnder Birke und Lärche als Hauptbaumarten) abgelöst werden. Sein ganzes Territorium liegt in der Zone des Dauerfrostbodens, der im Sommer nur bis zu einem Meter Tiefe auftaut und somit keine tiefwurzelnden Baumarten wachsen läßt.

Jakutien prägt ein rauhes, extrem kontinentales Klima; dem langen schneearmen Winter mit tiefen Temperaturen (Januarmittel -34 bis -45°C, Minimum -68°C) folgt der kurze, 85–100 Tage dauernde Sommer mit relativ starker Sonneneinstrahlung und verstärkten Niederschlägen. Wie in ganz Sibirien, so ist auch in Jakutien die Jagd für ausländische Gäste praktisch nur während des kurzen Sommers möglich.

WILD und JAGDMÖGLICHKEITEN:
Als jagdliche Hauptattraktion Jakutiens gilt ohne Zweifel der zahlreiche (Gesamtbestand etwa 80.000 Stück) **Ostsibirische oder Jakutische Elch** (*Alces alces pfizenmayeri*), östlich vom Jenissei. Die stärksten Elchschaufler dieser Unterart leben östlich vom Tscherski-Gebirge in den Flußtälern der Flüsse Indigirka und Kolyma sowie ihrer vielen Zu- und Nebenflüsse.

Natürlich gibt es auch in Jakutien wie auf Tschukotka oder im Norden Kamtschatkas Elche mit über 60 Inches (152 cm) Auslage, nur bilden sie eher die Ausnahme. Normalerweise liegen starke jakutische Elche zwischen 55 Inches (140 cm) und 60 Inches (152 cm), und bringen ein Geweihgewicht von 18–25 kg. Alle Trophäen, die darüber liegen, bedeuten einen großen Glücksfall, in Jakutien genauso wie in Alaska oder anderswo.

Um erfolgreiche Jagden zu „garantieren“, werden Standorte kapitaler Elchschaufler vor dem Eintreffen der Jäger bestätigt, die dann gezielt bejagt werden können.

Als Gast muß man jedoch darauf achten, daß Hubschrauber wirklich nur als Transportmittel und nicht zur Jagd selbst eingesetzt werden. Denn gejagt wird in der Regel zu Fuß, mit kleinen Booten oder ab Mitte Oktober auch mit dem Motorschlitten.

Unterkunft (2–4 Jäger) ist gewährleistet in beheizten Zelten oder schlichten Jagdhäusern. Die Jagdzeit ist auf die Monate September (Elchbrunft) und Oktober begrenzt.

Zu dieser Zeit sind auch verschiedene Kombinationsjagden (Elch–Bär–Karibu oder Elch–Schneeschaf, mit Wolf und Vielfraß als Zufallstrophäen) möglich. Allerdings muß man bei der Kombination Elch-Bär den September nehmen, da die Bären im Oktober bereits ihr Winterlager bezogen haben.

Mit sehr viel Erfolg können kapitale Elchschaufler ab Anfang Oktober bejagt werden, wenn die Bäume ihre Blätter abgeworfen haben und der Schnee schon liegt, so daß man Elche leichter bestätigen kann (zu dieser Zeit muß aber mit Ta-

Immer wieder erregt der Anblick des Waldriesen das Herz des Jägers. Der mächtige ostsibirische Elch ist die jagdliche Hauptattraktion Jakutiens

Dieser alte Elchbulle wurde im Oktober mit Hilfe von Laikahunden an einem Nebenfluß des Kolyma in Jakutien von einem schwedischen Jäger gestreckt

gestemperaturen bis -10°C gerechnet werden).

Die **Schneeschafjagd** in Jakutien – bei der noch Bär, Karibu und Wolf mitbejagt werden können – gehört sicherlich mit zu den interessantesten Jagdangeboten Rußlands (siehe dazu den Abschnitt „Jakutisches Schneeschaf" im Kapitel über die Schneeschafe).

Wer die Wildnis liebt und eine anstrengende, aber sportliche und spannende Jagd nicht scheut, für den ist eine Schneeschafjagd in den jakutischen Bergen genau das Richtige

Man jagt in sanften Gebirgen, umgeben von einer unberührten Wildnis im Herzen Sibiriens, weitab von jeglicher Zivilisation. Die Jäger sind mit ihrem Führer jeden Tag zu Fuß unterwegs und jagen so ursprünglich und frei, wie sich ein sehnsüchtiges Jägerherz schon immer – wenigstens einmal im Leben! – gewünscht hat. Das ist in Westeuropa leider immer noch unbekannt, obwohl unter den amerikanischen Berg- und Schafsjägern gar kein Geheimtip mehr.

Die Anreise erfolgt mit dem Flugzeug über Moskau in die Hauptstadt Jakutsk (7 Stunden Nonstop-Flug; Zeitverschiebung zu Moskauer Zeit 6 Stunden), wo man eventuell übernachtet. Von Jakutsk dann – abhängig vom Jagdgebiet – Weiterflug nach Syrjanka (dreieinhalb Flugstunden), Ust-Nera, Tscherskij, Chonuu oder in eine andere Ortschaft. Die letzte Strecke bis zum eigentlichen Jagdrevier fliegt man noch 1 – 2 Stunden mit dem Helikopter.

Im Einzugsgebiet von Indigirka und Kolyma beträgt der Zeitunterschied gegenüber der Moskauer Zeit 8 Stunden.

Der Ferne Osten

Kamtschatka

Das berühmteste Jagdgebiet Eurasiens. Wo Altai oder Kurgan liegen, das wissen auch heute nur wenige westliche Jäger. Wer aber die Jagdpresse aufmerksam liest oder Freunde hat, die viel im Ausland jagen, der weiß meistens, daß die stark an Alaska erinnernde Halbinsel Kamtschatka im russischen Fernen Osten „das Bärenland Nr. 1 der Erde“ ist. Die großen Jagderfolge der letzten Jahre haben diesen Ruf bestätigt.

Als erster europäischer Jäger bejagte bereits im Frühjahr 1906 – also noch zur Zarenzeit – der deutsche Kaufmann PAUL NIEDIECK Bären und Schneeschafe Kamtschatkas und schilderte eindrucksvoll seine Jagden dort in seinem Buch „Kreuzfahrten im Beringmeer“ (Hamburg/Berlin 1907; einen für Kamtschatka-Interessierte sehr informativen Auszug druckte die Zeitschrift WILD UND HUND 11/1993, Seite 64– 67, ab).

Vom Bärenparadies Kamtschatka schrieb er folgendes: „Wie stark dieses Land mit Bären besetzt ist, davon kann man sich einen Begriff machen, wenn man bedenkt, daß wir in diesem Revier sieben Bären in vier Tagen erlegten.” Ähnliche Erfolge auch auf Kamtschatka-Schneeschafe: „Wer daran gewöhnt ist, wie ich von den Rocky Mountains, Cassiar und Alaska her das wilde Bergschaf als ein äußerst seltenes Tier zu betrachten, der lebt auf Kamtschatka in einem Paradies; denn man sieht hierzulande, an der Küste entlangfahrend, fast beständig Schneeschafe in Herden bis zu mehreren hundert Stück.”

Kamtschatka ist nicht nur ein Bärenparadies, auch die Elche und Schneeschafe dort zählen zu den stärksten der Welt. Wegen der ungewöhnlichen Stärke seines Wildes und seiner noch unberührten Wildnis wird Kamtschatka oft mit Alaska um die Jahrhundertwende verglichen.

Da die Jagdexpeditionen in Kamtschatka wegen einfacherer Campingausstattung und Service preisgünstiger als entsprechende Alaskajagden sind, außerdem bisher sehr erfolgreich verliefen und hervorragende Trophäen lieferten, wird in der deutschsprachigen Jagdpresse mit Werbeslogans wie „Kamtschatka statt Alaska!“ oder „Kamtschatka – *die* Alternative zu Alaska“ geworben.

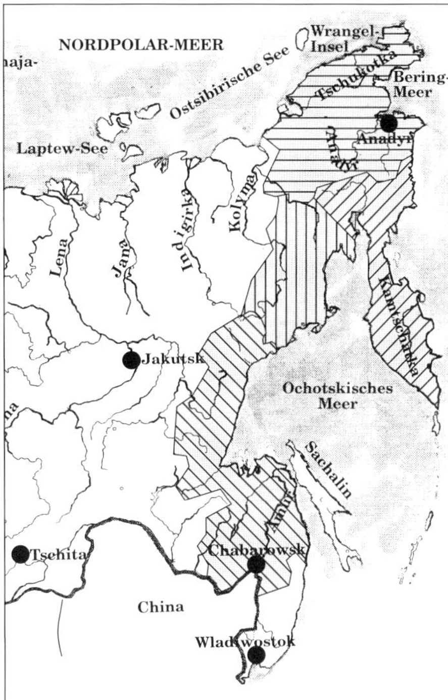

Hauptjagdgebiete im Fernen Osten

- **Kamtschatka**
- **Tschukotka**
- **Magadan**
- **Chabarowsk**

Fast 10.000 km von Westeuropa entfernt und jagdorganisatorisch sehr aufwendig, zählen Kamtschatka-Jagden auf diese drei Großwildarten mit zu den teuersten in ganz Rußland. Seit der Zarenzeit war es den westeuropäischen und amerikanischen Gastjägern erst 1990 wieder möglich gewesen, legal im Norden (seit 1991 dann auch im Süden) der Halbinsel zu jagen, und das mit viel Erfolg. Kamtschatka gehörte viele Jahrzehnte lang in

Die bevölkerungsarme Halbinsel Kamtschatka am Ende der Welt ist mit ihren lachsreichen Gewässern eines der letzten Refugien für den Braunbären, das eigentliche Wahrzeichen Rußlands

der Sowjetzeit zu den Zonen, die für Ausländer gesperrt waren.

Territorium und Bevölkerung: Im jagdlichen Sinne (wie auch administrativ innerhalb der Russischen Föderation) reicht das Kamtschatkagebiet im Nordosten Asiens über die Halbinsel nach Norden hinaus und schließt auch den autonomen Nationalbezirk der Korjaken (das Hauptjagdgebiet des ostsibirischen Elches im Einzugsgebiet der Flüsse Penschina und Talowka) mit ein. Im 472.300 km² großen Kamtschatka-Gebiet lebten 1990 nur 473.000 Einwohner, also gerade 1 Einwohner pro km². Hier wohnen zahlreiche kleine Völker wie Kamtschadalen, Korjaken, Ewenken, Lamuten, Jukagiren, Tschuktschen, aber auch viele Russen. Die Hauptstadt von Kamtschatka und der Heimathafen für die Fischfangflotte ist Petropawlowsk-Kamtschatski.

Die Kamtschatka-Halbinsel selbst ist 1.200 km lang und 100–480 km breit (Gesamtfläche 350.000 km², also um 50.000 km² größer als Italien). Zwei Hauptgebirgszüge, gekrönt von Vulkanbergen, durchziehen die Halbinsel in Längsrichtung. Auf der 1.200 bis 2.000 m hohen Westkette liegen Vulkanberge, die bis auf einen erloschen sind, während die niedrigere Ostkette 28 tätige Vulkane verzeichnet, deren höchster mit 4.740 m die Kljutschewskaja Sopka ist. Die Westkette läuft nach Westen flach aus, während die Ostküste durch steile, felsige Halbinseln und Buchten gekennzeichnet ist. Auf Kamtschatka herrscht rauhes, feuchtes Wetter mit großer Windgeschwindigkeit, langandauerndem Winter (acht Monate im Jahr), hoher Schneedecke und heftigen Stürmen.

WILD und JAGDMÖGLICHKEITEN: Aufgrund seines Inselcharakters ist Kamtschatkas Tierwelt zwar artenarm, dafür aber jagdlich (d. h. bezüglich der Trophäenqualität) einzigartig. Die Tiere der Tundra und des russischen Nordens, wo extreme Kälte (im Winter bis -50° Celsius und mehr) herrscht, haben ihre spezifischen Merkmale, von denen Wildbiologen folgendes sagen: „Im allgemeinen sind die im Norden lebenden Tiere größer als ihre nahen Verwandten im Süden. Die Wölfe der Tundra z. B. sind merklich größer als jene, die die südlicheren Nadelwälder bewohnen. Der Grund dafür ist einfach: Je größer das Tier, desto kleiner ist seine Oberfläche im Verhältnis zu seinem Volumen und desto weniger Wärme verliert es"(A. KNYSTAUTAS). Dasselbe Phänomen, das hierzulande als Bergmannsche Regel bekannt ist.

Gute Jagdorganisation vorausgesetzt, gibt es heute kaum ein Jagdgebiet auf der Welt, wo man im Frühjahr mit mehr Erfolgsaussicht als auf Kamtschatka starke **Braunbären** (die der größten Unterart *Ursus arctos piscator* angehören) bejagen kann. Wer einen starken Kamtschatka-Bären mit einer prächtigen Decke erlegen will, sollte im Frühjahr reisen, da zu der Zeit das Fell besser und die Jagd leichter ist. Wenn man aber Bär und Elch auf Kamtschatka kombinieren möchte (wofür man 10–12 reine Jagdtage braucht), dann kommt nur der Herbst (September/Oktober) in Frage.

Kamtschatka-Bären erreichen ein Gewicht von 300–600 kg und eine Deckenstärke von 8–10 Fuß (Deckenlängen von der Nase bis zur Bürzelspitze 270 bis etwa 310 cm), sind also stärker als ihre Vettern in Tschukotka, Magadan oder Chabarowsk. Alle Bären über 8 Fuß gelten als kapital.

Während der Frühjahrsjagd (April/Mai) liegt noch Schnee, so daß man sich im Revier auf Skiern oder mit Motorschlitten bewegen muß, im Küstengebiet werden auf der Jagd auch kleine Boote eingesetzt. Im Herbst (September/Oktober) bejagt man den Bären auf der Pirsch oder vom Boot aus. Unterkunft in beheizten Zelten oder Blockhäusern.

Fast so berühmt wie Kamtschatka-Bären sind auch Kamtschatka-Elche, die zur Unterart **Ostsibirischer Elch** (*Alces alces pfizenmayeri*) gehören. Aus dem Norden (Gebiet des Penschina-Flusses) von Kamtschatka kommt nicht nur der jetzige

Ob Frühjahrs- oder Herbsttrophäe: die Kamtschatka-Bären gehören mit ihren bis zu 10 Fuß langen Fellen zu den stärksten Braunbären der Welt und stehen damit ihrem Verwandten, dem Kodiak-Bär in Alaska, in nichts nach

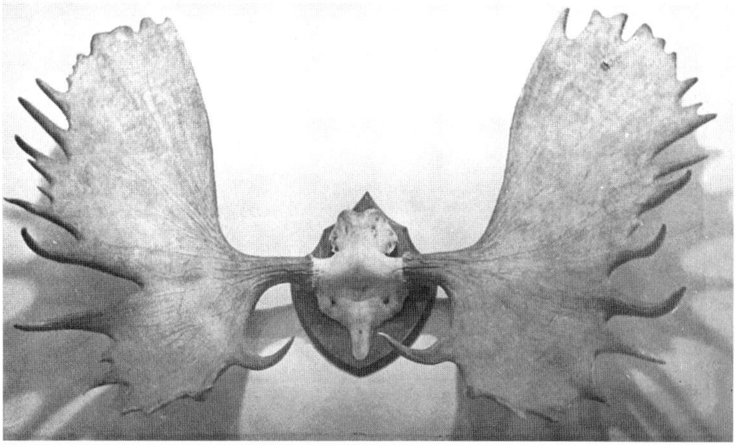

Sagenhafter Weltrekord aus Kamtschatka: Dieser Ostsibirische Elch wurde 1972 am Penschina-Fluß im Norden Kamtschatkas erlegt. Seine Auslage von 167 cm und sein Geweihgewicht von 35 Kilo (Schaufellänge 130 cm, Schaufelbreite 45 cm) brachten ihm in Plovdiv 1981 den Weltrekordtitel ein

offizielle Weltrekord-Elch mit einer Auslage von 167 cm und einem Geweihgewicht von 35 kg, dort sind schon mehrere viel stärkere Elchschaufler (mit Auslagen von über 170 cm und Geweihgewichten über 40 kg!) von ausländischen Jagdgästen gestreckt worden. Im Gebiet des Weltrekord-Elches wurde übrigens eine Abwurfstange gefunden, die – obwohl sie bereits angenagt war! – ganze 28 Kilo wog und eine Schaufellänge von 160 cm sowie eine Schaufelbreite von 62 cm hatte.

Wenn man von starken Kamtschatka-Elchen spricht, sind damit die Schaufler aus dem Norden (Penschina-Gebiet) gemeint (Bestand 3.000–4.000 Stück), nicht die von der Halbinsel selbst. Denn im Süden der Kamtschatka-Halbinsel gab es gar kein Elchwild. Es wurde dort (Gebiete Kljutschi, Milkowo und Dolinowka; Bestand 1991 immerhin 700 Stück) erst vor etwa 10 Jahren erfolgreich mit Tieren aus dem Norden eingebürgert.

Die Herbstjagd auf Elch findet im September oder Oktober statt. Gejagt wird zu Fuß oder mit dem Boot.

Auf dieser Halbinsel lebt schließlich auch das **Kamtschatka-Schneeschaf** (*Ovis nivicola nivicola*), das mächtigste und begehrteste aller Schneeschafe, das eine Hornlänge zwischen 90 und 105 cm aufweist. Der neue Weltrekord-Widder brachte es sogar auf ganze 114 cm, auf eine Hornlänge also, die einem schwächeren Argaliwidder eher entspräche als eigentlich einem Schneeschaf.

Im Norden Kamtschatkas, wo gute Trophäen zwischen 90 und 100 cm liegen, wird dem Schneeschaf seit 1990 nachgestellt. Im Süden der Halbinsel gibt es

Auch das Kamtschatka-Schneeschaf ist im Trophäenvergleich führend: Es hat die mächtigste Trophäe aller Schneeschafe und zählt damit zu den begehrtesten Trophäen aller Schneeschafunterarten

wahrscheinlich nicht nur größere Bären als im Norden, sondern auch stärkere Schneeschafe (Hornlängen 90–105 cm und mehr), die erst seit 1991 bejagt werden konnten. Die Schneeschafjagd ist wie alle Schafsjagden nicht so extrem schwer wie etwa die Wildziegenjagd im Hochgebirge. Sie ist aufgrund des schwierigen Geländes und der nördlichen Vegetation jedoch trotzdem sehr anstrengend, verlangt Ausdauer und gute Kondition. Als Ganzes gesehen (einmaliges Jagdabenteuer in echter Wildnis, hochinteressante Pirsch, starke und nichtalltägliche Trophäen), gehört die Schneeschafjagd sicherlich zu den reizvollsten Angeboten der russischen Hemisphäre.

Gejagt wird hauptsächlich im August und September. Unterkunft in geheizten Zelten.

Neben diesen drei Hauptwildarten kommen auf Kamtschatka u. a. auch Wolf, Luchs, Polarfuchs, Vielfraß, Kamtschatka-Murmeltier, Zobel, Steinauerhahn, Robben, Walroß, Seeotter, lachsartige Fische u. a.. vor.

Die lange Anreise bei den Bär-, Schneeschaf- oder Elchjagden im Norden Kamtschatkas erfolgt per Flugzeug über Moskau nach Magadan (sieben Flugstunden) am Ochotskischen Meer, dann fliegt man 2–3 Stunden weiter mit einer kleineren Maschine bis Korf oder Tigil. Von dort wird man mit einem Hubschrauber ins Basiscamp gebracht.

Wenn eine Bären- oder Schneeschafjagd im Süden der Halbinsel stattfindet, fliegt man von Moskau nach Petropawlowsk-Kamtschatski (Flugzeit achteinhalb Stunden; 9 Stunden Zeitverschiebung gegenüber der Moskauer Zeit) und weiter 2–3 Stunden mit dem Hubschrauber bis zum Revier. Wer es etwas bequemer haben möchte und eine längere Anreise in Kauf nimmt, der kann nach Petropawlowsk-Kamtschatski auch über Anchorage mit einer westlichen Fluggesellschaft fliegen.

Da es bei den Flügen aus dem russischen Fernen Osten in Richtung Moskau wegen Kerosinmangels oder schlechter Witterung oft zu erheblichen Verspätungen kommen kann, sollte man mindestens einen Tag mehr für die Heimreise einplanen. So verpaßt man keinen Rückflug nach Hause und wenn ein Tag übrig bleiben sollte, kann man ihn für Einkäufe oder Besichtigungen in Moskau verwenden.

Petropawlowsk-Kamtschatski ist die Hauptstadt des administrativen Gebietes Kamtschatka und der Heimathafen für die Fischfangflotte

Tschukotka

Elchparadies am Ende der Welt: Am Ende der Welt, so scheint es, liegt Tschukotka, diese riesige Halbinsel im äußersten Nordosten Sibiriens, letzter Ausläufer des ehemaligen sowjetischen Riesenreiches, das mit seiner östlichsten Spitze – dem Kap Deschnew – Alaska fast berührt. Kaum ein westlicher Jäger hat sich lange Zeit hierher verirrt, zu Unrecht, wie ich selbst im Herbst 1992 und 1993 feststellte. In Tschukotka ist nämlich der wohl stärkste Elch Eurasiens zu Hause.

Tschukotka liegt östlich der Flüsse Kolyma, Omolon und Molongda; es schließt auch die Tschuktschen-Halbinsel ein. In diesem 737.700 Quadratkilometer großen Gebiet (doppelt so groß wie Deutschland) des autonomen Kreises der Tschuktschen leben außer 15.000 Tschuktschen und etwa 2.000 Eskimos nur noch 150.000 Menschen, vor allem Russen.

Wie alle Länder des Nordens ist auch Tschukotka ein hartes Land. Kein Wunder also, wenn „normale" Journalisten wegen der rauhen klimatischen und landschaftlich eintönigen Gegebenheiten Tschukotkas von einem „gnadenlosen" und „abweisenden" Land sprechen.

Die kundigen Jäger wissen aber, daß gerade in solch sumpfiger Tundra, bedeckt mit Moos, Flechten und Zwergsträuchern, das noch weitgehend unberührte Reich des ostsibirischen Riesenelches und Braunbären liegt. Deshalb schrecken sie vor der grenzenlosen Tundrawüste Tschukotkas mit tausenden namenlosen Flüssen, Mäandern und Seen – die wie kaum ein anderes Gebiet an Alaska und Kanada erinnert – nicht zurück; im Gegenteil, gerade dorthin zieht es sie!

Tschukotka kontra Kamtschatka? In den letzten Jahren kamen fast alle riesigen Elchtrophäen aus einer verhältnismäßig kleinen Gegend (Einzugsgebiet der Flüsse Penschina, Talowka, Tylchoi u.a.) im Norden des Gebietes Kamtschatka, wo die Trophäenjagd intensiv betrieben wurde.

Nur wenige Monate im Jahr bietet die Tundra auf Tschukotka einen freundlichen Anblick. In der Brunftzeit konzentrieren sich die Elche hier in den schmalen Waldstreifen längs der Tundraflüsse

Schwere Geweihgewichte und breite Schaufeln machen auch die Trophäen der Tschukotka-Elche zur attraktiven Jagdbeute

Nun hat man aber das vier- bis fünfmal größere Tschukotka-Gebiet jagdlich erst entdeckt und teilweise schon erschlossen. Auf der größeren Fläche gibt es erheblich mehr Elchwild als im Norden Kamtschatkas. Dazu kommt noch der wichtige Umstand, daß auf Tschukotka außer einigen wenigen Testjagden bisher kaum Jagddruck durch Gastjäger vorhanden war, weswegen man für die nächsten Jahre hier mehr starke Elchtrophäen erwarten darf als im fast schon überfrequentierten Kamtschatka.

Tschukotka ist nicht nur wegen seiner Riesenelche jagdlich besonders reizvoll. Wie auf Kamtschatka können auch hier **Braunbären** gejagt werden, die allerdings nicht ganz so stark sind wie die Kamtschatka-Bären (*Ursus arctos piscator*). Der Tschukotka-Bär (*U. a. beringiana*) – der im Landesinneren vorkommt und deshalb auch sibirischer Grizzly genannt wird – von der Tschuktschen-Halbinsel und aus dem Einzugsgebiet des Anadyr wiegt laut Angaben russischer Wildbiologen (W. G. JUDIN, 1991) 250–300 Kilogramm, während Jagdgäste von Bären über 400 Kilo sprechen.

Im Hügelland und Mittelgebirge Tschukotkas lebt in vielen isolierten Vorkommen auch das **Tschukotka-Schneeschaf** (*Ovis nivicola koriakorum*), das allerdings nicht so stark ist wie etwa das Kamtschatka-Schneeschaf. Im kleinen Rahmen wird das Tschukotka-Schneeschaf im Korjaken-Gebirge von ausländischen Jagdgästen bejagt.

Zwar ist Tschukotka für seine Rentierzucht bekannt, doch gibt es hier neben 700.000 domestizierten Rentieren immer noch 32.000 wildlebende **Karibus** (L. KOLPASCHTSCHIKOW, 1990) mit sehr guter Trophäenqualität, die in bergigen Gegenden mitbejagt werden können.

Anfang der 80er Jahre zählte man auf Tschukotka und Kamtschatka 500 **Wölfe** (nach BIBIKOW). Der Chefjäger vom Bezirk Anadyr auf Tschukotka sagte mir aber im Herbst 1992, daß dort jetzt jährlich etwa 100 Stück geschossen würden; die Wölfe sind jedoch im September/Oktober bei der Elchjagd in der Tundra seltener anzutreffen. Wie überall ist auch hier Isegrim eine Zufallsangelegenheit, auf die man aber stets vorbereitet sein sollte.

Tschukotka-Elch kontra Penschina-Elch. Erst zu Beginn des 20. Jahrhunderts weitete der Elch sein Areal auf Tschukotka aus (weitere Angaben nach K. FILONOW), bis dahin verlief die östlichste Grenze seiner Verbreitung entlang des Flusses Omolon. In den 20er Jahren unseres Jahrhunderts fanden Forscher viele Abwurfstangen im Oberlauf des Flusses Anadyr.

In den 30er Jahren stieg dann der Elchbestand auf Tschukotka merklich an, ganz erheblich allerdings erst in den 40er und 60er Jahren, wobei in dieser Zeit die östlichste Grenze des Elchvorkommens auf Tschukotka der Fluß Kleiner Anjui sowie die Oberläufe von Anadyr und Penschina bildeten.

Ende der 70er Jahre verlagerte sich die östliche Grenze seiner Verbreitung noch weiter ostwärts und verlief entlang des Kleinen Anjui, umfaßte weiter das Einzugsgebiet des Anadyr mit seinem Zufluß Belaja, den Oberlauf des Welikaja, Flußtäler im nordwestlichen Teil des Korjaken-Gebirges und schließlich das Einzugsgebiet des Penschina-Flusses. Dadurch wurden nicht nur neue Lebensräume erobert, auch die Verbreitungsgrenze verschob sich um 400 Kilometer weiter ostwärts und 200 Kilometer südwärts – in Richtung Kamtschatka und der Beringsee.

1976 zählte man auf Tschukotka 2.620 Stück Elchwild, davon im Bezirk Anadyr 500 und im Bezirk Bilibino 2.120. Heute ist aber der Elchbestand in ganz Tschukotka weiter gestiegen und im Bezirk Anadyr leben nicht mehr 500, sondern ganze 3.000 Stück Elchwild.

Wenn man diese Verbreitung vor Augen hat, kann man manche russische Berufsjäger verstehen, die behaupten, daß der Tschukotka- und Penschina-Elch zu derselben Population gehören, wobei der Penschina-Elch aus dem Norden (also von Tschukotka) zugewandert ist. Nach ihnen gehört auch das gesamte Einzugsgebiet des Penschina geographisch immer noch zu Tschukotka (administrativ zählt es allerdings zum Kamtschatka-Gebiet), so daß es auch aus diesem Grunde eigentlich keinen Unterschied in der Trophäenstärke zwischen dem Tschukotka- und dem Penschina-Elch geben kann. Vielmehr dürfte nach ihrer Aussage der Tschukotka-Elch sogar stärker sein. Die ersten Testjagden in mehreren Gebieten von Tschukotka bestätigten nur ihre Vermutung und lassen hoffen, daß in den nächsten Jahren die Gäste noch stärkere Elche zur Strecke bringen werden.

Im Nordwesten von Tschukotka wurden schon Schaufler mit einem Geweihgewicht zwischen 32 und 38 Kilogramm erlegt, die über 30 Enden und Auslagen von 161 Zentimetern und mehr hatten. Einer davon brachte es auf 254 7/8 SCI-Punkte, womit er auch in der Kategorie der Alaska-Yukon-Elche (*Alces alces gigas*) des SCI-Rekordbuches auf dem 17. Platz in der Welt wäre.

Auch in den westlichen und südlichen Gegenden Tschukotkas kamen hochkapitale Elche mit Geweihgewichten von 31 und 34 Kilogramm zur Strecke, ein 1993 vom Boot aus erlegter Elch hatte eine Auslage von 175 cm und ein Geweihgewicht von 41,5 kg.

Ich selbst testete im Herbst 1992 ein riesiges Elchgebiet im Südosten Tschukotkas und war von der Trophäenstärke tief beeindruckt. Es wurden auf dieser Jagd zwei mächtige Elche mit großen, breiten Schaufeln und Auslagen von 160 und 165 Zentimetern sowie Geweihgewichten um 40 Kilogramm erlegt, wobei mindestens noch zwei weitere Bullen gesehen wurden, die vom Körper und Geweih her sogar noch stärker wirkten. Es gab natürlich Elche in allen Alters- und Trophäenklassen und in allen inspizierten Flußtälern genügend Schaufler (sowie riesige alte Abwurfstangen) mit über 155 Zentimetern Auslage.

Starke Elche muß man „absitzen". „Tschukotka ist ein hartes Land. Sein

Spitzenelch aus der Brunft 1993: Geweihgewicht 41,5 kg, Auslage 175 cm, Schaufellänge 145 cm und Stangenumfang vor den Rosen 28 cm

Im äußersten Nordosten Sibiriens gelegen ist Tschukotka mit seiner grenzenlosen Tundrawüste und tausenden namenlosen Flüssen, Mäandern und Seen in der Tat ein hartes Land

Reichtum muß schwer erkämpft werden. Es ist ungemein faszinierend, ja fesselnd. Wer es gesehen hat, möchte wieder hin" schrieb der Journalist Egon Traxler über dieses Land am Ende der Welt. Wie recht er damit hat, das werden seine Nachfolger am eigenen Leib erfahren.

Als erste „Härteprüfung" gilt es für den Elchjäger, die riesige Distanz von fast 10.000 Kilometern von Mitteleuropa bis Tschukotka zu überwinden. Wenn er von Moskau z.B. nach Anadyr durch zehn Zeitzonen fliegt, hat er volle 8 Stunden auf einem engen Platz abzusitzen. Mein Flug aus Moskau in Richtung Anadyr ging um 16 Uhr Moskauer Zeit, die Landung auf dem Zielflughafen erfolgte um 24 Uhr Moskauer Zeit, bei 9 Stunden Zeitunterschied war es in Anadyr aber gerade 9 Uhr morgens. Es wurde uns Gästen empfohlen, nicht sofort schlafen zu gehen, sondern bis zum Abend auszuhalten und erst dann das Bett aufzusuchen.

Vom Flughafen Anadyr fährt man 20 Minuten mit einer Fähre (wenn die Bucht nicht gerade zugefroren ist) bis zur eigentlichen Stadt Anadyr, dann fliegt man weiter mit dem Hubschrauber ins Jagdgebiet. Im September kann es hier schon sehr kalt sein, auch mit Schnee und Temperaturen leicht unter null Grad muß man rechnen. Also muß sich der Elchjäger entsprechend einrichten. Um dieses Leid zu mildern, übernachtet man in der rauhen nördlichen Wildnis normalerweise in geheizten Zelten.

Das ganze Unternehmen kann man getrost als reines Jagdabenteuer bezeichnen, das schon einiges an Anstrengung und Ausdauer abverlangt. Deswegen sollten sich ältere Waidmänner genau über die Anforderungen informieren, um nicht bei soviel Aufwand nachher eine Enttäuschung zu erleben.

Auf den Tschukotka-Elch. Man erlebt es nicht jeden Tag, daß der Hirsch *über* und nicht wie üblich zwischen den Bäumen vor einem erscheint, doch bei diesem Hirsch mit breitem, flachen „Dach“ auf dem Haupt geschieht es gerade so.

In der Regel werden zwei Gastjäger mit ihren Jagdführern und einem Lagerhelfer samt zwei oder drei Booten sowie Campausrüstung (Zelte, Schlafsäcke, Ofen, Funkgerät usw.) und Verpflegung mit einem Hubschrauber zum Oberlauf eines Flusses gebracht. Nur um diese Tundraflüsse vom Oberlauf bis zur Mündung hinunterzufahren, braucht man mit kleinen Booten zwei Tage. Sollen dabei die Elche längs des Flusses (wo sie sich aus dem gesamten Tundragebiet in der Brunftzeit sammeln) sowie an beiden Ufern und dem nahen Hinterland bejagt werden, so sind dafür vier bis fünf Tage erforderlich. Bei dieser Variante wird jeden Abend ein Zeltlager neu aufgeschlagen. Wenn genug Personal vorhanden ist, fährt ein Lagerhelfer

Das pazifische Walroß kommt trotz der Jagd der einheimischen Tschuktschen an den Küsten von Tschukotka und Kamtschatka immer noch zahlreich vor. Die Stoßzähne der erwachsenen Bullen können hier bis zu 1 Meter lang werden; für Walroßtrophäen aus Rußland wird allerdings zur Zeit in den EU-Staaten keine Einfuhrgenehmigung erteilt

mit einem Boot und der Campausrüstung immer 5–10 Kilometer voraus und schlägt ein neues Lager auf, so daß für die Ankunft der müden Gäste alles bereits gerichtet ist.

Falls man während der Jagd Hilfe braucht oder doch einmal erfolglos sein sollte und ein Revierwechsel nötig wird, kann per Funk – ein Funkgerät gehört normalerweise zur Ausrüstung jeder Gruppe – der Hubschrauber bestellt werden. So können während 6–8 Jagdtagen auch einmal zwei verschiedene Gebiete bejagt werden.

Eine andere Variante: Man wird in ein gutes Elchgebiet (in dem also noch vor dem Eintreffen der Jäger starke Elche bestätigt worden sind) per Hubschrauber gebracht, wo ein festes Basislager für 4–5 Jagdtage aufgebaut wird. Jeden Tag sucht man dann mit Motorbooten den Fluß nach Elchen ab – was besonders für ältere oder weniger sportliche Jäger zu empfehlen wäre – oder es wird in der Tundra gepirscht. Auch bei dieser Version ist nach ein paar Tagen ein Revierwechsel möglich.

Es gibt auch Elchgebiete auf Tschukotka, wo man den ganzen Tag mit einem Kettenfahrzeug unterwegs sein kann. Zur Not kann darin auch übernachtet werden. Vom Bergrücken oder vom Fahrzeug aus wird die Gegend nach Platz-Elchen abgeglast. Wenn diese bestätigt sind, werden sie zu Fuß angepirscht. Um in der sumpfigen oder verschneiten Tundra nicht steckenzubleiben und festzusitzen, ist man normalerweise mit großer Mannschaft und einem zweiten Kettenfahrzeug im Elchgebiet unterwegs.

Wenn hier Tschukotka und Kamtschatka einander gegenübergestellt werden, dann darf man das nicht zur Alternative „Tschukotka *statt* Kamtschatka“ überspitzt verstehen, sondern eher als eine Chance für beide Gebiete und eine ständig steigende Zahl von Elchjägern: bei dem wachsenden Interesse für die Jagden auf ostsibirische Riesenelche und Bären wird durch die Erschließung Tschukotkas das Penschina-Gebiet Kamtschatkas wesentlich entlastet, was sowohl dem Wild wie den Gastjägern zugute kommen wird.

Magadan

Im jagdlichen Sinne versteht man unter „Magadan" das administrative Gebiet Magadan (aber ohne den autonomen Kreis der Tschuktschen bzw. ohne die Tschukotka-Halbinsel) im Nordosten Rußlands. Magadan heißt außerdem auch die Gebietshauptstadt und der Hafen an der Nagajew-Bucht im Norden des Ochotskischen Meeres. Im ganzen Magadan-Gebiet (1.199.100 km²) lebten 1991 nur 534.000 Einwohner, oder 0,4 Einwohner pro Quadratkilometer.

Jagdlich ist Magadan in den letzten vier Jahren vor allem durch seine Elch-, Bären- und Schneeschafjagden bekannt geworden, die in der Nähe der Stadt Magadan (die auch der Zielflughafen ist) veranstaltet wurden.

Im Oberlauf des Kolyma und nahe der Stadt Magadan werden sehr gute Herbstjagden auf den starken **Ostsibirischen Elch** (Geweihgewichte bis 35 Kilo) organisiert. Westliche Jäger ziehen zwar den Kamtschatka- und Tschukotka-Elch dem Magadan-Elch vor, was aber unberechtigt ist, da auch im Magadan-Gebiet sehr starke Schaufler ihre Fährten ziehen. Jagdarten und Unterkunft wie in Tschukotka bzw. im Norden Kamtschatkas.

Im Frühjahr und im Herbst kann man mittelstarken bis starken (8 Fuß und mehr) **Braunbären** nachstellen. Besonders erfolgversprechend sind Frühjahrsbärenjagden in der Küstenregion von Magadan. Wetterabhängig wird auf den Braunen entweder gepirscht, mit dem Boot gejagt, oder man benutzt dabei einen Motorschlitten.

Auf den ostsibirischen Elch ist der Jagddruck vor allem in Tschukotka und Kamtschatka groß. Starke Elchbullen gibt es aber auch in Magadan, besonders am Oberlauf des Kolyma

Das fernöstliche Gebiet Magadan ist jagdlich vor allem für seine Braunbären bekannt. Diese erreichen zwar keine Kamtschatkaformate, können dafür aber günstiger und mit viel Erfolg bejagt werden

Den größten Teil des Magadan-Gebietes machen die Gebirge (mit Höhen zwischen 1.000 und 2.000 m) aus, wo das **Jakutische Schneeschaf** (*Ovis nivicola lydekkeri*) lebt. Der Bestand ist hier sehr gut, die Durchschnittstrophäen liegen um 90 cm, starke bis 100 cm.

Das Hauptjagdgebiet befindet sich in der Küstenregion, mit bis zu 700 m aufsteigenden, steilen Felsen und einer welligen Hochebene; ein anderes weiter nördlich im Kolyma-Gebirge. Jagdzeit August.

Bei allen diesen Jagden erfolgt die Anreise per Flugzeug über Moskau nach Magadan (Flugdauer 7 Stunden), danach Weitertransport mit dem Hubschrauber ins Jagdrevier.

Chabarowsk

Das fernöstliche Jagdgebiet Chabarowsk umfaßt die 824.600 km^2 (1,8 Mio. Einwohner, 2,2 pro Quadratkilometer) große administrative Region Chabarowsk der Russischen Föderation. Zu seinem vorwiegend gebirgigen und dünn besiedelten Territorium gehören die Gebirge des Sichote-Alin-Systems (mit Höhen bis 2.078 m) im Südosten, das Dschugdschur-Gebirge (Höhe bis 2.000 m) entlang der Westküste des Ochotskischen Meeres, die Gebirge Kleiner Chingan, Burein, Badschal, Dusse-Alin, Jam-Alin (mit Höhen bis 2.500 m) u.a. im Südwesten, sowie das Festland (die sog. Kornkammer des Fernen Ostens) am Unterlauf des Amur.

Die Regionshauptstadt und eine der größten und bedeutendsten Städte im russischen Fernen Osten ist Chabarowsk (350.000 Einwohner).

Schon seit 1990 spielt diese fernöstliche Region eine wichtige Rolle im russischen Jagdtourismus, obwohl sie noch nicht den Bekanntheitsgrad eines Kamtschatka oder Tschukotka erreicht hat.

Wenn man Chabarowsk hört, denkt man normalerweise sofort an Schneeschaf- und Bärenjagden im Küstengebiet des Ochotskischen Meeres, nur daß die Trophäenqualität beider Wildarten hier unter der von Kamtschatka liegt. In entlegenen Jagdgebieten nördlich und östlich der Stadt Chabarowsk werden außerdem interessante Herbstjagden auf Isubra-Hirsch und Sibirischen Rehbock angeboten.

In der Region Chabarowsk leben über 30.000 Ussurische Elche. Diese kleinste Elchunterart Eurasiens war bisher wegen relativ schwacher Trophäen und langer Anreise für Auslandsjäger wenig attraktiv, so daß es bisher kaum Jagdangebote dafür gibt. Es muß aber auch gesagt werden, daß man sich wegen der großen Nachfrage nach Riesenelchen aus Tschukotka, Kamtschatka und Magadan mit Elchen aus dieser Region wenig beschäftigt hat, weswegen die tatsächliche Trophäenqualität nicht genau bekannt ist.

Aus den gleichen Gründen sind auch Wasserjagden (Wildenten und –gänse) in der Nähe von Chabarowsk bisher wenig

Im Norden des Chabarowsk-Gebietes lebt eine besondere Unterart des Schneeschafes: das leider nicht mehr so zahlreiche Ochotskische Schneeschaf, das zu Beginn der 90er Jahre manchen Schafsjäger in den russischen Fernen Osten lockte

Wie fast alle küstennahen Gebiete im Fernen Osten hat auch Chabarowsk einen guten Braunbärenbestand, allerdings sind die Bären hier durchschnittlich eher mittelstark

verlangt worden. Solche Jagden sind aber problemlos und mit guten Tagesstrecken (bei Wildgänsen bis 25 Stück pro Tag) für interessierte Jagdgäste zu organisieren.

Die Anreise für alle Jagden in diesem Gebiet erfolgt per Flugzeug über Moskau nach Chabarowsk (8 Flugstunden, 7 Stunden Zeitverschiebung gegenüber Moskauer Zeit), oder mit einer westlichen Fluggesellschaft über Anchorage nach Charabowsk. Nach einer Hotelübernachtung in Chabarowsk fliegt man entweder mit einem Kleinflugzeug weiter Richtung Nelkan im Norden, dann Weiterflug mit Hubschrauber ins Schneeschafcamp im Dschugdschur-Gebirge, oder gleich mit Hubschrauber von Chabarowsk ins Jagdcamp (bei Jagden auf Bär, Isubra-Hirsch usw.).

WILD und JAGDMÖGLICHKEITEN: Als die begehrteste Trophäe aus der Region Chabarowsk gilt ohne Zweifel das **Ochotskische Schneeschaf** (*Ovis nivicola alleni*) aus dem Dschugdschur-Gebirge. Bestand und Populationsdichte liegen – wie ich selbst beim Überfliegen des größten Teils vom Dschugdschur-Gebirge vor der ersten Kontroll- und Testjagd im Herbst 1991 feststellen konnte – leider weit unter dem, was ursprünglich angegeben wurde. Aus diesem Grund wird der Jahresabschuß sicherlich nicht sehr hoch sein (6– 10 Widder).

Zusätzlich können bejagt werden Bär, Karibu, Elch, Wolf und Moschustier.

Im Küstengebiet der Region Chabarowsk werden seit Jahren mit viel Erfolg **Bärenjagden** organisiert, allerdings sind

Besonders gute Aussichten auf erfolgreiche Bärenjagden bestehen an der Küste des Ochotskischen Meeres

die Petze hier von mittlerer Größe (7,5 bis 9 Fuß bzw. 300 bis 400 kg) und stehen somit an Stärke jenen von Kamtschatka nach. Eine reine Bärenjagd sollte man im Frühjahr (Ende April bis Mitte Mai; gejagt wird auf Skiern, Pirsch oder mit Motorschlitten, im Küstengebiet auch vom Boot aus) machen. Wer aber auch Jagden auf Schneeschaf, Elch und Karibu damit kombinieren möchte, kann das nur im Herbst machen.

Zwar schiebt der **Isubra-Hirsch** ein schwächeres Geweih (bis etwa 8 kg) als der Maral, jagdlich aber ist er genauso reizvoll wie sein großer Bruder aus Südsibirien und Kasachstan. In verschiedenen Gebieten nördlich und östlich von Chabarowsk werden gute Isubra-Herbstjagden (September/Oktober, während der Brunft) angeboten, auf denen auch Sibirische Böcke, sehr starke Keiler und Bären mitbejagt werden können. Streckenerwartung während einer Tour: ein Isubra-Hirsch und zwei bis drei Sibirische Böcke. Bei Interesse können auch spezielle Jagden auf Sibirische Böcke veranstaltet werden.

Der streng geschützte Goral – auch Amurgams genannt – war früher im gesamten Chabarowsk weit verbreitet, heute lebt er in nur wenigen Vorkommen im Süden des Fernen Osten

Sehenswürdigkeiten: Die Stadt Chabarowsk am Ufer des Amur ist die erste Station einer Jagdreise in diese Gegend am Ende der Welt. Da vor dem Weiterflug ins Revier gewöhnlich eine Übernachtung auf dem Programm steht, soll man nicht unterlassen, einen Stadtrundgang zu machen. Denn die 1858 als Militärstützpunkt gegründete Stadt Chabarowsk (genannt nach dem russischen Kaufmann und Unternehmer aus dem 17. Jahrhundert JEROFEJ PAWLOWITSCH CHABAROW) mit seinen vielen Parks und Grünanlagen ist doch anders als Städte im europäischen Teil Rußlands.

Als ich im Herbst 1991 während meiner Schneeschafjagd hier Zwischenstation machte, führte mich der Weg nicht nur vom größten und schönsten Park am Komsomol-Platz über eine breite Treppe zum Amurufer (wo der mächtige Amurstrom kilometerbreit fließt), sondern auch zum jagdlich hochinteressanten Chabarowsker Heimatkundemuseum in der Schewtschenko-Straße. Das 1894 errichtete Museum beherbergt heute über 100.000 Exponate aus den Bereichen Tier- und Pflanzenwelt, Geschichte, Wirtschaft und Kultur der Region Chabarowsk, wovon viele einmalig auf der Welt und wirklich sehenswert sind. Der Waidmann, der Isubra-Hirsch, Ussurischen Elch, Amurtiger oder Kragenbären noch nie gesehen hat, kann sie hier als Ganzpräparate bewundern und fotografieren.

II

Im Land des Bären:

Wildarten und Jagdmöglichkeiten

Zum Wildreichtum der GUS

Jagdlich gesehen stellt die GUS (darunter verstehe ich das riesige Territorium der Ende 1991 gegründeten **G**emeinschaft **U**nabhängiger **S**taaten – kurz GUS –, und das bedeutet das Gebiet der früheren Sowjetunion ohne die baltischen Republiken) ein Wildparadies allerersten Ranges auf Erden dar. Sie besitzt eine Wildartenvielfalt, die in keinem anderen Land der Erde in dieser Mannigfaltigkeit zu finden ist.

In der GUS leben um die 330 Säugetierarten (*Memmalia*), wovon etwa 85 als Haarwild dem Jagdrecht unterliegen und Jagd- und Schonzeiten haben. Noch zu Beginn der achtziger Jahre wurden fast 200 von den 700 auf dem Gebiet der GUS vorkommenden Vogelarten zum Federwild gezählt, heute sind es etwas weniger. Natürlich haben nicht alle diese Wildarten eine Bedeutung für den Auslandsjäger. Deshalb werden nur diejenigen vorgestellt, die im internationalen Jagdtourismus eine Rolle spielen oder die von allgemeinem wildbiologischem Interesse und typisch für die GUS sind.

Die jagdlich interessanteste Kategorie des Schalenwildes umfaßt in der GUS 21 heimische Arten mit 60 Unterarten. Von ihnen weisen 33 Wildarten einen durchaus stabilen und hohen Bestand auf. Hier liegt auch der Schwerpunkt der jadlichen Nutzung.

Nach der Bestandsgröße kann man vier Schalenwild-Gruppen in der GUS unterscheiden:

1) Die Gruppe der sogenannten Massenarten, mit einem Wildbestand zwischen 500.000 und 1.300.000 Stück. Hierzu gehören Saiga-Antilope, Reh-, Schwarz-, Elchwild und Karibu.

2) Die Gruppe der Arten, die einen gemäßigten Bestand von jeweils 10.000 bis 100.000 Stück Wild aufweisen, wie z.B. Rotwild, Moschustier, Schneeschaf, Marco-Polo-Schaf und Sibirischer Steinbock (ohne die Altai-Unterart).

3) Die vier Wildarten Gamswild, Kuban- und Dagestan-Tur, sowie Sibirischer Steinbock aus dem Altai weisen zwar keinen geringen Bestand (von 8.000 bis 20.000 Stück) auf, doch die Situation ist nicht befriedigend und soll durch entsprechende Hegemaßnahmen verbessert werden.

4) Die Gruppe der seltenen und verschwindenden Wildarten. Dazu zählen 12 Arten mit 20 Unterarten (33 Prozent der Schalenwildarten), die alle im „Roten Buch der Sowjetunion" (jetzt GUS) stehen.

Bei der folgenden Vorstellung der für die Auslands- und Trophäenjagd interessanten Wildarten der GUS wurden nach Möglichkeit alle für die Jagd relevanten Daten zusammengetragen: Auf eine kurze wildbiologische Vorstellung folgen Informationen über Trophäenstärke, Lebensraum, Verbreitung und Bestand der jeweiligen Wildart, und – für die persönliche Planung besonders wichtig – über die Jagdgebiete und Bejagungsmöglichkeiten.

Foto Vorseite:
Im Reich des Bären gibt es eine Wildart, die den Jäger vielleicht noch mehr fasziniert als Meister Petz: Seltener Anblick eines Marco-Polo-Rudels auf dem „Dach der Welt" in 5000 m Höhe im tadschikischen Pamir-Gebirge

Braunbär
(Ursus arctos)
E: *Brown Bear.*
R: *Buryj medwed*

Rußland hat den größten Bärenbestand der Welt. Nicht nur deswegen gilt es in jagdlicher Hinsicht als „Bärenland". Der Bär stellt hier seit altersher eine traditionelle Jagdbeute dar. Außerdem ist Rußland zur Zeit das einzige europäische Land, aus dem man Bärentrophäen nach Deutschland und in die anderen EU-Staaten einführen darf. Die Bärenjagd ist deshalb von großer Bedeutung für westliche Jäger. Dazu kommt der Vorteil, daß man Bären gleich in der Nähe von Moskau bejagen kann. Wer jedoch unbedingt einen 9- oder sogar 10-Fuß-Bären haben möchte, der muß etwas weiter, nach Kamtschatka oder Chabarowsk, fliegen. In Rußland leben neben dem Braunbären auch einige andere Bärenarten, die jedoch geschützt sind.

Unterarten: Der Braunbär der GUS weist gebietsabhängig sehr viele Formen und unterschiedliche Merkmale auf, so daß es nicht verwundert, wenn russische Wildbiologen zwischen 6 und 11 Unterarten unterscheiden. Obwohl diese Klassifizierungen in jagdlicher Hinsicht nicht so wichtig sind und in Jagdangeboten in der Regel nur ganz allgemein von „Braunbär" gesprochen wird, sollen hier für interessierte Leser alle 11 Unterarten des GUS-Braunbären vorgestellt werden.

Der Eurasiatische Braunbär (*Ursus arctos arctos*) kommt im europäischen Teil der GUS vor, sowie in Sibirien nach Osten bis zum Stanowoi-Gebirge. **Der Kaukasische Braunbär** (*U. a. caucasicus*) lebt im gesamten Nordkaukasus und Transkaukasien (ausgenommen südwestliche Regionen), während im Südwesten Transkaukasiens **der Vorderasiatische Braunbär** (*U. a. syriacus*) zu finden ist. In den Gebirgen Mittelasiens, vor allem im Tienschan-System, kommt **der Tienschan-Braunbär** (*U. a. isabellinus*) vor.

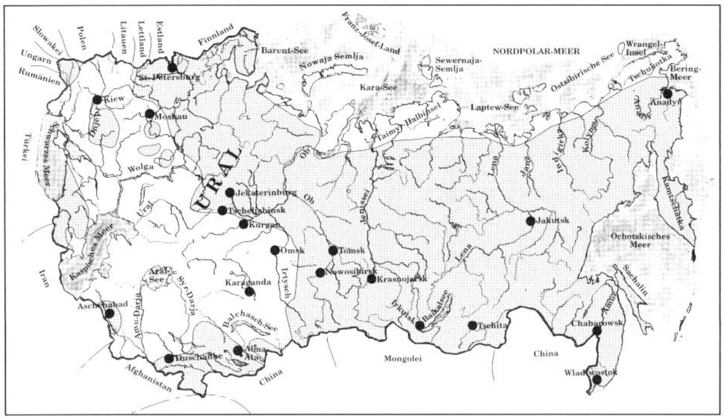

Im russischen Fernen Osten unterscheidet man besonders viele Unterarten (weitere Angaben nach W. G. JUDIN, der als Experte für fernöstliche Braunbären gilt). Die größten und stärksten russischen Braunbären der Kamtschatka-Halbinsel gehören der Unterart *Ursus arctos piscator* an, die der Halbinsel Tschukotka und des Einzugsgebiets des Anadyr der Unterart *U. a. beringiana*. Die Braunen des Einzugsgebiets der Flüsse Kolyma (Unterlauf) und Indigirka haben den Namen *U. a. kolymensis,* die des Tschita-Gebiets und des Gebiets südlich vom Stanowoi-Gebirge bis zum Amur den Namen *U. a. sibiricus. U. a. manchuricus* heißt der Braunbär von den westlichen und südöstlichen Hängen des Sichote-Alin. In den südwestlichen Regionen des Gebiets Primorje lebt die Unterart *U. a. lasiotus*, während man auf den Inseln Iturup, Kunaschir und Sachalin die Unterart *U. a. yesoensis* findet. Andere Bärenvorkommen im russischen Fernen Osten müssen noch

Von allen Ländern der Erde hat Rußland den größten Bärenbestand aufzuweisen. Dabei zählen die Küstenbraunbären von der fernöstlichen Halbinsel Kamtschatka zu den stärksten Braunbären der Welt

genauer erforscht werden, insbesondere die im Küstengebiet des Ochotskischen Meeres und der Schantar-Inseln.

Trophäe: Als Bärentrophäe gelten heute in erster Linie seine Decke und sein Schädel. Ein starker Bär hat nicht nur eine riesige Decke (8 Fuß und mehr), sondern auch großes Gewicht (300 kg und darüber). Bis vor kurzem hatte man noch angezweifelt, daß es in Rußland auch Riesenbären – also 10-Fuß-Bären – wie in Alaska gibt. Da mittlerweile auf Kamtschatka mehrere Bären gestreckt wurden, die die Traummarke von 10 Fuß überschritten, ist das keine Streitfrage mehr: Jeder Bärenjäger darf hoffen, auf Kamtschatka einem Riesenbären zu begegnen.

Wem eine gute Bärendecke als Trophäe besonders wichtig ist, dem empfehlen Spezialisten eine Frühjahrsjagd auf den Braunen. Zu dieser Zeit weist die Decke normalerweise kaum Scheuerstellen auf und imponiert mit langen glänzenden Haaren: auch die Krallen sind länger und unversehrt, da der Meister Petz monatelang nicht gegraben hat.

Die Bären aus dem europäischen Teil Rußlands sind zwar nicht so stark wie die aus dem Fernen Osten, doch auch hier wurden bereits 8-Fuß-Bären von ausländischen Jägern erlegt. Ihr Gewicht liegt um 200 kg, ganz kapitale bringen aber auch bis 300 kg auf die Waage. Starke Bären aus diesem Teil Rußlands können von der Nase bis zum Bürzelende bis 230 cm und etwas darüber messen, von Pranke zu Pranke bis 260 cm. Der Braunbär aus Mittelasien ist schwächer, der aus Sibirien dagegen etwas stärker. In Jakutien z. B. wurden Braunbären mit einer Deckenlänge von 250 cm (von der Nase bis zur Bürzelspitze) geschossen.

Die stärksten Braunbären findet man bekanntlich im fernen Osten Rußlands, vor allem auf Kamtschatka, wo jedes Jahr Exemplare zwischen 8 und 10 Fuß zur Strecke gebracht werden, bei einer Schädelgröße bis etwa 70 cm (zum Vergleich soll angeführt werden, daß zum Beispiel die starken Bären aus Rumänien zwischen 7 1/2 und 8 1/2 Fuß liegen und eine Schädelgröße zwischen 58 cm und 67 cm haben können). Sie haben ein Gewicht um 300 kg, ganz starke Exemplare (sogenannte lachsfressende Bären) aus dem Süden der Kamtschatka-Halbinsel können aber auch 400 bis 500 kg, manchmal sogar über 600 kg wiegen (nach WERSCHININ). Hier wurde im Frühjahr 1992 sogar ein 11-Fuß-Bär (300 cm Deckenlänge und 375 cm von Pranke zu Pranke) erlegt. Eine reelle Chance hat man auf Kamtschatka auf Bären von 8 bis 9 1/2 Fuß. Alles was darüber liegt, ist – ebenso wie in Alaska – ein Glücksfall.

Bären aus anderen fernöstlichen Küstengebieten (Chabarowsk, Magadan) und von den Inseln, sowie aus Tschukotka sind höchstens 300 bis 400 kg schwer und erreichen eine Stärke von 7 1/2 bis 9 Fuß.

Für den russischen Fernen Osten gilt grundsätzlich die gleiche Faustregel wie für Alaska: Der Küstenbraunbär von Kamtschatka und Chabarowsk (ähnlich wie der Braunbär aus dem Küstengebiet Alaskas) ist größer als der Braunbär aus den Kontinental- und Berggebieten von Nordost- und Ostsibirien. Der letztere ist deshalb mit dem Grizzly-Bären aus Zentralalaska vergleichbar, daher auch der Name „Sibirischer Grizzly".

Wie in Alaska ist das auch hier keine wildbiologisch fundierte, sondern eine jagdpraktische Unterscheidung. Die Erklärung für den Größenunterschied zwischen dem Küstenbraunbären und dem Sibirischen Grizzly ist wahrscheinlich die gleiche wie für den Braunbären von der Alaska-Küste und aus Zentralalaska: Die Bären aus dem Landesinneren haben wegen des längeren Winters auch einen längeren Winterschlaf, sie nehmen also viele Wochen weniger Nahrung zu sich als die Bären aus den Küstengebieten; diese haben nicht nur mehr Zeit zum Fressen, ihnen steht auch mit den reichen Lachsgründen eine weitaus bessere Nahrungsgrundlage zur Verfügung als den Inlandbären.

Verbreitung und Bestand: Wegen seiner sehr großen Verbreitung in Rußland galt der Braunbär schon immer als Wahrzeichen dieser urigen Länder. Er ist anzutreffen von der Grenze der Taigazone im Norden bis zur Waldsteppenzone im Süden des europäischen Teils Rußlands und Westsibiriens. Die westliche Verbreitungsgrenze verläuft durch Weißrußland, und von hier aus erstreckt sich sein geschlossenes Areal bis zur Pazifikküste.

Der Braunbär lebt auf den Inseln Sachalin, Karagin, Schantar, Kunaschir, Iturup, Paramuschir. Einige isolierte Vorkommen findet man im europäischen Teil der GUS, im Kaukasus, in Mittelasien, sowie in allen Gebirgen des Pamir-Alai-Systems und Tienschans. In der Vertikalen reicht seine Verbreitung bis zum ewigen Schnee.

Auf dem Gebiet der GUS gibt es etwa 80.000 Braunbären (nach A. SIZKO). Der größte Teil davon (48.000 Stück oder 60 Prozent) lebt in Sibirien und im russischen Fernen Osten, während der Rest (32.000 oder 40 Prozent) im europäischen Teil der GUS lebt. In den mittelasiatischen GUS-Republiken kommt eine besondere Unterart des Braunbären vor: der Tienschan-Braunbär *(U. a. isabellinus)*, von dem es in Kirgisien 1.400, in Kasachstan 1.000, in Tadschikistan 700 und in Usbekistan etwa 100 Stück gibt. In Turkmenistan kommt der Braunbär (Unterart *U. a. syriacus*) nur als Wechselwild vor.

Was ist ein „10-Fuß-Bär"?

Seitdem man entlang der Küste von Kamtschatka und Chabarowsk sehr

Wer die seltene Trophäe als Ganzpräparat bewahren möchte, sollte im Frühjahr auf Kamtschatka jagen, wo Deckenqualität und Trophäenstärke in der Regel erstklassig sind. Ein so verewigter Brauner wird für lange Zeit der Stolz des Jägers sein

starke lachsfressende Bären bejagt, spricht man hier von sogenannten 10-Fuß-Bären. Nur stellt man immer wieder fest, daß die europäischen Auslandsjäger etwas anderes darunter verstehen als alaskanische Bärenjäger, von denen diese Bezeichnung eigentlich stammt.

Die einen meinen, „10 Fuß" (1 Fuß – engl. „foot" – entspricht der Länge von 12 Inches bzw. 30,5 cm) sei die Größe des Bären, wenn er sich auf seine Hinterpranken stellt. Für die anderen ist es die Länge einer Bärendecke von der Nase bis zum Bürzelende. Beides ist aber falsch.

Bei der Angabe „10-Fuß-Bär" handelt es sich um keinen offiziellen Trophäenwert der Bärendecke, sondern lediglich um eine jagdpraktische Bezeichnung der alaskanischen Jäger zur Kennzeichnung wirklich kapitaler Bären. Dafür braucht man aber zwei Werte: die Deckenlänge von Pranke zu Pranke (engl. „paw-to-paw"), sowie von der Nase bis zur Bürzelspitze („nose-to-tail"). Erst ihr Durchschnittswert ergibt die Stärke des Bären.

Ein Beispiel: Wenn die Deckenlänge von Pranke zu Pranke 11 Fuß beträgt, von der Nase bis zum Bürzel aber 10 Fuß, dann hat der Bär eine Stärke von 10 1/2 Fuß. In Rußland wie in Alaska hat die Bärendecke normalerweise eine größere Länge von Pranke zu Pranke als von der Nase bis zum Bürzelende.

Artenschutz: Rußland ist heute das einzige europäische Land, aus dem man Braunbär-Trophäen legal in die EU-Staaten einführen darf. Obwohl der Braunbärenbestand in Rußland als groß und stabil bezeichnet werden darf, fällt auch diese Wildart unter den internationalen Artenschutz. Der russische Braunbär ist in den Anhang II des Washingtoner Artenschutzabkommens aufgenommen worden. Das hat zur Folge, daß man für die Einfuhr von Bärentrophäen nach Deutschland neben einer Bestätigung über den legalen Abschuß zusätzlich noch eine russische CITES-Bescheinigung der Moskauer Behörden dabei haben muß. Hiermit muß man sich beim deutschen Zoll melden, um eine deutsche CITES-Bescheinigung und die Einfuhrgenehmigung zu bekommen.

Bejagung und Jagdgebiete: Die Bärenjagd ist in der GUS nicht so perfektioniert wie beispielsweise in Rumänien und früher in Jugoslawien; daher wird es wohl auch in Zukunft noch vorkommen, daß der eine oder andere Bärenjäger ohne Beute nach Hause zurückkehrt. Diese Situation hat aber auch ihre Vorteile und besonderen Reize. Nicht nur der Umstand, daß man Bärentrophäen aus Rußland und anderen GUS-Staaten im Unterschied zu denen aus Südosteuropa in die EU-Staaten einführen darf, macht die russische Bärenjagd attraktiv; die Frühlingsjagd auf riesige Küstenbären oder die typisch russische Bärenjagd am Haferfeld sind Erlebnisse ganz eigener Art, wofür sich immer mehr westliche Jäger begeistern. Im folgenden ein kurzer Überblick, welche Möglichkeiten die GUS einem Bärenjäger bietet.

Bärenjagd am Haferfeld. Eine im europäischen Teil Rußlands weitverbreitete traditionelle Jagdmethode, die auch unter Auslandsjägern immer beliebter wird. Beste Zeit: Mitte August bis etwa 10. September. Eine gute und erfolgversprechende Methode, falls das Wetter mitspielt und der Bär vor Ankunft des Jagdgastes vom örtlichen Jagdpersonal wirklich auch bestätigt ist. Manche im internationalen Jagdtourismus noch unerfahrene russische Berufsjäger, die vor Ort die Bärenjagden vorbereiten, vergessen leider immer wieder, daß der Gastjäger normalerweise höchstens eine Woche im Revier ist. In dieser Zeit muß er also „seinen" Bären schießen.

Deshalb ist von entscheidender Bedeutung, daß man schon Tage vor Ankunft der Gäste Bären bestätigt und Ansitze errichtet hat, um die Gäste auf „sichere" Bären führen zu können. Die wahre Jagdkunst ist es natürlich, so bestätigte Bären durch das Vermeiden von Störungen bis zum Eintreffen der Jäger auch zu „halten".

Am Rande von Haferfeldern, in die die Bären gerne zum Fressen kommen, baut man in den Bäumen einfache, relativ niedrige (Höhe 3 bis 5 Meter) Hochsitze– „*Labas*" genannt – für den Jäger und seinen Führer. Am Abend kommen die Bären aus

Vom „*Labas*" (Hochsitz) aus hat der Jäger einen guten Überblick über das weite Haferfeld. Der helle Hintergrund des reifen Feldes in einer hochsommerlichen Vollmondnacht ermöglicht das Ansprechen der Bären auch lange Zeit nach Sonnenuntergang

dem Wald aufs Feld, manchmal sind es sogar mehrere. Auch hier gilt der Grundsatz, daß zunächst die jüngeren Bären herauskommen, alte praktisch erst nachts. Auf dem Sitz muß man sehr ruhig hocken und bewegungslos ausharren. Bären sind äußerst vorsichtig, sie ziehen bis zum Waldrand und verhoffen dort eine Weile witternd und lauschend. Erst wenn sie sich vergewissert haben, daß wirklich alles ruhig ist, verlassen sie die schützende Deckung.

Der Abend verspricht mehr Erfolg als der Morgeneinsatz. Grundsätzlich wird man deshalb nur am Abend ansitzen und am Morgen meistens eine Kontrollpirsch machen (wobei nicht ausgeschlossen ist, daß man im Haferfeld einem Bären immer noch begegnet). Auf dem Hochsitz sollte man bei gutem Mondlicht bis Mitternacht bleiben. Wenn der Hafer jedoch hoch ist (er kann manchmal fast Mannshöhe erreichen) und der Bär auf große Entfernung erscheint, kann er von einem mutigen Jäger angepirscht werden.

Bären können nicht besonders gut äugen, dafür aber umso besser winden. Deshalb ist die Beachtung der Windrichtung oberstes Gebot. Die russischen Jäger tun das sogar bloß mit der Flinte und rücken bis auf Schrotschußentfernung an den Petz heran. Aber Vorsicht: Ein auf kurze Entfernung krankgeschossener Bär kann sofort zum Angriff übergehen. Das alles gilt aber nur für den seltenen Fall, daß der Gast seinen Hochsitz verlassen und den Bären angepirscht hat. Normalerweise schießt er nur vom Hochsitz aus.

Trotzdem muß der Jagdveranstalter dafür sorgen, daß die Gäste nur qualifizierte und erfahrene Führer bekommen, die den Gast in keine Gefahrensituation bringen und für alle gefährliche Unternehmen (wie Nachsuchen angeschweißter Bären u.a.) gerüstet sind.

Bären und Keiler können beide dasselbe Haferfeld aufsuchen, nur kommt der Keiler gewöhnlich etwas eher aus dem Wald. Meistens gehen sich aber diese Wildarten aus dem Wege.

Die Bärenjagden am Haferfeld werden nur im europäischen Teil Rußlands veranstaltet, in der Regel unweit von Moskau, weshalb sie ohne viel Aufwand organisiert werden können und sich auch für ältere Waidgenossen gut eignen. Die Trophäenqualität ist gut. Alte Bären wiegen hier um 200 kg, es wurden im Moskauer Gebiet aber auch ganz starke um 300 kg erlegt. Einige von ihnen erreichten fast 8-Fuß-Größe mit Abmessungen von Pranke zu Pranke von 258 cm und von der Nase bis zur Schwanzspitze von 230 cm.

Die Anreise erfolgt meistens über Mos-

Im zeitigen Frühjahr, wenn auf Kamtschatka immer noch Schnee liegt, sind die Bären auch auf große Entfernungen leicht zu sehen und einfacher anzusprechen

kau oder St. Petersburg, dann geht es weiter mit dem Auto ins Revier.

Frühjahrsjagd auf Küstenbären: Eine Jagdart auf die größten Bären (8 bis 10 Fuß) aus dem russischen Fernen Osten in Kamtschatka, Magadan, Chabarowsk oder Tschukotka. Die Bären muß man im Frühjahr in diesen Gebieten mit dem Boot suchen, finden, an Land gehen und anpirschen. Vom Boot aus zu schießen ist kaum möglich, weil das Wasser zu unruhig ist und man beim Schießen leicht umkippen kann.

Eine andere Variante: Man pirscht oder fährt mit dem Boot einen ins Meer mündenden Fluß hinauf, hält nach einem fischenden oder nach Fraß suchenden Bären Ausschau und schießt.

Weitere Alternativen: Pirsch auf den Bären zu Fuß (vor allem gegen Ende der Frühjahrssaison) oder auf Skiern, teilweise auch mit Einsatz von Motorschlitten (zu Beginn der Frühjahrssaison, wenn noch genug Schnee liegt).

Beste Zeit: Mai bis Juni. Man kann allerdings den Besuch in Chabarowsk oder auf Kamtschatka und Tschukotka in die Zeit legen, in der die Bären beim letzten Schnee ihre Winterlager verlassen (Mitte April) und dann die Berghänge nach Bären abglasen. In dieser Zeit sind sie nicht sehr aktiv, lassen sich meistens nur kurz sehen, bummeln herum und kehren dann wieder in ihr Lager zurück. Diese Periode erstreckt sich etwa über zwei Wochen. Ältere und männliche Bären kommen zuerst, Bärinnen mit Jungen dagegen erst im Mai. Wenn also Mitte April dort ein Bär gesichtet wird, kann man mit großer Sicherheit davon ausgehen, daß es sich um ein männliches Exemplar handelt. Je nach Jagdgebiet (Kamtschatka, Magadan, Chabarowsk oder Tschukotka) fliegt man von Moskau nach Petropawlowsk–Kamtschatski, Magadan, Chabarowsk oder Anadyr, dann geht es weiter mit dem Hubschrauber ins Revier. Wer es etwas bequemer haben möchte, kann auch mit einer westlichen Fluggesellschaft über Anchorage/Alaska anreisen. Die Unterkunft erfolgt in beheizten Zelten oder Trapperhüt-

Der bekannte amerikanische Jagdjournalist und Autor zahlreicher Jagdbücher, Craig Boddington, erlegte diesen beachtlichen Kamtschatka-Braunbären auf einer Frühjahrsjagd. Sein Fazit: *„I think Russia is a great place for big, beautiful bears"*

ten. Das sind die aufwendigsten und teuersten Bärenjagden in Rußland.

Frühjahrsbärenjagd in Jakutien: Im Frühling (März/April) verlassen die Bären noch bei Schnee ihre Winterlager in Jakutien und greifen domestizierte Rentiere an. Da sie in dieser Zeit sehr hungrig und zudringlich sind, richten sie große Schäden an und bleiben ständig in der Nähe der Herden. Die Rentierzüchter melden der Jagdverwaltung, wo die Bären sind, so daß sie in der Regel mit großer Aussicht auf Erfolg bejagt werden können.

Baikalsee-Bärenjagd: Pirsch oder Jagd mit dem Boot entlang der Küste des Baikalsees. Sehr erfolgreich. Meistens gute Unterkunft in Blockhütten.

Zufallsabschüsse bei Schneeschaf- und Maraljagden: Bei den Schneeschafjagden in Ostsibirien und im russischen Fernen Osten (Jakutien, Magadan, Kamtschatka, Chabarowsk) ist es möglich, den Bären als Zusatztrophäe mit nach Hause zu nehmen. Nach erfolgreicher Schafjagd geht man in niedriger gelegene Täler, wo man Bär, Elch, Karibu und Wolf jagen kann. Das gleiche gilt für die Maraljagden im Altai, Tuwa und Kasachstan, wo man mit etwas Glück auch den Bären erbeuten kann.

Bärenjagd am Winterlager („na berloge"): Eine unter den einheimischen Bärenjägern populäre, typisch russische Jagdart auf Bären. Hierzulande nicht so populär, deshalb findet man sie auch selten im Programm westlicher Jagdvermittler. Diese traditionelle Jagdmethode (wird angeboten als „Jagd auf Höhlenbär" oder „Bärenjagd am Winterlager") ist heute nur noch in Rußland möglich, früher war sie allerdings auch in Jugoslawien üblich.

Die meisten russischen Petze suchen ihr Winterlager bereits vor dem ersten Schnee auf. Nur in beerenarmen Jahren, wenn die Bären nicht genug Fett für ihre Winterruhe ansetzen konnten oder bei verfrühten Schneefällen legen sie sich erst bei Schnee ins Winterlager. In solchen Wintern werden Bärenlager „ausgeneut". Dabei muß man sehr vorsichtig sein, da die Bären in der ersten Zeit einen leichten Schlaf haben.

Die Zeiten der mutigen Bärenjäger, die im alten Rußland mit blanken Waffen – Jagdmesser oder Saufeder – einem Bären am Winterlager gegenübertraten, wie hier auf einer Postkarte aus Rußland um 1900 nach einem Gemälde von P. Sokolow, sind längst vorbei

Deshalb ist es ungefährlicher, auf sie in der zweiten Winterhälfte am Lager zu jagen, weil sie dann ganz fest schlafen. Mit Hilfe von speziell trainierten Laikahunden werden Winterlager aufgespürt, der potentielle Gastjäger eingeladen, der dann aber schon in wenigen Tagen eintreffen muß. Mit Hunden und Helfern geht man zum Bärenlager, der Bär wird durch Hunde und mit Hilfe einer langen Stange geweckt und zum Verlassen des Lagers gezwungen, wo auf ihn der Jäger wartet. Früher war das eine lebensgefährliche Jagdart für mutige Jäger, da man dem Bären Auge in Auge nur mit einer Art Saufeder gegenüberstand. Heute verläßt man sich lieber auf eine Großwildbüchse. Jagdzeit bis zum 25. Februar.

Eisbär

(Ursus maritimus)

E: *Polar Bear* oder *White Bear*
R: *Belyj medwed*

Diese größte Bärenart der Welt, di Rußland geschützt ist, lebt im nör chen Küstengebiet, auf den Inseln und dem Treibeis der russischen Arktis.

Auf russischem Gebiet unterscheidet man zwei Unterarten des Eisbären: **den Spitzbergen-Eisbären** (*U. m. maritimus*, russ. *Schpizbergenski belyj medwed*), verbreitet im westlichen Teil des Nordpolarmeeres (Barents- und Kara-See) und **den Sibirischen Eisbären** (*U. m. marinus,* russ. *Sibirski belyj medwed*), verbreitet im östlichen Teil der russischen Arktis (Leptew-See, Ostsibirische See, Tschuktschen-See).

Durchschnittliche Körperlänge erwachsener Bären 210 cm (seltener auch bis 300 cm), der Bärinnen 195 cm. Widerristhöhe 130–140 cm, Gewicht bis 700 kg, gewöhnlich aber etwas weniger.

Verbreitung, Bestand: Gutes Vorkommen in den arktischen Regionen Eurasiens. Im russischen Teil der Arktis bilden Nowaja Semlja und das Franz-Josef-Land die westliche Verbreitungsgrenze. Nach Osten stößt der Eisbär auf dem Treibeis bis zum Küstengebiet Kamtschatkas und den nördlichen Inseln der Kurilengruppe vor. Weit nach Norden verbreitet (beobachtet auch auf 86°04' nördlicher Breite).

Die eigentlichen Fortpflanzungsgebiete des Polarbären sind aber viel enger als das Artareal selbst und umfassen das Franz-Josef-Land, Nowaja und Sewernaja Semlja, kleinere Inseln der Kara-See, Neusibirische Inseln, die Wrangel-Insel, das Küstengebiet Jakutiens, sowie die Taimyr- und Tschuktschen-Halbinsel.

Mitte der fünfziger Jahre dieses Jahrhunderts erreichte der Eisbärenbestand mit nur 5.000 bis 10.000 Tieren in allen „Eisbär-Staaten" einen Tiefstand. Danach ergriff man die Initiative und erließ

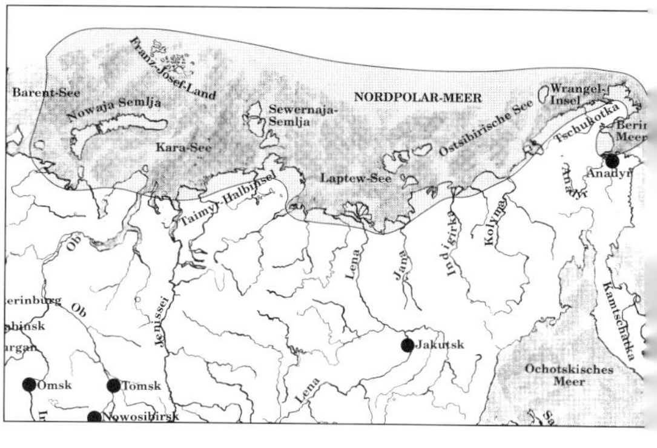

Schutzbestimmungen, die dafür sorgten, daß der Gesamtbestand zu Beginn der siebziger Jahre schon auf 20.000 und in der russischen Arktis auf 5.000–7.000 Stück stieg (nach S. M. USPENSKIJ).

Artenschutz: Jagdbeschränkungen für den Eisbären traten in der früheren Sowjetunion bereits 1938 in Kraft, 1956 wurde er unter Totalschutz gestellt. Im Jahre 1960 wurde auf der Wrangel-Insel, wo sich eines der wichtigsten Fortpflanzungsgebiete des Eisbären befindet, ein Schongebiet zum Schutz dieser bedrohten Art errichtet, das 1976 zum Reservat erhoben wurde.

Zusammen mit vier weiteren „Eisbär-Staaten" (USA, Kanada, Norwegen und Dänemark bzw. Grönland) unterschrieb die ehemalige Sowjetunion einen Vertrag zum Schutz des Eisbären und erlaubte in ihrem Teil des Artareals nur noch die Jagd für wissenschaftliche Zwecke. Da sich der Bestand in den letzten zehn Jahren stabilisiert hat, hofft man in ein paar Jahren auch im russischen Norden eine streng begrenzte Zahl von Lizenzen für ausländische Jäger bekommen zu können.

Als eine seltene Art fand der Eisbär

Platz im „Roten Buch“ der früheren Sowjetunion; er fällt außerdem unter den internationalen Artenschutz (Anhang II des WA, nur daß zur Zeit in den EU-Ländern keine Einfuhrgenehmigung für den Eisbären erteilt wird).

Bejagung: Nach meiner Kenntnis wurden 1991 zwei Lizenzen für die Jagd auf Eisbären im Küstengebiet der Taimyr-Halbinsel, dem nördlichsten Jagdgebiet der Erde (wo diese Bärenart jahrzehntelang gehegt und geschützt wurde), für westliche Jäger herausgegeben. Hier wurden dann zwei Eisbären (der eine war 11 Fuß stark) von ausländischen Gästen auch zur Strecke gebracht, nur wurden für sie bis heute keine Einfuhrgenehmigungen von den betreffenden EU-Staaten erteilt.

In Rußland steht der Eisbär immer noch unter strengem Schutz, so daß er zur Zeit weder von einheimischen noch von ausländischen Jägern bejagt werden darf.

Zusammen mit den USA, Kanada, Norwegen und Dänemark gehört Rußland zu den „Eisbär-Staaten“, in denen die Eisbärvorkommen zur Zeit geschützt sind (eine Eisbärfamilie aus dem Zoologischen Museum der Moskauer Universität)

Schwarzwild

(Sus scrofa)

E: *Wild Boar*

R: *Kaban* oder *Dikaja swinja*

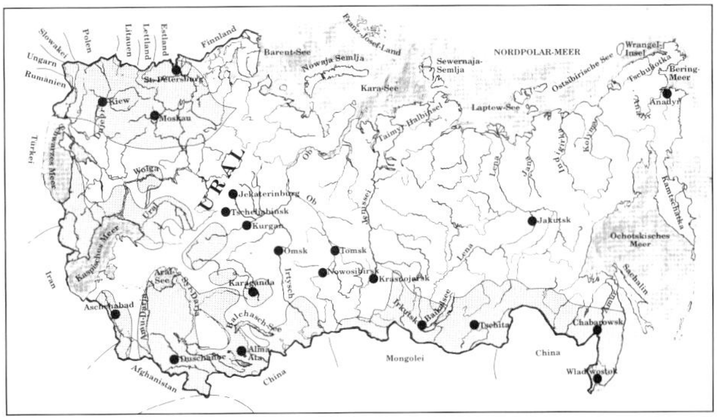

In der GUS kann man bekanntlich nicht nur große Bären und Marale, sondern auch sehr starke Keiler bejagen. In den Hauptjagdgebieten, Militär- und Diplomatenrevieren Rußlands gibt es reichlich Schwarzwildbestand und – was noch wichtiger ist – darunter Keilertrophäen von außerordentlicher Qualität. Zwar ist die

Ob in der Ukraine, im europäischen Teil Rußlands oder in der fernöstlichen Region Primorje – eines steht fest: alte Keiler erreichen in der GUS Gewichte weit über 200 kg, ja sogar auch 300 kg!

Anreise etwas aufwendiger, länger als zum Beispiel nach Ungarn, dafür sind aber die Abschußgebühren in Rußland oft auch nur halb so hoch wie in dortigen Revieren.

Die Widerristhöhe der Keiler reicht bis 120, bei Bachen bis 95 cm. Das Lebendgewicht der Keiler kann 300, das der Bachen 150 kg erreichen. Im russischen Fernen Osten (Gebiet Primorje zwischen den Städten Chabarowsk und Wladiwostok) lebt der stärkste Keiler der Welt, der noch mehr als 300 kg auf die Waage bringen kann.

Unterarten

Auf dem Gebiet der GUS werden von russischen Wildbiologen fünf Unterarten des Schwarzwildes unterschieden:

Das **Mitteleuropäische Schwarzwild** (*Sus scrofa scrofa*) hat mittlere Ausmaße und ist in westlichen Gebieten des europäischen Teils der GUS verbreitet; das **Kaukasische Schwarzwild** (*S. s. attila)* ist stärker, kommt in Kaukasien, Transkaukasien und auch am Unterlauf der Wolga vor; das **Mittelasiatische Schwarzwild** (*S. s. nigripes*) hat große Ausmaße, jedoch mit beträchtlichen Schwankungen, verbreitet in Mittelasien und Kasachstan; das **Sibirische** oder **Transbaikalische Schwarzwild** *(S. s. sibiricus)* ist die kleinste Unterart, kommt im Baikalgebiet und Transbaikalien vor; das **Fernöstliche** oder **Ussurische Schwarzwild** *(S. s. ussuricus)* ist die größte Form in der GUS wie des Schwarzwildes überhaupt, verbreitet im Süden des russischen Fernen Osten.

Trophäe: In fast allen Hauptjagdgebieten (vor allem im europäischen Teil und im Moskauer Gebiet) Rußlands können – mit wenigen Ausnahmen – starke Keiler mit einer Waffenlänge zwischen 20 und 24 cm zur Strecke gebracht werden. In der Regel sind diese Keiler auch sehr massig und erreichen nicht selten Gewichte bis 250 kg.

Als besonders stark gelten urige Keiler aus dem Kaukasus, die neben großen Gewichten eine Waffenlänge bis 26 cm erreichen können.

Die von der Körpermasse wie von den Trophäen gewaltigsten Keiler der Welt ziehen ihre Fährte in Primorskij kraj, im Süden des russischen Fernen Osten. Der

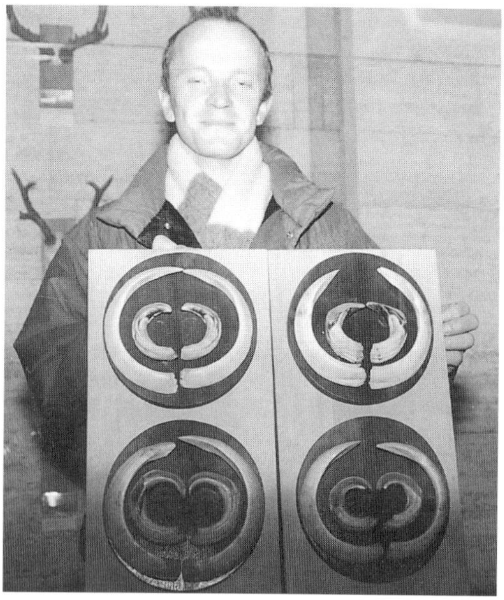

Dr. Jurij Paul zeigt eine beeindruckende Sammlung von Keilertrophäen aus Primorje im Sitzungssaal des Russischen Jagdverbandes: Keine Waffen unter 27 cm, die Länge des Gewaffs links unten beträgt sogar 31,7 cm!

Primorskij kraj, zu deutsch „Küstengau", umfaßt die Küste des Japanischen Meeres, den Süden des Sichote-Alin-Gebirges sowie die Chanka- und südliche Ussuri-Niederung, also das Gebiet zwischen den Städten Chabarowsk und Wladiwostok.

Reife Keiler aus dem Primorskij kraj werden über 300 kg schwer. Im Sitzungssaal des Russischen Jagdverbandes in Moskau sind mehrere von dort stammende Keilertrophäen zu bewundern. Kaum eine weist weniger als 27 cm Waffenlänge auf. Das stärkste Gewaff wurde von mir vermessen und ergab eine Waffenlänge von 31,7 cm (!) rechts und 27,5 cm links (bei abgebrochener Spitze), und eine genauso unglaubliche Hadererlänge von 22,0 bzw. 20,7 cm.

Verbreitung und Bestand: Das Areal des Schwarzwildes der GUS veränderte sich in jüngerer Vergangenheit stark. Viele Jahrhunderte fehlte das Schwarzwild in den Taigagebieten Mittelrußlands völlig. Noch um die Mitte des 20. Jahrhunderts lag seine nördliche Verbreitungsgrenze viel weiter südlich als heute. Seit den vierziger Jahren dieses Jahrhunderts breitete sich das europäische Schwarzwild in der GUS stark aus und nahm in seinen Beständen zu. Allein im Zeitraum zwischen 1964 und 1981 hat sich sein Bestand im europäischen Teil der GUS mehr als vervierfacht (KLIMOWA, 1985) und betrug 250.000 Stück (DESCHKIN, 1983).

In der zweiten Hälfte des 20. Jahrhunderts stieg auch beim mittelasiatischen Schwarzwild der Bestand an. In den achtziger Jahren gab es immerhin 42.500 Stück (davon in Usbekistan 14.500, Kasachstan 5.500, Kirgisien 9.600, Tadschikistan 7.000 und in Turkmenistan 2.300 Stück) mittelasiatischen Schwarzwildes.

Weiter nach Osten im Baikalgebiet und in Transbaikalien ist die kleinste Unterart – das Sibirische oder Transbaikalische Schwarzwild – zu Hause. In den letzten Jahrzehnten verzeichnet man auch hier deutliche Bestandszunahmen. Das sibirische Schwarzwild ist im Süden des Gebiets Krasnojarsk und im gesamten Küstengebiet des Baikalsees anzutreffen, ebenso wie in Burjatien und im Tschita-

Große Gewichte und mächtige Waffen kennzeichnen auch die kasachischen Keiler, hier zwei Spitzenkeiler aus dem bekannten Revier „Borowoje" im Norden Kasachstans

Gebiet, wovon es in milderen Jahren bis nach Südjakutien vordringt.

Der äußerste nordöstliche Randbereich seines Areals befindet sich im Amur-Gebiet und in den Regionen Chabarowsk und Ussuri, wo die mächtigste Unterart – das Fernöstliche oder Ussurische Schwarzwild – lebt. Sein Gesamtbestand wird auf 24.000 bis 28.000 Stück geschätzt und ist stark von Mastjahren abhängig. Bleibt diese herbstliche Nahrungsquelle aus, kommt es in der Regel zu starken Bestandseinbußen, ähnlich wie in schneereichen Wintern (durchschnittlich alle 8 bis 10 Jahre). Negative Auswirkungen auf die Bestandsentwicklung des fernöstlichen Schwarzwildes haben neben der Wilderei auch große Raubtiere wie Amur-Tiger, Bär, Wolf und Luchs, die jetzt recht zahlreich vorkommen. Wissenschaftliche Untersuchungen belegen, daß bis zu 4.500 Stück Schwarzwild jährlich auf das Konto der Amur-Tiger gehen, während Bär, Wolf und Luchs etwa 1.000 erbeuten.

Der Gesamtbestand des Schwarzwildes in der GUS betrug Mitte der 80er Jahre etwa 333.000 Stück und soll heute noch größer geworden sein. Als übertrieben dürfte aber die Angabe angesehen werden, nach der es zu Beginn der 70er Jahre in der früheren Sowjetunion zwischen 800.000 und 1 Million Stück Schwarzwild gegeben haben sollte. Andere russische Quellen sind vorsichtiger und geben den Gesamtbestand einfach mit „einigen hunderttausend Stück“ an.

Jagdgebiete und Bejagung: Einen guten Ruf haben Schwarzwildjagden im **Moskauer Gebiet** (gemeint sind damit alle Reviere in einem Umkreis von 300 bis 400 km um Moskau herum). Viele Sauen und relativ moderne Jagdeinrichtungen (Jagdhäuser, Hochsitze, Kanzeln, Fütterungen, Kirrungen usw.) sind hier vor allem in den ehemaligen Diplomaten- und Militärrevieren vorhanden.

Anreise mit Flugzeug bis Moskau, dann Weitertransport mit dem Kleinbus oder Auto ins Revier. Unterkunft in bequemen Jagdhäusern mit ausgezeichneter Verpflegung. Für Gruppen von 4 bis 6 Jägern werden Drück- und Treibjagden organisiert, sonst Pirsch und Ansitz.

Jagdzeit November bis 15. Januar, beste Zeit Mitte November bis Mitte Dezember. Die Trophäenqualität ist sehr gut. Es können Keilerwaffen bis 24 cm erbeutet und Tagesstrecken bei Drückjagden von 8 –10 Stück erreicht werden. Zusatztrophäen (revierabhängig): Elch, Rot- und Sikahirsch, Bär, Wolf und Fuchs.

Ähnlich wie in den osteuropäischen Revieren werden Saujagden auch in **Weißrußland** und in der **Ukraine** veranstaltet; häufig sogar mit Garantien für Mindeststrecken. Auch hier können Keiler mit über 20 cm Waffenlänge erlegt werden. Bei viertägiger Drückjagd wird in Weißrußland oder in der Ukraine abhängig von der Zahl der Jäger eine Mindeststrecke von 20 – 25 Stück Schwarzwild garantiert. „Garantiert“ heißt hier aber nicht, daß diese Strecke tatsächlich auch erreicht werden wird, sondern daß im Falle des Nichterreichens ein Teil der Abschüsse rückerstattet wird.

Jagdzeit September bis Ende Januar. Anreise mit eigenem Auto oder besser mit dem Flugzeug bis Warschau, Minsk oder Kiew, dann Weitertransport mit dem Auto ins Revier. Komfortable Unterkünfte in Jagdhäusern mit guter Verpflegung stehen den Jagdgästen zur Verfügung.

Kaukasien ist für seine große Schwarzwilddichte bekannt. In den hügeligen bis bergigen kaukasischen Revieren, die hauptsächlich mit Eiche und Buche bewaldet sind, ziehen wirklich kapitale Keiler (Waffenlänge bis 26 cm) ihre Fährte. Pro Drückjagdtag werden drei bis

„Waidmannsheil zum ersten kaukasischen Keiler!“. Bei „nur“ 135 kg brachte es dieser auf einer Drückjagd gestreckte Keiler auf über 22 cm Waffenlänge

fünf Treiben durchgeführt, wobei schon vorgekommen ist, daß in einer Gruppe von den erlegten Keilern drei sogar eine Waffenlänge von über 24 cm aufwiesen. Eine Agentur führt an, daß bei einer sechstägigen Drückjagd sechs bis sieben Spitzenkeiler mit über 20 cm zu erwarten sind. Als Zusatztrophäen können Rot- und Sikahirsch, Wisent und Braunbär zur Strecke gebracht werden.

Anreise mit dem Flugzeug von Moskau nach Naltschik, Wladikawkas und andere Zielflughäfen, dann Weiterfahrt mit dem Auto ins Revier. Für Einzeljagden (Pirsch und Ansitz) auf starke Keiler sollten 9 Reisetage (6 Jagdtage) eingeplant werden. Die Drückjagden werden im Kaukasus für Gruppen von 8–10 Jägern (mindestens 6) organisiert. Für 5 Jagdtage erwartet man eine Strecke von 30 bis maximal 40 Stück Schwarzwild.

Viele Rußlandjäger kombinieren im europäischen Teil der GUS die Jagd auf starke Keiler normalerweise mit den Jagden auf Elch, Sikahirsch, Maral oder Bär. Wenn die Hauptwildart schon auf der Strecke liegt, jagt man auf einzelne, bereits bestätigte starke Keiler. Dabei empfiehlt es sich, den Keiler im voraus zu buchen, sonst betrachten Jagdführer nach dem Erlegen der Hauptbeute ihre Arbeit als erledigt und sind – besonders nach einer anstrengenden Jagd – kaum noch für weitere Unternehmungen zu motivieren.

Da oft nur Pauschalabschüsse für „Schwarzwild“ (also ungeachtet des Alters, Geschlechts oder Trophäenstärke) bezahlt werden müssen, geht man davon aus, daß der Gast nur starke Keiler schießt, also eine Trophäenjagd macht. Sonst muß man für einen Frischling genauso viel bezahlen wie für einen dicken Keiler.

Es bietet sich oft eine günstige und einmalige Gelegenheit, auf der Maral- oder Steinbockjagd im Altai, Tuwa oder in Kasachstan einen mächtigen Keiler hoch in den Bergen zu erlegen. Darauf soll man – wenn das die Jagd auf Hauptwildart nicht beeinträchtigt – auf keinen Fall verzichten. Denn ein hochkapitaler Keiler ist, wie auch der Wolf, sehr oft reine Glücksache.

Karibu

(Rangifer tarandus)

E: *Reindeer* oder *Caribou*
R: *Sewernyj olen*

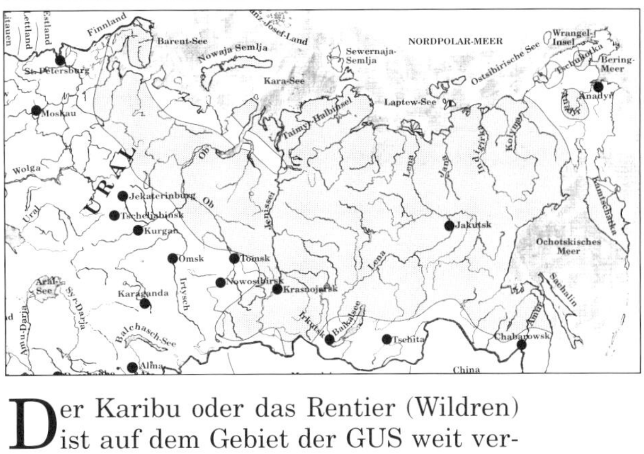

Der Karibu oder das Rentier (Wildren) ist auf dem Gebiet der GUS weit verbreitet, etwa 2/3 der Gesamtfläche gehörten zu seinem Lebensraum. Er kommt in wildlebender und domestizierter Form vor. Deshalb hat sich zur Unterscheidung vom domestizierten Ren unter den deutschsprachigen Auslandsjägern eingebürgert, beim wildlebenden Rentier von „Karibu“ zu sprechen.

Russische Wildbiologen unterscheiden

in Eurasien 5 Unterarten des Karibus: **Europäischer Karibu** (*R. t. tarandus*): Wildren von kleinen Ausmaßen; verbreitet in der nördlichen Wald- und Tundra-Zone des europäischen Teils Rußlands; **Sibirischer Tundrakaribu** (*R. t. sibiricus*): Ist von größeren Ausmaßen als die vorherige Unterart; Verbreitung: Tundra, sibirische Waldtundrazone und Eismeer-Inseln an den Küsten Sibiriens; **Nowaja-Semlja-Karibu** (*R. t. pearsoni)* : Steht der vorigen Unterart sehr nahe, ist etwas kleiner und stellt die einzige russische Karibuunterart dar, die geschützt ist; **Sibirischer Waldkaribu** (*R. t. valentinae)*: Ist von mittleren Ausmaßen, lebt in der Waldzone Westsibiriens und in den Gebirgen Altai und Sajanen; **Fernöstlicher** oder **Ochotskischer Karibu** *(R. t. phylarchus*): Die stärkste Karibuunterart Eurasiens, verbreitet in Transbaikalien, im Einzugsgebiet des Amur, im nördlichen Teil des Sichote-Alin, in den Gebieten am Ochotskischen Meer (Dschugdschur-Gebirge) sowie auf Kamtschatka und Sachalin. Im SCI-Rekordbuch (7. Auflage) sind Kaributrophäen aus Europa und Asien getrennt aufgeführt, es wurde allerdings keine Rücksicht auf einzelne Unterarten genommen.

Die Widerristhöhe erwachsener Hirsche beträgt 80–100 cm, wird nach anderen russischen Quellen aber mit 110–140 cm angegeben. Lebendgewicht 100 bis 230 kg. Die weiblichen Stücke sind kleiner und leichter.

Trophäe: Der Karibu trägt ein mächtiges Geweih mit relativ dünnen Stangen und Enden, so daß das Geweihgewicht selten 11 bis 12 kg übersteigt. Sehr charakteristisch für den Karibu ist die große individuelle und geographische Variabilität seines Geweihs, von dem man gewöhnlich zwei Typen unterscheidet.

Der „Wald"-Typ hat kürzere Stangen mit viel Enden, während der „Tundra"-Typ lange und dünne Stangen mit schaufelartigen Aug- und Eissprossen aufweist. Enden werden jedoch erst im letzten Drittel gebildet. In den letzten Jahren haben ausländische Gäste in verschiedenen nördlichen Gebieten Rußlands sehr starke Karibus erlegt, die in der Qualität an ihre nordamerikanischen Verwandten fast heranreichen. Die weiblichen Stücke tragen ebenfalls Geweihe – allerdings wesentlich schwächere.

Für den Transport vorbereitet ist dieses Rekordkaribugeweih eines bekannten spanischen Jägers, das ohne Zweifel zu den besten je in Rußland erlegten Kaributrophäen zählt

Verbreitung, Bestand: Nördliche Gebiete des europäischen Teils Rußlands, im Norden Westsibiriens, ostsibirische Tundra und Taiga (nach Süden bis zum nördlichen Transbaikalien), Altai und Sajanen, sowie der nördliche Teil des russischen Fernen Ostens (nach Süden bis zu den nördlichen Gegenden der Amur-Regionen).

Wie der Elchwildbestand, so variiert auch der Karibubestand der GUS sehr. Im Jahre 1973 lebten in der früheren Sowjetunion 742.000 Karibus, nach Angaben von SEMENOW-TJANSCHANSKI gab es dort Ende der 70er Jahre 650.000 Stück. Das größte Vorkommen (330.000 Stück) war auf der Taimyr-Halbinsel konzentriert, an zweiter Stelle stand das Vorkommen in den Tundren Jakutiens (mit 150.000 Stück). Die Murmansk-Population zählte 20.000 Exemplare. Im letzten Jahrzehnt verzeichnete man eine Erhöhung des Karibubestandes, der Mitte der 80er Jahre rund 1 Million Stück betrug.

Bejagung: In der 7. Auflage des SCI-Rekordbuches ist für den nordrussischen Karibu nur eine einzige Eintragung vorhanden. In den letzten Jahren haben aber internationale Jäger so viele gute Kaributrophäen im äußersten Norden Sibiriens erbeutet, daß man mit Spannung die nächste Auflage dieses Werkes erwarten darf.

Wie in Kanada und Alaska sind auch die Karibujagden in Rußland trotz starker Trophäen nicht so reizvoll und populär wie etwa die Elch- oder Maraljagden. Deshalb gibt es weniger Angebote für spezielle Karibujagden, vielmehr werden die Karibus vorwiegend bei Schneeschaf-, Bären-, Elch- oder Wolfsjagden in Sibirien als „Nebenwild" mitbejagt.

Als eines der besten Karibugebiete Rußlands gilt die **Taimyr-Halbinsel** im äußersten Norden Zentralsibiriens, die von manchen sogar als eines der weltbesten Jagdgebiete für Karibus gepriesen wird. Diese Karibus weisen sehr starke Trophäen auf und können so in jeder Hinsicht mit denen Nordamerikas verglichen werden. Im Jagdgebiet stehen etwa 60.000 Stück, der Jahresabschuß beträgt 4.000.

Auf einer spätherbstlichen Jagd im fernöstlichen Magadan ist ein Karibu zur Strecke gekommen. Trotz großen Bestandes und guter Trophäenstärke sind Karibujagden bei weitem nicht so beliebt wie etwa Elch- und Bärenjagden

Anreise per Flugzeug von Moskau nach Chatanga, dann Weiterflug mit Hubschrauber zum Jagdgebiet. Unterkunft in einfachen Blockhütten oder mobilen Jagdhütten (die nach Bedarf in die jeweils besten Gebiete mit dem Hubschrauber gebracht werden können).

Die beste Jagdzeit ist Oktober, dann haben die Karibus auch bereits verfegt. Allerdings liegen die Tagestemperaturen recht niedrig (zwischen -5°C und -15°C). Ähnlich wie in Kanada und Alaska werden auch hier vor Ankunft der Jagdgäste die besten Gebiete mit bejagbaren Beständen ausfindig gemacht und die Karibus ständig beobachtet.

So sind mit einem gutem Führer alle Voraussetzungen dafür gegeben, daß man in 3 bis 4 Jagdtagen 4 bis 5 starke Trophäen bekommt. Gejagt wird auf der Pirschfahrt mit dem Motorschlitten oder per Fußpirsch. Wer das wagt, muß die Kälte gut vertragen können, fit zu Fuß sein und auch über längere Distanzen (150–300 m) gut schießen können. Auf Wunsch kann nach dieser Karibujagd auf der Taimyr-Halbinsel in den Gebieten weiter südlich auch auf gute Schaufelelche (Geweihgewicht bis etwa 25 Kilo) oder Wölfe gejagt werden.

Wem die Anreise zur Taimyr-Halbinsel zu lang ist, kann eine solche interessante Karibujagd von September bis Oktober auch im **Nordural** machen. Als Zusatztrophäen können auf einer solchen 8-tägigen Jagdreise noch Elch und Bär erbeutet werden.

Der Karibu ist normalerweise eher eine **Ergänzungs- oder Zufallstrophäe** auf den herbstlichen Schneeschaf- und Bärenjagden in Jakutien, Kamtschatka, Chabarowsk (Dschugdschur-Gebirge), Tschukotka oder Magadan. Das Gleiche gilt auch für die Jagden auf den ostsibirischen Elch und Polarwolf auf Tschukotka.

Elchwild

(Alces alces)
E: *Moose*
R: *Los*

In der letzten Zeit wird viel vom ostsibirischen Riesenelch gesprochen, der zunehmend dem Alaska-Yukon-Elch Konkurrenz macht. Während man aber über den nordamerikanischen und kanadischen Elch viel weiß, ist der zwischen Weißrußland und Ostsibirien beheimatete Elch kaum bekannt.

Drei Unterarten

Anfang der 80er Jahre lebten auf dem Gebiet der früheren Sowjetunion 880.000 Stück Elchwild, davon in ihrem asiatischen Teil weniger (330.000) als im europäischen Teil (500.000). Die Elchpopulation ist auf dem riesigen Gebiet Sibiriens und des russischen Fernen Ostens gleichmäßiger verteilt, bildet hier aber keine so große Konzentration wie im europäischen Teil.

Vom kleineren Elch aus dem europäischen Teil unterscheidet man jagdlich auf dem Gebiet der GUS den ostsibirischen Riesenelch, genannt auch „Kamtschatka-Elch“, „Tschukotka-Elch“, oder „Jakutischer Elch“, wobei man nicht immer das Gebiet meint, sondern eher auf seine Stärke anspielt.

Heute gehen russische Wildbiologen (weitere Angaben hauptsächlich nach dem Elchfachmann K. FILONOW) von drei Elchunterarten auf dem Gebiet der GUS aus:

Europäischer Elch (*Alces alces alces*), verbreitet im europäischen Teil der GUS, im Ural, in Westsibirien und weiter ostwärts bis zum Fluß Jenissei sowie im Altai. Außerhalb der GUS in Europa vorkommend. Bestand 500.000 Stück.

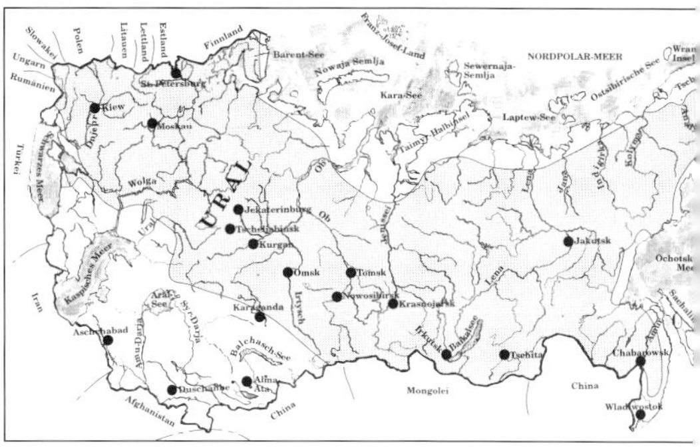

Eine Unterart von mittleren bis großen, aber nicht maximalen Ausmaßen. Widerristhöhe der Bullen bis 216 Zentimeter, Lebendgewicht bis 500 Kilogramm und darüber. Die Elche in Westsibirien sind etwas größer als die im europäischen Teil der GUS, hier wiederum sind die Elche aus dem Süden wesentlich kleiner (Durchschnittsgewicht 190–300 Kilogramm, sonst 190 bis 440 Kilo) als die in den nördlichen Gegenden (Karelien), die auch 400 – 572 Kilogramm wiegen können.

Ostsibirischer oder Jakutischer Elch (*A.a. pfizenmayeri*), lebt in Sibirien östlich vom Jenissei, und im russischen Fernen Osten mit Ausnahme des Amur und Ussuri, so daß die südliche Verbreitungsgrenze etwa das Stanowoi-Gebirge bildet. Außerhalb der GUS ist er in der Nordmongolei vertreten. Bestand: Region Krasnojarsk 68.000 (1978), Irkutsk-Gebiet 35.000 (1976), Jakutien 80.000 (1979),

Kamtschatka-Gebiet mit Penschina-Fluß 3.000 bis 4.000 (1991; 1991 gab es nur auf der Kamtschatka-Halbinsel 700 Stück, die erfolgreich eingebürgert sind), Tschukotka 2.620 (1976; 1991 gab es aber allein im Bezirk Anadyr von Tschukotka 3.000; dort zählte man 1976 nur 500 Stück). Heute ist der Elchbestand fast überall gestiegen, wie man am Beispiel von Tschukotka sieht.

Der ostsibirische Elch hat wesentlich größere (maximale) Ausmaße als der europäische und ist der stärkste Elch Eurasiens, was russische Wildbiologen ermittelt und ausländische Jagdgäste in den letzten Jahren bestätigt haben. Seine Widerristhöhe liegt bei 225 bis 240 Zentimetern, sein Lebendgewicht erreicht 650 Kilogramm und mehr.

Auch in verschiedenen Gebieten seines Areals gibt es Elchpopulationen mit unterschiedlichen Ausmaßen. Etwas kleiner ist der Elch aus Zentraljakutien mit einer Widerristhöhe bis 200 Zentimeter und einem Gewicht bis höchstens 450 Kilogramm. Im Einzugsgebiet der Flüsse Omolon (eines Zuflusses des Kolyma) und Anadyr auf Tschukotka leben größere Elche mit Gewichten von 550 bis 645 Kilo. Besonders groß sind die Elche aus dem Einzugsgebiet des Penschina-Flusses (im äußersten Norden des Kamtschatka-Gebietes). Elchbullen erreichen hier eine Schulterhöhe von 204–233 Zentimetern und ein Lebendgewicht bis zu 728 Kilogramm.

Die größten und stärksten Elche dieser Unterart findet man im äußersten Nordosten Sibiriens, östlich vom Tscherski-Gebirge im Einzugsgebiet der Flüsse Indigirka, Kolyma mit ihrem Zufluß Omolon, Anadyr, Tylchoi, Paren, Talowka und Penschina mit ihrem Zufluß Belaja. Deshalb betrachtete schon S. A. BUTURLIN in seinem Elchbuch (*Lossi*, Moskwa-Leningrad 1934) diese Elchpopulation im äußersten Nordosten Rußlands als eine besondere Unterart, die mit dem Alaska-Elch (*A. a. gigas*) systematisch identisch ist. HEPTNER (1961) hielt das für möglich, blieb aber bei der bestehenden Unterart. Danach bemühte sich auch A. W. JEGOROW (1971), die systematische Selbständigkeit dieser Population (als „neue" Unterart wissen-

Die Jagderfolge der letzten Jahre haben es bestätigt: Der Ostsibirische Riesenelch ist genauso stark wie der Alaska-Yukon-Elch. Wie bei dem Braunbären ist auch beim Elch die Entscheidung nicht leicht, ob man einem Riesenelch in Ostsibirien oder in Alaska bzw. Yukon nachstellen soll. Eine hervorragende Trophäenqualität, verbunden mit einer Abenteuerjagd und fast unbegrenzten Jagdmöglichkeiten sprechen immer noch für das weite Tundrareich im Osten Sibiriens

schaftlich „*A. a. burtulini*“ genannt) zu beweisen, was der Elchspezialist K. FILONOW – dem ich hier folge – in seine große Elchmonographie jedoch nicht aufnahm und weiter an drei Unterarten festhielt.

Ussurischer Elch (*A. a. cameloides*), verbreitet in der Ussuri-Region (Gebiet Primorje), im Gebirgsteil von Chabarowsk mit dem Stanowoi-Gebirge und der Wasserscheide mit dem Lena-Fluß als nördliche Grenze, und im Westen bis zum 123. Grad östlicher Länge. Außerhalb der GUS kommt diese Art noch in Nordostchina vor. Bestand im Jahre 1979: Amur-Gebiet 23.000, Region Primorje 3.000 und Chabarowsk-Gebiet 30.000.

Er stellt die kleinste Unterart dar, mit einer Widerristhöhe der Elchbullen von 128 bis 193 Zentimetern und Gewichten von 260–320 Kilo. Auch hier gibt es regionale Unterschiede in den Ausmaßen der Individuen. So sind Elche aus dem Gebiet um den Amur-Fluß stärker als die aus dem Sichote-Alin-Reservat (Region Primorje).

Im SCI-Rekordbuch (7. Auflage, 1991) werden für Eurasien nur zwei Unterarten unterschieden: „European Moose“ (Areal wie hier beim Europäischen Elch) und „Siberian Moose“ (das Verbreitungsgebiet entspricht dem des Ostsibirischen und Ussurischen Elches). Beim Sibirischen Elch wurden bis zur 7. Auflage des SCI-Rekordbuches nur viel schwächere Elchtrophäen aus der Mongolei eingetragen und keine einzige von Riesenelchen aus Rußland. Inzwischen haben viele SCI-Mitglieder ganz kapitale Elchschaufler im sibirischen Nordosten erlegt, so daß man auf die nächste Auflage des Rekordbuches gespannt sein kann.

Trophäe: Der europäische Elch (die Elchkuh trägt kein Geweih) der GUS hat normalerweise gute bis sehr gute Schaufeln, die bei ganz starken Bullen 14 bis 20 Kilogramm (Angaben inzwischen durch Elcherlegungen von Gästen bestätigt) wiegen und eine Auslage bis 135 Zentimeter haben können. Allerdings gibt es besonders im Westen des europäischen Teils der GUS auch Stangenelche, die deutlich schwächer sind.

Beim Ussurischen Elch handelt es sich meist um einen schwachen Stangenelch (obwohl es auch in seinem Areal Gegenden mit Schauflern gibt) mit symmetrischem

September im fernöstlichen Tschukotka: Anblick auf den typischen Lebensraum des ostsibirischen Elches zur Zeit seiner Brunft

Die mächtigsten Elche Rußlands – wie dieser Tschukotka-Elch – sind im sibirischen Nordosten östlich vom Tscherski-Gebirge zu finden. Es gab und gibt bedeutende russische Wildbiologen, die diesen Riesenelch für eine besondere Unterart halten und ihn mit dem Alaska-Yukon-Elch gleichsetzen

Geweih, nur wenigen, aber langen Enden (2–4 pro Stange). Auslage 80–100 Zentimeter, Geweihgewicht 5–6 Kilo.

Der Ostsibirische Elch ist wie der berühmte Alaska-Yukon-Elch ein Riese unter den Elchen, mit gewaltigen Schaufeln und vielen Enden. Eine normal entwickelte Schaufel hat im unteren Teil eine kleinere Schaufel (sog. Vorderschaufel) mit wenig Enden und im oberen Teil eine mehr senkrechtstehende, große und breite Schaufel (Hauptschaufel) mit vielen Enden. Oft fehlt aber auch die Vorderschaufel (sog. Vollschaufel des „Bretterelches").

Die Geweihausmaße der in den letzten zwei bis drei Jahren von ausländischen Jagdgästen erbeuteten Elche übertreffen bei weitem die bisherigen Angaben der russischen Wildbiologen sowie den offiziellen russischen Weltrekordelch (hier seine Daten zum Vergleich: Erlegungsjahr 1972 am Penschina-Fluß im Norden Kamtschatkas, Auslage 167cm, Schaufellänge 130, Schaufelbreite 45 cm, Geweihgewicht 35 Kilo, somit insgesamt 551,70 CIC-Punkte; siehe Foto Seite 70 oben).

So sind auf Tschukotka und Kamtschatka Schaufler mit einem Geweihgewicht von 35,4 bis 39,5, sogar bis zu 42,5 Kilo zur Strecke gebracht worden, was nicht einmal die Alaska-Yukon-Elche mit ihren Geweihgewichten bis 34 Kilogramm auf die Waage bringen können. Ganz starke Elche haben eine Auslage von 160 bis 170 Zentimetern, die größte bisher bekannte Auslage eines Penschina-Elches beträgt 181 Zentimeter, womit er allerdings nicht ganz an den Alaska-Yukon-Elch (Auslage bis 200 Zentimeter) heranreicht. Nach dem Ende der Brunft, in der Regel im November/Dezember, wirft der Elch sein Geweih ab, obwohl man ihn manchmal sogar noch im Januar/Februar mit Geweih sehen kann (alle weitere Angaben nach K. FILONOW). In Jakutien etwa verliert der Elch sein Geweih in der Zeit zwischen Dezember und März, auf Tschukotka von Dezember bis Januar, manchmal bis April. Als Regel für das gesamte Verbreitungsgebiet gilt, daß alte Bullen vor den jungen abwerfen; sie bekommen ihr neues Geweih dann auch früher.

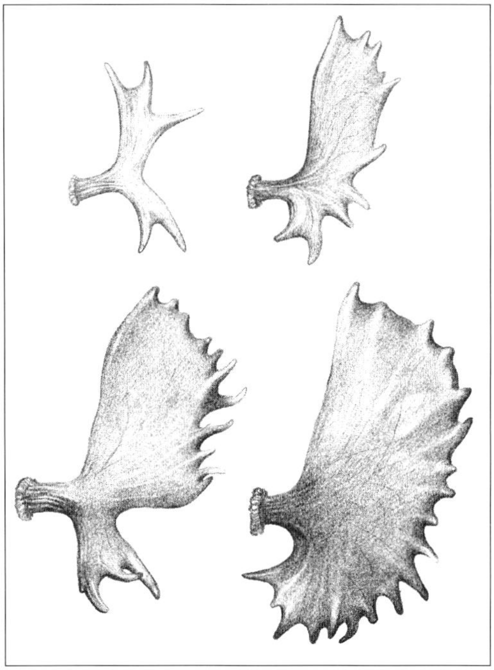

Kleine Schaufelstudie: Drei typische Schaufelformen des russischen Elches: Oben links die mittelstarke Schaufel des Europäischen Elches; oben rechts die Schaufel des Elches aus Westsibirien; unten links eine gut entwickelte Geweihstange des Ostsibirischen Elches mit deutlich ausgeprägter Vorder- und Hauptschaufel; unten rechts die sogenannte Vollschaufel des Ostsibirischen Elches

Das Schieben des Geweihs beginnt ab Ende April/Anfang Mai. In der zweiten Sommerhälfte erreicht es seine normale Form und Größe, gefegt wird es innerhalb von 8 bis 9 Tagen im August/Anfang September. In Jakutien z.B. beginnt das Geweihwachstum etwa Mitte Mai, das Geweih ist Mitte Juli fertig ausgebildet und wird in der Zeit zwischen der ersten Augusthälfte und Mitte September gefegt. Auf Tschukotka wächst das Elchgeweih ab April, erreicht seine volle Größe in der zweiten Julihälfte/Anfang August und ist bis zur ersten Septemberhälfte verfegt.

Brunft: In den meisten Gebieten der GUS beginnt die Elchbrunft Ende August/Anfang September. Die Hochbrunft findet Mitte September, seltener in der zweiten Septemberhälfte statt und endet Ende September oder in der ersten Oktoberhälfte. Die Brunftdauer variiert je nach geographischer Region: sie ist im äußersten Norden und Nordosten kürzer, in den südlicheren Gegenden dagegen länger.

Was ist ein starker Elch?

Mit dieser Frage wird jeder Auslandsjäger konfrontiert, der sich einmal auch auf diesen Riesen – besonders in der ostsibirischen Tundra – versuchen möchte. Für den westlichen Jäger ist das Geweihgewicht Hauptkriterium, und alle Elche über 30 Kilogramm können als sehr stark eingestuft werden.

Doch das Geweihgewicht spielt bei den eigentlichen Elchspezialisten, also den alaskanischen Jägern, keine wesentliche Rolle. Wenn also Elchjäger über starke Trophäen sprechen, dann geben sie nur die Größe der Auslage an. Das ist keine offizielle, sondern nur eine jagdpraktische Bezeichnung für kapitale Elchtrophäen, und zwar sowohl in Alaska wie in Ostsibirien. Wenn also jemand fragt, wie stark mein Elch war oder ich nach der Stärke einer Elchtrophäe frage, dann wird von Auslage gesprochen.

Nach dieser Klassifizierung beginnen starke Elchtrophäen (gemeint sind weiterhin nur Riesenelche aus Ostsibirien und Alaska) schon mit einer Auslage von 55 Inches (140 Zentimeter). Mit allen Elchen, die darüber liegen, kann man zufrieden sein.

Die starken Trophäen kann man in drei Kategorien einordnen: 1. ab einer 60-Inches-Auslage (152,5 Zentimeter) spricht man von kapitalen, sehr guten Elchen; 2. ab einer Auslage von 65 Inches (165 Zentimeter) dann von herausragenden, hochkapitalen Schauflern und schließlich 3. ab 70 Inches (178 Zentimeter) von wirklich einmaligen, außergewöhnlich starken Elchtrophäen, die aber sehr selten und in der Regel rekordverdächtig sind.

Ansprechhilfen: Die Frage ist natürlich, wie erkennt man vor Ort, ob der Elch wirklich stark ist oder nicht. Jeder Jäger weiß, daß hundertprozentiges Ansprechen erst am erlegten Stück möglich ist. Trotzdem möchte ich hier einige Tips erfahrener Elchjäger anführen, die helfen sollen, auch ohne fremde Hilfe den starken Elch zu bestätigen. Das ist vor allem in der ostsibirischen Tundra wichtig, da man oft dem Elch plötzlich begegnet und dann nur wenig Zeit zur Beratung hat.

Beim Ansprechen muß man auf vier Dinge achten:

1. Der Bulle muß große, breite Schaufeln haben.

2. Die Auslage seines Geweihs muß groß – das heißt über 55 Inches (140 Zentimeter) – sein.

3. Er soll gute Vorderschaufeln haben, die möglichst als Schaufeln auch ausgebildet sein sollten, da sich ein typisches Elchgeweih durch eine gut entwickelte Hauptschaufel und eine Vorderschaufel auszeichnet. In Ostsibirien kommen aber oft auch Elche vor, bei denen die Vorderschaufeln mit den Hauptschaufeln zusammengewachsen sind, so daß große, breite Schaufeln (sog. Bretter) entstanden sind. Die gelten als genauso kapital und sind ebenso begehrt wie die typische Form.

4. Die Schaufeln sollen viele Enden haben, was zu Beginn der Brunft noch der Fall ist, später sind oft einige Enden ab-

Der europäische Elch trägt ein relativ schwaches Geweih, das sich aber oft zu echten und sogar guten Schaufeln entwickeln kann

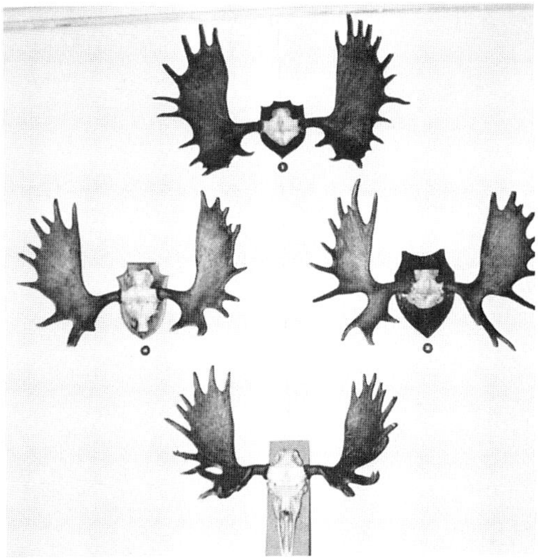

Diese auf einer Trophäenschau in Kurgan gezeigten Elchgeweihe aus Westsibirien sind zwar auch dort nicht die Regel, zeugen jedoch von der guten Trophäenqualität dieser Region Rußlands, die eigentlich als das beste Jagdgebiet für Sibirische Böcke gilt

gekämpft. Die große Endenzahl ist vor allem für eine SCI- Bewertung sehr wichtig, da sie viele Punkte bringt. Alte Elche mit stumpfen Schaufelrändern schneiden deshalb dabei schlechter ab.

Neben diesen Merkmalen muß man natürlich auch auf das Verhältnis der Trophäe zur Körpergröße achten, obwohl das beim fehlenden Vergleich für Revierfremde kaum möglich ist. Es kommt nicht selten vor, daß der Elchbulle körperlich schwächer ist und deshalb „große“ Schaufeln zu haben scheint. Nach dem Erlegen zeigt dann das Maßband, daß man sich verschätzt hat (ein klassisches Beispiel dafür liefert Jürgen Jösch im Kapitel „Der Weltrekord-Elch“ seines spannenden Buches „Trophäenfieber“, Nimrod-Verlag, Bothel 1991).

Vor und nach dem Schuß. Der ausgewachsene Elchbulle ist groß und kräftig, besonders sein Vorschlag fällt viel stärker und massiger aus als der Hinterkörper. Auf einen Schuß zeichnet er meistens überhaupt nicht, und auch bei guten Treffern zieht er häufig weiter. Deshalb empfehlen erfahrene westliche Berufsjäger,

Die Geweihform dieses Tschukotka-Elches mit großer Auslage, guten Schaufeln, vielen Enden und deutlich ausgeprägten Vorderschaufeln ist nach dem russischen Wildbiologen und besten Kenner des sibirischen Nordens, Dr. Nikolai Zheleznov, typisch für den Ostsibirischen Elch

auf den Schaufler sofort den zweiten Schuß abzugeben und mit weiteren Schüssen zu versuchen, den Bullen zu stoppen.

Wie kann man ihn überhaupt stoppen? Dazu bedarf es nicht eines Schusses zwei/drei Fingerbreit hinters Blatt. Ein Treffer ins Schultergelenk ist nötig, wie das auch bei starkem wehrhaftem Wild üblich ist.

Wenn der Elch liegt, muß – um unangenehme Überraschungen auszuschließen – unbedingt geprüft werden, ob er wirklich verendet ist. Viele „tote" Bären haben schon Jäger umgebracht. Diese Gefahr besteht zwar beim Elch nicht, aber man will ihn ja nicht noch in letzter Minute verlieren. Deshalb geht man um den liegenden Schaufler hinter seinem Rücken herum bis zu seinem Haupt und prüft mit dem Lauf einer schußbereiten Waffe, ob sich bei Berührung mit der Laufmündung seine Augenlider schließen oder nicht. Erfolgt der Lidschlußreflex, lebt er noch; in diesem Fall sollte zur Sicherheit noch ein Fangschuß gesetzt werden.

Jagdmöglichkeiten: Als eines der interessantesten Angebote heutiger Elchjagd gilt ohne Zweifel die Wildnisjagd auf den ostsibirischen Riesenelch in Tschukotka, Kamtschatka, Magadan und Jakutien bzw. Kolyma, der mit seinen mächtigen Schaufeln dem Alaska-Yukon-Elch fast ebenbürtig ist. Wir wissen heute, daß in Ostsibirien genauso starke Elche (also mit einer Auslage zwischen 60 und 70 Inches) vorkommen können, wie in Alaska.

Das sind auch die teuersten Elchjagden Rußlands, weil sie in die entferntesten Landesteile führen und organisatorisch am aufwendigsten sind. Im Unterschied zu Alaska aber, gibt es in Rußland in der Regel eine Rückerstattung eines Teils des Geldes bei Nichterlegung.

Die Jagdzeit liegt in der Brunft (September/Oktober), wenn die Elchwildkonzentration am größten ist. Es wird jedoch nicht mit dem Elchruf gejagt, der in Sibirien unbekannt ist, sondern es wird vom Zeltlager aus in der Tundra gepirscht oder mit dem Boot vom Fluß aus nach Elchen Ausschau gehalten.

Wer sich nicht unbedingt nach einem ostsibirischen Elch-Abenteuer sehnt, kann viel näher einem europäischen Elchschaufler in der Brunft auch mit dem Elchruf nachstellen. Diese Jagden im europäischen Teil der GUS oder in Westsibirien sind auch viel günstiger. Für einige Gebiete werden sogar Abschußgarantien gegeben. Neben der Rufjagd können auch gute Treib- und Drückjagden (September bis November), in einigen weitläufigen Revieren Westsibiriens auch Pirschfahrten kombiniert mit der Fußpirsch, organisiert werden.

Weniger attraktiv scheinen die Jagden auf den ussurischen Elch in den Gebieten Chabarowsk und Amur, sowie in der Region Primorje zu sein.

Von den mehr als 40 bekannten GUS-Jagdvermittlern haben eigentlich alle eine Elchjagd in ihrem Programm. Das bedeutet jedoch nicht, daß – trotz vieler Testjagden, die jedes Jahr durchgeführt werden – schon alle guten Elchgebiete bereits bejagt worden sind. Ein neues Elchgebiet ausfindig zu machen und jagdlich zu erschließen, dauert immer Jahre, so daß man auch in Zukunft mit vielen Überraschungen und starken Trophäen rechnen darf.

Rothirsch

(Cervus elaphus elaphus)
(Cervus elaphus maral)

E: *Red Deer*
R: *Blagorodnyj olen*

Passionierte Hirschjäger wissen, daß Rußland neben Bären und Elchen auch ganz kapitale Rothirsche zu bieten hat. Man schießt zwar immer wieder Hirsche im „Nahen Osten" wie Ungarn, Rumänien oder Bulgarien, aber den Lebenshirsch kann man sich ebensogut aus den russischen Herbstwäldern holen! Die Wilddichte des russischen Rothirsches läßt sich nicht mit der Ungarns vergleichen, preislich jedoch hat Rußland für den Hirschjäger einen klaren Vorteil, besonders bei den kapitalen Trophäenträgern. Während man z.B. für einen Hirsch mit 10 kg Geweihgewicht in Ungarn fast 10.000 Mark hinblättern muß, ist er in Rußland für nur ungefähr die Hälfte zu haben. Deshalb raten Hirschjäger davon ab, wegen eines 5-kg-Hirsches nach Rußland zu kommen, weil sich das gar nicht lohnt. Wer aber starke Hirsche zu supergünstigen Preisen erbeuten will, der ist in Rußland gerade an der richtigen Adresse.

Unterarten

Zu der europäischen Gruppe des Rotwildes (*Cervus elaphus*) auf dem Gebiet der GUS gehören normalerweise zwei Unterarten: das **Europäische Rotwild** (*Cervus elaphus elaphus*, engl. *European Red Deer*, russ. *Ewropejski olen*), verbreitet im Westen des europäischen Teils der GUS, den Karpaten, im Gebiet Woronesch und auf der Krim, und das **Kaukasische** oder **Kaspische Rotwild** (*C. e. maral,* engl. *Mideastern Red Deer*, russ. *Kawkasski olen* oder *Kaspijski olen*) aus dem Kaukasus. Nur diese zwei Unterarten sind als echte Unterarten im SCI- Rekordbuch anerkannt worden. Es gibt aber russische Wildbiologen, die noch eine dritte Unterart benennen: das **Krim-Rotwild** (*C. e. brauneri*, russ. *Krymski olen*) verbreitet in den Wäldern der gebirgigen Krim.

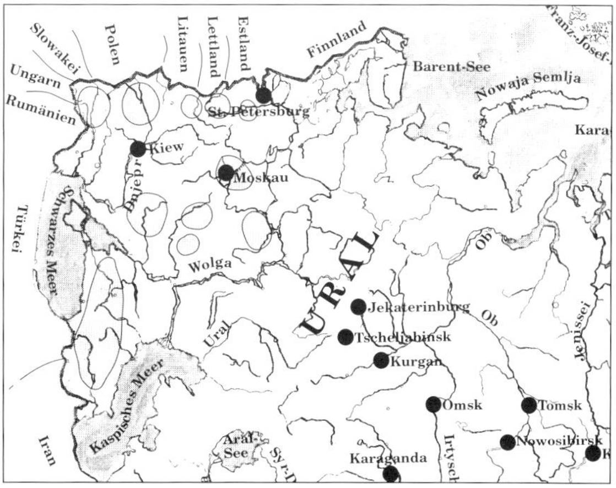

In jagdlicher Hinsicht (europäische SCI-Mitglieder ausgenommen) ist die Unterartenfrage innerhalb der europäischen Gruppe des Rotwildes nicht so wichtig, da alle diese Unterarten generell als „Rothirsch" angeboten werden.

Trophäe: In den guten Rotwildgebieten Rußlands ist die Trophäenqualität des Rothirsches hervorragend. Durchschnittlich wiegen Rothirschgeweihe 7–9 kg, ganz starke aber auch 10–15 kg.

In den letzten Jahrzehnten wurden in keinem Hirschgebiet der Welt so gewaltige Rothirsche gestreckt wie im russischen Gebiet Rostow. Links ein Achtundzwanzigender mit fast 14 kg Geweihgewicht aus dem vielleicht gegenwärtig weltbesten Rothirschrevier Alexanderwald (Rostow am Don). Wer einmal auf seinen Lebenshirsch jagen möchte, ist hier also goldrichtig

Im Moskauer Gebiet und in Woronesch liegt das Geweihgewicht der Rothirsche um 8 kg, Höchstgewicht 13 kg. Ganz kapitale Hirschgeweihe wachsen in Rostow am Don, wo in jeder Brunft Hirsche zwischen 9 und 15 kg Geweihgewicht von den Gastjägern erlegt werden.

In den 80er Jahren galt „Krasni les“ unweit von Krasnodar als das Revier mit dem besten Rothirschvorkommen der Welt, worüber im Westen schon viel geschrieben wurde. Auf 5.000 ha leben 800 Stück Rotwild von ausgezeichneter Trophäenqualität: Jedes Jahr werden hier 2–3 Hirsche von über 230 CIC- Punkten zur Strecke gebracht, die Geweihgewichte bis 14 kg erreichen.

Einen sehr guten Ruf unter den internationalen Hirschjägern hat das Rothirschvorkommen im Kaukasus. Hirsche aus diesem Gebiet weisen eine edle Geweihform auf, in den meisten Fällen mit einer Vierer-Krone. Durchschnittliches Geweihgewicht 7–9 kg, starke Hirsche 10–14 kg. Aus diesem Gebiet stammt auch eine Trophäe mit 244,5 CIC-Punkten.

Verbreitung und Bestand: Der Rothirsch lebt in den westlichen Gebieten Weißrußlands und der Ukraine, auf der Krimhalbinsel, im Kaukasus, stellenweise im Norden Transkaukasiens. In der Zeit zwischen 1928 und 1977 wurden 4.457 Stück europäischen Rotwildes hauptsächlich im europäischen Teil der GUS (in 30 administrativen Gebieten, 2 Regionen, 2 autonomen Republiken und in 4 früheren Sowjetrepubliken) nach Westen bis zum 50° ö. L. eingebürgert. Hohe Wilddichte in einigen dieser Gebiete erlaubt schon seit Jahren einen kontrollierten Abschuß.

Zu Beginn der 70er Jahre betrug der Gesamtbestand des europäischen Rotwildes in der früheren Sowjetunion 49.100 Stück, heute liegt er deutlich darüber.

Jagdgebiete und Bejagung: Für das **Moskauer Gebiet** sowie für die Gebiete Wladimir und Brjansk gibt es viele verschiedene Jagdangebote. Die Anreise ist unproblematisch, die Reviere liegen nicht weit entfernt von Moskau, Unterkunft in bequemen Jagdhäusern mit ausgezeichneter Verpflegung. Aus diesen Gründen ist das Moskauer Gebiet besonders für ältere und nicht so behende Jäger geeignet, die mit wenig Aufwand und Anstrengung ausgesprochen günstig Hirsche bis 13 kg Ge-

Ganz kapitale russische Rothirsche zeichnen sich durch viele Enden, massige Stangen und hohe Geweihgewichte aus. Der Hirsch oben links weist 22 Enden auf und brachte es auf 15 kg Geweihgewicht, das erbrachte 248 CIC-Punkte. Aber auch der Hirsch auf dem rechten Foto braucht sich dagegen nicht zu verstecken.
Wem die eigentlichen Rothirschgebiete zu weit sind, der kann auch in der Nähe von Moskau erfolgreich waidwerken. Unten links: Dieser 12,3 kg schwere Hirsch kam in Brjansk zur Strecke. Unweit von Woronesch erreichen alte Hirsche Geweihgewichte bis etwa 11 Kilo. Der Hirsch unten rechts mit 13,8 kg ist der Beweis dafür, daß auch in diesem Gebiet überdurchnittliche Hirsche ihre Fährte ziehen

Alle Wege der Hirschjäger führen nach Rostow! In den dortigen Revieren Alexanderwald (die Hirsche auf den Fotos oben links und unten) und Kamensk (der Hirsch auf der Abbildung oben rechts – ein Vierzehnender mit massigen und abnormen Stangen) kommen jedes Jahr mehrere Weltklasse-Rothirsche zur Strecke, die nicht selten auch 14 und 15 Kilo auf die Waage bringen

weihgewicht jagen wollen. Beste Zeit normalerweise während der Brunft von Mitte September bis Mitte Oktober.

Gute Rothirschreviere befinden sich im **Gebiet Woronesch**, von etwa 80 bis 200 km südlich der Stadt Woronesch. Im ganzen Gebiet, das durch gute Wilddichte gekennzeichnet ist, werden jährlich 250–350 Hirsche erlegt. Starke Hirschgeweihe wiegen hier zwischen 9 und 11 kg. Die Anreise erfolgt per Flugzeug oder Bahn von Moskau nach Woronesch, dann mit dem Auto ins Revier. Jagdzeit: Brunft (Mitte September bis Mitte Oktober).

Mit die besten Hirschreviere im flachen bis teilweise leicht hügeligen Gelände liegen in der Nähe (80–260 km) der Stadt **Rostow am Don**, speziell für diejenigen Hirschjäger geeignet, die sehr starke Hirsche mit Geweihgewichten von 10–15 kg jagen wollen. Jagdzeit 15. September bis 15. Januar, Brunftzeit etwa vom 20. September bis 10. Oktober.

Rostow gilt international als das Paradies für den passionierten Rothirschjäger. In diesem Hirschdorado sind vor allem zwei Rothirschreviere berühmt geworden. Das 60.000 Hektar große Revier **Alexanderwald** (so heißt eigentlich das 6.000 Hektar große Kerngebiet dieses Hirschparadieses mit den besten Brunftplätzen) zählt zu den weltbesten Rothirschrevieren. Hier werden in jeder Brunft Hirsche der absoluten Spitzenklasse zur Strecke gebracht. Geweihgewichte von 15 Kilo und mehr sind keine Seltenheit. Zusätzlich können auch Schwarz- und Damwild erbeutet werden.

Alexanderwald liegt etwa 80 km südlich von Rostow und ist leicht über Moskau (eine Übernachtung in Moskau ist nicht nötig) mit einem Direktflug bis Rostow am Don und einer anschließenden Autofahrt zu erreichen. Die Gäste werden in einem komfortablen Jagdhaus untergebracht, das mitten im Revier steht.

Etwa 120 Kilometer von der Stadt Rostow entfernt, befindet sich das über 60.000 Hektar große Rothirschrevier der Spitzenklasse **Kamensk**. Auch hier ist die Wilddichte und die Trophäenqualität der Hirsche hervorragend (bis zu 13 Kilo Geweihgewicht). Als Nebenbeute kann hier das Schwarzwild zur Strecke kommen. Zwei Jagdhäuser stehen den Gästen direkt im Revier als komfortable Unterkunft zur Verfügung. Die Anreise wie beim Revier Alexanderwald.

Diese beiden Hirschjagden können bei einem Revierwechsel mit einer Sikahirsch- bzw. Enten- und Gänsejagd kombiniert werden.

Etwas ganz Besonderes waren immer schon die Jagden auf den echten kaukasischen Rothirsch in den Vorbergen (Laubwälder) des **Nordkaukasus**. Diese Hirsche sind wegen ihres edlen Geweihs und großen Trophäengewichten (bis 14 kg, seltener auch drüber) bekannt. Jagdzeit 1. August bis 20. November, beste Zeit ist die Brunft (Mitte September bis Mitte Oktober). Anreise je nach Lage des Jagdgebietes von Moskau nach Naltschik oder Mineralnyje Wody.

Auf der **Krim-Halbinsel** am Schwarzen Meer kann man nicht nur einen schönen Badeurlaub, sondern auch eine interessante Jagd auf starke Krim-Hirsche in den ehemaligen Zarenrevieren unternehmen. Das Hirschgebiet im Krim-Gebirge zieht sich bis auf eine Höhe von 1.500 m hinauf. Unterkunft für die Gruppe von 2–3 Jägern in bequemen Jagdhäusern in den Staatsjagdrevieren. Jagdzeit Oktober bis Mitte Dezember. Anreise mit Flugzeug von Moskau nach Simferopol, dann mit dem Auto ins Revier.

Für begeisterte und traditionsbewußte Karpatenjäger bietet sich in der GUS nun auch die Gelegenheit, einmal im Gebirge auf einen starken Brunfthirsch in den **ukrainischen Ostkarpaten** zu waidwerken. Anreise mit eigenem Wagen möglich über Ungarn bis zum Grenzübergang Tschop und dann noch 150 km weiter bis zum Karpatenrevier Majdan. Jagdzeit September bis Dezember.

Lange Zeit zählte „Krasni les“ im Nordkaukasus zu den weltbesten Hirschrevieren, wo auch dieser Rothirsch mit 220 CIC-Punkten erbeutet wurde. Wenn „Krasni les“ in den letzten Jahren auch durch Rostow übertroffen wurde – die seltene Eleganz der Hirsche dieses Gebietes hat auch etwas für sich

Maral

(Cervus elaphus sibiricus)

E: *Maral* oder *Asian Wapiti*
R: *Maral*

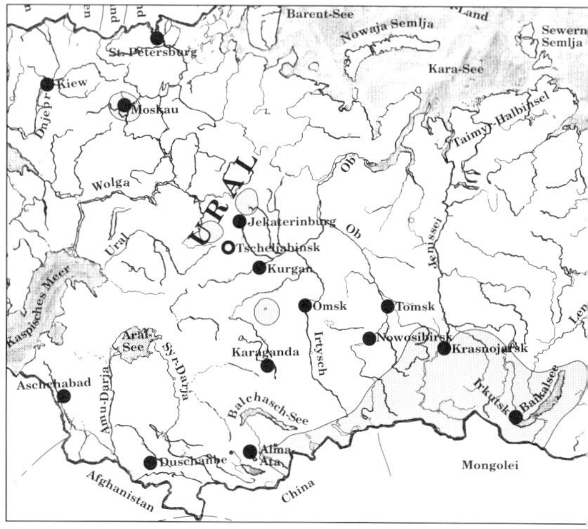

Hirscherfahrene Auslandsjäger, die schon dem einen oder anderen polnischen, ungarischen oder gar dem sagenumwobenen Karpatenhirsch nachgestellt haben, horchen auf. Da geistern seit der Öffnung der ehemals sowjetischen Jagdgebiete unglaubliche Meldungen durch die Fachpresse; da berichten heimkehrende Rußlandjäger von Hirschen mit schier gigantischen Ausmaßen.

Mit einem Male ist neues Interesse da. Der Maral wird, so scheint es, noch so manchen eher zurückhaltenden Waidmann in die Ferne locken. Da der Maral für die Ausländsjäger eine der wichtigsten Wildarten der GUS darstellt, er zugleich aber im Unterschied zum Rotwild, Bären unter anderem dem deutschen Jäger erst wenig bekannt sein dürfte, soll gerade die Jagd auf den Maral hier besonders ausführlich vorgestellt werden.

Maraljagd in der GUS heute

Als ich vor einigen Jahren über die neuaufgenommenen Hirschjagden in den berühmten rumänischen Ostkarpaten für die deutsche Jagdpresse berichtete, war ich nach dem bekannt sanften Hügelland Südungarns vor allem fasziniert von der rauhen Schönheit der karpatischen Berglandschaft. Der mächtige Karpatenhirsch schien mir der rechtmäßige König dieses Paradieses zu sein, die Jagd in dem jahrzehntelang abgeschotteten Gebiet durch nichts zu übertreffen.

Weit entfernt von dem europäischen, in unzähligen Jagdbüchern verewigten Jagddorado Karpaten liegt ein asiatisches Hirschparadies, das ein ernsthafter Konkurrent werden kann, wenngleich es bei weitem noch nicht so bekannt ist.

Man sollte die beiden Gebiete nicht vergleichen, eher das Einmalige und Unverwechselbare suchen. Während der Schrei der Kronenhirsche durch die dunklen Karpatenwälder hallt, trompeten graue Marale inmitten lichter, sonnendurchfluteter Lärchen- und Birkenwälder. Was für Europa die Karpatenjagden, das sind für Asien die Maraljagden in bergigen Jagdgründen – unbestritten zwei Hauptsäulen der aufregendsten und besten Rothirschjagden von heute. Karpatenjagd ist große europäische Tradition.

Zum Maral gehört nicht nur der Reiz des Neuen; es ist das Nicht–Traditionelle, das fasziniert, die ganz und gar urtümliche Jagd, eine Einheit mit der Natur, die uns in Europa schon nicht mehr gegeben ist.

Wer als zivilisationsmüder Europäer die Erholung sucht, wird sie zweifellos schon im Anblick der goldenen Berghänge des herbstgeschmückten Altai, Ost-Kasachstans oder des Sajan finden. Wer zugleich als Waidmann unterwegs ist, dem werden die riesigen Maraltrophäen das Herz höher schlagen lassen; mit der Ruhe ist es dann vorbei.

In den Karpaten kann man neben einem klotzigen Hirsch schwer noch auf zusätzliches Wild zum Schuß kommen. Es sollte, so meint man, denn auch genug sein. Wer jedoch zur herbstlichen Maraljagd in Kasachstan oder im Altai und in Tuwa unterwegs ist, dem bietet sich unweigerlich auch die Jagdmöglichkeit auf Steinbock, Wolf, Sibirischen Rehbock oder gar den Argali.

Dadurch wird aus der Hirschjagd – für diejenigen, die das nötige Kleingeld dabeihaben – automatisch eine kleine Jagdexpedition mit vielfach interessanten Perspektiven. In einigen Wochen unternimmt man beinahe so viel wie in einem ganzen Jägerleben, die perfekte Kombinationsjagd reiht ein großartiges Erlebnis an das nächste. Bei entsprechendem Jagderfolg könnte man anschließend mit den Geschichten dieser spannenden Ausgänge ein ganzes Buch mit dem Titel „Wildnisjagd pur" füllen.

Anfängliche Schwierigkeiten

Die Maraljagd hat einige Besonderheiten, die sie von anderen unterscheidet. Sie ist zum Beispiel keine Billigjagd. Wer den großen Aufwand einer guten Organisation kennt, weiß, daß der Preis gerechtfertigt ist.

Auch der Jagdgast muß für so ein aufwendiges Unternehmen gerüstet sein. Allein die Anreise vom Heimatflughafen über Moskau (genauso wie der Direktflug aus Europa nach Alma Ata) bis zum Maralrevier irgendwo im Süden der GUS nimmt zwei Tage in Anspruch; die ganze Jagdreise dauert im Normalfall 10 bis 12 Tage.

Noch schwieriger gestaltet sich die Vorbereitung einer Wildnisjagd auf den Brunftmaral, was die Gäste leicht als selbstverständlich hinnehmen, da die meisten Arbeiten schon geleistet worden sind, bevor sie im Zielgebiet eintreffen. Maraljagd wird im Altai, Sajan und in Kasachstan vorwiegend als Trophäenjagd angeboten. Man zahlt einen Pauschalpreis ab/bis Moskau oder Alma Ata inklusive einem

Der asiatische Maralhirsch ist in seinem Aussehen, Verhalten und Ruf dem amerikanischen Wapiti sehr ähnlich, weshalb er auch „asiatischer Wapiti" genannt wird

Grund zur Freude nach einer anstrengenden Jagd: ein mit dem Hirschruf erlegter Maral in Ostkasachstan

Abschuß mit oder ohne Trophäenbegrenzung. Der Veranstalter ist dafür verantwortlich, daß in den angebotenen Revieren Hirsche der versprochenen Stärke wirklich ihre Fährte ziehen.

Wie immer auf der Jagd heißt das aber nicht, daß schon der erste gesichtete Maral stark genug ist und ohne weiteres erlegt werden sollte. Hier treibt leider häufig die Passion ihre Spielchen mit dem Jäger; nicht nur einer ist angesichts dieses faszinierenden Wildes der Liebe auf den ersten Blick erlegen. Man darf sich nicht durch den Führer verunsichern lassen und auf einen Hirsch abdrücken, wenn man selbst zu große Zweifel bezüglich Stärke und Alter hegt.

In der Regel hat man 6 bis 8 Jagdtage zur Verfügung, was in einem guten Revier Zeit genug bedeutet, um an einen starken Maral heranzukommen. Und wenn gar nichts klappen sollte, leisten die Veranstalter eine Rückerstattung bis zur Hälfte des Pauschalangebots (bei der vergleichbaren Wapitijagd in Nordamerika gibt es kein Geld zurück, falls dem Jäger der Erfolg versagt bleibt).

In deutschsprachigen Jagdzeitschriften bieten zur Zeit viele Agenturen Jagden in die GUS-Länder an. Einige von ihnen scheinen durch die Vielfalt der dortigen Wildarten und Gebiete völlig überfordert und merken oft nicht, was sie wo anbieten.

Eine österreichische Gruppe wurde beispielsweise nach Ulan Ude in Burjatien am Baikalsee geschickt, um „einen kapitalen Maral zu erlegen". Aber wenigstens der Veranstalter müßte wissen, daß sich gerade in diesem Gebiet die Maral- und die Isubrapopulationen überschneiden, weshalb hier nur Mischlinge mit schwachem Geweih anzutreffen sind. Kein Wunder, wenn am ersten Tag dann ein Hirsch von 6 Kilo zur Strecke kommt.

Ein anderer Jagdveranstalter offeriert (neben Kolyma-Elchen, die nach seinen Aussagen angeblich „eine Auslage von über 2 Meter" erreichen können, was völlig übertrieben ist, da bisher 173 Zentimeter das absolute Maximum waren) allen Ernstes Maraljagden (?!) im fernöstlichen Chabarowsk, wo „Marale" angeblich bis 19 Kilo Geweihgewicht erreichen können. In Chabarowsk gibt es aber gar keine Marale, sondern lediglich Isubra-Hirsche, die wiederum bestensfalls die Hälfte des angegebenen Gewichtes bringen.

Viele (und vor allem finanzielle) Enttäuschungen kann man also noch vor der Jagdreise ausschalten, wenn man sich anhand zuverlässiger Quellen über das begehrte Wild, seine mögliche Stärke und sein Verbreitungsgebiet informiert. Das ist heute nicht mehr so schwer wie vor ein paar Jahren, weil darüber viel geschrieben und berichtet wird und eine Reihe von Jägern dort schon ihre eigenen Erfahrungen gemacht hat. Häufig offenbart schon die etwas detailliertere Nachfrage beim Jagdvermittler, ob man hier tatsächlich an der richtigen Adresse ist.

Am Beginn einer Leidenschaft

Die Maraljagd in der GUS stößt besonders in den deutschsprachigen Ländern auf große Resonanz, da hier die Hirschjagd eine lange Tradition hat. Dieses Interesse begünstigt die Öffnung der GUS-Staaten, und die reisefreudigen Hirschjäger treibt es nun auch – wie etwa die passionierten Schafjäger – zu den „exotischen" Repräsentanten dieser Art in die fernen vergoldeten Berge.

Im Unterschied zur Jagd auf den Sibirischen Rehbock, die nach Erbeutung vieler starker Trophäen im Herbst 1991 sehr gut angelaufen ist, kam es erst im Herbst 1992 zu einem wirklichen Durchbruch bei der Maraljagd auf dem Gebiet der GUS. Das geschah jedoch nicht etwa im russischen Altai, sondern in Kasachstan.

Wie im Jahr zuvor bei den Sibirischen Rehböcken in Kurgan hatte ich auch diesmal das Glück, „dabei zu sein", im wohl besten Maralgebiet Kasachstans, um auf den Hirschgiganten selbst zu jagen und mehrere Spitzentrophäen – darunter auch den neuen SCI-Weltrekordmaral – zu sehen und zu vermessen.

Zur Zeit kommen die stärksten und schwersten Marale aus dem Südosten und Osten Kasachstans (Gebiet Taldy-Kurgan im Dschungarischen Alatau-Gebirge). Ihre Trophäengewichte liegen weit über denen der mongolischen Vertreter dieser Art.

Im September 1992 ist gerade in Kasachstan von einem erfahrenen luxemburgischen Jäger der neue SCI-Weltrekordmaral erlegt worden. Dazu kommen noch mehrere kapitale Trophäen mit einem Gewicht zwischen 13 und 16 Kilogramm. Das sind keine russischen Märchen mehr, sondern Angaben, die durch Messungen vor Ort bestätigt wurden.

In Kasachstan (Gebiet Taldy-Kurgan) erlegte Camille Studer im September 1992 den neuen inoffiziellen, fast 16 Kilo schweren Weltrekordmaral, einen geraden Sechszehnender

Diese Jagderfolge haben sich schnell herumgesprochen, und das Interesse der Auslandsjäger ist so groß, daß sich jedes Jahr die Zahl der Jäger vergrößert, die eine Maraljagd in der GUS wagen. Aus diesem Grund werden auch ständig neue Gebiete getestet und bejagt.

Wissenwertes über den Maral

Was ist dran am Maral, so fragt sich mancher europäische Jäger, der diese Hirschart bisher nur vom Hörensagen kennt, aber immer mehr von ihr hört.

Die herbe Schönheit seiner Heimat hat den Maral geprägt, die Stärke seines Geweihs hat seinen Ruf weit über die Landesgrenzen hinausgetragen. Heute ist seine Trophäe eine der meistgesuchten im ehemals sowjetischen Reich, und das, obwohl er mit Sicherheit nicht zu den bekanntesten Wildarten zählt.

Es ist einiges dran an diesem Hirschgiganten, der mit dem amerikanischen Wapiti vergleichbar ist und neben dem sich der europäische Rothirsch wie eine elegante Stilisierung ausnimmt. In seiner Farbe hat sich der Maral der nahen Umgebung, in seinen Ausmaßen dem weit ausgedehnten Lebensraum angepaßt.

Systematische Stellung: Wieviele Unterarten des Rotwildes es auf dem Gebiet der heutigen GUS wirklich gibt, darüber streiten auch die russischen Fachleute. Man geht jagdlich und wildbiologisch von fünf Unterarten des Rotwildes aus. Diese lassen sich in drei Gruppen zusammenfassen, unterscheidbar durch die Geweihform:

Die Europäische Gruppe. Mittelgroße Hirsche mit einem endenreichen Geweih und ausgeprägter Kronenbildung. Hierzu gehören das **Europäische Rotwild** (*Cervus elaphus elaphus*), verbreitet im Westen des europäischen Teils der GUS, den Karpaten, im Gebiet Woronesch und auf der Krim, sowie das **Kaspische Rotwild** (*C. e. maral*), das im Kaukasus und im Kopetdag (im Südosten von Turkmenistan) lebt. Unterschiede zwischen den Unterarten dieser Gruppe mögen zwar wildbiologisch wichtig sein, jagdlich aber sind sie ohne große Bedeutung, weil beide Unterarten einfach als „Rothirsch“ oder „Rotwild“ angeboten werden, egal ob die Jagden in den ukrainischen Karpaten, in Smolensk oder im Kaukasus stattfinden.

Die mittelasiatische Gruppe. Sie umfaßt nur eine Unterart: den **Buchara-Hirsch** (*C. e. bactrianus*). Rotwild von relativ geringer Größe, das ein schwaches Geweih mit gewöhnlich nicht mehr als fünf Enden pro Stange schiebt, selten mit Kronenbildung. Verbreitung: Einzugsgebiet des Flusses Amu-Darja in Turkmenistan und Tadschikistan.

Die sibirische Gruppe (oder **Maral-Gruppe**). Sehr großes Rotwild, eine der größten Unterarten überhaupt. Mächtiges, weitausgelegtes Geweih mit schweren, dicken Stangen ohne Krone. Die Gruppe umfaßt zwei Unterarten: den **Maral** (*C. e. sibiricus*), verbreitet auf den Bergen Mittelasiens und Südsibiriens bis zum Baikalsee, und den **Isubra-Hirsch** (*C. e. xanthopygus*), auch „Südlicher Maral“ genannt, der östlich vom Baikalsee bis zur fernöstlichen Region Primorje vorkommt.

Aussehen und Maße: Maral- und Isubra-Hirsch sehen ähnlich aus, haben ähnliche Färbung, nur ist letzterer etwas kleiner und mit einem schwächeren Geweih ausgestattet. Mit seiner Widerristhöhe von 150 bis 155 Zentimeter, einem Gewicht von mehr als 300 Kilogramm (Marale aus Westsajanen in Tuwa, die ich selbst gejagt habe, wogen am Anfang der Brunft bahnfertig, also ohne Haupt und Läufe, 230 Kilo und mehr) und seinem urigen Geweih ist der Maral ein wahrer Hirschgigant. Er ist dem amerikanischen Wapiti sehr ähnlich, weshalb er oft von amerikanischen Jagdagenturen einfach als „asiatischer Wapiti“ (engl. *Asian Wapiti*) tituliert wird.

Die Winterfärbung der Maralhirsche ist an den Rumpfseiten hell-grau-bräunlich, mit charakteristischen Verdunklungen am Haupt, Träger, Bauch und an den Läufen, die zimtbraun sind, scharf mit der hellen Färbung des Rumpfes kontrastierend, so wie man das beim Wapiti kennt. Marale sind farblich ihrer Umgebung so gut angepaßt, daß man sie während der Rufjagd im „goldenen Herbst“ im trockenen Gras an kahlen Berghängen kaum wahrnehmen kann, wenn sie sich nicht bewegen.

Der charakteristische strohfarbene Spiegel ist groß und breit, abgesetzt mit einem dunklen Streifen. Die Sommerfärbung der Marale ist nicht so kontrastreich, sondern mehr einheitlich und ohne Verdunklungen.

Trophäe: Der Maral hat eine sehr geschätzte Trophäe, zur Zeit vielleicht die begehrteste unter den westlichen Hirschjägern. Kein Wunder, wenn man weiß, daß er ein Geweih von riesigen Ausmaßen trägt. Die Geweihstangen sind sehr dick, mit gewöhnlich nur sechs bis sieben Enden, selten mehr, aber ohne Krone, was typisch für den Maral ist. Die Endsprossen liegen in einer Ebene.

Alle Sprossen sind gut entwickelt, am längsten ist aber der vierte oder Wolfssproß. Normalerweise krümmt sich die Stange an der Abzweigung des Wolfssprosses stark nach unten, wo sie einfach mit einer Spitze oder Gabel endet.

Mag zwar sein, daß der Ausdruck „urig“ wenig aussagekräftig ist, doch in diesem

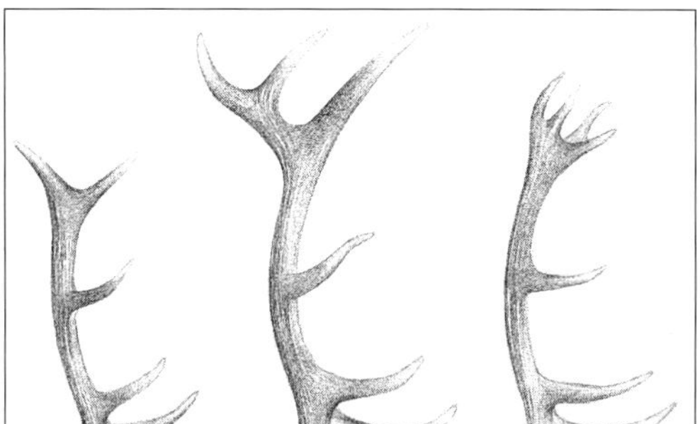

Geweihstangen des Marals im Vergleich mit einer Rothirschstange: Links die Stange eines jungen Maral (noch zu schonen); Mitte: die typische kronenlose Stange eines reifen, starken Maral mit sechs Enden und deutlich ausgeprägter Wolfssprosse (jagdbar); Rechts: zum Vergleich die Stange eines Rothirsches mit Krone

Die goldene Taiga der südsibirischen Sajanen – eine herrliche Kulisse für die Jagd auf den Brunftmaral

Fall charakterisiert er gut das „primitive", im Aufbau einfache Geweih des Marals, der auch als Zwölfender Geweihgewichte von weit über 12 Kilogramm bringen kann.

Maralgeweihe wiegen im Normalfall zwischen 8 und 12 Kilo, in Altai und Kasachstan erbeuteten Jagdgäste starke Marale mit Trophäen von sogar 12 bis 16 Kilogramm. Nach Angaben russischer Wildbiologen gibt es – zwar etwas seltener – auch welche mit 18 bis 20 Kilo Geweihgewicht, die aber bisher noch von keinem Jagdgast zur Strecke gebracht worden sind.

Im Herbst 1992 erlegte in Kasachstan (Gebiet Taldy-Kurgan) der Luxemburger CAMILLE STUDER, Präsident des heimischen Jagdverbandes und ein ebenso erfahrener wie passionierter Auslandsjäger einen gewaltigen Maral. Frisch und gesäubert wog das massige Geweih des geraden Sechzehnenders 17,1 kg, nach dem Abkochen immer noch ganze 15,6 kg! Markant waren neben den langen (123 und 125 cm, Angaben rechts/ links) und dicken (18,5 und 18 cm) Stangen vor allem die große Auslage (104,5 cm) sowie sehr lange Enden (um 50 cm und drüber).

Diese Maraltrophäe übertrifft in ihrer Stärke alle Maraltrophäen aus der Mongolei und ist nach der Auspunktung des Taxidermisten Wolfgang Schenk – offizieller Vermesser von SAFARI CLUB INTERNATIONAL (SCI) – mit 331 5/8 SCI-Punkten der neue inoffizielle SCI-Weltrekord, fast 10 Punkte über der bisherigen Bestmarke.

Verbreitung und Bestand: Die Population des Maral-Hirsches ist auf dem Gebiet der GUS – mit Ausnahme der neubegründeten Maralgebiete im Flachland und in den hügeligen Gebieten des europäischen Teils – in Gebirgszügen konzentriert.

Zur groben Orientierung kann man sagen, daß der Baikalsee das Maral- vom Isubra-Hirschareal „trennt": Westlich vom Baikalsee in den Bergen Mittelasiens und Südsibiriens lebt der Maral, während der Isubra-Hirsch östlich vom Baikalsee in Transbaikalien und im Süden des russischen Fernen Ostens beheimatet ist.

Da es jagdlich von größter Wichtigkeit ist, möchte ich hier (nach W. E. SOKOLOW, mit Ergänzungen) auch genauer angeben, in welchen Gebirgsregionen der Maral heute in der GUS anzutreffen ist.

Der Maral lebt in den Bergen des östlichen Tienschan, in den kasachischen Gebirgen Dschungar-Alatau, Tarbakatai und Saur, im Altai, im Salair-Rücken und Kusnezk-Alatau-Gebirge, im Sajan-Gebirge und seinen Vorbergen (auf dem Gebiet der Republik Tuwa und im südlichen bergigen

Teil der Region Krasnojarsk), sowie im Baikalgebiet.

In Burjatien überschneiden sich die Lebensräume von Maral und Isubra-Hirsch, weswegen hier eine Zwischenform (Mischlinge, Gesamtbestand in Burjatien Mitte der 80er Jahre: 12.000 Stück) zu finden ist, die aber nach ihren morphologischen Merkmalen dem Maral näher steht und als Maral behandelt wird.

Marale hat man vor vielen Jahrzehnten auch im europäischen Teil der GUS (z.B. im Moskauer Gebiet, sowie in den Gebieten Twer – ehemals Kalinin – und Jaroslawl) und im Südural eingebürgert, wo sie heute erfolgreich bejagt werden können.

In den Hauptjagdgebieten ist der Maralbestand deutlich gestiegen. So gab es (nach Angaben von G.G. Sobanski, der sich seit über 20 Jahren mit dem Schalenwild des Altai beschäftigt) Ende der 60er Jahre im Altai (Gorno-Altaisches Gebiet) nur 5.000 bis 6.000 Stück Maralwild, Ende der 80er Jahre aber schon fast 15.000. Der Maral breitete sich aus, besonders im westlichen Teil des Gorno-Altaischen Gebietes, wo er noch vor 25 oder 30 Jahren nicht vorkam. In den Sajanen ist der Maralbestand in den letzten 10 Jahren stabil geblieben. Nur auf dem Gebiet der Republik Tuwa (Westsajan) lebten Ende der 80er Jahre nach Angaben von M. N. Smirnow 11.000 (Frühjahrsbestand) bis 15.000 (Sommerbestand) Stück Maralwild, wovon knapp 40 Prozent Hirsche waren.

Außerhalb der GUS ist der Maral auch in der Nordwestmongolei und im Ostteil des Tienschan zu finden.

Auf dem Gebiet der GUS beläuft sich der Gesamtbestand von Maral und Isubra-Hirsch auf etwa 80.000 bis 110.000 Stück.

Maraleinbürgerungen: Ende der 20er Jahre begann man in einigen Gebieten der früheren Sowjetunion mit der Einbürgerung (oder Wiedereinbürgerung) verschiedener Hirscharten. Bis 1972 wurden 9000 Hirsche teils auf früherem Verbreitungsgebiet, teils darüber hinaus in 7 Arten ausgesetzt. Das ist angesichts des riesigen Territoriums und der langen Zeit von 40 Jahren auch nach Meinung der russischen Wildbiologen und Jäger sehr wenig und liegt weit unter den wirklichen Möglichkeiten und Bedürfnissen.

Auch in den neubegründeten Maralbeständen um Moskau kommen ansehnliche Maralhirsche zur Strecke

Vom Maral wurden bis Mitte der 70er Jahre in der früheren UdSSR 793 Stück eingebürgert, und zwar in 5 Gebieten und in einer Autonomen Sowjetrepublik Rußlands (westlich vom Gebiet Swerdlowsk), in zwei baltischen Republiken, in drei Gebieten Kasachstans, sowie in drei Gebieten der Ukraine. Die genauen Zahlen innerhalb verschiedener Zeitabschnitte sind bekannt: 1928 bis 1940 wurden nur 14 Marale ausgesetzt, 1941 bis 1945 schon 66 Stück, von 1946 bis 1955 dann 93, 1956 bis 1965 92, und 1966 bis 1975 immerhin 528 Marale.

Der Maral hat sich dort am besten angepaßt, wo die neuen Lebensräume seinem natürlichen Areal im bergigen Altai und Sajan-Gebirge (woher die ausgesetzten Hirsche stammten) ähnlich waren. Fast überall hat er sich gut akklimatisiert, und in vielen neuen Maralrevieren des Moskauer Raumes oder in Kasachstan wird der graue Hirschgigant mit sehr viel Erfolg von ausländischen Gästen bejagt.

Lebensraum und Brunft: Mit Ausnahme einiger weniger Flachlandreviere um Moskau, wo er eingebürgert wurde, bevorzugt der Maral heute fast ausschließlich bergige Landstriche der GUS. Dort leben Marale und Isubra-Hirsche vorwiegend im mittleren Teil des Waldgürtels, steigen aber im Altai und Sajan-Gebirge im Sommer in die subalpine, manchmal auch in die alpine Zone. Grundsätzlich bevorzugen die alten Hirsche in den Bergen die höheren Regionen gegenüber Junghirschen und Kahlwild.

Im Gebirge sind jahreszeitlich bedingte Wanderungen deutlich ausgeprägt: Im Spätherbst in tiefere Lagen mit weniger Schnee und im Frühjahr oder Sommer höher in die Berge, wo die Mückenplage geringer ist.

Die tägliche Wanderung innerhalb ihres Reviers kann bei den Maralen unterschiedlich ausfallen und zwischen einigen hundert Metern und bis zu 5 Kilometer liegen. Ähnlich wie der Rothirsch ist der Maral morgens und abends (die Nacht eingeschlossen) am aktivsten, wenn er mit dem Äsen beschäftigt ist. Er ist aber in den Hochgebirgen und ruhigen Revieren oft auch am Tage zu beobachten.

Die Hauptbrunft sowohl des Marals wie des Isubra-Hirsches in fast allen ihren Gebieten von Kasachstan bis zum Ussuri-Gebiet fällt normalerweise in die zweite Septemberhälfte. Die gesamte Brunft erstreckt sich von September bis Anfang Oktober. In dieser Zeit wird speziell mit dem Ruf gejagt.

Sehr charakteristisch ist die Stimme des brunftigen Maralhirsches, der im Unterschied zum Röhren und echten „Brunftkonzerten" des Rothirsches nur einen Pfeifton ausstößt (deshalb heißt das Lockinstrument aus Birkenrinde, das die Maraljäger bei der Rufjagd einsetzen, auch nicht Maralruf, sondern Maralpfeife). Sein Brunftpfeifen setzt zunächst tief ein und steigert sich dann, was man (wenigstens bei den tuwinischen Maralen, die ich am häufigsten gehört habe) mit „taaa-I-I-I-I-I-I-uuu!" oder „iiiiiiiii-U-U-U-U-ä!" wiedergeben könnte. Am Ende hört man manchmal bei den alten Hirschen noch zwei oder drei kurze Brummer: „iiiiiiii-U-U-U-U-ä...AK-AK-AK!".

Jagdarten: Rufjagd (*„na rewu"*) mit der Maralpfeife. Hierbei handelt es sich um echte Wildnisrufjagden mit Pferden während der Maralbrunft (September und Oktober), ähnlich wie beim amerikani-

Einen Pfeifton an der Maralpfeife hervorzubringen, ist eine Kunst, die nicht jeder beherrscht. Unten: Selbstgefertigte Ausrüstung eines tuwinischen Maraljägers und Führers: große Messer (die – im Unterschied zu den kleinen Jagdmessern der Gäste – „auch die Knochen nicht fürchten", wie die Tuwiner sagen) und eine ausziehbare Maralpfeife aus Birkenrinde

schen Wapiti. Das ist die Hauptjagdart auf den Maral und Isubra-Hirsch für den Auslandsjäger in allen Jagdgebieten der GUS, die dort eine lange Tradition hat.

In den meisten Gebieten kann man auch sehr starke Sibirische Rehböcke als Zusatztrophäe erbeuten.

Das Rufinstrument der einheimischen Maraljäger ist so gemacht, daß man auf ihm nicht bläst wie beim Hirschruf, sondern man muß an der Seite des Mundschlitzes die Luft kräftig einziehen, um einen Pfeifton hervorzubringen. Das ist eine Kunst, die nicht jeder beherrscht.

In den weitläufigen bergigen Revieren setzt man Pferde ein, nicht nur um die Gastjäger zu schonen. Wegen der Wolfsgefahr reagieren die übervorsichtigen Marale auf Pferdegetrappel weit weniger empfindlich als auf die Trittgeräusche menschlicher Füße. Wer aber fit und schnell zu Fuß ist, der kann mit sehr viel Erfolg auch ohne Pferde jeden Maral auf Schußdistanz und näher anpirschen. Falls es nötig ist, größere oder entfernte Gebiete zu bejagen, kann der Gast mit seinem Jagdführer auch in den Bergen ein Zwischenlager machen und außerhalb des Hauptcamps übernachten.

Die Philosophie der Maralrufjagd ist einfach. Man reitet noch vor der Morgen- oder Abenddämmerung aus zu den bekannten Brunftplätzen und pfeift ab und zu mal vom Pferd aus. Sobald sich ein Hirsch auf den Ruf hin oder von sich aus gemeldet hat, pfeift man ihn wieder an und lauscht, ob und woher er antworten wird.

Manchmal kommen – besonders zu Beginn der Brunft – kampflustige Marale auch ohne zu antworten auf den pfeifenden Jäger zu und erscheinen plötzlich vor ihm (dann ist schnelles Handeln erforderlich), wobei sie in nur 20 Minuten auch mal 5 bis 7 Kilometer zurücklegen können.

Sonst antworten sie mehr oder weniger regelmäßig auf das Pfeifen des Rufjägers. Wenn man merkt, daß der Hirsch näher kommt, versteckt sich der Gastjäger etwas seitlich und wartet, während sich der rufende Führer langsam zurückzieht, damit der Maral am Gast vorbeizieht und erlegt werden kann, wenn er die gewünschte Stärke hat. Wenn aber der Hirsch an seinem Platz bleibt oder mit seinem Rudel wegzieht, muß er (mit oder ohne Pferd, je nachdem) angegangen werden. Dabei pfeift man den Maral immer wieder an, um zu sehen, wo er sich befindet. Trotz hoher Pfeifkünste und guter Wild- und Revierkenntnisse der einheimischen Führer passieren bei der Rufjagd auf Maral oft unerklärliche Dinge, die nicht zuletzt neben der herrlichen Herbstkulisse der goldenen Taiga gerade diese Jagdart so spannend machen.

Mit Wapitiruf auf Brunftmaral: Bisher wurde viel darüber spekuliert, ob man den amerikanischen Wapitiruf auch auf den asiatischen Maral einsetzen kann. Einer der ersten Gastjäger, der damit auch Erfahrungen in Kasachstan während der Maralbrunft 1992 gemacht hat, war Dr. HANS-JOCHEN KAISER, ein erfahrener Wapitijäger. Deshalb bat ich ihn darum, für einen Beitrag von mir über das Jagdland Kasachstan für das Jagdmagazin JAGEN WELTWEIT kurz seine Eindrücke wiederzugeben und möchte auch hier – mit freundlicher Genehmigung von ihm – einige Passagen daraus zitieren.

„Ähnlich wie wir in Europa mit dem Hirschruf jagen, stellen amerikanische Jäger dem Wapiti nach. Dabei benutzen sie den Wapitiruf (englisch *„Elk call“*), eine etwa 40 Zentimeter lange und 4 Zentimeter breite Plastikröhre, die am Mundstück eine Stimmlippe ähnlich wie eine Klarinette aufweist. Beim Rufen brummt man erst hinein, bläst dann immer stärker, bis der Ton in ein – für Wapiti und Maral so typisches – schrilles Pfeifen umkippt.

Im Herbst 1992 war ich von einem Freund zur Maraljagd nach Kasachstan an der chinesischen Grenze eingeladen. In Erinnerung an meine gute Erfahrung in Amerika war es klar, daß ich meinen Wapitiruf mitnehmen würde. Das exotische Rufinstrument wurde aber von den russischen und kasachischen Jägern anfangs mit Skepsis begutachtet.

Nach meiner erfolgreichen Maraljagd mit dem *„Elk Call“* kann ich den amerika-

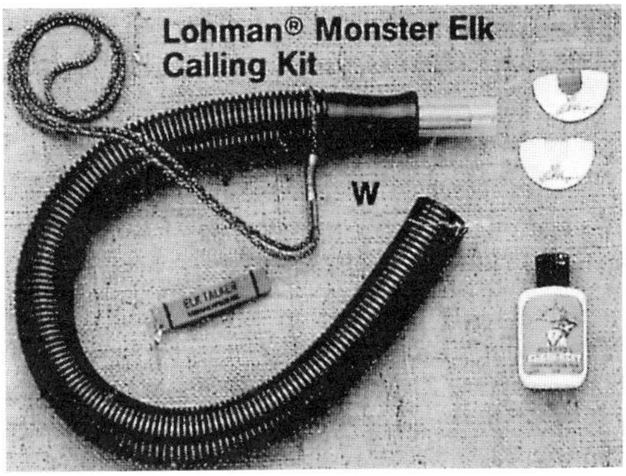

Der amerikanische Wapitiruf aus einer Plastikröhre („Elk Call") wurde auch auf der Maraljagd in der GUS mit sehr viel Erfolg eingesetzt

nischen Wapitiruf jedem westlichen Maraljäger aber ohne Bedenken empfehlen. Dieses Lockinstrument funktioniert auch beim Maral, da Stimmlage, Ruf und Brunftverhalten von Wapiti und Maral sehr ähnlich sind.

Wer aber die Stimme des Brunftwapiti gar nicht kennt, sollte sich eine amerikanische Ton- oder Videokassette mit aufgezeichnetem Wapitipfeifen sowie einen Wapitiruf besorgen, um das Rufen zu Hause einüben zu können.

Amerikanische Geräte tragen den Ruf viel weiter als die kasachischen Maralpfeifen, die kunstvoll aus den hohlen Stengeln der Angelikapflanze (russisch *„djagil"*) geschnitten, ja manchmal sogar aus einer leeren Büchsenpatronenhülse gefertigt werden. Die russischen Jagdführer im Altai und in Tuwa sind Meister im Maralruf und benutzen hervorragende Rufinstrumente aus Birkenrinde.

Ob man selber ruft oder es dem einheimischen Jäger überläßt, ist mentalitäts- und situationsabhängig. Mein Jagdführer Mischa war in jedem Fall tief beeindruckt von der Wirkung des Wapitirufes auf die Marale und erlaubte mir überhaupt nicht, ihn wieder mit nach Hause zu nehmen. Er mußte diese ‚Wunderpfeife' selbst haben."

Sehr erfolgversprechend auf starke Trophäen, obwohl nicht so interessant wie die Rufjagd, dürfte auch die Maraljagd (Pirsch oder Drückjagd) bei Schnee im November sein.

Die Maraljagd hat für die einheimische Bevölkerung nicht nur eine große Bedeutung wegen der durch den Jagdtourismus erwirtschafteten Devisen, auch das Wildbret (worauf die Einheimischen teilweise immer noch stark angewiesen sind) und die Decken werden voll genutzt. In einigen Gebieten (vor allem im Altai) gibt es schon seit dem vorigen Jahrhundert Maralfarmen zur Gewinnung der Kolbengeweihe. Ein Rekordbastgeweih eines Altaimarals wog ganze 26,6 (!) Kilogramm.

Kolbengeweihe (aber auch verknöcherte) von Maral- und Isubra-Hirschen werden in fernöstliche Länder verkauft, wo sie zum Aphrodisiakum oder zu verschiedenen medizinischen Präparaten weiterverarbeitet werden. Kein Wunder also, wenn man Forstämter im Altai - wo es bekanntlich außerordentlich starke Maraltrophäen gibt – besucht und an den Wänden eher mittelmäßige Maralgeweihe sieht, denn die hochkapitalen, schweren Geweihe wurden schon längst an fernöstliche Händler verkauft!

Jagdgebiete und Bejagung:

In der GUS konzentrieren sich die Hauptbestände der Hirsche auf die Gebirgsregionen. Das gilt besonders für echte „Ge-

Der Österreicher Josef Bertagnoli, international bekannter Cerviden-Experte, mit einem 15-Kilo-Maral aus Ostkasachstan

birgshirsche“ wie Maral und Isubra, deren ferne Bergheimat mit ihren Bejagungsmöglichkeiten hier vorgestellt werden soll. Im Falle der GUS-Länder ist die Vorbereitung einer Jagdreise immer noch schwierig. Der Auseinanderfall der ehemaligen Sowjetunion in Einzelstaaten kommt noch erschwerend hinzu. Dem Jäger stehen nur wenig zuverlässige und nicht immer die aktuellsten Informationen zur Verfügung, was ein genaueres Studium der verschiedenen Angebote und eine Entscheidung nicht gerade erleichtert.

Liest man von Maraljagden in Kasachstan und dem Altai oder von Isubra-Jagden in der Region Chabarowsk, dann kann sich kaum einer vorstellen, was ihn dort landschaftlich und jagdlich erwartet. Deshalb soll hier nicht nur von den Hauptjagdgebieten, sondern auch von allen anderen jagdlich relevanten Dingen die Rede sein.

Altai: Wenn man Altai hört, denkt der Rußland-Jäger automatisch an die Heimat der stärksten Marale und an Sibirische Rehböcke im südsibirischen Gebirgsland im Quellgebiet des Ob. Nur sind die herrlichen Berge des russischen Altai (die höchste Bergspitze in seinem zentralen, von zahlreichen Gletschern durchzogenen Teil ist die Belucha mit 4506 Metern) höher und steiler als z.B. die des tuwinischen Westsajan, damit aber auch schwerer zu bejagen. Da es im Altai – zumindest in den Gebieten, die jagdlich von Interesse sind – kaum Wege, dafür aber reichlich Wildnis gibt, ist das Durchkommen immer ein Problem.

Im Altai (genauer gesagt im Gorno-Altaischen Gebiet) leben heute 15.000 Stück Maralwild. Seine größte Populationsdichte (8 bis 10 Stück pro 1.000 Hektar) findet man in den Einzugsgebieten der Flüsse Tschulyschman, Kadrin, Sumulta und Argut. Die Jahresstrecke wird mit 400 bis 500 Stück angegeben, etwa ebensoviel fällt den Wilderern in die Hände.

Für die besten Reviere des bergigen Gorno-Altaischen Gebietes gibt es seit Öffnung dieses bis 1989 gesperrten Gebietes mehrere Jagdangebote, wobei das bisherige Geweihgewicht im Durchschnitt bei 8 bis 12 und höchstens 16 Kilo lag. Anreise mit Flugzeug von Moskau nach Barnaul, dann weiter per Hubschrauber zum Jagdgebiet. Unterkunft in Blockhütten, die Verpflegung feldmäßig, aber gut. Diese Gebirgsjagd findet hier zu Fuß oder hoch zu Roß in einer Höhe zwischen 2.000 und 3.000 m statt und verlangt eine gute Kondition. Jagdzeit September/Oktober. Zusätzlich können Sibirischer Steinbock und Rehbock sowie Bär erbeutet werden.

Sajan (Tuwa): Das ostwärts des Altai im Süden Sibiriens gelegene Sajan-Gebirge besteht aus zwei Zügen: dem West- und dem Ostsajan. Der Westsajan ist etwa 650 Kilometer lang und stellt trotz geringer Höhe (1.500 bis 2.900 Meter) ein wunderschönes und jagdlich äußerst reizvolles Gebirge von alpinem Typ dar. Der 1.100 Kilometer lange Ostsajan (höchste Erhebung in der Hochgruppe Munku-Sardyk mit 3.491 Metern), wie schon sein nordwest-südostlicher Verlauf verrät, gehört dem Alten Scheitel um den Baikalsee an.

Neben dem Altai ist auch der Sajan ein typischer Lebensraum des Marals. Auf dem Gebiet der Republik Tuwa (hauptsächlich Westsajan) leben jahreszeitabhängig 11.000 bis 15.000 Stück Maralwild (Geweihgewichte der starken Marale liegen zwischen 10 und 14 Kilogramm) und 7.000 bis 13.000 Stück Sibirisches Rehwild.

Die stärksten Marale soll es in den Einzugsgebieten der Flüsse Tschasadyr im äußersten Südwesten der Republik Tuwa (9 Autostunden von Kysyl entfernt) und Balyktyg-Chem im Südosten geben. Aber auch in jedem anderen Maralgebiet (wenn es sich nicht gerade um leere Reviere der Jagdgesellschaften handelt, die dementsprechend günstig angeboten werden) kann der eine oder andere starke Maral zur Strecke gebracht werden.

Zwar haben einige Jägergruppen im Herbst 1991 hier keine allzustarken Hirsche erlegt bzw. im Revier einer Jagdgesellschaft nur wenige gesehen, doch das Maralgebiet ist hier so unvorstellbar riesig, daß noch kein endgültiges Urteil gefällt werden kann.

Je nach Gebiet können in Tuwa (Westsajanen) für Revierfahrten im Herbst auch Geländewagen mit Ketten auf den Rädern eingesetzt werden, um entlegene Täler zu erreichen. Danach wird weiter gepirscht. Diese über 12 Kilo schwere und von den Wölfen gerissene Maraltrophäe zeugt von der guten Trophäenqualität dieser Region

Ich erinnere hier auch an den erfahrenen Karpatenjäger HUBERT BEHR, der einmal acht Tage lang während der Brunft in den wilden Karpatenwäldern unterwegs war und keinen einzigen jagdbaren Hirsch gesehen hat. „Die Torheit von Laien aber“ schrieb er später „die nach einem wöchentlichen Aufenthalt mit ihrem Urteil über ein Karpaten-Revier fertig sind, beging ich nicht“.

Auf meiner Maraljagd in Tuwa zeigte einmal der zuständige Berufsjäger von unserem Wildniscamp aus auf die sanften Berge in der Ferne und sagte, daß es bis dorthin keine Wege gebe und sie nur mit Pferden zu erreichen seien. Viele Marale gebe es dort, die aber noch von niemandem - nicht einmal von Wilderern - bejagt wurden. Keiner weiß, wie stark sie sind, niemand hat sich bisher dafür interessiert. Im Sajan-Gebirge gibt es viele solch entlegene „Ecken“, die vielleicht eines Tages noch für eine jagdliche Überraschung sorgen werden.

Beste Jagdzeit: in der Maralbrunft vom 10. bis Ende September. Erfolgversprechend ist auch die Maraljagd im November bei Schnee. Anreise per Flugzeug von Moskau nach Kysyl, von dort aus geht es mit russischen Jeeps ins Jagdrevier. Unterkunft für Gruppen bis zu 3 Jägern in einfachen Blockhütten oder beheizten Zelten. Gejagt wird im Gebirge zu Pferde oder per Fußpirsch, wobei eine gute Kondition erforderlich ist. Nach der Maraljagd ist auf den sanften Vorbergen Pirschfahrt mit Geländewagen (kombiniert mit der Fußpirsch) auf den Sibirischen Rehbock möglich.

Krasnojarsk: Die Maralpopulation in der im Norden an Tuwa angrenzenden Region Krasnojarsk ist vorwiegend im bergigen Süden (Teile des West- und Ostsajan) konzentriert. Der Maralwildbestand betrug Mitte der 80er Jahre 8.700 Stück (1980 gab es dort immerhin 13.000 Stück Maralwild; das Geweihgewicht der starken Hirsche aus diesem Gebiet soll um 12 Kilo liegen), der Bestand des Sibirischen Rehwildes 13.000 Stück (1980 gab es hier 22.700).

Bei den vorgestellten Gebieten handelt es sich – Kasachstan nicht vergessend - um die Hauptjagdgebiete auf Maral. Nicht nur, daß hier die mächtigsten Maralhirsche überhaupt ihre Fährten ziehen, die wilden Berge dieser Gegenden sind von einer solchen Schönheit, daß kein Jäger es unterlassen sollte, hier einmal einem Hirschgiganten nachzustellen.

Für den Süden der Region Krasnojarsk gibt es mehrere Angebote. So wird z.B. eine 10tägige Maraljagd im September und Oktober angeboten, mit der Stadt Krasnojarsk als Zielflughafen, in einem Revier 2 Autostunden davon entfernt. Unterkunft bei dieser Bergjagd in einfachen Hütten oder geheizten Zelten.

Kasachstan: Dieser riesige mittelasiatische GUS-Staat gewinnt als neue Atom-

Es ist kein Geheimnis mehr, daß die stärksten Marale der GUS aus den Gebirgen Ostkasachstans kommen. Obwohl Gäste bereits Marale bis zu 16 Kilo streckten, wurden noch mächtigere gesehen, und Berufsjäger erzählen, daß noch stärkere früher schon von Fleischjägern geschossen wurden (was gewaltige Abwurfstangen bestätigen)

und Ölmacht nicht nur weltpolitisch an Bedeutung, auch als Jagdland rückt er immer mehr in den Vordergrund des internationalen Jagdtourismus. Besonders interessant sind seine wildreichen Gebirgsgegenden im Südosten und Osten um die Städte Alma-Ata, Taldy-Kurgan, Ust-Kamenogorsk und Koktschetaw (gleichzeitig auch Zielflughäfen) im Norden.

Maralreviere sind auch hier sehr weitläufig. In einem 220.000 Hektar großen Revier nördlich von Taldy-Kurgan leben z. B. 1.500 Stück Maralwild, in den kleineren 300 bis 350. Die Trophäenqualität ist im Dschungar-Alatau-Gebirge sehr gut. Im Herbst 1991 erlegten hier Jagdgäste Marale zwischen 12 und 14 Kilogramm Geweihgewicht. Der stärkste war ein Sechsundzwanzigender (!) mit 16 Kilo. In der Maralbrunft 1992 wurde hier der wohl neue SCI-Weltrekord mit 15,6 Kilo Geweihgewicht und 4 weitere Marale zur Strecke gebracht, die zu den „top ten" des SCI-Rekordbuches gehören sollten. Die Wildnisjagd mit der Maralpfeife in der Brunftzeit verläuft auch hier – wie oben beschrieben - ähnlich wie im Altai und Sajan.

Die Jagden auf Brunftmarale werden im September und Oktober veranstaltet. Unterkunft findet man ebenfalls in Blockhütten oder geheizten Zeltlagern. Gejagt wird mit Hilfe von Pferden oder per Fußpirsch im Gebirge auf 1.000 bis 2.000 Meter Höhe.

Kasachstan bietet hervorragende Kombinationsmöglichkeiten während der Maraljagd. Gleichzeitig kann man fast überall den Sibirischen Rehbock bejagen, mit kleinem Revierwechsel auch auf Sibirischen Steinbock (Trophäen um 100 Zentimeter, die stärkeren 110 bis 125), Saiga-Antilope und Kropfgazelle gehen. Jägern mit reichlicher finanzieller Rückendeckung bietet sich auch die Möglichkeit, in Kasachstan auf Karaganda-Argali *(Ovis ammon collium)* und transkaspisches Urialschaf *(O. orientalis arkal)* zu jagen.

Für Maralreviere im kasachischen Teil des Altai, die man vom Zielflughafen **Ust-Kamenogorsk** (4 Stunden Flugzeit von Moskau) aus erreichen kann, gibt es ebenfalls mehrere Angebote.

Auch in **Borowoje** (Zielflughafen Koktschetaw), einer Bergwaldoase in den endlosen Steppen des nördlichen Kasachstans, deshalb „Sibirische Schweiz" oder „Perle Kasachstans" genannt, werden unterdessen Arrangements zusammengestellt, die qualitativ einiges versprechen.

Gebiet Moskau - *„Podmoskowlje"*: *„Podmoskowlje"* ist ein wichtiger Begriff für alle Rußland-Jäger und bedeutet soviel wie Gebiet Moskau, Moskauer Umgebung oder Großraum Moskau. Podmoskowlje umfaßt das zentrale Gebiet im Umkreis von 300 bis 400 Kilometern um Moskau herum (also Jagdreviere um Moskau, die man leicht mit dem Auto erreichen kann) im europäischen Teil Rußlands. Es schließt somit in sich die administrative Einheit Moskauer Gebiet (*Moskowskaja oblast*) sowie die angrenzenden Gebiete ein, von denen für Maraljäger neben dem Moskauer Gebiet noch zwei im Norden angrenzende Gebiete – Twer (früher Kalinin) und Jaroslawl – besonders interessant sind.

In vielen Militär- und Diplomatenrevieren dieser Gebiete ist der Maral schon vor Jahren aus dem Altai erfolgreich eingebürgert worden. Dabei handelt es sich um leicht begehbare hügelige oder Flachlandreviere mit einem hohen Wildbestand. Wem also das Alter, eine nicht ganz so gute Kondition oder einfach Zeitmangel keine Wildnisjagd auf den Maral in den südsibirischen Bergen erlauben, der kann mit viel Komfort und großer Streckenerwartung (auch aus diesen Gegenden gibt es Marale mit 10 bis 14 Kilogramm Geweihgewicht) hier ebenfalls eine ansehnliche Trophäe erbeuten.

Die ganze Tour ist nicht so aufwendig wie bei den bereits beschriebenen Wildnisjagden. Man fliegt von Westeuropa nach Moskau, dann fährt man zwei bis drei Stunden mit dem Auto weiter ins Revier, wo man in bequemen Jagdhäusern untergebracht und hervorragend verpflegt wird. Ich habe selbst mehrere solche Reviere nördlich und südlich von Moskau besucht und erfolgreich Marale und anderes Wild bejagt. Als Hauptjagdart wird auch hier die Rufjagd mit der Maralpfeife in der Brunft (September und Oktober) praktiziert oder aber die Pirschfahrt, kombiniert mit der Fußpirsch.

Durchaus bedenkenswertes Angebot für eher wildnisscheue Jäger: auch in den leicht begehbaren Revieren um Moskau können Marale bejagt werden. Dieser Spitzenmaral wurde im Präsidentenrevier Sawidowo zur Strecke gebracht und steht den Maralen aus Altai und Kasachstan kaum nach

Wer es schließlich ganz exklusiv haben möchte, dem steht heute in einem ganz kleinen Umfang auch das hervorragend gepflegte Revier des russischen Präsidenten zur Verfügung (**Sawidowo**, ca. 80 km von Moskau entfernt). Außer Maral - eine Goldtrophäe wird fast garantiert - kann hier auch auf Elch, Sikahirsch und Keiler der Spitzenklasse gejagt werden. Unterkunft und Verpflegung sind hier ebenso erstklassig wie die Jagdmöglichkeiten selbst, zu einem erheblich höheren Preis natürlich.

Die Maraljagd kann man sehr gut mit anderen Jagden in diesem Gebiet kombinieren oder ergänzen. Abhängig von der Region kann man im gleichen Revier neben Maral auch noch Elch, Bär, Keiler oder Sika-Hirsch bejagen.

Baikalgebiet: Im Baikalgebiet gibt es auch Marale, aber - vor allem in Burjatien - nur eine Mischform (mit schwächerem Geweih) zwischen Maral und Isubra-Hirsch, weil sich hier ihre Lebensräume überschneiden. Deswegen ist aber hier die Maraljagd mit dem Ruf in der Brunft (September bis Oktober) nicht weniger spannend als anderswo, zumal das Baikalgebiet für seine landschaftliche Schönheit und Einmaligkeit berühmt ist. Auch hier, wie im Altai, Sajan oder Kasachstan läßt sich gleichzeitig der Sibirische Rehbock mitbejagen.

Schon diese kurzen Angaben über Jagdgebiete und Jagdmöglichkeiten auf den Maralhirsch vermitteln einen Eindruck von der schier unübersehbaren Fülle der Auswahlmöglichkeiten, die dem interessierten Auslandsjäger offenstehen. Man lasse sich dadurch nicht verwirren; sie sollen vielmehr eine Orientierungshilfe darstellen mit dem dringenden Appell, sich vor der Reise so gründlich wie möglich zu informieren und hierbei (wie auf der Jagd selbstverständlich) keine Mühe zu scheuen. Je sorgfältiger die Planung und Vorbereitung einer Jagdreise in die ferne Heimat der Marale, desto sicherer sind dem Jäger das positive Erlebnis und der jägdliche Erfolg.

Isubra-Hirsch

(Cervus elaphus xanthopygus)

E: *Manschurian Wapiti* oder *Izyubr, Isubra, Izyubr maral*
R: *Isjubr*

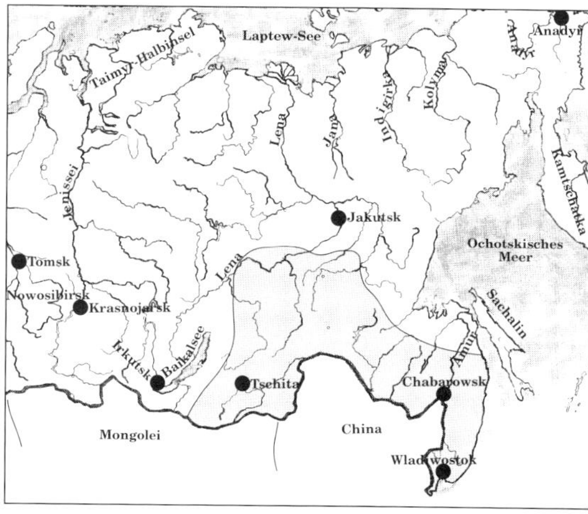

Der Isubra-Hirsch aus Transbaikalien und dem russischem Fernen Osten sieht genauso aus wie der Maral (weshalb er auch „südlicher Maral" genannt wird), ist aber in den Körpermaßen und vom Geweih her etwas kleiner als dieser.

Bisher ist der Isubra-Hirsch wegen der großen Entfernung und dem schwachem Geweih von Auslandsjägern vernachlässigt worden. Obwohl fast alle Waidmänner beteuern, nur eine interessante Jagd (also das Jagderlebnis) und nicht die Geweihstärke sei wichtig, wollen alle nur „dicke" Marale schießen, während kaum Interesse für eine abenteuerliche Isubrajagd in einer faszinierenden Herbstgebirgslandschaft besteht. Wenn einmal die „Maraleuphorie" vorbei ist, werden sich sicherlich echte Jäger auf diese Hirschart besinnen und die Jagd auf den Isubra als wahres Abenteuer entdecken. Jagdbare Isubra-Hirsche haben eine Widerristhöhe von 145 cm und wiegen „nur" 170 bis 250 kg.

Trophäe: Der Isubra-Hirsch trägt ein schwächeres Geweih als der Maral, obwohl auch er die gleiche urig wirkende Geweihform wie der Maral aufweist. Sein kronenloses Geweih ist kurz und leicht, mit dünnen Stangen, normalerweise aufrecht gestellt. Die Stangen mit 5 bis 6 Enden stehen oft fast parallel zueinander. Im Unterschied zum Maral ist der vierte oder Wolfssproß nur schwach entwickelt, manchmal sogar geringer als die anderen.

Obwohl von gleicher Form und Aufbau wie Maralgeweihe, bringen Isubrageweihe lediglich 5 bis 8 Kilo auf die Waage.

Lebensraum, Brunft: Die Hauptbestände sind in Gebirgsgegenden konzentriert, wobei zusammenhängende Waldkomplexe gemieden werden. Bevorzugt werden - wie z. B. in den Bergen des Sichote-Alin - lichte Wälder mit eingesprengten Wiesen, Brandstellen und Sumpfgebieten, sowie küstennahe Eichenwälder.

Im Sommer ist der Isubra-Hirsch im russischen Fernen Osten in verschiedenen Gebirgszonen (teilweise steigt er bis zu den Gebirgswiesen auf 1.700 m hinauf) anzutreffen, wobei sich alte Hirsche höher auf höheren Gebirgshängen als das Kahlwild. Im Winter zieht das Isubra-Rotwild in niedrigere Regionen bis zu 1.000 m Höhe hinunter, wo die Schneehöhe 60 cm (Hirsche) bzw. 40 cm (Kahlwild) nicht übersteigt. Die Isubrabrunft findet im September/Anfang Oktober statt, die Hauptbrunft in der zweiten Septemberhälfte.

Verbreitung, Bestand: Als Gebirgshirsch verbreitet in den südsibirischen Gebirgen östlich vom Baikalsee: in Transbaikalien und im Süden des russischen Fernen Osten. In Transbaikalien (Burjatien) berühren sich die Lebensräume von Maral und Isubra-Hirsch, so daß hier eine Zwischenform zu finden ist, die aber dem Maral näher steht.

Der Gesamtbestand von Maral und Isubra-Hirsch beträgt in der GUS etwa 80.000 bis 110.000 Stück.

Bejagung: Da der Isubra-Hirsch ein relativ schwaches Geweih trägt und die Anreisekosten bis in seine Heimat hoch sind, war bisher das Interesse an der Isubra-Jagd nicht groß.

Für die international aktiven Jäger und SCI-Mitglieder ist er jedoch als anerkannte Unterart einfach ein „Muß“. Für passionierte Hirschjäger, die einmal eine unvergeßliche Rufjagd in der herbstlichen Wildnis der transbaikalischen Berge erleben wollen, ist der Isubra-Hirsch eine echte Herausforderung. Das faszinierende Gebirgsland zwischen dem Baikalsee im Westen und der Region Primorje im Osten

Typisches Isubra-Geweih aus dem fernöstlichen Gebiet Chabarowsk: zwar deutlich schwächer und mit enger gestellten Stangen als die Maraltrophäen, jedoch im Prinzip formgleich

Im Naturgeschichtlichen Heimatmuseum von Chabarowsk kann ein Ganzpräparat des Isubra-Hirsches bewundert werden

besteht aus zahlreichen leicht begehbaren Mittelgebirgsketten (Höhe 1.000 bis 2.000 m, bestockt von Lärchentaiga), weitläufigen Gebirgssenken und Hochplateaus.

Die Jagd ist ähnlich wie auf Maral im Altai oder Sajan, also vorwiegend Rufjagd mit der Isubra-Pfeife („*na trubu*") auf Pferden in der herbstlich „goldenen Taiga". In fast allen Revieren kann man gleichzeitig auch (sehr starke) Sibirische Rehböcke bejagen. Als Zusatztrophäe können noch Moschustier, Bär, Keiler, Wolf, Elch und Steinauerhahn erbeutet werden.

Als eine Besonderheit bei der Isubra-Jagd in der fernöstlichen Region Primorje zwischen den Städten Chabarowsk und Wladiwostok sind neben dem Vorkommen von geschützten Amur-Tigern auch die stärksten Keiler der Welt zu erwähnen. Sie werden hier über 300 Kilo schwer und können eine Waffenlänge von über 30 (!) cm erreichen.

Bei den Wildnisjagden übernachtet man entweder in der „Isba", einer Art Trapperhütte oder in beheizten Zelten. Leider gab es bisher kaum Angebote für die Isubra-Jagd im Herzen des landschaftlich reizvollen Transbaikalien.

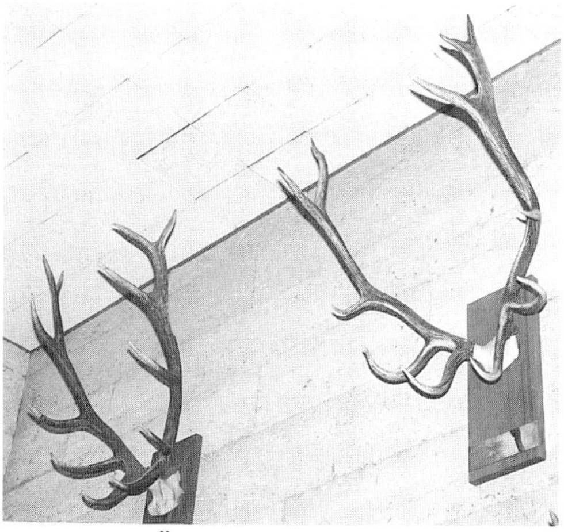

Mit etwas Übung schon auf den ersten Blick als Isubra-Geweihe leicht zu erkennen: zwar erinnert die Geweihform an den Maral, sie weist aber deutlich schwächere und enger gestellte Stangen sowie kürzere Enden auf (Isubra-Trophäen aus Chabarowsk im Sitzungssaal des Russischen Jagdverbandes)

Buchara-Hirsch

(Cervus elaphus bactrianus)

E: *Bactrian Deer* oder *Bukharan Deer*
R: *Bucharski olen*
(*syn. Tugajnyj olen* oder *Changul*)

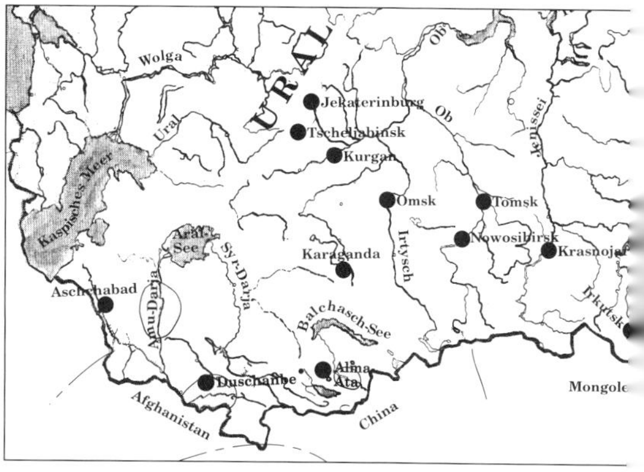

Beim Buchara-Hirsch oder *Changul* handelt es sich um eine einzigartige, gut differenzierte Rotwildunterart, deren Hauptpopulation (etwa 90 %) in der mittelasiatischen Wüstenzone der GUS lebt. Von seinem Lebensraum her und in vielen biologischen Besonderheiten unterscheidet sich der Buchara-Hirsch deutlich von allen anderen Rotwildunterarten der

GUS. Diese Unterschiede sind so ausgeprägt, daß sie die zwischen den verschiedenen Turarten übertreffen (diese und weitere Angaben nach Bannikow und Flint/Pereladowa/Mirutenko).

Der Buchara-Hirsch ist mit einer Widerristhöhe von etwa 120 cm deutlich schwächer als der Rothirsch oder Maral.

Trophäe: Verglichen mit dem Kopfschmuck des Rothirsches oder des Marals hat der Buchara-Hirsch nur ein leichtes Geweih mit gewöhnlich fünf Enden pro Stange (selten mehr), das in eine Gabel ausläuft. Eine Krone kommt sehr selten vor.

Lebensgemeinschaft, Brunft: Unter günstigen Lebensbedingungen führt er ein „seßhaftes“ Leben. Im Sommer hält sich ein Buchara-Rudel auf einer Fläche von 150 bis 200 ha auf und zieht während 24 Stunden etwa 300 bis 900 m, im Winter und Frühjahr auch 2,5 bis 3 km. Seine Hauptaktivität findet im Sommer nachts oder am Abend statt, die Zeit der Tageshitze verbringt es im Schatten der Bäume.

Im Herbst besteht ein Brunftrudel aus einem Hirsch und 2 bis 5 (maximal 8) Tieren. Im Winter gesellt sich zu ihnen auch jüngeres Wild, wobei sich Rudel von 15–20 Stück (seltener mehr) bilden.

Die Brunft beginnt in der Regel in der letzten Augustwoche und endet Mitte September, seltener dauert sie bis Anfang Oktober. Die Setzzeit liegt zwischen Ende April und Ende Mai, die meisten Kälber werden Mitte Mai zur Welt gebracht. Es wird normalerweise nur ein Kalb gesetzt. Die Geschlechtsreife der Tiere tritt im 3. bis 4., die der Hirsche im 5. bis 6. Lebensjahr ein. Der jährliche Populationszuwachs beträgt – abhängig von den Lebensbedingungen – 10 bis 23 Prozent, manchmal bis 32 Prozent.

Lebensraum: Seinen typischen Lebensraum bildet der flußbegleitende Feuchtwald (Galeriewald, russ. *Tugaj*) und das Dickicht in den mittelasiatischen Wüsten- oder Halbwüstengebieten. Dieser Streifen entlang der Flüsse ist nur 100 bis 200, seltener 500 bis 1.000 m breit. Im Winter und im zeitigen Frühjahr ziehen die Hirsche regelmäßig aus den Galeriewäldern in die benachbarten Wüsten, wo sie in Saxaul- und Tamarisken-Gehölzen leben. Heute hat sich in den meisten Gebieten Mittelasiens die Fläche der Galerie-

Im Westen ist der Buchara-Hirsch wenig bekannt, es existieren auch kaum Fotos von ihm aus freier Wildbahn. Unsere Bilder zeigen einen jungen Hirsch aus dem Zoo von Alma Ata

wälder deutlich verringert, womit auch der Bestandsrückgang des Buchara-Hirsches zusammenhängt.

Verbreitung, Bestand: Noch um die Jahrhundertwende war der Buchara-Hirsch in den Galeriewäldern von Amu-Darja und Syr-Darja weit verbreitet. Zu Beginn des 20. Jahrhunderts ist er aber aus dem Einzugsgebiet des Syr-Darja verschwunden. Das heutige Areal ist in mehrere getrennte Vorkommen zerfallen, von denen nur fünf einen relativ stabilen Bestand von jeweils über 100 Stück aufweisen. Dazu zählen die Reservate Tigrowaja Balka in den Flußniederungen des unteren Wachsch, Kysylkum und Aral-Pajgambar am Amur-Darja, die dem Tigrowaja Balka nahen Galeriewälder der Flüsse Kysyl-su und Pjandsch, sowie das Ramit-Reservat am Oberlauf des Flusses Kafirnigan im Gissar-Gebirge, wo Buchara-Hirsche zu Beginn der 60er Jahre aus Tigrowaja Balka eingebürgert wurden. In anderen Vorkommen ist der Bestand wesentlich kleiner.

Ein so starker Buchara-Hirsch aus Kasachstan ist eher die Ausnahme, da er nur selten eine Krone bildet und gewöhnlich über einen Gabelzehner nicht hinauskommt

Den Hauptteil des heutigen Areals bildet die heimische Population, wovon aber die neugegründeten Bestände im tadschikischen Ramit-Reservat und in der Karatschingil-Jagdgesellschaft (Kasachstan) zu unterscheiden sind. Trotz Einbürgerungserfolgen möchte man in diesen neugegründeten Vorkommen keine Alternative zu den ursprünglichen autochthonen Populationen sehen.

Für die Zeit um die Jahrhundertwende gibt es keine Daten über die Zahl der Buchara-Hirsche. Man schätzt den damaligen Gesamtbestand am Syr- und Amu-Darja auf einige Tausend Stück. Mitte der 60er Jahre schrumpfte aber sein Vorkommen auf 350 bis 400 Stück. Zu Beginn der 70er Jahre kam es dann zur Vergrößerung des Bestandes, der Ende der 70er Jahre schon über 900 Stück betrug und weiterhin stabil blieb.

Negative Auswirkungen auf die Bestandsentwicklung hatte die Vernichtung der Galeriewälder durch Viehhaltung, Waldfrevel und Brände. Viele Stücke fallen auch Überschwemmungen zum Opfer, da sie im Schlamm versinken.

Artenschutz: Der Buchara-Hirsch hatte als eine seltene Rotwildunterart den Status der dritten Kategorie im „Roten Buch“ der früheren Sowjetunion, er fällt außerdem auch unter den internationalen Artenschutz (Anhang II des WA). In zahlreichen Reservaten der GUS wird er gehegt und geschützt, über 100 Stück leben in verschiedenen Zoos der GUS.

Bejagung: Diese seltene Hirschunterart wird heute nur in einigen wenigen, kopfstarken isolierten Vorkommen in Turkmenistan und Kasachstan bejagt. Jährlich stehen für interessierte Trophäenjäger lediglich 3–5 Abschüsse zu hohen Preisen zur Verfügung. Mit diesem Geld sollen weitere Schutzmaßnahmen finanziert werden.

Sikawild

(Cervus nippon)

E: *Sika Deer*
R: *Pjatnistyj olen*

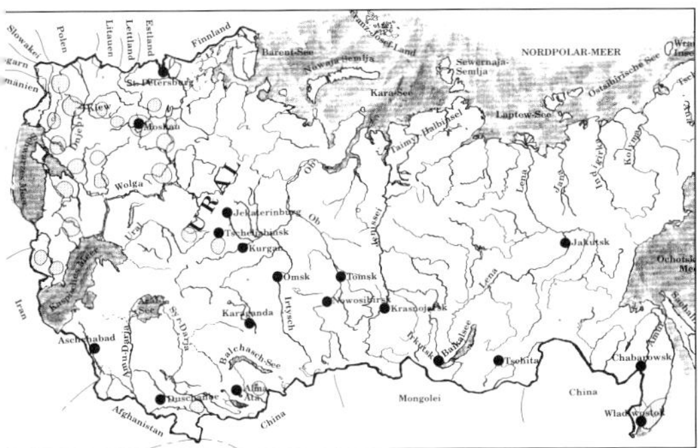

Immer noch kaum mehr als ein Geheimtip, in Wirklichkeit jedoch ein Hit: Sika-Jagden im europäischen Teil Rußlands bieten überaus starke Trophäen im zweitgrößten Sikavorkommen Europas zu attraktiven Konditionen. Geweihgewichte von über 4 Kilo sind keineswegs die Ausnahme, durch den hervorragenden Bestand ist der erfolgreiche Abschuß so gut wie sicher und das Jagdgebiet liegt heute (fast) vor der Haustür.

Der große Bestand und die guten Jagdbedingungen überraschen zunächst, wenn man bedenkt, daß diese Wildart wegen der Kolbengeweih-Gewinnung in ihrer Heimat im russischen Fernen Osten zu Beginn des Jahrhunderts vom Aussterben bedroht war. Diese ursprüngliche Population ist daher durch nationale wie internationale Abkommen geschützt; seit 1924 besteht in der Region Primorje Jagdverbot.

Die Einbürgerung des Sika im europäischen Teil der GUS jedoch erbrachte unerwartete Erfolge. Der Sikawildbestand stieg in den letzten Jahrzehnten so rapide, daß die Gefahr seines Verschwindens aus der Fauna der GUS gebannt ist, mehr noch, er muß in den neu begründeten Vorkommen jagdlich reguliert werden, um das Gleichgewicht zwischen Wald und Wild aufrecht zu erhalten (weitere Angaben nach E. Fadejew mit Ergänzungen).

Vom jagdpraktischen Standpunkt aus unterscheidet man den körperlich und trophäenmäßig wesentlich stärkeren Dybowski-Sikahirsch *(C. n. hortulorum),* vom schwächeren japanischen Sika *(C. n. nippon)* obwohl diese Unterscheidung – wie auch etwa die zwischen Grizzly und Küstenbraunbär – wildbiologisch natürlich nicht ganz korrekt ist. Der Auslandjäger kommt damit gut zurecht und dadurch werden nicht selten auch seine jagdlichen Unternehmungen bestimmt: wenn man schon einmal vom Reiz dieses Wildes in dem heimischen Revier oder in England angsteckt ist, will man vielleicht einen „Abstecher" nach Rußland machen und einmal auch dem vergleichsweise gewaltigen Dybowski-Sika nachstellen.

Auf dem Gebiet der GUS lebt nur diese eine besondere Unterart des Sikawildes: der **Ussuri-** oder **Dybowski-Sikahirsch** *(Cervus nippon hortulorum,* engl. *Ussuri Sika* oder *Dybowski Sika*), die größte aller Sikawildunterarten.

Der Sika ist ein Hirsch von mittleren Ausmaßen und leichtem Körperbau. Der leichtere japanische Sikahirsch wiegt je nach Vorkommen 40–65 Kilo, der Dybow-

Da das Sikawild mittlerweile seit 150 Jahren in ganz Europa von Irland und Großbritannien bis Polen und Rußland heimisch ist, kann man heute von ihm nicht mehr als einem fremden und „exotischen“ Wild in unseren Breiten sprechen. Der „Fleckenhirsch“ hat sich in Europa gut akklimatisiert und ist zum natürlichen Bestandteil auch der russischen Birkenwälder geworden

Hier liegt kein Abschußrothirsch oder ein leichtgewichtiger Berghirsch auf der Strecke, sondern ein Dybowski-Sikahirsch aus dem Gebiet Wladimir mit fast 5 kg Geweihgewicht

ski-Sika bringt aber bis 131 Kilogramm auf die Waage. Die Sommerdecke des japanischen Sika ist rötlichbraun mit gelblichweißen Flecken, während die Winterdecke graubraun ist und nicht oder nur wenig gefleckt (daher die Bezeichnung „schwarzer Teufel“). Der Dybowski-Sika hat eine fuchsrote Sommerdecke mit weißen Flecken, die aber auch auf der graubraunen Winterdecke zu sehen sind, nur sind sie nicht mehr so zahlreich und ihre Umrisse sind unscharf.

Trophäe: Im Vergleich mit den massigen Rothirsch- oder Maralgeweihen ist das steil stehende Sikageweih leicht und zierlich. Verglichen jedoch mit Sikahirschen aus anderen europäischen Ländern, trägt der Dybowski-Sika aus dem europäischen Teil der GUS ein ungewöhnlich starkes Geweih. Auch als üblicher Gabelachter (der Eissproß ist normalerweise nicht vorhanden, Kronenbildung sehr selten) kann ein Sikahirsch-Geweih aus den Einbürgerungsgebieten der GUS zwischen 3 und 5,5 kg wiegen.

Wenn man ein 5-Kilo-Sikageweih sieht (solche Sikatrophäen haben westliche Jagdgäste in Rußland bereits erbeutet), kann man oft nur an seiner einfachen Form erkennen, daß es keine Rothirschtrophäe ist.

Der Hybridhirsch (Kreuzung zwischen Rot- und Sikawild) aus der GUS hat den Geweihtyp des Sikahirsches, jedoch eine auffällig stärkere Trophäe von wesentlich größerem Gewicht und Maßen (es kamen Stangenlängen von 97 und 103 cm vor!). Heute kann man aber nach der Nasenbeinlänge den echten Dybowski-Sika *(Cervus nippon hortulorum)* vom Hybridhirsch unterscheiden. Nach K. WHITEHEAD hat ein Dybowski-Sikahirsch eine Nasenbeinlänge zwischen 8,1 und 12,0 cm, während sie bei einem Hybriden aus Sikahirsch/Rothirsch über 12 cm liegt.

Im April wirft der Hirsch sein Geweih ab, das danach sofort wieder neu geschoben wird und nach 120 Tagen (im August) bereits vollständig ausgebildet und verfegt ist.

Lebensgemeinschaft, Brunft: Die Sika führen als ausgeprägtes Rudelwild ein seßhaftes Waldleben. Ihr Lebensraum umfaßt relativ kleine Waldteile von einigen hundert Hektar. Die Rudelgröße ist aber vom Waldtyp abhängig. In den dichten Wäldern, wo die visuelle und auditive Verbindung innerhalb des Rudels schwierig ist, bilden sich kleinere Rudel als in den lichten Wäldern mit breiten Äsungsflächen.

In der Brunftzeit lösen sich die größeren Rudel auf. Jeder erwachsene Hirsch treibt ein Brunftrudel von 3 bis 4 (bis etwa 20) Tieren zusammen, wobei es im europäischen Teil der GUS oft zu heftigen Kämpfen unter den Hirschen kommt. Die Brunft des Sikawildes im russischen Fernen Osten beginnt Ende September/Anfang Oktober und endet Anfang November. Beim eingebürgerten Sikawild aus dem europäischen Teil fällt die Brunft etwa in die gleiche Zeit wie in der Region Primorje, regionale Unterschiede sind jedoch vorhanden. Nach der Brunft trennen sich die Hirsche von Kahlwild und bilden eigene Rudel.

Die Tragzeit erstreckt sich über etwa 7 1/2 Monate. Die Hauptsetzzeit liegt um Mitte Mai und kann sich bis Anfang Juni hinziehen. Ein Tier bringt ein Kalb zur Welt, seltener zwei. Die Geschlechtsreife tritt beim weiblichen Wild etwa im Alter von eineinhalb Jahren ein, bei Hirschen ein Jahr später.

Verbreitung, Bestand: Das ursprüngliche Verbreitungsgebiet des Sikawildes ist nicht groß. Es umfaßt nur den südöstlichen Teil Asiens. Auf dem Gebiet der GUS befindet sich in der fernöstlichen Region Primorje nur ein kleiner Teil des nordöstlichen Verbreitungsgebietes.

Die ursprüngliche freilebende Sikapopulation in der Primorje-Region zählte in den 20er Jahren 900 bis 1.000 Stück, verringerte sich in der Zeit danach dramatisch weiter und umfaßte 1949 nur noch

Eine Wildaufnahme mit Seltenheitswert: ein starker Dybowski-Sikahirsch, fotografiert im Lasow-Naturschutzgebiet inmitten seines ursprünglichen, heute geschützten Vorkommens in der fernöstlichen Region Primorje

etwa 300 Exemplare. Aus diesem Grund geriet das Sikawild 1974 in die nationalen und internationalen „Roten Listen“ bedrohter Tierarten.

In den letzten 30 Jahren erholte sich sein Bestand. Zu Beginn der 70er Jahre gab es im Süden des russischen Fernen Ostens rund 600 Stück Sikawild. Nach gut organisierten Zählungen 1981/1982 leben dort immerhin mehr als 3.500 Stück von diesem einst bedrohtem Wild, dessen Bestand sich nun wieder stabilisiert hat.

Die Einbürgerung einer bedrohten Wildart in geeignete Gebiete ist eine wichtige Maßnahme zu ihrem Schutz. In der früheren Sowjetunion wurde sehr viel für die Einbürgerung des Sikawildes im europäischen Teil des Landes (vom nördlichen Teil des Gebietes St. Petersburg und den Süden des Swerdlowsk-Gebietes – heute Jekaterinburg – bis zum Nordkaukasus) getan, wo es heute mehrere – vor allem am mittleren Don und am Dnepr – Vorkommen mit hoher Kopfzahl gibt. Der erste Ansiedlungsversuch des Sikawildes aus dem Fernen Osten im europäischen Teil der heutigen GUS erfolgte 1909 im ukrainischen Steppenzoo Askanija-Nowa. Nach dem Zweiten Weltkrieg setzte man in den Revieren der 14 Gebiete der Ukraine über 600 Stück aus. Die drei größten Vorkommen (mit einem Bestand von insgesamt mehr als 1.500 Stück) befinden sich heute dort auf dem Territorium der Gebiete Winniza, Kiew und Tscherkassy. Der Gesamtbestand des eingebürgerten Sikawildes in der Ukraine belief sich zu Beginn der 80er Jahre auf etwa 2.500 Stück.

Im europäischen Teil Rußlands wurden erste Einbürgerungsversuche 1933 – 1941 vorgenommen. Das größte neugegründete Vorkommen befindet sich hier im Choper-Reservat am mittleren Don mit einem Bestand von 2.600 Stück. Das Sikawild wurde außerdem angesiedelt in den Gebieten Moskau, Wladimir, Jaroslawl, Kaluga (Revier „Barsuki“), Twer (früher Kalinin), Rostow u.a. sowie im Nordkaukasus mit einem heutigen Bestand von 1.500 Stück, vor allem in der Region Naltschik. Die freilebende Sikapopulation Rußlands belief sich zu Beginn der 80er Jahre auf 7.000 bis 7.500 Stück, der Jahresabschuß lag bei 150 – 200 Stück.

Wenig Erfolg zeigten Ansiedlungsversuche in Tienschan, Pamir, Transkaukasien und in den Karpaten sowie in Kasachstan, Kirgisien und Tadschikistan.

In den 80er Jahren lebten in der früheren Sowjetunion sowohl in den Hirschzucht-Wirtschaften für Kolbengeweih-Gewinnung wie in freier Wildbahn etwa 80.000 Stück Sikawild, wovon rund 12.000 im europäischen Teil – im Gebiet seiner Einbürgerung – der Sowjetunion ihre Fährte zogen.

Bejagung: Trotz einzelner Jagderfolge ist der Sikahirsch im europäischen Teil der GUS (die ursprüngliche Population im russischen Fernen Osten ist geschützt) jagdtouristisch etwas vernachlässigt worden. Bisher galt in diesem Gebiet die ganze Aufmerksamkeit eher dem (eingebürgerten) Maral, Bär oder Elch, während der Sika vornehmlich in Kombination dazu mitbejagt wurde.

Der Sikahirsch kann von September bis Ende Januar, hauptsächlich aber von Mitte September bis Mitte November bejagt werden. Die üblichen Jagdarten sind hier Pirschfahrt und Fußpirsch. Auch für weite russische Sikareviere gilt das, was einmal Dr. HEINRICH III PRINZ REUSS über

Wenn man schon ein wesentlich schwächeres Geweih eines japanischen Sikahirsches aus dem heimischen Revier oder aus Großbritannien hat, freut man sich über die im Vergleich dazu gewaltig erscheinende Trophäe des russischen Dybowski-Sika

Eine Pirsch auf den „Fleckenhirsch" im russischen Birkenwald ist oft voller Überraschungen: nur eine Sekunde lang verhofft der starke Hirsch am Wegrand – die Entscheidung des sitzenden Jägers muß augenblicklich erfolgen

die Sikajagd gesagt hat: „Die gezielte Pirsch auf Sika dürfte mit zu den schwierigsten Jagdarten auf Schalenwild gehören. Da Sika ausgezeichnet vernimmt und äugt, gelingt es fast nie, unbemerkt in die Nähe eines Stückes zu gelangen. Zudem bleibt das Wild wie angewurzelt stehen und ist dann nur sehr schwer mit dem Auge auszumachen" (PIRSCH 8/90, S. 39).

Für die Reviere um St. Petersburg gibt es interessante Angebote auf sehr starke (Geweihgewichte bis 5 kg) Sikahirsche. Die beste Zeit ist die Brunft, die hier vom 1. bis zum 20. September stattfindet. Spitzenhirsche (Geweihgewichte bis 5 kg und mehr) können auch im bekannten 60.000 ha großen Revier „Barsuki" (Gebiet Kaluga) unweit von Moskau bejagt werden. Dieses einstige Militärrevier oberster Klasse mit luxuriösen Jagdhäusern und wirklich komfortablen zahlreichen Kanzeln weist einen guten Sikabestand (rund 2.000 Stück) auf. „Barsuki" ist durch eine über 80 km lange Betonstraße (sog. „*Betonka*") gut erschlossen, die einst von sowjetischen Soldaten speziell für Jagdzwecke prominenter Staatsgäste gebaut wurde. Heute stehen alle Einrichtungen den ausländischen Jagdgästen zur Verfügung. Auf der angenehmen Pirschfahrt oder beim Ansitz können hier auch ältere Waidmänner neben Sikahirschen zusätzlich (eingebürgerte) Marale, Elche und Keiler schießen.

Auch für das bekannte Sikagebiet am mittleren Don (etwa in Saratow) oder in der Nähe von Rostow am Don gibt es mehrere Angebote. Als Zusatztrophäen können hier Rothirsch, Elch und Schwarzwild erbeutet werden.

Da man meistens im September zu Hause oder im Ausland jagdlich sehr aktiv ist, wäre eine einwöchige Reise zu einem späteren Zeitpunkt (Oktober/November) in eines der Gebiete bedenkenswert, die noch ganz in der Nähe Moskaus liegen und entsprechend schnell erreicht werden können, so z. B. Wladimir. Im September wie auch im Oktober/November können in den meisten Revieren, die Sikawild haben, zusätzlich auch Elche auf einer reinen Fußpirsch gejagt werden. Diese Kombination von Sikahirsch und Elch (dazu noch Marderhund, Wasserwild und Haselhuhn) soll besonders für diejenigen Waidmänner interessant sein, die lieber pirschen gehen als Hochsitze besteigen.

Der Gesamtbestand betrug Ende der 80er Jahre in der früheren Sowjetunion etwa 2.000 Stück (SCHOSTAK, 1990).

Im Jahre 1975 bürgerte man im russischen Gebiet Rostow das Damwild erfolgreich ein, wo 20 Stück aus der damaligen Tschechoslowakei ausgesetzt wurden. Bereits 1986 zählte man hier 150 Stück Damwild, Tendenz steigend, so daß es heute auch erste Jagdangebote gibt. Ein westlicher Vermittler bietet daher in diesem berühmten Rothirschgebiet Rußlands südöstlich von Rostow am Don seit ein paar Jahren auch Damhirschabschüsse an.

Diese preisgünstigen Jagden im leicht hügeligen Gelände sind allerdings nur als Zusatzjagden (zum herbstlichen Rothirschprogramm; siehe darüber das Kapitel „Rothirsch“ unter Bejagung in „Rostow am Don“) möglich.

Damwild

(Dama dama)

E: *Fallow Deer*
R: *Lan*

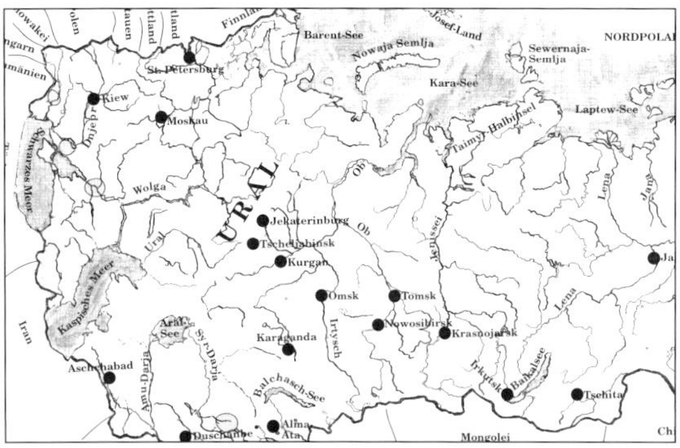

Das Damwild wurde in Rußland schon im letzten Jahrhundert eingebürgert, wo es bis zur Oktoberrevolution 1917 vom russischen Adel bejagt wurde. Seit 1860 hat man mehrmals versucht, dieses Parkwild im weißrussischen Bjeloweschskaja Puschtscha (heute Reservat) einzubürgern. Außer in Weißrußland ist das Damwild in der Ukraine, in Moldawien, Rußland und in Kirgisien angesiedelt worden, hat aber für den internationalen Jagdtourismus momentan keine Bedeutung.

Wer einen starken Damhirsch jagen möchte, fährt heute normalerweise nach Ungarn, Bulgarien, Tschechien oder in die Slowakei, aber nicht in die GUS, da dieses Wild hier kaum eine Bedeutung für den Jagdtourismus hat. Auf dem Bild ein Damhirsch aus einem Gatterrevier in Kasachstan

Sibirischer Rehbock

(Capreolus capreolus pygargus)

E: *Siberian Roe Deer*
R: *Sibirskaja kasulja*

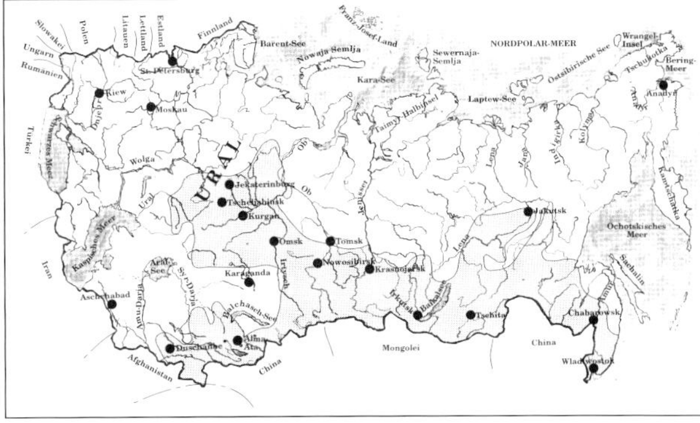

Bedeutung für die heutige Auslandsjagd:

Dünne, lange Stangen und eine weite Auslage – so präsentierten sich die Sibirischen Böcke aus der Mongolei, die meistens nebenbei, im Spätherbst oder Winter auf der Maraljagd erbeutet wurden. Als die ersten Jäger aus Rußland Böcke mitbrachten, die neben dem bekannt hohen, weit ausgelegten Gehörn eine enorme Masse und grobe Perlung aufweisen, riß es viele der daheimgebliebenen Jäger aus ihren Sesseln.

Über die Jagdmöglichkeiten in der ehemaligen Sowjetunion informiert seit geraumer Zeit auch die deutsche Jagdpresse ihre Leser mit großem Eifer; schließlich tut sich hier – angesichts der veränderten politischen Situation – ein scheinbar unerschöpfliches Jagdparadies auf, das obendrein noch den angenehmen Vorzug besitzt, ebenso leicht erreichbar wie erschwinglich zu sein (was sich allerdings bei spezielleren Jagdwünschen schnell als Trugschluß erweisen kann).

Das wirkliche Interesse an einer Jagd in Rußland scheinen gerade jetzt die prächtigen Bocktrophäen geweckt zu haben, die in den letzten Jahren in Sibirien erbeutet wurden und seither in eingeweihten Kreisen für Furore sorgen. Kein Wunder, wenn man bedenkt, daß wohl die meisten mitteleuropäischen Jäger – und nicht

Nach den Riesenerfolgen, die seit dem Herbst 1991 mehrere Gruppen von Auslandsjägern bei der Jagd auf den Sibirischen Rehbock gehabt hatten, stieg sofort das Interesse für diese faszinierende, bis dato im Westen wenig zugängliche Trophäe. Sogar absolute „Heimat-Revierhocker“ wurden plötzlich zu Auslandsjägern: Jeder wollte auch einmal einen „Bockgiganten“ aus dem fernen Sibirien an seiner Trophäenwand haben! Eine gewisse Ernüchterung trat aber nach einer regelrechten Erstürmung Westsibiriens durch mehr als hundert Bockjäger im Herbst 1992 ein, da Moskauer und einheimische Jagdveranstalter so viel Gäste gar nicht abfertigen und befriedigen konnten.

Es wurden auch diesmal viele starke Böcke geschossen, aber leider dazu noch eine Menge junger Böcke, einige Jäger gingen allerdings auch leer aus. Das hatte zur Folge, daß schlechte Gebiete aus den Programmen der Vermittler genommen wurden, während andere getestete Reviere neu dazukamen.

Jeder kennt den heimischen Bock, aber einen ganze 60 Kilo schweren und mit einem hohen Geweih gekrönten Sibirischen Rehbock aus den lichten Birkenwäldern sieht man nicht jeden Tag

nur diese – traditionell passionierte Bockjäger sind.

Mittlerweile ist auch bekannt, woher die stärksten Sibirischen Böcke kommen und wo die beste Jagdorganisation zu finden ist. Das war leider nicht immer der Fall; und eine Reihe von Jägern mußte Enttäuschungen hinnehmen.

Genauso schnell hat sich aber auch unter den Auslandsjägern die Nachricht verbreitet, daß es noch richtige Riesenböcke, Bockgiganten geradezu, in Rußland geben soll.

Der beste Ort, um eine bisher wenig bekannte Wildart populär zu machen, ist der Präparator. Viele Gäste haben aus ihren kapitalen Bocktrophäen bei westlichen Präparatoren Kopf-Schulter-Präparate machen lassen, die dort wie später im heimischen Jagdzimmer von anderen Jägern gesehen und bewundert werden: ein probates Mittel, um zum Tagesgespräch in Jägerkreisen zu avancieren.

Einige dieser Trophäen konnte man dann auch auf den Frühjahrsjagdausstellungen in Deutschland und Österreich bewundern. Zusammen mit den ermutigenden Presseberichten bewegte das nicht wenige Jäger, ihre Auslandsjagdpläne auf die Bockjagd in Sibirien zu verlegen.

Warum aber in die Ferne schweifen, wenn es auch vor der Haustür viele Böcke gibt? Das wird jedem Nimrod klar, der einmal eine wuchtige Trophäe des Sibirischen Rehbockes in den Händen gehabt und diese mit der eines europäischen verglichen hat.

Für den Trophäenjäger ist der sibirische Vertreter des Rehwildes nicht bloß als Unterart interessant. Gerade die russischen Böcke sind so stark, daß die fünf Sibirischen Böcke, die eine einzige Jägergruppe im Herbst 1991 in wenigen Tagen erlegte, sofort alle fünf ersten Plätze im SCI-Rekordbuch eingenommen und die mongolischen Böcke weit hinter sich gelassen hatten. Auch in den darauffolgenden Jahren sind in Westsibirien mehrere außerordentlich starke Bocktrophäen erbeutet worden, die weit über 1.000 g gewogen haben und sicherlich sehr hoch auf den Rekordlisten stehen.

Eine starke Trophäe ist gut, dazu eine spannende Jagd in einem fernen Land ist noch besser – so denkt etwa der passionierte Bockjäger. Gerade das bietet eine gut organisierte Jagd auf den Sibirischen Rehbock. In den flachen, weitläufigen Bockrevieren Westsibiriens ist zwar auch Pirschfahrt nötig, doch den ausgemachten Bock muß man sich erst erpirschen, und das ist gar nicht so einfach. Nicht jede Chance läßt sich in einen Erfolg umwandeln. Daß man zu guter Letzt meist nicht als Schneider heimkehrt, dafür bürgt der reiche Bestand in den Revieren. Jagdlich besonders reizvoll, wenngleich nicht jedermanns Sache, ist die echte Wildnisjagd mit Pferden in den Bergen von Altai, Tuwa, Transbaikalien und Kasachstan. Dabei kommen sehr viele Kombinationsmöglichkeiten in Frage – ein ganz neuer Aspekt für besonders abenteuerlustige oder jagdfreudige Reisende. In Form einer „Intensivjagd“ kann man in einem „Bockrevier“ auch auf Maral, Elch und Wolf gehen, mit einem kleinem Revierwechsel auch noch auf Steinbock oder Saiga.

Nicht zuletzt ist die Jagd auf den sibirischen Riesen gegenüber anderen Jagden in der GUS wegen ihrer augenblicklich noch günstigen Preises sehr attraktiv. Verglichen mit den Abschußkosten für einen 500 oder 600 Gramm schweren Bock aus Osteuropa, kann man zum selben Preis schon zweimal nach Rußland zur Jagd fliegen.

Die Zauberworte heißen zur Zeit noch „Westsibirien“, „Tscheljabinsk“ und „Kurgan“. Ob das auch noch in ein paar Jahren zutrifft, werden die zukünftigen Jagden auf den sibirischen Bockriesen zeigen.

Wissenswertes über das Sibirische Rehwild

Von England bis Wladiwostok reicht das riesige Verbreitungsgebiet des Rehwildes in Europa und Asien; gemessen daran ist die Zahl der Unterarten gering. In der GUS gibt es davon drei:

Das **Europäische Rehwild** *(Capreolus capreolus capreolus)* ist dem westlichen Jäger gut bekannt. In der GUS kommt es

Bei kaum einer anderen Wildart der GUS wurden in den letzten Jahren so viele starken Trophäen erbeutet wie beim Sibirischen Rehbock, der mit zur beliebtesten Jagdbeute aus der GUS gehört. Auf einer einzigen Morgenpirsch zwei Spitzenböcke erlegte Ludo Wurfbain (Foto links oben), ein leidenschaftlicher Bockjäger und Direktor des großen amerikanischen Jagdverlages „Safari Press“

in den zentralen und westlichen Gebieten des europäischen Teils der ehemaligen Sowjetunion vor, auf der Krim, in der Küstenregion des Schwarzen Meeres sowie in Transkaukasien. Gesamtbestand Ende der 80er Jahre 383.000 Stück, Jahresabschuß 23.000–28.000. Jagdtouristisch weniger interessant.

Das **Mandschurische Rehwild** *(C. c. bedfordi)* ist in Körpermaßen und Geweihgröße kleiner als das Sibirische. Verbreitung: Region Ussuri und Amur-Gebiet im Fernen Osten, weshalb es auch fernöstliches Rehwild genannt wird.

Das **Sibirische Rehwild** *(C. c. pygargus)* schließlich ist die größte Unterart, für den Auslandsjäger wegen seines langstangigen, weitausgelegten Geweihs auch die wichtigste. Verbreitet im Osten des europäischen Teils der GUS, im Südural, Nordkaukasus, in Mittelasien, Kasachstan und in Sibirien bis zum Amur. Sibirisches Rehwild ist aber auch in einigen Militär- und Diplomatenrevieren im Moskauer Gebiet ausgesetzt worden, wo es neben Maral, Sikahirsch und Elch bejagt werden kann. Außerhalb der GUS kommt es noch in der Nordmongolei vor.

Bestand: Ende der 80er Jahre betrug der Gesamtbestand des Sibirischen Rehwildes in der ehemaligen Sowjetunion 314.500 Stück, Jahresabschuß 8.500. Der bekannte russische Experte für diese Wildart, Dr. ALEXEJ DANILKIN, behauptet aber, daß der natürliche Lebensraum in der GUS 5 bis 6 Millionen (!) Stück des gesamten Rehwildes zulassen würde. In der größten russischen Jagdzeitung „OCHOTA“ hat er diesbezüglich auch einen Hegeplan entwickelt.

Für den Auslandsjäger ist vor allem der Bestand einzelner GUS-Länder interessant, damit er sich auch in dieser Beziehung bei den verschiedenen Jagdangeboten orientieren kann. Die meisten sibirischen Rehe, insgesamt 291.000 Stück, lebten im genannten Zeitabschnitt in Rußland. In Kasachstan, das jagdlich immer mehr an Bedeutung gewinnt, gab es 15.000, in Kirgisien 8.000 und in Usbekistan 500 Stück.

Im Vergleich mit dem Europäischen Rehwild ist das Sibirische wesentlich stärker und erreicht eine Schulterhöhe bis 100 Zentimeter und bei einer Körperlänge bis 150 Zentimeter ein Gewicht von bis zu 60 Kilogramm. Der Sibirische Rehbock trägt das mächtigste Geweih (Gehörn) aller Rehwildunterarten. Seine Stangen weisen meist eine große Auslage auf und können bis 45 Zentimeter lang sein.

Den Weltrekord-Bock (354,98 CIC-Punkte, erlegt 1978 von W. N. LONSKI und gezeigt auf der Internationalen Jagdausstellung in Plovdiv 1981, Bulgarien) aus dem russischen Altai zeichneten eine

Der russische Wildbiologe Dr. ALEXEJ DANILKIN, Autor mehrerer Bücher und zahlreicher Artikel über das Sibirische Rehwild, hat neuerdings zusammen mit dem Kurganer Rehwildexperten WLADIMIR OSTANIN eine Stiftung zur Erforschung und Förderung des Sibirischen Rehwildes gegründet. Auf dem Bild Dr. DANILKIN während seiner Feldforschung im Gebiet Kurgan/Westsibirien

Links: Diese Weltrekordtrophäe des Sibirischen Rehbocks (Erleger W. N. Lonski, 1978, 354,98 CIC-Punkte) aus dem russischen Altai wurde auf der Weltjagdaustellung in Plovdiv 1981 gezeigt. Rechts: Ein Maultierhirsch aus Sibirien? Dieser enorme Bock aus dem Kurgan-Gebiet präsentiert sich tatsächlich mit einer Geweihform, die an den amerikanischen Maultierhirsch erinnert. Diese Spitzentrophäe zeichnen nicht nur 10 Enden, sondern auch fast 1.328 g Gehörngewicht aus

Stangenlänge rechts von 42,5 und links von 41,8 Zentimeter, eine Auslage von 22 Zentimeter und ein Gewicht von 1.089 Gramm aus. Der zweitstärkste russische Sibirische Bock (294,85 CIC-Punkte, erlegt 1978 von E. A. Woltschezki in Irkutsk) imponierte mit einer Stangenlänge von 36,7 bzw. 39,1 Zentimeter, 28,6 Zentimeter Auslage und ein Trophäengewicht von 972 Gramm.

In Westsibirien sind von ausländischen Jagdgästen bereits Böcke geschossen worden, deren Geweihgewicht weit über 1.000 Gramm liegt und deren Stärke vielleicht auch die des Weltrekords übertrifft, was sich auf der nächsten Internationalen Jagdausstellung zeigen wird.

Im Normalfall sind Sibirische Böcke Sechser mit langen Enden, es gibt aber sehr viele, die vier und mehr Sprossen pro Stange schieben.

Das Sibirische Reh meidet große zusammenhängende Waldgebiete und bevorzugt lichte Wälder, die mit Waldblößen und kleineren Waldwiesen abwechseln. In den Bergen sucht es sich nicht zu schroffes Gelände und steigt in der schneelosen Zeit bis zur Baumgrenze auf, in Tienschan z.B.

Diese gewaltige, gut geperlte Trophäe aus Kurgan/Westsibirien ist ebenfalls um einiges stärker als der bisherige offizielle Weltrekord und wog auch drei Jahre nach der Erlegung immer noch 1350 g (mit Oberkiefer)

bis 3000 Meter. Es meidet vor allem schneereiche Gebiete. Dort, wo die Schneehöhe 50 Zentimeter übersteigt, ist das Sibirische Rehwild nicht anzutreffen.

Charakteristisch sind seine jahreszeitlich bedingten Wanderungen: im Herbst in schneearme Gegenden und im Frühjahr auf die Sommer-Äsungsplätze. Die räumliche Ausdehnung dieser Wanderungen kann unter Umständen mehrere hundert Kilometer betragen. Dabei kommt es vorübergehend zu hohen Konzentrationen, was es früher dann zu leichter Beute von Wilderern werden ließ. In einigen Gebieten, wie z. B. Kurgan, ist durch moderne Hegemaßnahmen die Migration heute weitgehend eingedämmt worden oder bleibt sogar ganz aus. Spezielle Jagdprogramme konzentrieren sich ohnehin auf Gebiete, wo die Wilddichte sehr groß ist, weil nur sie erfolgreiche Jagden in kurzer Zeit gewährleistet.

Die Brunftzeit des Sibirischen Rehwildes liegt in den Hauptjagdgebieten (Ural, West- und Ostsibirien, Altai und Sajanen, Baikalgebiet und Transbaikalien) um einen Monat später als beim europäischen Verwandten, also von Mitte August bis Mitte September. Die Jagd mit dem Blatter ist in Sibirien unbekannt. Ende Mai/Anfang Juni werden gewöhnlich 2, manchmal auch 3 Kitze gesetzt (ich selbst habe vor allem in Westsibirien recht häufig den Anblick von 3 Kitzen gehabt), nur sehr selten 4.

Sibirisches Rehwild hat als „Fleischlieferant“ große Bedeutung für die heimische Bevölkerung, besonders in den südlichen Gegenden Sibiriens. Dort kann man Fleisch nicht so einfach im Laden kaufen. Da das Wildbret, das ausländische Gäste zur Strecke bringen, den Einheimischen zugutekommt und außerdem in harter Währung für die Trophäen (die hier keinen Menschen interessieren) bezahlt wird, die zum Schutz und Erhaltung von Natur und Wild verwendet wird, ergänzen sich hier zwei Interessen in idealer Weise. Einheimische Fleischjäger bejagen Sibirische Rehe nur auf den großen winterlichen Treibjagden (November), wenn die Böcke schon abgeworfen haben. Ob dies auch in Zukunft so bleiben wird, wenn man eingesehen hat, wie kostbar jeder Bock sein kann, ist fraglich.

Jagdgebiete und Bejagung

Als Entscheidungshilfe bei dem großen Angebot sollen hier kurz die wichtigsten Jagdgebiete und Jagdarten vorgestellt werden. Wo und wie man jagt, hängt oftmals nicht nur vom zeitlichen und finanziellen Spielraum ab, über den der Einzelne verfügen kann. Zumeist wird man eine Kombinationsjagd arrangieren, wobei die zusätzlich bejagte Wildart dann wohl den Ausschlag für das angepeilte Jagdrevier und den Zeitpunkt der Reise gibt.

Die Verbreitung des Sibirischen Rehwilds umfaßt ein riesiges Gebiet; als Inselvorkommen ist ansonsten nur als Gebiet die Region um Moskau zu nennen, wo es in einigen Militärrevieren ausgesetzt

Wladimir Ostanin, der „Bockvater von Kurgan“, vor seinen Hegeerfolgen auf der Jagdausstellung in Kurgan 1993: Seiner langjährigen Arbeit an der modernen Hege des Sibirischen Rehwildes ist es zu verdanken, daß es im westsibirischen Gebiet Kurgan – wo er tätig ist – den höchsten Bestand und die größte Wilddichte dieses Wildes gibt. Kein Wunder also, daß man gerade in Kurgan die größten Strecken erzielen und die stärksten Trophäen erbeutet

Links: Dank seiner relativ guten Wilddichte und hervorragenden Trophäenqualität ist Westsibirien zum weltbesten Jagdgebiet für den Sibirischen Rehbock avanciert. Rechts: Viele passionierte Bockjäger, die wie der Belgier GUSTAV OZMEC (links im Bild) schon überall in Europa Böcke bejagt haben, unterlassen es nicht, einmal auch auf den sibirischen Bockgiganten zu waidwerken

wurde. Allerdings hält dieses sehr beschränkte Vorkommen in jagdlicher Hinsicht keineswegs Vergleichen mit den Hauptjagdgebieten stand. Auf eine Reise nach Westsibirien, Altai und Tuwa, Transbaikalien oder Kasachstan, also in die angestammte Heimat des Sibirischen Rehbocks, sollte der eingefleischte Bockjäger nicht verzichten.

Westsibirien: Gilt momentan als eines der besten Jagdgebiete auf Sibirisches Rehwild und verfügt über eine Fläche von riesiger Ausdehnung. Die hier erlegten Böcke zeigten durchweg eine hervorragende Trophäenqualität. Ausgangspunkte sind Kurgan, Tscheljabinsk, Jekaterinburg, Omsk und Kemerowo, von wo aus man in die Rehwildreviere gebracht wird. Es hat sich aber in den letzten Jahren gezeigt, daß auch hier nicht alle Reviere gleich gut sind. Auch im riesigen Gebiet Kurgan oder Tscheljabinsk gibt es gute und schlechte Reviere – der Name selbst ist also immer noch keine Garantie für eine erfolgreiche Jagd.

Auch das Wetter kann eine ganze Jagdsaison kaputtmachen, wie z. B. im Herbst 1992 und 1994: Es gab im Sommer in Westsibirien sehr viel Regen, so daß die Getreidefelder gar nicht abgeerntet werden konnten. Die Böcke hatten dadurch zu Beginn der Bocksaison Ende August gute Deckung und waren kaum zu sehen, was sich negativ auf die Strecke auswirkte.

In diesen weitläufigen Flachlandrevieren, die häufig an die heimatlichen Gefilde erinnern, ist der Bestand des Rehwildes groß, seine jahreszeitlich bedingte Migration durch entsprechende Hegemaßnahmen gestoppt.

Zwei oder drei Jäger pro Gruppe werden in Jagdhäusern oder Zeltcamps untergebracht. Noch bis vor zwei Jahren reichten hier 2 bis 3 Jagdtage, um zwei oder drei Böcke zu strecken. Jetzt sind schon mindestens vier Jagdtage erforderlich. Gerade die besten Bockreviere im Südural (in den Gebieten Tscheljabinsk und Kurgan) können heute bequem mit einem Lufthansa-Direktflug Frankfurt-Jekaterinburg erreicht werden.

Die Bockreviere sind so ausgedehnt, daß man Böcke häufig wie auf einer Safari zunächst mit dem Geländewagen ausmacht und dann anpirscht. Auf Wunsch können auch Treibjagden organisiert werden, auf denen auch Elche oder Sauen vorkommen können.

In der Hauptjagdzeit Anfang September kann ein Jagdtag folgendermaßen aussehen: Um 4 Uhr Aufstehen und Frühstück. 4.30 Fahrt ins Revier. Zwischen 5 und 5.30 Uhr Morgendämmerung und Beginn der Jagd. 5.30 bis 9 oder 10 Uhr: An-

Die Brunft des Sibirischen Rehwildes – hier ein treibender Bock in der Region Tscheljabinsk – liegt einen Monat später als beim Europäischen Rehwild von Mitte August bis Mitte September

sitz, Pirsch, Autofahrt – je nach Situation. Danach Fleisch- und Trophäenbehandlung (Abkochen, Capes abziehen und einsalzen). 13 Uhr Mittagessen. Bis 15 Uhr Ruhezeit. 15 bis 17 Uhr Treibjagden auf Rehböcke. 17 bis 19.30 Ansitz, Pirsch, Autofahrt. 20.30 Abendessen. 21 bis 22 Uhr Teestunde, danach Nachtruhe.

Tuwa und Altai: Ein ganz anderes, in den Vorbergen mehr hügeliges, sonst berggiges Jagdgebiet. Deshalb werden hier neben den Fahrzeugen auch Pferde eingesetzt, damit der Jagdgast es nicht ganz so schwer hat. Der Bestand ist allerdings nicht ganz so hoch wie in Westsibirien, dafür sind die Böcke von außerordentlicher Güte.

Spezielle Programme konzentrieren sich vor allem auf die Vorberge. Doch sehr erfolgreich kann der Bock auch als Zusatztrophäe bei der herbstlichen Maraljagd – Altai und Tuwa (Sajanen) sind bekanntlich ausgezeichnete Maralgebiete – erlegt werden, so daß man zwei Jagdreisen zu einer verbinden kann. Den am Hang äsenden Bock hier anzupirschen, ist keine einfache, dafür aber umso reizvollere Aufgabe. Überall in den Revieren gibt es Wölfe, was das Wild außerordentlich vorsichtig macht.

Die Unterkunft erfolgt in einfachen Jagdhütten oder Zeltcamps, die Verpflegung ist bei guter Organisation ausreichend. Ich habe mich in Tuwa selber überzeugen können, daß die Gastjäger mit den besten Lebensmitteln versorgt werden, die bei der gegenwärtigen Versorgungslage überhaupt nur aufzutreiben waren.

Diese zwei Spitzenböcke liefern einen weiteren Beweis dafür, daß es auch in den Vorbergen des russischen Altai sehr starke Sibirische Böcke gibt

Transbaikalien: Auch in den hügeligen und bergigen Rehwildrevieren östlich vom Baikalsee, wie z. B. im Raum Tschita, kann man erfolgreich auf den Sibirischen Bock waidwerken. Angeblich soll es hier Böcke mit sehr großer Auslage geben, deren Geweih massig und grob geperlt ist. Sibirisches Rehwild ist in diesem Gebiet die Hauptwildart, Böcke gibt es „wie Hasen", wie man so schön auf Russisch sagt.

Auch hier kann man wie in Altai und Tuwa im Herbst in der sogenannten „Goldenen Taiga" (*slatnaja tajga*) auf der Isubrahirsch-Jagd auch einen Bock mitnehmen. Die Berge sind nicht sehr hoch, normalerweise um die 1.000 Meter, seltener 1.500 bis 1.800 m, so daß Pferde und russische Jeeps eingesetzt werden. Den Gastjägern stehen schlichte Jagdhütten (sog. Isbi) oder Zelte zur Verfügung. Als zusätzliche Trophäen können hier noch der Isubra-Hirsch, Elch, Keiler, Moschustier oder sogar der Steinauerhahn erbeutet werden. Die Vielfalt der Jagdmöglichkeiten in einer nicht gerade alltäglichen Landschaft macht gerade den Reiz dieses Jagdgebietes aus.

Kasachstan: Besonders interessant sind die Gebiete im Südosten, Osten und Norden Kasachstans. Wie in Altai und Tuwa ist auch hier der Rehwildbestand nicht hoch und in den weitläufigen Revieren ist man auf Pferde und Geländewagen angewiesen. Die Unterkunft bei diesen wahren Wildnisjagden während der Maral-Brunft im September erfolgt meist in Jagdhütten, Jurten oder Zeltcamps. Auch hier gibt es sehr viele Jagdmöglichkeiten; die Bockjagd kann man beispielsweise kombinieren mit der Jagd auf Maral, Sibirischen Steinbock oder Saiga, wobei oft ein Revierwechsel erforderlich ist, der aber völlig unproblematisch organisiert wird.

Wie man sieht, stehen zur Zeit zahlreiche sehr unterschiedliche Gebiete für die Jagd auf den Sibirischen Rehbock zur Disposition. Damit verbunden sind aber auch teilweise sehr unterschiedliche Jagdarten. Das ist gut so, würde doch eine Vereinheitlichung der Jagdarten der Bockjagd einen großen Teil ihres Reizes nehmen. Und wer einmal in Westsibirien dem Gekronten nachstellte, den wird vielleicht die nächste Saison nach Tuwa oder Altai locken – der Vergleich lohnt sich.

In Kasachstan gibt es zwar spezielle Bockjagden, der Sibirische Rehbock ist aber hier eher eine Zufallstrophäe wie bei dieser Kombijagd auf Steinbock und Maral im Dschungarischen Alatau Gebirge

Anders als in Osteuropa werden Jagden auf den Sibirischen Rehbock in der GUS normalerweise als Pauschalprogramme ab/ bis Moskau (inklusive einem Bock) angeboten. Das hat seine Vorteile, besonders wenn man ein gutes Revier zugeteilt bekommt, wo der Rehwildbestand hoch ist und es wirklich starke Trophäenträger gibt.

Wenn das gewährleistet ist und das Wetter mitspielt, hängt es vom Gast allein ab, was für ein Bock auf der Strecke liegen wird. Bei solchen Angeboten sollte es sich eigentlich um echte Trophäenjagd in den getesteten Revieren mit starken Böcken handeln; man schießt also nicht auf jeden

Bock, den man sieht, wie heftig auch immer man von den Jagdführern dazu gedrängt wird. Daß dies allerdings leichter gesagt als getan ist, davon weiß jeder Auslandsjäger ein Lied zu singen.

Pauschal oder nach Gewicht?

Im Augenblick sind die Pauschalpreise – wegen der großen Nachfrage – nicht mehr so günstig wie zu Anfang, aber immer noch relativ niedrig im Vergleich mit der Jagd auf kapitale Böcke in Osteuropa. Wenn man bedenkt, daß in den letzten Jahren viele Böcke erlegt wurden, die ein Geweihgewicht um 1.000 (!) Gramm und sogar mehr hatten, also in der Goldmedaillenklasse lagen, sind die augenblicklichen Abschußgebühren nicht zu hoch. Das wird erst klar im Vergleich mit den Abschußgebühren für Böcke aus Osteuropa (trotz besserem Service), wofür Böcke von 400 Gramm bereits 1.500 Mark, oder bei 500 Gramm mehr als 4.000 (!) Mark hingeblättert werden müssen.

Spezialangebote für ferner gelegene Ziele wie z. B. Altai sind wegen der höheren Flugkosten natürlich insgesamt etwas teurer.

Große Jagd zu kleinen Preisen – zur Zeit sind Bockjagden in der GUS noch erschwinglich und, was den Erfolg angeht, nicht so riskant. Im Gegenteil, die Chance ist hoch, daß der Jäger mit einer Spitzentrophäe heimkehrt, die sich bei anderen Wildarten wohl nur die wenigsten leisten können.

Wie es in Zukunft aussehen wird, hängt von vielen Faktoren ab. Die zu erwartende Steigerung der Flugpreise innerhalb der ehemaligen Sowjetunion ist einer davon, ein weiterer die Entwicklung und der Erfolg der Jagden selbst. Was im Augenblick fast noch wie ein Geheimtip klingt, kann in Kürze schon zum Boom werden; sollte die Nachfrage in der nächsten Zeit ganz erheblich zunehmen, wird man sich auch in der GUS bemühen, daraus ein größeres Geschäft zu machen.

Wer jetzt die noch günstigen Angebote nutzt, dürfte mit etwas Jagdglück wohl kaum enttäuscht nach Hause zurückkehren.

Moschustier

(Moschus moschiferus)

E: *Musk Deer*
R: *Kabarga*

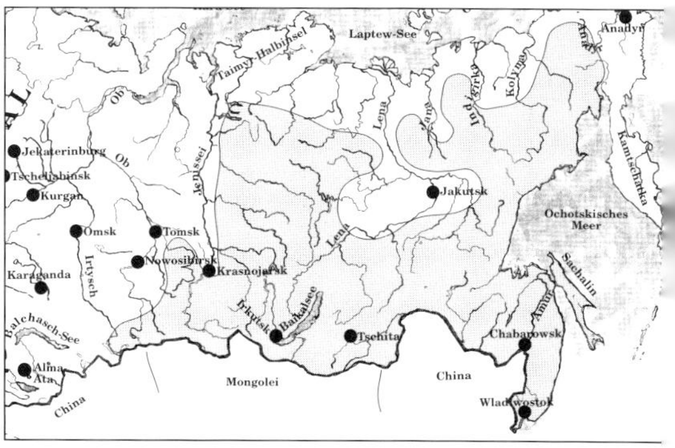

Das gemsenhaft gewandte Moschustier unterscheidet sich durch sein Aussehen stark von den übrigen Hirsch- und Schalenwildarten. Dieser geweihlose Primitivhirsch ist die einzige Hirschart, die mit Hilfe seiner scharfen Schalen sogar auf schrägstehende Bäume klettern kann, um die Baumflechten – seine Hauptäsung – zu erreichen. Bisher war es unter westlichen Auslandsjägern fast unbekannt, so daß es kaum Jagdangebote auf diesen Exoten gibt.

Das Moschustier – das auf der Welt nur in Asien zu Hause ist – lebt sehr heimlich, und ist wohl eine der am wenigsten erforschten Wildarten der russischen Taiga.

Russische Wildbiologen unterscheiden

drei Unterarten auf dem Gebiet der GUS, deren Unterschiede aber nur geringfügig sind:

Sibirisches Moschustier *(Moschus moschiferus moschiferus)*, die größte Form, verbreitet im gesamten sibirischen Teil des Art-Areals, ausgenommen Amur-Gebiet, Region Primorje und Sachalin; **Fernöstliches Moschustier** *(M. m. parvipes)*, etwas kleiner als vorige Unterart, lebt im Amur-Gebiet und in der Region Primorje; **Sachalinisches Moschustier** *(M. m. sachalinensis)*, relativ kleine Unterart von der Insel Sachalin, dessen Bestand sich stark verringert, weshalb sie als einzige Unterart ihren Platz im „Roten Buch" der früheren Sowjetunion (zweite Kategorie) gefunden hat.

Geschlechtlich bedingte Unterschiede in den Abmessungen und im Gewicht sind gering. Die Widerristhöhe erwachsener Hirsche 56–67 cm, selten bis 80 cm, ihre Kreuzhöhe 67–80 cm, Lebendgewicht 15–17 kg.

Trophäe: Aus dem Oberkiefer der älteren Hirsche ragen 10 bis 12 cm lange Eckzähne, die die eigentliche Trophäe dieses geweihlosen Hirsches darstellen. Die stark ausgebildeten, säbelförmigen Hauer des Hirsches haben die gleiche Funktion wie das Geweih: sie sind als sekundäres Geschlechtsmerkmal eine Kampfwaffe in der Brunftzeit und zur Verteidigung gegen Feinde. Die Eckzähne des Hirschtiers sind nur rudimentär vorhanden. Diese Wildart wird in ihrer sibirischen Heimat nicht wegen des Wildbrets bejagt, sondern oder hauptsächlich wegen des Drüsenbeutels am Bauch des Hirsches, in dem sich der zur Parfümherstellung verwendete Moschusstoff befindet.

Da der Moschushirsch kein Geweih trägt, gelten seine auffällig langen Hauer als jagdliche Trophäe

Lebensraum: Das Moschustier bewohnt den mittleren Gürtel der Gebirgstaiga bis 1.600 m, besonders Gegenden mit einzeln stehenden Felsen (auf die es auf der Flucht vor Feinden flüchtet), die mit Nadelwald umgeben sind. Es meidet ebene Gebiete ohne Felsen (da es im ebenen Gelände schnell von Hunden und Wölfen eingeholt werden kann) sowie sumpfige Wälder, so daß seine Verbreitung einen zwangsläufig mosaikartigen Charakter aufweist.

Das Moschustier führt ein seßhaftes Leben in einem relativ kleinen Waldlebensraum (200 bis 300 ha), jahreszeitlich bedingte Migrationen sind gering (maximal zwischen 1 bis 5 km). Sein Bett bezieht das Moschustier unweit von Felsen oder sogar mittendrin, manchmal auch im dichten Gras. Im Lager drückt es sich und läßt den Menschen oft dicht an sich herankommen.

Lebensgemeinschaft, Brunft: Das Moschustier hält sich normalerweise einzeln oder in kleinen Gruppen von 2 bis 3 Stück (Tier mit Jungwild) auf. Die Brunft fällt in die Monate November/Dezember. Nur zu dieser Zeit sind erwachsene Moschustiere auch in Gruppen zu 3 bis 4, seltener 5 bis 7 anzutreffen, während sich das Jungwild gesondert hält. In der Paarungszeit kommt es auch zu Kämpfen unter rivalisierenden Hirschen.

Die Tragzeit dauert 185–195 Tage. Im Juni setzt das Tier gewöhnlich zwei, seltener ein oder drei Kälber. Geschlechtsreife tritt im Alter von 15–17 Monaten ein.

Verbreitung, Bestand: In der GUS sehr weit verbreitet, mehr als die Hälfte (die gesamte Nordhälfte) des Artareals liegt in dieser Staatsgemeinschaft. Das

Moschustier kommt vor in Ostsibirien (Tschukotka und Kamtschatka ausgenommen) bis zum Ochotskischen Meer und Mittelsibirien nach Westen bis Jenissei und Altai sowie in den Sajanen, im Norden bis zur Waldtundrazone, im russischen Fernen Osten (Amur-Gebiet und Region Primorje) sowie auf der Insel Sachalin.

In den 80er Jahren betrug der Gesamtbestand in der früheren Sowjetunion 300.000 Stück, der Jahresabschuß lag bei 10.000. Im Gebiet Irkutsk lebten 15.000 Exemplare (von 1.000 Lizenzen pro Jahr wird nur die Hälfte genutzt), im russischen Fernen Osten zirka 55.000–70.000 Stück (Jahresabschuß 4.000 bis 5.000), in der Region Chabarowsk 4.500 (Jahresstrecke 300).

Bejagung: Es gibt momentan kaum Spezialjagden auf diese faszinierende Hirschart. Das Moschustier wird immer noch nur als Zufallsbeute während der Maraljagden in Altai und Sajanen, oder auf der Schneeschafjagd im Dschugdschur-Gebirge im fernöstlichen Chabarowsk erbeutet.

Wegen seiner heimlichen Lebensweise kommt das Moschustier auf der Jagd in der sibirischen Taiga nur ausgesprochen selten in Anblick

Das bisherige Desinteresse für die Jagd auf Moschushirsch ist wohl auf die Unkenntnis des spannenden Jagdablaufs – die sowohl von Jägern wie von Laikahunden einiges an Wissen und Können abverlangt – auf diesen Exoten zurückzuführen. Auch russische Moschushirsch-Experten wie S. Ustinow sind davon überzeugt, daß diese Jagden echten Waidmännern gefallen müßten und daß es für den russischen Jagdtourismus sehr wichtig sei, diese Hirschart ausländischen Gästen näherzubringen.

Im Prinzip wären (wie auch bei einheimischen Taigajägern üblich) zwei Jagdarten möglich. Die größten Chancen auf einen jagdlichen Erfolg bietet der Einsatz von Laikahunden. Dabei macht man sich die Eigenschaft des Moschushirsches – der ein guter Kletterer ist – zu Nutze, bei Gefahr vor Wolf oder Vielfraß auch auf den schmalsten waagerechten Felsvorsprung (sog. „*Otstoj*“) zu springen. Solche Stellen prägen sich alle Moschustiere gut ein.

Einen aus dem Bett hochgemachten Moschushirsch treiben Laikahunde auf solch einen Felsvorsprung, wo sie ihn stellen, bis der Jäger kommt. Zu diesem Zweck muß ein Laika unbedingt zwei Eigenschaften besitzen: Schnelligkeit und Ausdauer, denn nur bei einer schnellen und hartnäckigen Verfolgung flüchtet der Moschushirsch auf den „*Otstoj*“.

Eine andere interessante Jagdart ist im Herbst möglich, wenn bereits Schnee liegt (im Gebiet Irkutsk etwa ab 1. Oktober): Der Jäger folgt einer frischen Moschusfährte bis zum Hirschbett, muß dann aber schnell und genau schießen können, wenn das Wild plötzlich vor ihm flüchtig wird.

Kropfgazelle

(Gazella subgutturosa)

E: *Goitered Gazelle*
R: *Dschejran*

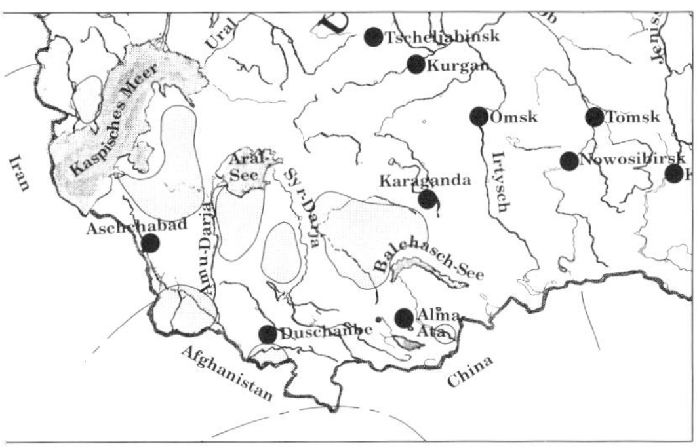

Diese asiatische Gazelle war früher in den Wüsten und Halbwüsten Zentralasiens und Transkaukasiens weit verbreitet. In den 30er und 40er Jahren des 20. Jahrhunderts verringerte sich aber ihre Zahl in der früheren Sowjetunion so dramatisch, daß sie unter Schutz gestellt werden mußte. In den letzten Jahrzehnten erholte sich ihr Bestand wieder, und seit ein paar Jahren ist eine streng begrenzte Bejagung durch ausländische Jagdgäste wieder möglich.

Bei der Kropfgazelle handelt es sich um eine Antilope von mittlerer Größe und leichtem Körperbau. Bei den Böcken tritt in der Brunft der Kehlkopf als kleiner Kropf (daher der Name „Kropf-Gazelle") an der Kehle hervor. Wie die Mongolische Gazelle hat auch sie einen großen Spiegel, nur ist der Basisteil ihres Wedels nicht weiß, sondern sandfarben-braun und die Wedelspitze schwarz (ihr Wedel ist also zweifarbig). Dadurch kann sie leicht von der Mongolischen Gazelle unterschieden werden. Auf dem Gebiet der GUS lebt eine besondere Unterart *Gazella subgutturosa subgutturosa* (engl. *Persian Goitered Gazelle*).

Die Widerristhöhe erwachsener Böcke beträgt 64 bis 75 cm, bei einem Gewicht von 23 bis 33 kg. Geißen sind etwas kleiner.

Trophäe: Der Bock trägt schwarze leierförmig gekrümmte Hörner, die (Spitzen ausgenommen) wellenförmige ringartige Verdickungen aufweisen. Die Hornlänge entlang der Krümmung liegt zwischen 25 und 44 cm bei ausgewachsenen Stücken, Basisumfang bis etwa 11 cm. Geißen sind hornlos. Eine starke Trophäe aus der früheren Sowjetunion wurde auf der internationalen Jagdausstellung in Plovdiv 1981 gezeigt: Erleger N. KARIMANOW, Erlegungsort Buchara-Gebiet 1967, Hornlänge (Angaben links/rechts) 43,4/43,7 cm und Basisumfang 11,1/11,3 cm.

Lebensgemeinschaft, Brunft: Im Sommer leben Kropfgazellen einzeln oder in Gruppen von 2 bis 8 Stück, im Herbst und Winter bilden sich größere Rudel, die mehrere Dutzend bis zu Hunderten von Stücken umfassen können.

Die Brunft findet im November/Dezember statt. Die Geißen bringen ihre Kitze Ende April/Mai zur Welt, die Hauptsetzzeit fällt in die Zeit von Mitte bis Ende Mai. Eine Geiß setzt 1 bis 3, gewöhnlich 2 Kitze. Der Jahreszuwachs kann 50 bis 60 Prozent des Bestandes erreichen.

Verbreitung, Bestand: Die Kropfgazelle lebte früher in fast allen flachen Gebieten der Halbwüsten- und Wüstenzonen Mittelasiens und Kasachstans. Heute ist ihr Vorkommen in Turkmenistan und Kasachstan mehr sporadisch. In Kasachstan findet man sie in den isolierten Populationen auf dem Mangyschlak, dem Ustjurt,

In den flachen Gebieten der Wüsten und Halbwüsten des westkasachischen Mangyschlak sind Kropfgazellen immer noch relativ zahlreich und können daher im kleinen Rahmen von ausländischen Gästen bejagt werden

in Karakumy, Kysylkum, Betpak-Dala und im Balchasch-Gebiet. In Turkmenistan ist ihr Areal auf 60 Prozent des ursprünglichen Lebensraumes geschrumpft, und heute auf vier Hauptvorkommen konzentriert: Kaplankyr, Ungus, Karabil und Badchys. In Mittelasien und Kasachstan gab es Ende des 19. und zu Beginn des 20.

Die zierliche Kropfgazelle stellt eine Bereicherung der Strecke während der Urialjagden im mittelasiatischen Westen dar, ist also weniger attraktiv als etwa die Saigaantilope

Jahrhunderts einige hunderttausend Kropfgazellen, heute nur noch etwas über 10.000 Stück, die geschützt sind (zweite Kategorie im „Roten Buch" der früheren Sowjetunion).

Bejagung: Erst seit 1992 ist in einigen stabilen Vorkommen Kasachstans und Turkmenistans eine streng limitierte Bejagung der Kropfgazelle für devisenbringende Auslandsjäger wieder möglich. Die Einnahmen sollen in den weiteren Schutz dieser Wildart investiert werden.

In Kasachstan ist nur in Kombination mit anderen Wildarten eine Jagd machbar: Eine Abschußgenehmigung wird normalerweise nur denjenigen Gästen erteilt, die eine Jagd auf den transkaspischen Urial in der Nähe von Aktau im Küstengebiet des Kaspischen Meeres gebucht haben.

Auch in Turkmenistan ist gewöhnlich Gazellenjagd nur in Kombination mit der Urialjagd im Kopetdag möglich. Wenn der Urialwidder nach einigen Tagen erlegt wurde, ist ein Revierwechsel nötig. Man verläßt das Kopetdag-Gebirge und fährt mit dem Auto ins Flachland, wo die Kropfgazellen stehen. Jährlich werden nur ein paar Abschüsse an ausländische Jagdgäste vergeben.

Mongolische Gazelle

(Procapra gutturosa)

E: *Mongolian Gazelle* oder *Zeren*
R: *Dseren*

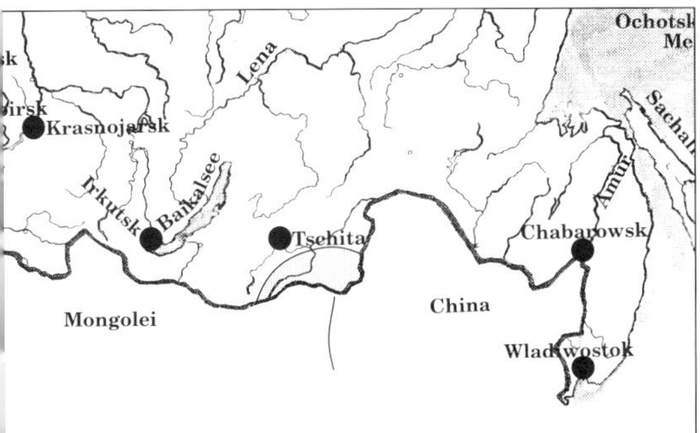

Auf dem Gebiet der GUS befindet sich der äußerste nördliche Randteil des Lebensraumes dieser seltenen Gazelle. Die Mongolische Gazelle ist in Rußland vom Aussterben bedroht und streng geschützt (erste Kategorie im „Roten Buch" der früheren Sowjetunion). Aus diesem Grund hat sie zur Zeit keine Bedeutung für den russischen Jagdtourismus. Die Mongolische Gazelle ist eine Antilope von gedrungenem, jedoch graziösem Körperbau. Bei den Böcken tritt wie auch bei der Kropfgazelle am Träger der stark entwickelte Kehlkopf wie ein kleiner Kropf hervor. Widerristhöhe erwachsener Böcke: 62 bis 84 cm, Gewicht 24 bis 39 kg.

Trophäe: Nur die Böcke tragen dunkelgraue oder schwarze leierförmige Hörner, an denen (Hornspitzen ausgenommen) sich ringartige Verdickungen befinden. Hornlänge 18 bis 31 cm, Basisumfang bis etwa 10 cm. Der auf der Weltjagdausstellung in Plovdiv 1981 ausgestellte mongolische Bock hatte eine Hornlänge (Angaben links/rechts) von 31,8/31,0 cm und einen Basisumfang von 10,0/10,1 cm.

Verbreitung, Bestand: Früher existierten auf dem sowjetischen Gebiet drei isolierte Vorkommen: im Südostaltai (Tschuja-Steppen), im Süden des Tuwinischen Gebietes und im Südosten Transbaikaliens zwischen den Flüssen Onon und Argun. Außerhalb der GUS ist diese Gazelle in den Steppen und Halbwüsten der Mongolei, der Inneren Mongolei und im Nordostteil von Gansu (China) gut vertreten.

Ihr Bestand auf dem Gebiet der GUS ist unbeständig und von der Zahl der jeweils aus der Mongolei eingewanderten Individuen abhängig. Das letzte Mal wurden große Herden von vielen tausend Stück in den südöstlichen Steppen Transbaikaliens in den Wintern 1925/26 und 1944/45 registriert. Seit Mitte der 70er Jahre begegnete man lediglich in den Steppen zwischen den Flüssen Onon und Argun nur noch einzelnen Gazellen oder viel kleineren Herden (bis insgesamt 200 Stück).

Bejagung: Da die Mongolische Gazelle in Rußland nur unregelmäßig vorkommt und stark vom Aussterben bedroht ist, steht sie unter Schutz. Ihre Bejagung ist nur in ihrem Hauptvorkommen in der Mongolei möglich.

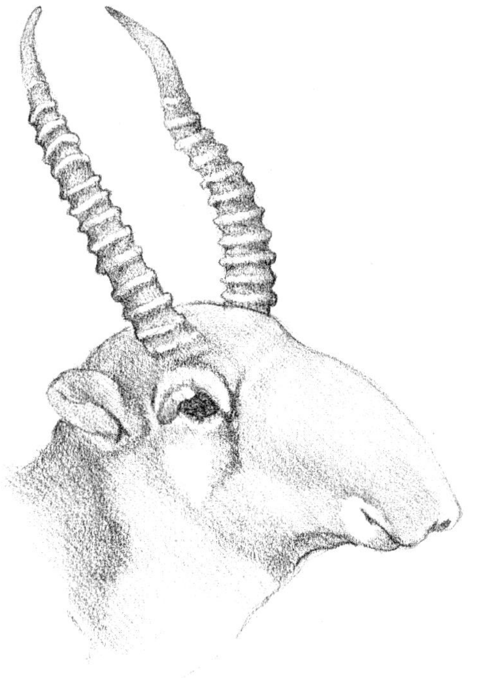

Saiga

(Saiga tatarica)

E: *Saiga*

R: *Sajga* oder *Sajgak*

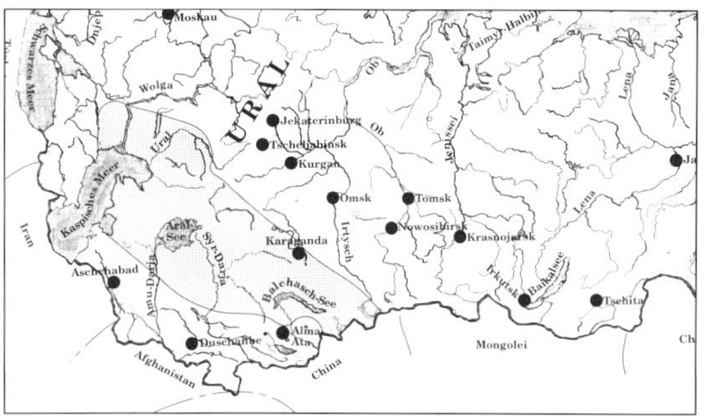

Die Saiga-Antilope aus den unendlichen kalmykischen und kasachischen Steppen ist ihrer Trophäe und ihrem Aussehen nach wohl die außergewöhnlichste Wildart der GUS. Charakteristisch ist ihre stark ausgeprägte, bucklige, überstehende Gesichtsoberpartie (Ramsnase).

Die Widerristhöhe erwachsener Saigaböcke liegt zwischen 69 bis 79 cm, das Lebendgewicht beträgt 35 bis 60 kg.

Trophäe: Halbdurchsichtige und wachsfarbene Hörner mit dunklen Spitzen. Ihre leicht leierförmig gekrümmten Hörner (das obere Drittel ausgenommen) haben ringförmige Wülste und liegen zwischen 28 und 41,5 cm, Basisumfang bis etwa 12,5 cm. Sie sind eine für die GUS sehr typische und geschätzte Trophäe. Geißen sind hornlos. Die auf der Weltjagdaustellung in Plovdiv 1981 gezeigte Saiga-Trophäe (erlegt 1980 in Kalmykien von E. KANDUROW) hatte eine Hornlänge (Angaben links/rechts) von 40,4/41,4 cm und einen Basisumfang von 12,5/12,3 cm.

Lebensgemeinschaft, Brunft: Saigas sind ein typisches Rudelwild. Die Größe des Rudels liegt zwischen 30 und 40 Stück, es kann aber zeitweise auch zu Großrudeln von 100 bis 500 teilweise bis über 1.000 kommen.

Die Brunftzeit ist gebietsabhängig. Am Westufer der Wolga dauert sie von Ende November bis Ende Dezember, in der Kalmykensteppe liegt die Hochbrunft in der zweiten Dezemberhälfte, in Kasachstan 10 Tage später.

Vor der Brunft verschafft sich der Saigabock ein kleines Brunftrudel von 5 bis 10 Geißen (maximal 40 bis 50), das er gegen Nebenbuhler entschlossen verteidigt.

Die Tragezeit dauert 5 Monate, die Setzzeit ist gebietsabhängig und erstreckt sich von Ende April (am Westufer der Wolga) bis Ende Mai (Zentralkasachstan). Eine Saigageiß setzt in der Regel zwei Kitze.

Lebensraum: Die Saiga ist ein Bewohner von Ebenen, in erster Linie von trockenen Steppen und Halbwüsten mit festem Grund, meidet Berge und stark zerklüftetes Gelände. Nur im Winter sucht sie Schutz vor Wind während der Schneestürme auf unebenen Sandflächen oder in der hügeligen Steppe. Saigas befinden sich zwar ständig auf Wanderung, regelmäßige jahreszeitliche Wanderwege sind jedoch nicht für alle Vorkommen charakteristisch. Im Winter ziehen sie in schneearme Regionen (in Kasachstan beginnen diese Bewegungen Richtung Süden bereits im September und dauern den ganzen Herbst über), im Sommer wiederum in die Gegenden, wo es viel Regen und somit gute Äsung gibt (in Kasachstan beginnen diese Migrationen Richtung Norden im April/Mai).

Verbreitung, Bestand: In den 20er Jahren unseres Jahrhunderts wurde noch ein Aussterben dieser interessanten Art befürchtet. Deshalb wurde sie unter Schutz gestellt. In den Jahrzehnten danach passierte das „Russische Wunder": Schon zu Beginn der 50er Jahre erholte sich der Bestand, und die Saiga gehörte wieder zum gewohnten Bild vieler Steppen- und Halbwüstenregionen vom Küstengebiet des Kaspischen Meeres bis zur Wüste Betpakdala in Kasachstan. Russische Jäger und Wildbiologen betrachten ihre Erfolge um die Rettung der einst fast ausgerotteten Saiga-Antilope als das beste Beispiel für eine vernünftige Behandlung bedrohter Tierarten.

In der Ferne eine äsende Saigaherde. Die einzelnen Tiere erscheinen nur als kleine weiße Punkte in der gelblich-bräunlichen Steppe

Das Areal der Saiga-Antilope umfaßte in der früheren Sowjetunion Ende der 60er Jahre 2,5 Mio. Quadratkilometer, bei einem Gesamtbestand von 2 Millionen Stück. Ihr Vorkommen war auf zwei Gebiete verteilt: Kalmykische Steppe und Kasachstan, wo sich ihr Hauptbestand (damals 1,5 Mio.) befand. Danach verkleinerte sich ihr Lebensraum, und die Population ging zurück.

Nach Zählungen in den Jahren 1985 bis 1990 blieb ihr Bestand in Kalmykien auf dem Niveau von 125.000 bis 150.000 Stück, während in Kasachstan im gleichen Zeitraum 600.000 bis 750.000 Stück gezählt wurden (SOKOLOW, 1991). Die Saiga-Antilopen werden nicht mehr so intensiv jagdwirtschaftlich genutzt wie in den Jahrzehnten nach dem Krieg. Dennoch ist in Kasachstan die Jagd für Gäste möglich und sehr erfolgversprechend.

Bejagung: Bisher war die Saiga-Antilope nicht geschützt. Auf der letzten Welt-Artenschutzkonferenz der CITES-Staaten Ende 1994 in Fort Lauderdale/USA wurden aber Saiga-Antilopen in den Anhang 2 der Konvention aufgenommen, der den Handel nur noch unter Kontrolle zuläßt.

Eine Saigaherde an der Tränke im Turgai-Gebiet Zentralkasachstans

Die Saiga-Antilope ist nur in der GUS bejagbar, zur Zeit dort auch nur das Hauptvorkommen in Kasachstan, während das kleinere Vorkommen in Kalmykien vorübergehend geschützt ist. Die Jagd (Pirschfahrt oder Drückjagd) in offener Steppe ist einfach und sehr erfolgreich. Wer schnell und gut freihändig auf bewegliche Ziele zu schießen vermag, kann leicht auch mehrere starke Saigaböcke erlegen.

Über Saigajagden in der kasachischen Steppe wurde bereits mehrmals in der Jagdpresse berichtet. Übliche Jagdmethode ist heute eine Art Steppendrückjagd: Auf einer Pirschfahrt mit dem Geländewagen wird erst eine große Saigaherde (mindestens 1.000 Stück) bestätigt, Gastjäger werden günstig postiert, Jagdhelfer mit großem Abstand (2 bis 3 km) abgestellt, und die Herde wird mit dem Wagen vorsichtig in Richtung der Jäger „gedrückt". Wenn die flüchtende Herde an diesem vorbeistürmt, muß man schnell ansprechen und oft hochflüchtig schießen.

Jagdzeit September bis Dezember. In der Regel wird Saiga in Kasachstan (mit einem Revierwechsel) als Kombination mit Maral- oder Steinbockjagd angeboten.

Der erfahrene Moskauer Berufsjäger SASCHA OVCHAROV (rechts, während einer Saigajagd in der kalmykischen Steppe) hat seit Beginn des Jagdtourismus in der früheren Sowjetunion vielen einheimischen Veranstaltern von Smolensk bis Tschukotka und Mittelasien geholfen, erfolgreiche Jagdprogramme aufzubauen

Goral

(Nemorhaedus goral)

E: *Goral*
R: *Goral*

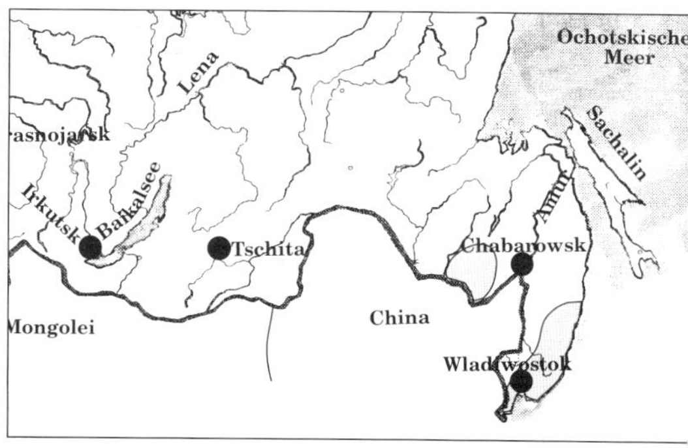

Der Goral ist ein Wild von kompaktem Körperbau mit kurzen und kräftigen Läufen. Er ähnelt am meisten dem Gamswild, weshalb er auch Amurgams genannt wird. Der Goral hat jedoch kleinere Hörner (die im Unterschied zur Gams keine Hakelung aufweisen) und einen sehr charakteristischen, langen Wedel (mit Haaren kann er bis 45 cm lang sein). Der Goral ist in Rußland im äußersten nördlichen Teil seines Verbreitungsgebietes vom Aussterben bedroht.

Im Westen existieren nicht einmal Fotos vom gamsähnlichen Goral (weshalb er auch Amurgams genannt wird) in seinem natürlichen Lebensraum

Auf dem Gebiet der GUS lebt eine besondere Unterart: der **Amur-Goral** *(N. g. caudatus* syn. *raddeanus,* engl. *Chinese Goral*, russ. *Amurski goral*).

Widerristhöhe erwachsener Böcke 69 bis 74 cm (maximal 78 cm), Durchschnittsgewicht 32 kg, maximal bis 42 kg. Die Geißen sind etwas kleiner.

Trophäe: Gorale tragen kleine schwarze Hörner, die nach hinten gerichtet sind. Sie laufen spitz zu, und in ihrem unteren Teil befinden sich Querringe. Hornlänge der Böcke bis 21 cm, Basisumfang 7 bis 8 cm. Die Geißen haben kleinere (bis 19 cm) und dünnere Hörner.

Lebensgemeinschaft, Brunft: Gorale sind kein Rudelwild. Sie halten sich einzeln oder in kleinen Gruppen (nicht mehr als 4 bis 6 Stück) auf. Die Geißen leben mit dem Jungwild im Sommer gesondert.

Über den Ablauf der Goralbrunft ist wenig bekannt. Die Paarungszeit im September/Oktober verläuft ziemlich unauffällig. Die Tragzeit erstreckt sich über 250 bis 260 Tage, die Geiß setzt Ende Mai/Anfang Juni ein, seltener zwei Lämmer.

Lebensraum: Der Goral ist ein typisches Bergwild, das im schwerzugänglichen Gelände auf einer Höhe zwischen 500 und 1.000 m lebt. Im Süden des Fernen Osten bewohnt er sowohl abschüssige Küstenfelsen wie auch bewaldete Hänge im inneren Teil des Sichote-Alin mit vielen Geröllhalden.

Verbreitung, Bestand: Der Goral lebt im russischen Fernen Osten in den Regionen Chabarowsk und Primorje. Früher bewohnte er das gesamte Gebirgssystem Sichote-Alin, die Gebirge im Einzugsgebiet der Flüsse Rasdolnaja und Ilistaja, sowie das Bureja-Gebirge.

Heute ist sein Areal in der GUS in drei isolierte Vorkommen zerfallen: die südliche Hälfte des Sichote-Alin (wo sich das größte Reservat mit 250 Goralen befindet), Tschernyje Gory und der südwestliche Teil des Bureja-Gebirge.

Ende des vorigen Jahrhunderts gab es in der Region Primorje schätzungsweise 2.000 Gorale, heute leben im Süden des russischen Fernen Ostens nur noch 600 bis 750 Stück.

Artenschutz: Geschützt wird der Goral in den fernöstlichen Reservaten Sichote-Alin und Laso, sowie im Wasilkow-Schongebiet. Als eine vom Aussterben bedrohte Wildart steht er im „Roten Buch" (erste Kategorie) der Ex-Sowjetunion, fällt außerdem auch unter den internationalen Artenschutz (Anhang I des WA).

Bejagung: Die Jagd auf den Goral wurde bereits im Jahre 1922 für einheimische Jäger verboten. Früher bejagte man ihn auf der Pirsch und auf Drückjagden, sowie vom Ansitz und durch Heranfahren mit dem Boot an die Felsen.

Da ihm heute immer noch das Verschwinden aus der russischen Fauna droht, gibt es keine Goraljagden für ausländische Jagdgäste.

Gamswild

(Rupicapra rupicapra)

E: *Eurasian Chamois*

R: *Serna oder Tschjornyj kasjol*

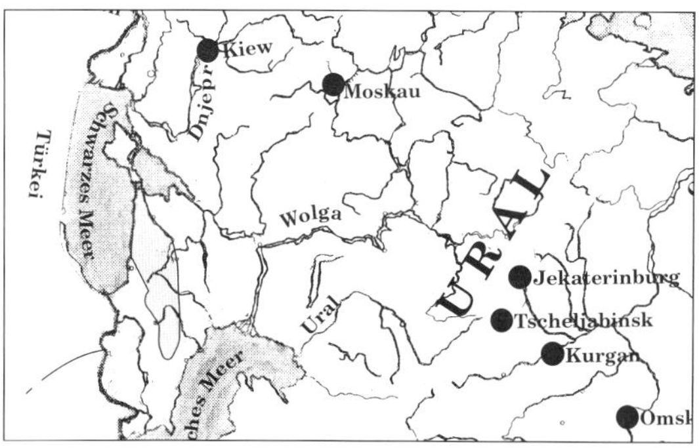

Auf dem Gebiet der GUS lebt nur eine Unterart: das **Kaukasische Gamswild** *(Rupicapra rupicapra caucasica*, engl. *Caucasian Chamois*, russ. *Kawkasskaja serna*) im Kaukasus.

Das kaukasische Gamswild unterscheidet sich nicht wesentlich von der Alpengams, nur sind die Krucken nicht so stark. Widerristhöhe 78 bis 86 cm, Kreuzhöhe 84 bis 94 cm, Lebendgewicht erwachsener Böcke bis 40 kg.

Trophäe: Böcke haben stärkere Krucken als Geißen, ihre Hörner sind länger, dicker und stärker gehakelt, trotzdem sind Böcke im Gelände schwer von den Geißen zu unterscheiden. Hornlänge 20–25 cm.

Lebensgemeinschaft, Brunft: Lebt in kleineren Rudeln von 15 bis 20 Stück, seltener mehr. Einzelgänger kommen ebenfalls vor. Im Sommer sind die Rudel gemischt, aus allen Altersklassen, während sich im Herbst erwachsene Böcke von den Geißen und Jungwild gesondert aufhalten.

Brunft von November bis Mitte Dezember. Tragzeit 150 bis 160 Tage, Setzzeit

Der Kaukasische Gamsbock ist schwächer als sein Vetter aus den Alpen oder Südkarpaten, dafür ist seine kaukasische Hochgebirgsheimat von einmaliger Schönheit und seine Bejagung hochinteressant

(ein, seltener zwei Kitze) im Mai/Juni. Geschlechtsreife der Böcke im dritten, der Geißen im zweiten Lebensjahr.

Lebensraum, Migrationen: Der typische Lebensraum des kaukasischen Gamswildes sind steile und felsige Gebirgshänge, der sich allerdings in der Vertikalen von 400 bis (im Sommer) 3.500 bzw. 4.500 m erstrecken kann. Es ist sowohl im Waldgürtel wie auf den alpinen und subalpinen Wiesen anzutreffen.

Zum Winter ziehen die meisten Gamsen von alpinen Wiesen nach unten in den Wald hinab, im Frühjahr steigen sie wieder höher in die Berge hinauf. Diese jahreszeitlich bedingten Wanderungen betragen in der Vertikalen 1.500 bis 2.000 m, während ihre räumliche Weite zwischen 20 und 25 km liegt.

Verbreitung, Bestand: Bewohnt die ganze Großkaukasus-Kette sowie einige Gebirge des Kleinen Kaukasus und Transkaukasiens. Das Gebiet seines ständigen Vorkommens beginnt im Großen Kaukasus von Westen mit dem Goitcher-Paß (Oberlauf des Flusses Pschisch) und erstreckt sich über beide Gebirgsseiten weiter nach Osten bis zum Babadag-Gebirge, die östlichen Hänge vom Schachdag-Gebirge eingeschlossen. Gesamtbestand 15.000 bis 20.000 Stück.

Bejagung: Für Einheimische herrscht ein Jagdverbot. Ausländische Jäger, die seit 1990 im Westkaukasus auf den Kuban-Tur jagen, können auch einige wenige Gamslizenzen bekommen. Kaukasusgams wird also in der Regel bei der Turjagd im gleichen Revier als Zusatztrophäe erbeutet. Anreise, Unterkunft, Verpflegung und Jagdarten wie bei den kaukasischen Turen (siehe Seite 163).

Moschusochse

(Ovibos moschatus)

E: *Muskox*
R: *Owzebyk*

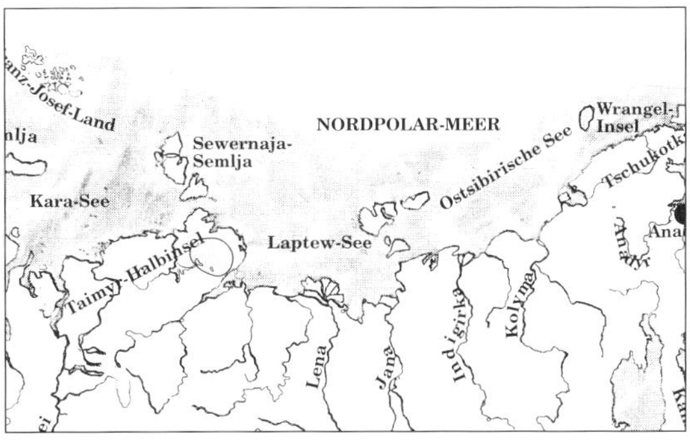

Nach dem dramatischen Bestandsniedergang und der drohenden Gefahr der Ausrottung des „Polarbüffels“ um 1900 ist der Bestand des Moschusochsen heute gesichert und eine vorsichtige Bejagung durch Eskimos und Gastjäger bereits wieder möglich. In Rußland ist er aber erst vor 20 Jahren erfolgreich eingebürgert worden. Sein Bestand ist jedoch immer noch zu gering, so daß er im Augenblick noch keine Bedeutung für den Jagdtourismus besitzt.

Systematisch hat der Moschusochse eine Stellung zwischen den Wildschafen und Rindern, worauf auch der russische Name *„owze-byk"* (wörtlich „Schaf-Ochse") hinweist. Dieses Polarwildrind mit charakteristischem dichtem und langem Haarkleid erreicht eine Widerristhöhe von 110 bis 145 cm und ein Körpergewicht bis 300 kg. Die Kühe sind kleiner als die Bullen und bilden schwächere Hörner.

Die Hornform des Moschusochsen erinnert an die gedrehten Hörner eines Hausschafbockes. Die Hörner der alten Bullen schließen sich an der Basis und bilden wie bei den afrikanischen Kaffernbüffeln einen massiven Hornhelm.

Die Ansiedlung des Moschusochsen in der früheren Sowjetunion betrachten nicht nur russische Wildbiologen als ein einzigartiges Experiment. So wurden 1974–1975 rund 50 Stück dieses Wildrindes aus Kanada und Alaska in die russische Arktis gebracht. Auf der Taimyr-Halbinsel wurden 30, auf der Wrangel-Insel 20 Moschusochsen eingebürgert, die alle heute frei leben.

Im Jahre 1981 betrug der Gesamtbestand 68 Stück, vier Jahre danach 130, zu Beginn der 90er Jahre ganze 300 Exemplare. Eine natürliche Population lebt außerhalb Asiens in Kanada und Grönland. Der Bestand des Moschusochsen dürfte heute weltweit etwa 50.000 Stück betragen, so daß sein globales Vorkommen gesichert ist.

WILDZIEGEN
(Capra)

Die Klassifikation der GUS-Wildziegen umfaßt 4 Untergattungen der heute vorkommenden Wildziegen:

Sibirischer Steinbock *(Capra sibirica)*
- **Altai-Steinbock** *(C. s. sibirica)*
- **Mittelasiatischer Steinbock** *(C. s. alaiana)*

Kaukasische Ture *(Capra caucasica)*
- **Kuban-Tur** *(C. c. caucasica)*
- **Dagestan-Tur** *(C. c. cylindricornis)*

Bezoarziege *(Capra aegagrus)*
- **Kaukasische Bezoarziege** *(C. a. aegagrus)*
- **Turkmenische Bezoarziege** (C. *a. turcmenica)*

Markhor *(Capra falconeri)*
- **Buchara-Markhor** *(C. f. heptneri)*

Allgemeines: Die Trophäen der Wildziegen sind bei den internationalen Jägern sehr begehrt. Die Bergjagd auf Ziegen ist wesentlich billiger als die Schafjagd, aber viel anstrengender, da die Wildziegen als reines Gebirgswild felsige und steilste Gebirge bewohnen, meistens in extremen Höhen. Nur die ganz wenigen Lizenzen für den seltenen Markhor kommen mit ihren stolzen Preisen in die höchste Preiskategorie der Schafjagden.

Da die einzelnen Unterarten der Wildziegen (mit Ausnahme der kaukasischen Ture) bei den Jagdangeboten keine so wesentliche Rolle spielen wie bei den Wildschafen, wird nachfolgend nur innerhalb genannter Untergattungen auf sie eingegangen. Lediglich beide kaukasische Ture werden gesondert behandelt.

Sibirischer Steinbock

(Capra sibirica)

E: *Siberian Ibex* oder *Asian Ibex*
R: *Sibirski gornyj kasjol*

Wer einmal einen gewaltigen, 130 Kilogramm schweren Sibirischen Steinbock aus Kirgisien mit seinen Hörnern von über 130 Zentimetern und dicker Basis gesehen hat, der versteht, warum dieses Wild so einen hohen Stellenwert bei Auslandsjägern besitzt. In der Tat gewinnt die Jagd auf den Sibirischen Steinbock in der GUS wegen seines hohen Bestandes, herrlicher Trophäe und einer faszinierenden Bergjagd neben Maral-, Bär- und Elchjagden immer mehr an Bedeutung.

In der GUS gibt es zwei Unterarten des Sibirischen Steinbocks, die geographisch leicht voneinander zu unterscheiden sind: den **Altai-Steinbock** *(Capra sibirica sibirica*; engl. *Siberian Ibex* nach SCI-Rekordbuch, russ. *Altaiski kasjol*), lebt in Altai und Sajanen, und den körperlich und trophäenmäßig stärkeren **Mittelasiatischen Steinbock** (*C. s. alaiana*; engl. *Midasian Ibex* nach SCI, russ. *Sredneasiatski kasjol*), verbreitet im Tienschan- und Pamir-Alai-System.

Nach allen seinen Ausmaßen ist der Sibirische Steinbock die stärkste aller Wildziegen. Widerristhöhe der Böcke 80 bis 105 cm, manchmal bis 110 cm, Lebendgewicht 80 bis 100 kg oder sogar bis 130 kg

Sibirische Steinböcke leben im schroffen Gelände der Hochgebirge Mittelasiens und Südsibiriens, in Regionen, die für Menschen so schwer zugänglich sind, daß ihnen selbst Wilderer nichts anhaben können. Kein Wunder also, wenn ihr Bestand so hoch und in einigen Gebirgen sogar eine Überpopulation zu beobachten ist

Sibirische Steinböcke aus dem kirgisischen Tienschan-Gebirge gehören körperlich und trophäenmäßig zu den stärksten der Welt. Dieser 1991 in Kirgisien erlegte Steinbock kam mit seiner Hornlänge von über 130 cm auf den Platz 2 des SCI-Rekordbuches

(Tienschan), Geißen sind kleiner und wiegen 50 bis 60 kg.

Trophäe: Ihre individuellen Merkmale (Länge, Dicke, Krümmung, Auslage) und Stärke sind sehr unterschiedlich und gebietsabhängig. Der **Altai-Steinbock** (Altai- und Sajan-Gebirge) hat nach Angaben russischer Wildbiologen (HEPTNER) relativ kurze und nicht dicke (Basis 22–25 cm) Hörner bis 100 cm, was etwas untertrieben ist. Im Herbst 1992 wurde nämlich im Altai ein Steinbock von 111 cm Hornlänge erlegt. Als etwas übertrieben muß man jedoch die Behauptungen westlicher Jagdagenturen ansehen, die für den Altai Sibirische Steinböcke von 120 cm oder sogar 130 cm anpreisen.

Viel stärker ist aber der **Mittelasiatische Steinbock** (Tienschan, Pamir), obwohl es auch bei ihm zum Teil erhebliche Unterschiede in der Trophäenstärke gibt. Die wohl stärksten Sibirischen Steinböcke – dafür brauchen wir keine Angaben russischer Wildbiologen mehr, da sie in den letzten Jahren von den Jagdgästen erlegt wurden – kommen aus dem Pamir und Kirgisien (aus dem Kakschaal-Too-Gebirge, Kirgisischem Gebirge u. a.).

Die starken Trophäen aus diesen Gebieten liegen zwischen 110 und 130 cm mit einem Basisumfang von 25 bis 29 cm. In den letzten Jahren wurden von Gastjägern mehrere Spitzenböcke von über 130 cm Hornlänge zur Strecke gebracht. Kirgisien ist heute der Inbegriff für außergewöhnlich starke Steinböcke geworden. Die bisher weltstärkste, spektakuläre Trophäe eines Sibirischen Steinbocks mit einer Hornlänge von unglaublichen 158 cm (30 cm über dem jetzigen SCI-Weltrekord) wurde vor einigen Jahren von einem kirgisischen Jäger erbeutet. Diese Rekordtrophäe hat eine so starke Krümmung, daß die Hörner fast einen vollen Kreis bilden! Sie übertrifft in der Hornlänge auch die „World´s record Asian Ibex"-Trophäe (Hornlänge 151 cm) von KERMIT ROOSEVELT sowie beide Steinbocktrophäen (mit Hornlängen von 146 bzw. 141 cm) aus Kirgisien, die 1981 auf der Weltjagdausstellung in Plovdiv/Bulgarien gezeigt wurden.

Obwohl sie zum Mittelasiatischen Steinbock gehören, sind Steinböcke aus Kasachstan (Gebirge Transili-Alatau, Dschungarischer Alatau, Tarbagatai, Saur u.a.) nicht so stark wie die Kirgisiens oder Pamirs. Durchschnittliche kasachische Steinbocktrophäen liegen zwischen 90 und 100 cm, stärkere können aber 100 bis 120 cm (seltener mehr, maximal bis 130 cm) erreichen.

Da es beim Sibirischen Steinbock wegen individueller Unterschiede in der Hornform recht schwer ist, draußen im felsigen Gelände und meist auf große Entfernung Hörner zwischen 90 und 110 cm genau anzusprechen (da schon Böcke von 90 cm Hornlänge stark wirken können), werden in allen Jagdgebieten – genauso wie in der Mongolei – Böcke ab 90 cm geschossen. So gesehen, gelten alle Trophäen über 100 cm als sehr gut und die über 110 cm als kapital.

Lebensgemeinschaft, Brunft: Die meiste Zeit des Jahres leben Steinböcke in Rudeln, die im Herbst und Winter besonders kopfstark (70 Stück und mehr) sind. Im Frühjahr verlassen ältere Böcke diese Gemeinschaft und leben bis zur Brunft einzeln oder in kleineren Gruppen.

Die Brunftzeit erstreckt sich von Ende November bis Anfang Januar. Erwachsene Böcke erkämpfen für sich ein Brunftrudel mit 10 bis 15 Geißen, bei dem sie die ganze Brunftzeit über bleiben. Tragzeit etwa 6 Monate, Setzzeit im Mai/Anfang Juni. Eine Geiß setzt normalerweise ein Kitz, seltener zwei. Geschlechtsreife mit zwei Jahren, Böcke nehmen aber am Brunftgeschehen erst mit 4 bis 5 Jahren teil. Geißen setzen ihr erstes Kitz im dritten Lebensjahr. Als Hauptfeinde gelten Wolf und Schneeleopard.

Lebensraum: Im Unterschied zu den Wildschafen, die gebirgige Lebensstätten mit ebenem Relief bevorzugen, sind alle Wildziegen und insbesondere Sibirische Steinböcke als reines Bergwild Bewohner der Felsen, was ihre Bejagung entsprechend schwierig macht. Sie leben also in steilen Hängen, die viele Felsen und Geröllhalden aufweisen.

Im Altai und Sajan-Gebirge halten sie sich im Sommer gewöhnlich in den Felsen oberhalb der Baumgrenze (1.800 m und mehr), seltener im Waldgürtel auf den steilen Hängen tiefer Schluchten (jedoch nicht unter 500 m) auf. In den unzugänglichen Felsen finden Steinböcke zwar idealen Schutz vor Wölfen, aber dafür kaum Äsung. Deshalb steigen sie zum Äsen zu den niedriger gelegenen kleinen alpinen Wiesen ab.

Im zentralen Tienschan bewohnen sie Gipfelregionen der Berge mit ihren zahlreichen Felsen und Schluchten. Im Sommer steigen sie hangaufwärts zu der unteren Grenze des ewigen Schnees, stellenweise bis zu 4.000 m und mehr, öfters aber halten sie sich auf der oberen Grenze der

Links: Diese spektakuläre Trophäe eines Sibirischen Steinbocks aus Kirgisien stellt mit ihrer Schlauchlänge von 158 cm die stärkste aller Zeiten dar. Rechts: Hochkapitale Sibirische Steinböcke, die über 10 Jahre alt sind und Hornlängen von über 130 cm erreicht haben, leben normalerweise als Einzelgänger in den höchsten, für Menschen oft unzugänglichen Gipfelregionen Kirgisiens, die sie nie verlassen. Wer aber diese Kolosse einmal aus der Nähe betrachten möchte, kann das in Ruhe im Zoo von Alma Ata auf dem Weg nach Kirgisien machen

Wie die hohe Kunst des Jagens ist es auch eine Kunst, Steinbockcamps in der richtigen Höhe und am richtigen Ort zu plazieren, da sonst der Aufstieg zu lang ist oder das Wild in seinem Tagesrhythmus gestört wird. Die Unterkunft erfolgt normalerweise in doppelwändigen Zelten, die in Kirgisien hergestellt und in ganz Mittelasien benutzt werden

Waldvegetation zwischen 2.500 und 3.000 m auf.

Im Pamir leben die Steinböcke sehr hoch im Gebirgsgürtel zwischen 3.000 und 5.000 m, da die Grenze des ewigen Schnees später einsetzt und es auch noch hoch in den Bergen menschliche Siedlungen gibt. Im Sommer verschiebt sich hier die obere Grenze ihres Aufenthaltes bis etwa 5.500 m.

Migrationen: Wie auch beim übrigen Bergwild sind für den Sibirischen Steinbock jahreszeitliche Migrationen – hauptsächlich in der Vertikalen – typisch. Zum Winter ziehen sie tiefer hangabwärts, wo sie sich am häufigsten auf den steilen Südhängen mit wenig Schnee aufhalten. Der Unterschied zu den Sommereinständen kann 1.500 bis 2.000 m in der Höhe betragen, während die räumliche Weite etwa 5 bis 10 km, seltener 20 bis 30 km betragen kann. Zuerst ziehen die Geißen mit ihren Kitzen und Jungwild hangabwärts.

Der Tagesrhythmus besteht aus einem regelmäßigen Wechsel von Äsung und Ruhe. Im Sommer ziehen Steinböcke noch vor Sonnenaufgang zu den Äsungsplätzen, wo sie bis zum Mittag äsen. Danach tun sie sich nieder und ruhen bis zum späten Nachmittag. Nach etwa 17 Uhr äsen sie wieder, was mit Unterbrechungen auch nachts andauern kann. Die Plätze des Nacht- und Tagesaufenthalts können nahe beieinander, manchmal aber auch 5 bis 8 km voneinander entfernt liegen. Oft liegen die Stellen des Nachtaufenthalts 500 m und mehr höher als die des Tageseinstands angesiedelt. Während des Äsens zieht das Wild die ganze Zeit langsam weiter und entfernt sich dabei mehrere hundert Meter von den Felsen. Die genaue Kenntnis des Tagesrhythmus der örtlichen Steinböcke, ihre Aufenthaltsorte und Wechsel muß der Jagdführer kennen, da man sonst auf dieses vorsichtige Bergwild praktisch ohne Chance ist.

Verbreitung: Der altaische Teil des Verbreitungsgebietes des Sibirischen Steinbockes umfaßt nahezu den gesamten Altai und bildet mit dem sajanischen (Sajan-Gebirge) ein einheitliches Ganzes – das Areal des Altai-Steinbockes.

Der mittelasiatische Teil des Verbreitungsgebietes umschließt die Berge des Tienschan- und des Pamir-Alai-Systems, sowie die Gebirge Tarbagatai, Saur und den gesamten Dschungarischen Alatau im Südosten Kasachstans – das Areal des Mittelasiatischen Steinbockes.

Bestand: Als übertrieben dürften die Angaben angesehen werden, nach denen es in der GUS 400.000 bis 550.000 Stück Sibirischen Steinwildes geben soll. Nach realistischen Einschätzungen leben heute etwa 140.000 Stück von diesem Bergwild auf dem Gebiet der GUS. Auch die Bestandsdichte variiert je nach Gebiet sehr und liegt zwischen nur wenigen Stücken und 40 Stück pro 1.000 ha. Es soll aber auch Abschnitte geben, in denen bis zu 100 auf 1.000 ha vorkommen können.

Bejagung: In **Kirgisien**, dem Land der weltstärksten Steinböcke, kann man zwar die mächtigsten Steinbocktrophäen (110–130 cm Hornlänge) bekommen, muß dafür aber auch eine äußerst anstrengende Jagd in einer Höhe zwischen 3.500 und 4.500 m in Kauf nehmen. Die Anreise erfolgt entweder mit einem Direktflug nach Alma Ata und dem etwa sechsstündigen Autotransfer ins Camp oder mit Flugzeug (4 Flugstunden) von Moskau nach Bischkek, dann folgt ein 2–3 stündiger Weitertransport mit Hubschrauber zum Jagdgebiet im Süden des Landes oder nach Osten im Berggebiet Issyk-Kul an der chinesischen Grenze. Alternativ dazu die Beförderung mit einem Geländewagen von Bischkek ins Jagdgebiet im Kirgisischen Gebirge nahe der Hauptstadt.

Unterkunft in geheizten Zelten oder Jurten, Verpflegung gut. Gejagt wird

Mit 118 cm eine kapitale Steinbocktrophäe aus Kirgisien. Der Erleger, LASZLO BÜKI, ein erfahrener ungarischer Auslandsjäger und selbst jahrelang Herr über mehrere Spitzenreviere in Ungarn, hatte gleich nach dem Erlegen dieses Steinbocks nochmals die Chance auf einen 130-cm-Recken. Er genoß den Anblick, ließ ihn aber – mit seiner Beute zufrieden – weiterziehen

Hoher Bestand und ein gut gewählter Platz für das Basiscamp – wenn dann das Wetter mitspielt, bleibt der jagdliche Erfolg auch für Gruppen von 3–4 Jägern selten aus

(Pirsch- und Drückjagd) in großen Höhen und mit einem langen Aufstieg zu Fuß oder mit Pferden.

Jagdzeit Oktober/November (eigentlich von September bis März), beste Jagdzeit zum Brunftbeginn Mitte bis Ende November/Anfang 161.

Tadschikistan (Pamir) ist neben Kirgisien das zweite Hauptjagdgebiet für stärkste Steinböcke (mit einer Hornlänge zwischen 110 und 130 cm). Auch hier fordert die Jagd in großen Höhen (3.500–5.000 m) eine gute Kondition. Das berühmte Jagdgebiet der Pamir-Hochebene ist die Heimat des Marco-Polo-Schafes. Wegen des Bürgerkriegs in Tadschikistan kann es immer wieder passieren, daß die eine oder die andere Jägergruppe ihre Reise verschieben muß, die Jagden finden unter ständiger Absprache mit den örtlichen Jagdveranstaltern aber immer noch statt. Deshalb ist bei Interesse ein regelmäßiger Kontakt mit dem westlichen Vermittler nötig, weil er die augenblickliche politische Lage vor Ort vermutlich am besten kennt.

Da die Jagd in großen Höhen stattfindet, ist die Akklimatisation (2–3 Tage) in einem niedriger gelegenen Vorcamp erforderlich, wo ein Arzt die Gastjäger betreut. Anreise von Moskau nach Duschanbe (vierstündiger Linienflug), von dort aus

Der „Himmelsbock“ muß oft in schroffen Felswänden bejagt werden. Umso größer die Freude über den Erfolg

Weiterreise ins Jagdgebiet im Südosten des Landes an der afghanischen oder chinesischen Grenze per Hubschrauber oder Wagen. Unterkunft für Gruppen von 2 bis 4 Jägern in geheizten Zelten oder Jurten mit guter Verpflegung. Jagdarten wie in Kirgisien. Jagdzeit September–Oktober.

In **Kasachstan** lebt der Sibirische Steinbock in den höheren Regionen fast aller Gebirge: von den Gebirgszügen des östlichen Tienschan über die Gebirge Dschungarischer Alatau, Tarbagatai und Saur bis zum kasachischen Altai, worauf sich auch die Jagdangebote konzentrieren. Je nach Jagdgebiet sind die Städte Alma-Ata, Taldy-Kurgan oder Ust-Kamenogorsk Zielflughafen. Weiter geht es in die Bergreviere per Hubschrauber oder mit Geländewagen.

Der Sibirische Steinbock aus Kasachstan ist nicht so stark (Trophäen 100– 120 cm) wie der aus Kirgisien oder Tadschikistan, dafür ist er aber in einer Höhe zwischen 2.000 und 3.000 m leichter bejagbar und mit vielen interessanten Jagdmöglichkeiten auf anderes Wild kombinierbar (Saiga, Maral, Sibirischer Rehbock, Karaganda-Argali, Urial).

Untergebracht wird man in Jagdhäu-

In Kasachstan gibt es viele Steinböcke, die relativ leicht zu bejagen sind (wenn man das für Steinbockjagden überhaupt sagen kann), da seine Gebirge in der Regel nicht so hoch und steil wie die Kirgisiens sind. Dafür muß man in Kasachstan länger suchen, um einen Steinbock über 120 cm zu finden

sern oder geheizten Zelten. Gejagt wird zu Fuß (oft wird der Aufstieg oder ein langer Hinweg mit dem Geländewagen verkürzt) oder mit Pferden.

Maral und Steinbock können in Kasachstan sehr gut kombiniert werden, wofür es auch spezielle Angebote gibt. Es werden normalerweise zwei verschiedene Lager benutzt, da es nur wenige Gebiete gibt, in denen von einem Camp aus beide Wildarten erfolgversprechend bejagt werden können. Zuerst wird auf Maral gejagt. Sobald er liegt, wird das Revier gewechselt, und es geht auf den Sibirischen Steinbock. Anreise über Alma Ata oder von Moskau nach Taldy-Kurgan, wo der Gast mit dem Hubschrauber oder Jeep ins Jagdgebiet gebracht wird.

Im russischen **Altai** (genauer im Gorno-Altaischen Gebiet) wurden bisher Sibirische Steinböcke bis etwa 110 cm Hornlänge gestreckt, obwohl Agenturen auch von Böcken bis 120 cm und mehr sprechen. Hier werden Steinböcke im September/Oktober in einer Höhe zwischen 1.800 und 3.000 m bejagt. Als Zielflughafen für den Transfer aus Moskau dienen Ust-Kamenogorsk oder Barnaul, Weitertransport per Hubschrauber zum Jagdgebiet. Unterkunft in Blockhäusern oder geheizten Zelten. Gejagt wird mit Pferd, kombiniert mit der Fußpirsch.

Unter ähnlichen Bedingungen und in Erwartung etwa gleicher Trophäenqualität wie im Altai wird der Sibirische Steinbock auch in **Tuwa (Sajan-Gebirge)** bejagt, nur daß hier Kysyl Zielflughafen ist.

Im Herbst 1992 wurde eine Testjagd auf den Sibirischen Steinbock in **Usbekistan**, genauer gesagt im usbekischen Teil des Tienschan, erfolgreich abgeschlossen. Alle fünf Jäger brachten einen Steinbock zur Strecke, der beste wies immerhin eine Hornlänge von 117 cm auf.

Anreise hier von Frankfurt oder Moskau nach Taschkent, Übernachtung und Weitertransport zum Jagdgebiet (auf 2.500 bis 3.000 m). Unterkunft in heizbaren Zelten. Für die Jagd ist eine gute Kondition nötig. Jagdzeit Oktober/November.

Kuban-Tur

(Capra caucasica caucasica)

E: *Kuban Tur* oder *Western Tur*
R: *Kubanski Tur* oder *Sapadnokawkaski tur*

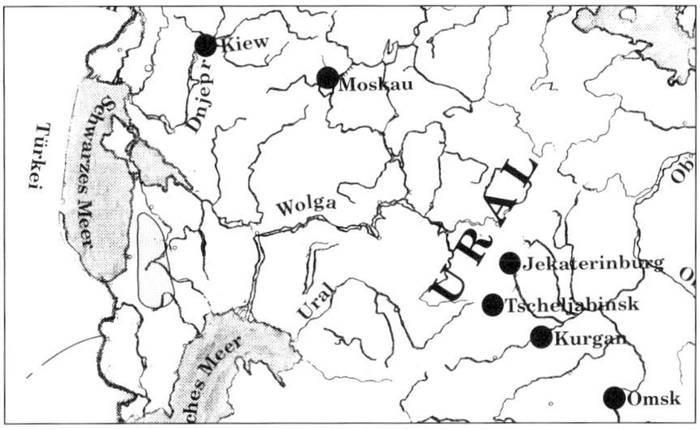

Die beiden Unterarten des kaukasischen Turs oder kaukasischen Steinbocks kommen nur im Hochgebirge des Großen Kaukasus vor (im Kleinen Kaukasus hat es sie offenbar nie gegeben). Einige russische Wildbiologen halten den Mischtyp aus dem Zentralkaukasus (zwischen dem Elbrus im Osten und dem Schchara-Gebirge im Westen des Großen Kaukasus, wo die beiden Turarten bastardisieren) für eine besondere Unterart – genannt **Zentalkaukasischer Tur** (russ. *Zentralnokawkaski tur*). Die meisten russischen und westlichen Wissenschaftler erkennen jedoch nur die zwei hier vorgestellten Unterarten an. Es gibt aber auch russische und westliche (wie z. B. im SCI-Rekordbuch) Wildbiologen, die bei den

Der felsige und schroffe Lebensraum der Kuban-Ture aus dem Westkaukasus ist für Jäger und Wildfotografen fast unzugänglich. Deshalb freut man sich um so mehr über einen solchen Einblick in das „Privatleben" eines Rudels der alten, starken Kuban-Ture

Kaukasus-Turen von zwei besonderen Arten und nicht – wie hier – von Unterarten einer Art sprechen.

Der Kuban-Tur (genannt nach dem Fluß Kuban, dem Wahrzeichen des Nordkaukasus) oder **Westkaukasischer Tur** ist eine große Wildziege, etwa so groß wie der Sibirische Steinbock, nur sieht er etwas wuchtiger und weniger schlank als dieser aus. Widerristhöhe der Böcke bis 110 cm, Lebendgewicht um 100 kg (maximal 150 kg).

Trophäe: Säbelförmig, nur weiter ausgelegt als die Hörner des Sibirischen Steinbocks und stark gekrümmt. Die Krümmung bleibt in einer Ebene ohne Biegung der Hornspitzen nach innen (wie beim Dagestan-Tur oder bei den Mischlingen zwischen ihnen). Die Vorderfläche der Hörner weist starke Querwülste auf wie beim Sibirischen Steinbock. Nach Angaben russischer Wildbiologen (HEPTNER) erreichen alte Böcke eine durchschnittliche Hornlänge von 75 cm bei einem Umfang an der Basis von 29 cm. Gute Trophäen liegen zwischen 85 und 90 cm mit einer Basis von 29 bis 31 cm, Spitzentrophäen über 90 cm.

Lebensgemeinschaft, Brunft: Beide Tur-Arten haben eine ähnliche Wildbiologie. Ture leben in Rudeln von einigen Dutzend Stück, manchmal über 100. Erwachsene Böcke halten sich getrennt von Geißen und Jungwild, und nur während der Brunft bilden sich gemischte Rudel.

Brunft von Ende November bis Anfang Januar. Tragzeit etwa 5 Monate. Ende Mai/Anfang Juni setzt die Geiß ein, seltener zwei Kitze. Geschlechtsreife im zweiten Lebensjahr, Böcke beteiligen sich jedoch erst mit vier oder fünf Jahren aktiv an der Brunft.

Lebensraum: Ture sind Hochgebirgswild und leben an steilen, felsigen Hängen: im Westkaukasus in 1.500 bis 3.300 m Höhe, im Zentral- und Ostkaukasus noch höher auf 3.500 bis 4.000 m und mehr. Zum Winter ziehen sie etwa 500 bis 1.500 m tiefer, meistens nicht mehr, während die räumliche Weite ihrer jahreszeitlich bedingten Wanderungen selten 15 bis 20 km übersteigt. Der Tagesrhythmus mit dem täglichen vertikalen Standortwechsel

RALF SCHNEIDER: „Der Kuban-Tur ist eine echte Herausforderung für alle leidenschaftlichen Bergjäger"

zwischen den Plätzen des Tages- und Nachtaufenthaltes ähnlich wie beim Sibirischen Steinbock.

Verbreitung und Bestand: Der westliche Teil des Großen Kaukasus bis Elbrus im Osten. Der Gesamtbestand der kaukasischen Ture in den 80er Jahren betrug 20.000–25.000 Stück. Zu Beginn der 90er Jahre lebten im Westkaukasus rund 9.000 Kuban-Ture, die meisten von ihnen in Naturschutzgebieten.

Bejagung: Der Kuban-Tur wird seit 1990 von ausländischen Gästen bejagt. Der Hauptteil seiner Population lebt in einem Naturschutzgebiet, wo die Jagd ruht, so daß nur an den Rändern Jagd möglich ist.

Wem es wichtig ist, einen echten, reinrassigen Kuban-Tur aus dem Westkaukasus zu erbeuten, der muß bei den Jagdangeboten darauf achten, daß ihm nicht Mischlinge aus dem Zentalkaukasus angeboten werden. Denn diese haben eine größere Auslage als Kuban-Ture (sehen also nicht wie Steinböcke aus) und weisen in der Regel eine für den Dagestan-Tur typische Biegung der Hornspitzen nach innen auf. Das Jagdgebiet muß also weit genug westlich im Großen Kaukasus liegen, wo es wirklich nur Kuban-Ture gibt.

Anreise mit Flugzeug von Moskau nach Sotschi, danach fährt man etwa 3 Stunden mit dem Auto zum Jagdgebiet. Seit Sommer 1995 gibt es auch einen Nonstop-Flug von Frankfurt nach Sotschi mit der privaten russischen Fluggesellschaft Aviaprima. Die Jagd findet in einem äußerst schwierigen, steilen und felsigen Gelände auf etwa 3.000 m ü. M. statt und erfordert gute Kondition und Bergerfahrung. Gewöhnlich wird gepirscht, es stehen aber auch zähe Bergpferde zur Verfügung. Nach Einschätzung welterfahrener Spezialisten (RALF SCHNEIDER u.a.) gehört heute diese Jagd zu den wohl größten Herausforderungen eines passionierten Bergjägers. Unterkunft in einfachen Schäferhütten oder Zelten. Jagdzeit August bis Oktober.

Dagestan-Tur

(Capra caucasica cylindricornis)

E: *Dagestan Tur* oder *Eastern Tur*
R: *Dagestanski Tur*

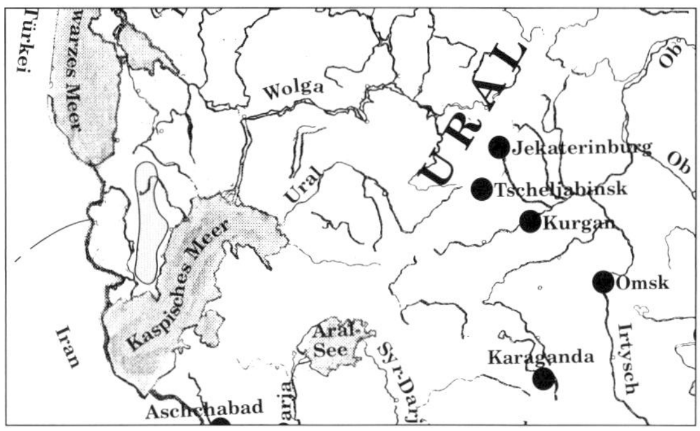

Auf den Dagestan-Tur (genannt auch **Ostkaukasischer Tur**) im Ostkaukasus jagen ausländische Jäger schon länger als auf den Kuban-Tur.

Auch er ist eine mächtige Wildziege mit noch massigeren und stärkeren Hörnern als der Westkaukasische Tur. Die körperlichen Ausmaße der beiden Tur-Arten sind fast identisch, und auch in den wildbiologischen Daten ähneln sie sich sehr, deshalb bitte dort nachlesen. Hier werden nur diejenigen Merkmale aufgeführt, die für den Dagestan-Tur charakteristisch sind.

Trophäe: Insgesamt sehr eigentümliche Hörner, die sie vom Kopfschmuck anderer Wildziegen stark unterscheiden. Eine ähnliche Krümmung ist sonst nur beim Pyrenäen-Steinbock festzustellen. Charakteristisch für seine Hörner ist die weite Auslage und das Fehlen der Schmuckwülste. Die Schläuche wachsen aufwärts und nach außen, dann rückwärts

Durch seinen typischen rundhörnigen und wülstenlosen Kopfschmuck leicht von seinem Vetter aus dem Westkaukasus zu unterscheiden: ein alter Dagestan-Tur aus dem Ostkaukasus

und nach unten zum Träger, wobei sich die Hornspitzen nach innen und nach oben biegen. Ihre Krümmung bleibt aber nicht in einer Ebene wie beim Kuban-Tur. Diese eigentümliche Hornform haben auch die Mischlinge beider Turarten aus dem Zentralkaukasus.

Die Hörner sind groß und massig, mit dicker Basis. Gute Trophäen erreichen eine Länge von 100–110 cm und einen Basisumfang von 30–32 cm. Spitzentrophäen liegen über 110 cm und kommen an der Basis bis 37 cm. Der SCI-Rekord verzeichnet eine Hornlänge von 114/110,5 cm und eine Basis von 35 cm.

Schon Ende der 80er Jahre wurde ein noch stärkerer Bock mit 114,3/116,5 cm Hornlänge von einem deutschen Jäger in Aserbaidschan (Babadag-Gebirge) gestreckt. Die auf der Weltjagdausstellung in Plovdiv 1981 gezeigte Dagestan-Tur-Trophäe aus Georgien hatte eine Hornlänge (Angaben links/rechts) von 105,5/ 109,0 cm und einen Basisumfang von 36,3/ 36,9 cm.

Verbreitung und Bestand: Verbreitet in der östlichen Hälfte des Großen Kauka-

Wer eine typische Dagestan-Tur-Trophäe mit gewaltigen runden Hörnern und starker Basis haben möchte, sollte sein Jagdgebiet weit im Ostkaukasus wählen

sus ab dem Fluß Tscherek. Bestand stabil, derzeit leben im Ostkaukasus etwa 10.000 Stück Dagestan-Ture.

Bejagung: Die Jagd für ausländische Gäste ist schon seit den 70er Jahren möglich gewesen. Wegen den momentan unsicheren politischen Verhältnissen im Kaukasus stehen westliche Agenturen im ständigen Kontakt mit den örtlichen Jagdveranstaltern, um sichere Jagdgebiete vermitteln zu können. Die Reise kann – wenn die politische Lage es erlaubt – über Moskau per Flugzeug nach Baku (Aserbaidschan) führen, dann fährt man ein paar Stunden mit dem Auto zum Jagdgebiet (Babadag-Gebirge u.a.). Anstrengende Fußpirsch oder sogar eine großangelegte Gebirgsdrückjagd (Riegeljagd) auf 3.000–3.500 m Höhe mit zehn und mehr Treibern sind die dort praktizierten Jagdmethoden.

Man kann auch von Moskau nach Machatschkala in Dagestan (heute Rußland) oder zu einem anderen Airport fliegen, und sich dann mit dem Auto zum Jagdgebiet fahren zu lassen. Unterkunft in Hirtenhütten oder in Zelten. Gejagt wird per Fußpirsch oder mit Pferden im schwierigen felsigen Gelände auf 3.000 m Höhe. Gute Kondition erforderlich. Jagdzeit August bis November. Im Oktober und November stehen Ture aufgrund der Schneelage etwas tiefer, so daß ihre Bejagung zu dieser Zeit leichter ist.

Vielfach wird die Jagd auf den Kuban-Tur und kaukasische Gams mit der auf den Dagestan-Tur kombiniert. Daraus wird dann eine 15tägige Kaukasus-Jagdreise: Von Moskau fliegt man zuerst nach Sotschi und bejagt im felsigen Westkaukasus Kuban-Tur und kaukasische Gams. Am neunten Reisetag vollzieht man denn einen Revierwechsel, so daß man vom 11. bis zum 14. Reisetag auf den Dagestan-Tur jagt. Im Kaukasus gibt es bekanntlich starke Rothirsche und Keiler, weswegen man eine Turjagd (Revierwechsel erforderlich) sehr gut auch mit der Jagd auf Rot- und Sikahirsch, Keiler, Braunbär und Wisent kombinieren kann.

Bezoarziege

(Capra aegagrus)

E: *Bezoar Goat*

R: *Besoarowyj kasjol* oder *Baradatyj kasjol*

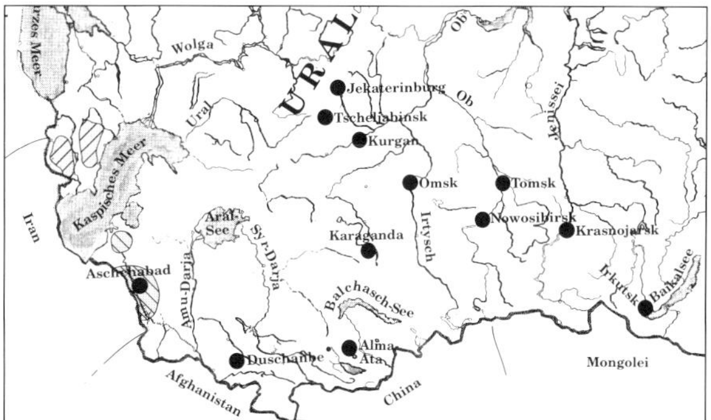

Neben der Türkei ist die mittelasiatische GUS-Republik Turkmenistan das einzige Land der Welt, in dem man auf den Bezoarbock jagen kann. In der GUS stößt man im Kaukasus bzw. Transkaukasien und in Turkmenistan auf das nördliche Randgebiet des Vorkommens der Bezoarziege und dementsprechend geringe Bestände. Das ist mit der Grund, warum die Jagd auf den Bezoarbock – die erst seit kurzem überhaupt möglich ist – unter den internationalen Jägern in diesem Gebiet

Im gleichen Gebiet, in dem auch Uriale leben, findet man im turkmenischen Kopetdag-Gebirge auch Bezoarziegen (hier ein starker Bock aus dem Kopetdag-Naturschutzgebiet)

bei weitem nicht einen so hohen Stellenwert besitzt wie etwa die Jagden auf den Tur oder Sibirischen Steinbock. Auf dem Gebiet der GUS leben zwei von russischen Wildbiologen allgemein anerkannte Unterarten der Bezoarziege, deren Verbreitungsgebiete keinen Kontakt miteinander haben. Die **Kaukasische Bezoarziege** *(Capra aegagrus aegagrus,* russ. *Kawkaski besoarowyj kasjol)* bewohnt Kaukasien und Transkaukasien, während die **Turkmenische Bezoarziege** *(Capra aegagrus turcmenica,* russ. *Turkmenski besoarowyj kasjol)* im Süden Turkmenistans auf dem Kopetdag zu finden ist. VALDEZ und das SCI-Rekordbuch erkennen aber nur die Art „Bezoarziege“ (*Capra aegagrus*) ohne Unterarten an, was hier übernommen wurde, obwohl im folgenden auf die besonderen Merkmale dieser zwei GUS-„Unterarten“ hingewiesen wird.

Verglichen mit anderen Wildziegen der GUS hat die Bezoarziege kleinere Ausmaße und einen leichteren Körperbau. Kreuzhöhe erwachsener Böcke bis 100 cm, im Widerrist etwa 2 cm weniger. Lebendgewicht höchstens 70 bis 80 kg.

Trophäe: Lange säbelförmige Hörner, die jedoch relativ dünn sind und leichter aussehen als die der anderen Wildziegen. Das Horn wirkt wie zusammengedrückt, mit einer scharfen Vorderkante (hintere Kante ist abgerundet), an der sich mehrere Höcker befinden. Gute Kaukasische Bezoarböcke weisen eine Hornlänge von 105–115 cm und eine Basis 21–22 cm auf, Spitzentrophähen liegen zwischen 115 und 123 cm mit einem Basisumfang von 22–23 cm. Turkmenische Bezoarböcke sind bekanntlich etwas schwächer. Auf der Internationalen Jagdausstellung in Plovdiv 1981 wurde eine Bezoartrophäe aus Georgien gezeigt, die eine Schlauchlänge (Angaben links/rechts) von 122,6/123,3 cm und einen Basisumfang von 22,8/22,3 cm hatte.

Lebensgemeinschaft, Brunft: Das Bezoarwild lebt in Rudeln, die im Herbst und Winter besonders kopfstark sind. Im Kaukasus findet man durchschnittlich 10 Ziegen pro Rudel, höchstens 30–40, während in Turkmenien (Kopetdag) 18 Stück pro Rudel den Durchschnitt ausmachen und das Maximum bei 100 liegt. Ältere Böcke leben als Einzelgänger oder in kleineren Gruppen und ziehen einen großen Teil des Jahres gesondert von Geißen und Jungwild.

Brunftzeit der kaukasischen Wildziege November bis Januar, Setzzeit April/Juni. Beim turkmenischen Vorkommen Brunftzeit im November/Dezember und die Setzzeit Ende April/Mai. Tragzeit etwa 5 Monate, eine Geiß setzt 1–2, seltener 3 Kitze. Geschlechtsreife im zweiten Lebensjahr.

Lebensraum, Migrationen: Steile und felsige Hänge der Gebirgszüge in einer Höhe von 1.000–2.200 m, wo noch kleine Strauchinseln vorhanden sind. Bei ständiger Beunruhigung zieht die Bezoarziege höher (2.500–4.500 m) auf. Im Kopetdag lebt sie im gleichen Gebiet wie der Transkaspische Urial, nur hält sich das Bezoarwild höher auf steilen Felsen auf, oft fast unerreichbar. Nur bei Schneelagen zieht es weiter hinunter.

Verbreitung: In Turkmenistan verbreitet auf den Gebirgen Kopetdag, Großer und Kleiner Balchan (Areal der Turkmenischen Bezoarziege). Außerhalb Turkmenistans in den Bergen Irans. Eine davon isolierte Population befindet sich in Kaukasien und Transkaukasien (Dagestan, Georgien, Tschetscheno-Inguschetien, Aserbaidschan, Nachitschewan sowie im Karabach-Hochland), wo die Kaukasische Bezoarziege stellenweise im gleichen Gebiet mit dem Kaukasischen Tur lebt. Das Bezoarvorkommen im Großen Kaukasus hat keinen Kontakt zu dem in Transkaukasien. Außerhalb vom Kaukasus kommt Bezoarwild noch in Kleinasien vor.

Bestand: Der Bestand der Bezoarziege hat sich in den letzten Jahrzehnten verringert. Der Gesamtbestand Mitte der 80er Jahre belief sich auf etwa 6.700 Stück Bezoarwild: 4.200 lebten in Kaukasien und Transkaukasien, 2.500 in Turkmenistan (davon 2.000 im Kopetdag-Reservat). Bei Kaukasischem Bezoarwild (Nachitschewan, Aserbaidschan) beträgt die größte Bestandsdichte 13 bis 25 Stück pro 1.000 ha, bei turkmenischem (im Kopetdag-Reservat) 39, stellenweise auch 230 Stück pro 1.000 ha.

Früher nur in der Türkei bejagbar, ist es nun seit Beginn der 90er Jahre auch im Kopetdag-Gebirge Turkmenistans möglich, dem Bezoarbock nachzustellen

Negative Auswirkungen auf die Bestandsentwicklung hatten Intensivierung der Viehhaltung in den Gebirgsgegenden, Wilderei, sowie wildernde Hunde. Verluste durch natürliche Feinde (Wolf, Leopard und Luchs) fallen nicht so sehr ins Gewicht, da die Bezoarziege im steilen, felsigen Gelände für den Wolf praktisch unerreichbar ist und Leoparden heute selten geworden sind.

Artenschutz: Beide Unterarten der Bezoarziege stehen als Wildarten mit rückläufigem Bestand im „Roten Buch" der früheren Sowjetunion (Status: zweite Kategorie), fallen jedoch nicht unter den internationalen Artenschutz. Gehegt und geschützt werden sie in vielen kaukasischen und turkmenischen Reservaten und Schongebieten.

Bejagung: Die Jagd für ausländische Jäger (für Einheimische gilt weiterhin Jagdverbot) im kleinen Rahmen erst seit 1992 in Turkmenien möglich, um weiteren Schutz dieser Wildart durch so erwirtschaftete Devisen überhaupt aufrechterhalten zu können. Im Normalfall gibt es deswegen keine speziellen Jagdprogramme für den Bezoarbock, sondern eine der wenigen Lizenzen wird nur an diejenigen Jagdgäste vergeben, die am Kopetdag im Süden Turkmenistans auf den Transkaspischen Urial jagen.

Im Kopetdag leben Bezoarziegen in gleichen Gegenden mit Urialen, stehen aber meistens hoch in den schwerzugänglichen, steilen Felsen. Der Bestand im Kopetdag-Reservat ist gut, allerdings scheint hier der Einfluß des Leoparden größer zu sein, wie die vielen Reste von gerissenen Schafen belegen.

Bei einem mit der Urialjagd (siehe Seite 198) kombinierten Programm fliegt man von Istanbul oder Moskau nach Aschchabad und fährt mit dem Auto ins nahegelegene Jagdgebiet im Kopetdag-Reservat. Unterbringung im Jagdhaus oder im Zeltcamp. Gejagt wird auf 1.200–1.400 m vorwiegend mit Pferden und per Fußpirsch. Gute Kondition erforderlich. Wenn der Urialwidder liegt, wird im gleichen Revier (nur etwas höher) dem Bezoarbock nachgestellt. Jagdzeit Oktober bis März.

Markhor

(Capra falconeri)

E: *Markhor*

R: *Wintorogi kasjol* oder *Marchur*

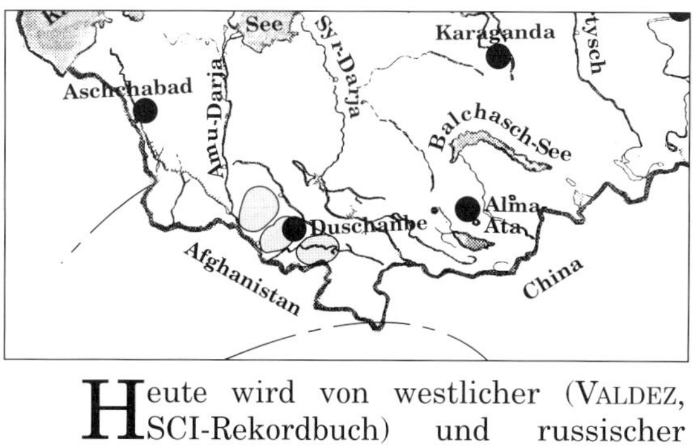

Heute wird von westlicher (Valdez, SCI-Rekordbuch) und russischer (Heptner u.a.) Seite allgemein anerkannt, daß auf dem Gebiet der GUS nur eine besondere Markhor-Unterart lebt, nämlich der **Buchara-Markhor** *(Capra falconeri heptneri*, engl. *Bukharan Markhor)*.

Es gibt aber russische Wildbiologen, die für die GUS zwei Unterarten aufführen, die sich allerdings nur schwach voneinander unterscheiden (wovon auch im offiziellen „Roten Buch" der früheren Sowjetunion ausgegangen wird): den **Tadschikischen Markhor** *(Capra falconeri heptneri*, russ. *Tadschikski marchur)*, verbreitet in den Gebirgen Tadschikistans, und den **Kugitang-Markhor** *(Capra falconeri ognevi*, russ. *Kugitangski marchur)* aus dem Gebirge Kugitang-Tau an der turkmenisch-usbekischen Grenze.

Der Markhor, auch **Schraubenziege** genannt, ist eine relativ große Wildziege mit unverkennbaren, spiralförmig gewundenen Hörnern (schrauben- oder korkenzieherförmig) und – beim Bock im Winterfell – mit einem langen Bart sowie einer starken Mähne. Körperbau kräftig und gedrungen, jedoch etwas leichter als Kaukasische Ture. Widerristhöhe erwachsener Böcke 85–100 cm, Lebendgewicht 86–109 kg, Geißen sind leichter und wiegen 40–50 kg.

Trophäe: Massig und lang, seitlich wie zusammengedrückt mit einer gut ausgeprägten Vorder- und Hinterkante, ohne Höcker und zu einer stark gewundenen heteronymen Spirale gedreht. Diese Spirale kann beim Markhor aus Tadschikistan (sog. Tadschikischer Markhor) auch mehr als zwei – also zweieinhalb oder sogar drei – Umdrehungen erreichen, bei dem aus Kugitangtau-Gebirge (sog. Kugitang-Markhor) jedoch höchstens zwei. Die Hörner sind gerade (ohne Krümmung) und haben keine große Auslage.

In der GUS erreichen Markhorhörner der alten Böcke eine absolute Länge von 58–73 cm, um die Windungen der Spiralen gemessen 75–90 cm, mit einem Basisumfang von 21–26 cm bei einer Auslage von 21–60 cm (Heptner). Auf der Weltjagdausstellung in Plovdiv 1981 hing eine Spitzentrophäe des Buchara-Markhor (ausgezeichnet mit einem Grand Prix), die eine Hornlänge (Angaben links/rechts) von 106,2/102,0 cm und einen Basisumfang von 26,3/27,2 cm aufwies.

Lebensgemeinschaft, Brunft: Lebt in kleineren Rudeln von 4–5 Stück. Den größten Teil des Jahres halten sich Böcke gesondert von Geißen und Jungwild auf.

Nur im Winter begegnet man größeren Rudeln von 20–30 Wildziegen. Populationsstruktur noch nicht erforscht.

Brunftzeit Mitte November/Dezember. Tragzeit etwa 6 Monate, Setzzeit von Ende April bis Anfang Juni. Eine Geiß setzt 1–2 Kitze.

Nur unbedeutende Verluste durch Wölfe, da Isegrim in den Markhorgebieten selten sind.

Lebensraum: Im Kugitangtau-Gebirge am häufigsten an den Hängen tiefer Schluchten mit vielen Felsen auf einer Höhe von 1.500–2.500 m. Im tadschikischen Chasratischoch-Gebirge ist er im Gebirgsgürtel zwischen 1.000 und 3.000 m

Obwohl sich die einzelnen Markhor-Unterarten in der Hornform mehr oder weniger voneinander unterscheiden, ist der Bauplan ihrer Hörner im Prinzip gleich, da bei allen Unterarten die Hörner von innen nach außen um ihre Längskante weit schraubenförmig oder eng korkenzieherartig gedreht sind (auf dem Bild ein Buchara-Markhor aus dem Zoo von Alma Ata)

anzutreffen. Im Sommer suchen sich vor allem ältere Böcke hohe Regionen als bevorzugte Einstände auf, jedoch selten über 2.500 m. Vermutlich deshalb und weil der Markhor die Wärme liebt, gibt es ihn auf dem Pamir nicht.

In allen Teilen seines GUS-Areals werden Hausschafe zur Weide getrieben, wodurch die Wildziegen in die äsungsarmen Gebirgsgegenden verdrängt werden.

Migrationen: Führt ein seßhaftes Leben. Nur unbedeutende jahreszeitlich bedingte Migrationen in der Vertikalen (im Kugitangtau nur einige hundert Meter) und in der Horizontalen (Überwechsel auf die östlichen Hänge des Kugitangtau).

Verbreitung: Das Verbreitungsgebiet in der GUS stellt den äußersten nördlichen Randbereich des Art-Areals dar, wo es auf drei isolierte Vorkommen aufgesplittert ist: das Kugitangtau-Gebirge an der Grenze zwischen Turkmenistan und Usbekistan; das Babatag-Gebirge an der usbekisch-tadschikischen Grenze; die Berge zwischen den Flüssen Jachsu (linker Nebenfluß des Kysylsu) und Pjandsch bis zum Darwas- Gebirge einschließlich. Auf dem Pamir kein Vorkommen.

Der Buchara-Markhor kommt außerhalb der GUS nicht vor.

Bestand: Seit Ende der 50er Jahre beläuft sich der Gesamtbestand in der GUS konstant auf etwa 1.000 Stück. Heute befindet sich das Hauptvorkommen (700 Wildziegen) im Chasratischoch-Gebirge in Tadschikistan. Im turkmenischen Teil des Kugitangtau-Gebirges (also an seinen westlichen Hängen, von wo aus die Wildziegen regelmäßig an die östlichen Hänge in Usbekistan hinüberwechseln) lebten Mitte der 80er Jahre etwa 200 Stück.

Negative Auswirkungen auf die Bestandsentwicklung durch unkontrollierte Jagd in der Vergangenheit, heute vor allem durch die Wilderei und die Intensivierung der Viehhaltung in den Markhorgebieten.

Artenschutz: In der GUS gilt seit langem ein Jagdverbot auf diese seltene Wildart für Einheimische. Als eine vom Aussterben bedrohte Art erhielt der Mark-

Die schroffen Felswände des Markhor-Lebensraumes im turkmenischen Kugitang-tau-Gebirge. Wie alle Wildziegen ist auch der Buchara-Markhor ein ausgezeichneter Kletterer, was in diesen Felswänden sehr wichtig ist, da hier schon ein falscher Tritt unter Umständen das Leben kosten kann

hor den Status der ersten Kategorie im „Roten Buch“ der ehemaligen Sowjetunion. Fällt auch unter den internationalen Artenschutz (Anhang II des WA). Seit 1994 wird in den EU-Ländern keine Einfuhrgenehmigung mehr für Markhor erteilt. Er genießt Schutz und Hege in mehreren Schongebieten Tadschikistans, Usbekistans und Turkmenistans.

In Tadschikistan ist eine Aufzuchtstation für Markhor errichtet worden, um dort nachgezüchtete Wildziegen wieder in die freie Wildbahn auszusetzen. Eine ähnliche Einrichtung ist seit 1952 auch im bekannten ukrainischen Steppenzoopark und Zuchtstätte für bedrohte Wildtiere Askania-Nowa vorhanden (weitere Angaben darüber nach N. LOBANOW). Seit der ersten Nachzucht im Jahre 1954 kamen hier bis 1991 rund 120 Kitze zur Welt, wo außerdem zum erstenmal bei dieser Art auch das Setzen von drei Kitzen beobachtet wurde. Etwa 30 Markhors wurden an andere Zoos der GUS abgegeben. Die älteste Geiß wurde hier 16 Jahre und 6 Monate alt, der älteste Widder 14 Jahre. Gegenwärtig besteht der askanische Zuchtbestand aus 12–15 Exemplaren.

Für die Rettung der Schraubenziege ist es nötig, mit der wirtschaftlichen Erschließung derjenigen Gebiete aufzuhören, in denen sie lebt. Außerdem soll auch eine Umwandlung jetziger Schongebiete in Reservate angestrebt werden, um den Artenschutz auch rechtlich besser abzusichern. Der dritte Weg ist die Vermehrung in Gefangenschaft mit dem Ziel, die Nachzucht in ihrem natürlichen Lebensraum wieder einzubürgern.

Bejagung: „Jagdlich wird ein Markhor für fast alle Jäger ein unerfüllter Traum bleiben" formulierte zu Beginn der 90er Jahre ein bekannter Auslandsjäger und ahnte nicht, daß es schon kurz darauf möglich sein würde, zum erstenmal in der GUS auf die Schraubenziege zu jagen.

In der Tat kommt es einer jagdlichen Sensation gleich, daß seit 1992 ausländische Jäger in Turkmenistan (allerdings jährlich höchstens 2–3) Lizenzen für den Markhor bekommen können (wie zuvor schon erwähnt, gilt allerdings seit 1994 in den EU-Staaten ein Einfuhrverbot für Markhortrophäen).

Eine starke Trophäe des Buchara-Markhor aus dem Museum des Jagdinstituts von Kirow. Zwar werden immer wieder einige wenige Markhor-Lizenzen ausgegeben, um durch bezahlte Abschüsse seinen Artenschutz zu finanzieren, die Einfuhr der Markhor-Trophäen in die EU-Staaten ist aber seit 1994 verboten

Zwar ist der Markhorbestand in Tadschikistan höher als der in Turkmenistan oder Usbekistan, nur erlaubt die unsichere politische Lage Tadschikistans keine problemlose Jagd auf die Schraubenziege. Deshalb werden diese Jagden im Kugitangtau-Gebirge im äußersten Südosten Turkmenistans durchgeführt. Anreise von Istanbul oder Moskau nach Aschchabad, dann ein weiterer Inlandflug mit anschließendem Autotransport ins Basiscamp. Unterkunft in einfachen Hirtenhütten oder in Zelten. Das gebirgige Jagdgebiet ist nicht hoch, jedoch – wie für den Kugitangtau typisch – durchschnitten von vielen tiefen Schluchten mit steilen felsigen Hängen. Gejagt wird zu Fuß, es stehen aber auch Pferde zur Verfügung. Jagdzeit Oktober bis März.

WILDSCHAFE
(Ovis)

Die Klassifikation der GUS-Wildschafe umfaßt 5 Untergattungen der heute vorkommenden Wildschafe:

Argalis *(Ovis ammon)*
- **Altai-Argali** *(O. a. ammon)*
- **Marco-Polo-Argali** *(O. a. polii)*
- **Tienschan-Argali** *(O. a. karelini)*
- **Karatau-Argali** *(O. a. nigrimontana)*
- **Karaganda-Argali** *(O. a. collium)*
- **Sewerzow-Argali** *(O. a. severtzovi)*
- **Dschungarischer Argali** *(O. a. littledalei)*

Uriale *(Ovis orientalis)*
- **Transkaspischer Urial** *(O. o. arkal)*
- **Afghanischer Urial** *(O. o. cycloceros)*

Asiatisches Muffelwild *(Ovis orientalis)*
- **Armenisches Muffelwild** *(O. o. gmelini)*

Europäisches Muffelwild
(Ovis musimon)

Schneeschafe *(Ovis nivicola)*
- **Kamtschatka-Schneeschaf** *(O. n. nivicola)*
- **Ochotskisches Schneeschaf** *(O. n. alleni)*
- **Jakutisches Schneeschaf** *(O. n. lydekkeri)*
- **Putorana-Schneeschaft** *(O. n. borealis)*
- **Tschukotka-Schneeschaf** *(O. n. koriakorum)*

Wie das in der Wissenschaft halt so ist, die Fachleute streiten immer noch über die Systematik der Wildschafe, über die Unterarten von Argalis, Urialen und Schneeschafen. Der amerikanische Wildschafexperte, Professor VALDEZ, sagt ausdrücklich, daß es sich hierbei um die komplizierteste Klassifikation innerhalb der Welt der Säugetiere handelt.

Deshalb ist hier eine *jagdpraktische* Systematik der GUS-Wildschafe entworfen worden, die wildbiologisch fundiert ist, von den meisten russischen Wildschafexperten befürwortet wird und von den westlichen Wildbiologen, Jagdagenturen sowie renommierten Großwildjägern im großen und ganzen anerkannt ist. Die eingangs aufgeführte Einteilung aller Wildschafe ist aufgrund der zytogenetischen Analysen erfolgt. Die Gruppen der alaskanischen und kanadischen Wildschafe werden dabei nicht berücksichtigt, aus den anderen fünf Gruppen sind wiederum nur jene Unterarten angeführt worden, die auf dem Gebiet der GUS-Länder leben.

Das Land der Wildschafe – so könnte man die Ex-Sowjetunion bezeichnen. Wildschafe stellen heute unzweifelhaft die begehrteste (aber auch teuerste) und eindrucksvollste Trophäe für internationale Jäger dar. Kein Wunder also, wenn jedes Jahr auf den großen Jagdausstellungen in Europa und Übersee die Stände mit GUS-Jagdangeboten „regelrecht belagert werden" wie das eine Jagdjournalistin formulierte. Große und seriöse russische Jagdveranstalter haben sich aus diesem Grund schon seit Jahren auf die aufwendigen Schafsjagden spezialisiert. Nur Eingeweihte wissen, daß trotz der schwierigen Versorgungslage im Lande mit Hilfe westlicher Agenturen gerade hier seit ein paar Jahren Schafsjagden organisiert werden, die in jagdlicher Hinsicht auch den verwöhntesten Ansprüchen genügen.

Da immer noch die meisten Jagden im Riesenreich von Moskau aus abgewickelt

Viele Jahrhunderte mußten vergehen, bis die ersten Europäer einen solchen Anblick von Marco-Polo-Schafen aus dem Hohen Pamir beschreiben konnten...

werden, sind die Moskauer Flughäfen und Hotels ein wahrer Treffpunkt von Jägern aus aller Welt. Immer wieder begegnen einem dort die Gesichter weltbekannter Großwildjäger aus Europa und Amerika, die man sonst eigentlich nur aus der Presse oder aus Jagdbüchern kennt.

Wer diese große Schafsjagden nicht kennt und den Jagdtourismus nur mit dem Maßstab des osteuropäischen Standards mißt, dem mag vielleicht dieser Kontinent als „jagdliches Entwicklungsland“ erscheinen. Doch gerade in bezug auf jagdliche Expeditionen auf Wildschafe und Ziegen, auf Küstenbären und Riesenelche können „klassische“ osteuropäische Jagdländer keinem Vergleich mit der GUS standhalten.

Bis vor ein paar Jahren waren von den vielen in der GUS vorkommenden Scha-

... und bevor die ersten guten Trophäen von Gastjägern mit nach Hause gebracht wurden wie aus dem tadschikischen Pamir. Hier ist die Trophäenqualität ausgezeichnet, wie diese zwei Widder mit 143 cm (links) und 150 cm unterstreichen

Die Verbreitung de

- **Altai-Argali** *(Ovis ammon ammon)*
- **Marco-Polo-Argali** *(O. a. polii)*
- **Tienschan-Argali** *(O. a. karelini)*
- **Karatau-Argali** *(O. a. nigrimontana)*
- **Karaganda-Argali** *(O. a. collium)*
- **Sewerzow-Argali** *(O. a. severtzovi)*
- **Dschungarischer Argali** *(O. a. littledalei)*
- **Transkaspischer Urial** *(Ovis orientalis arkal)*

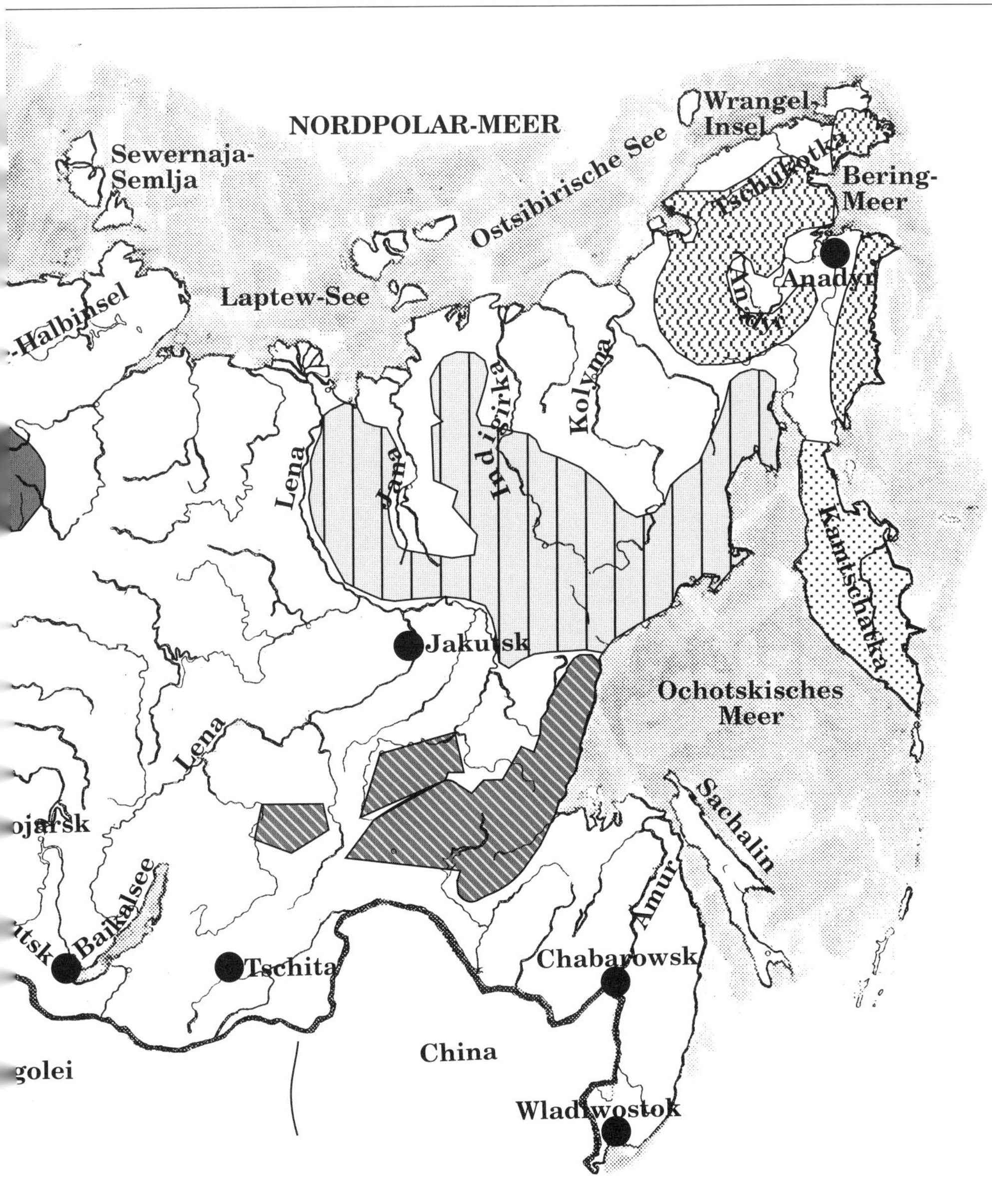

Wildschafe in der GUS

- **Afghanischer Urial** *(O. o. cycloceros)*
- **Kamtschatka-Schneeschaf** *(Ovis nivicola nivicola)*
- **Ochotskisches Schneeschaf** *(O. n. alleni)*
- **Jakutisches Schneeschaf** *(O. o. lydekkeri)*
- **Putorana-Schneeschaf** *(O. n. borealis)*
- **Tschukotka-Schneeschaf** *(O. n. koriakorum)*
- **Armenisches Muffelwild** *(Ovis orientalis gmelini)*
- **Europäisches Muffelwild** *(Ovis musimon)*

Der Name Schneeschaf hat schon manchen dazu verleitet, sich darunter schneeweißes Wild wie das nordamerikanische Dallschaf vorzustellen. Hier die seltene Aufnahme eines Ochotskischen Schneeschafes, dem begehrten Vertreter aus der Schneeschaf-Familie

farten nur das Marco-Polo-Schaf und das Schneeschaf frei. Heute aber kann der Auslandsjäger fast alle Wildschafe (von geschützten stehen allerdings nur wenige Lizenzen zur Verfügung) hier legal erlegen. Nur durch die kommerzielle Nutzung der Bestände ist der effektive Wildschutz zu finanzieren und dann zu gewährleisten – diesen Grundsatz des internationalen Wildschutzes haben die meisten GUS-Länder schnell gelernt.

Ende der 70er Jahre lebten auf dem Gebiet der früheren Sowjetunion 110.000 bis 130.000 Wildschafe. Nach Meinung des russischen Schafsexperten L. Sopin dürfte aber der Gesamtbestand der Wildschafe kleiner sein. Nach seinen Angaben kamen dort Mitte der 80er Jahre zwischen 80.000 und 100.000 Stück vor.

Obwohl es in der Ex-Sowjetunion seit Jahrzehnten eine intensive wildbiologische Forschung – meistens gesteuert durch die Akademien der Wissenschaften einzelner Republiken, jetzt einzelner GUS-Länder – und dementsprechend viele Veröffentlichungen gibt, sind deren Resultate im Westen wenig bekannt. Zur Zeit läuft z. B. in Kasachstan ein großangelegtes Wildschaf-Forschungsprojekt, das durch die bezahlten Abschüsse der westlichen Jäger finanziert wird. Im Herbst 1992 beobachtete ich auf einer Karaganda-Argali-Jagd in Karkaralinsk diese Forschungsgruppe bei der Arbeit. Die bisherigen Ergebnisse sind im Kapitel über Karaganda-Argali berücksichtigt.

Trotz der selbständigen Forschungen der GUS-Wildbiologen ist eine *Internationalisierung* der Wildschaf-Forschung auf dem Gebiet der früheren Sowjetunion von großer Wichtigkeit. Das entspricht nicht nur dem Willen vieler GUS-Wildbiologen, sie ist besonders in der jetzigen Zeit wichtig, da nicht nur die internationale Jägerschaft endlich Klarheit über die Situation der Wildschafe der Welt erwartet.

Es ist wichtig zu wissen, daß das Areal und der Bestand der GUS-Wildschafe sich seit den großen russischen Werken von Heptner und Zalkin aus den 50er und 60er Jahren wesentlich geändert hat. Deshalb habe ich mich darum bemüht, meine Ausführungen nach Möglichkeit auf die neuesten Forschungen zu stützen.

Der Bestand an Kamtschatka-Schneeschafen ist so gut, daß seit der Öffnung der Jagd eine Reihe von Jägern aus dem Ausland reife Widder zur Strecke brachte

Altai-Argali

(Ovis ammon ammon)

E: *Altai Argali*
R: *Altaiski gornyj baran* oder *argali*

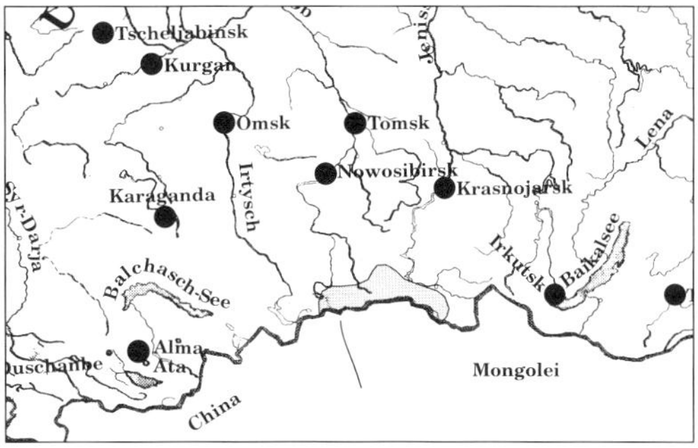

Dieser „König aller Wildschafe" (JAMES L. CLARK) ist in der GUS, dem nördlichsten Teil seines Verbreitungsgebietes, nur eine periphere, vom Aussterben bedrohte Argali-Unterart. Der Altai-Argali ist das größte und stärkste aller Wildschafe. Widerristhöhe der Widder bis zu 125 cm, Gewicht 200 kg und mehr.

Trophäe: Alte Widder haben lange und massige Hörner (diese können bis 32 kg wiegen, also oft mehr als das ganze Skelett), mit besonders großer Basis. Die Hornrippen sind schwach ausgeprägt, der Querschnitt der Hornbasis ist dreieckig mit abgerundeten Kanten. Größte Hornlänge 112 bis 168 cm, größter Basisumfang 45–49 cm, Auslage bis 85 cm und mehr (ZALKIN, SOPIN).

Bei den russischen Wildbiologen findet man keine Angaben über so starke Trophäen wie aus dem mongolischen Altai, wo Altai-Widder bis 182 cm Hornlänge und einem Basisumfang bis 53 cm erlegt wurden.

In seinem Argali-Buch führt FEDOSENKO die Angaben über eine Spitzentrophäe des Altai-Argali aus der früheren Sowjetunion an (aus der Sammlung des Zoologischen Institutes der Kasachischen Akademie der Wissenschaften), die eine Hornlänge von 168 cm hat und zusammen mit dem Schädel 16 kg wiegt. Nach ihm macht das Gewicht der Hörner mit Schädel gewöhnlich 10% des Körpergewichtes von Argalis aus.

Die Hörner beginnen gleich nach dem Setzen zu wachsen, ihre weitere Entwicklung verläuft aber ziemlich unregelmäßig und ist von individuellen Faktoren sowie vom Lebensraum abhängig. Bei den Widdern im Süden Sibiriens machen die Schläuche den größten Schub im dritten und vierten Lebensjahr. Ab dem fünften wachsen sie dann nicht mehr so schnell in die Länge, dafür vergrößert sich aber ihr Basisumfang.

Bei den alten Widdern wird das erste Hornsegment in der Regel halb oder ganz abgenutzt (engl. *„broomed"*, wie die Erscheinung von amerikanischen Schafjägern bezeichnet wird), die Hornspitzen sind bei den alten und reifen Widdern oft abgebrochen.

Lebensgemeinschaft, Brunft: Die Sommerpopulation besteht im Schnitt zu 40 Prozent aus Widdern, 52 Prozent aus Schafen und zu 8 Prozent aus Lämmern. Die Paarungszeit erstreckt sich auf die Monate Oktober und November. Im Brunftrudel versammeln sich um die Widder (die nicht jünger als 5 Jahre sind) gewöhnlich 8–13 Schafe. Geschlechtsreife der

Schafe im dritten, der Widder im vierten Lebensjahr. Erwachsene Schafe setzen Ende April/Anfang Mai meist nur ein Lamm, brunften aber nicht jedes Jahr.

Feinde: Hauptfeind ist der Wolf.

Lebensraum: Altai-Argalis leben im Gebirge auf 2.000–3.500 m Höhe. Im Sommer halten sie sich im Hochgebirge auf alpinen Wiesen auf, im Winter auf den Südhängen mit wenig Schnee in der Zone der Gebirgssteppen. In den Gebirgen Tschichatschjowa und Talduair gelten drei Landschaftsformen als typische Lebensräume des Argali: Gebirgssteppen, alpine Wiesen und Hochgebirgstundren. Optimale Lebensbedingungen finden Argalis vor allem im russisch-mongolischen Grenzgebiet in den Gebirgen Sailjugem und Tschichatschjowa.

Heute müssen sie sich aus vielen guten Regionen vor den großen Viehherden (vor allem Ziegen und Yaks) zurückziehen und sind gezwungen, sich in den äsungsarmen Gegenden zwischen den Felsen und Geröll aufzuhalten.

Migrationen: Zuverlässige Angaben darüber gibt es (bisher nur) über die südliche Argali-Population aus dem Sailjugem-Gebirge an der russisch-mongolischen Grenze erst seit Mitte der 80er Jahre (SOBANSKI/FEDOSENKO). Der größte Teil der Schafe dieser Gruppe lebt im Winter auf dem Gebiet der Mongolei auf den südlichen Hängen des Sailjugem-Gebirge, im Sommer aber auf seinen nördlichen Hängen im russischen Teil, und zwar im Einzugsgebiet der Flüsse Bajan-Tschagan und Sarschematy (Zuflüsse des Flusses Tschagan-Burgasy). Im Frühjahr (gewöhnlich in der zweiten Aprilhälfte) wandern die Argalis über die Grenze und kommen auf russisches Gebiet. Der Wanderweg ist nicht lang, beträgt etwa 20–30 km. Gleich danach setzen die Schafe ihre Lämmer. Im Oktober dann wandern sie wieder in die Mongolei zurück.

Diese Wanderung geschieht aus Not, weil die Argalis zweimal jährlich ihre Gebiete den Viehherden überlassen müssen. Denn mongolische Viehhalter sind mit ihren Viehherden auf dem Argaligebiet im Sommer, russische dagegen im Winter, Argalis aber halten sich bekanntlich jedoch nur dort auf, wo es weder Menschen noch Vieh gibt.

Verbreitung: Das frühere Areal umfaßte drei Hauptgebiete: Tuwa, den Südlichen Altai und den Südosten Transbaikaliens. Um die Mitte des vorigen Jahrhunderts wurde der Argali in Transbaikalien und teilweise auf dem Altai ausgerottet. Heute lebt er in zwei nicht allzugroßen Regionen: auf dem russischen Altai in seinem äußersten Südosten, im Sailjugem-Gebirge, auf den südlichen Ausläufern des Tschichatschjowa-Gebirge, auf den südlichen Hängen des Südlichen Altai sowie im Süden vom Schapschalski-Gebirge.

Eine kleine Population lebt auch im Talduair-Gebirge. Die Population im Sailjugem-Gebirge ist heute vom Hauptareal in der Mongolei getrennt. In Tuwa findet man den Argali auf den östlichen Hängen des Tschichatschjowa-Gebirge und im Mongun-Taiga-Gebirge. Außerhalb der GUS lebt er in der Nordmongolei.

Bestand: Aus Transbaikalien und Westlichem Altai ist der Argali bereits Ende des 19. und zu Beginn des 20. Jahrhunderts verschwunden. Mitte der 50er Jahre ist sein Bestand auf dem Altai und in Tuwa gering geworden. Nach der Wildzählung in der Saison 1973/74 betrug der Gesamtbestand auf den südsibirischen Gebirgen etwa 1.000 Stück (nach SOPIN). Davon entfallen auf den Südöstlichen Altai 600 und den Südwesten von Tuwa etwa 250 Wildschafe, noch weiter östlich auf dem tuwinischen Gebiet in Gebirgen Tannu-ola und Großem Sajan 150, was gemessen am riesigen Gebiet von Tuwa sehr wenig ist.

In der Zeit danach verringerte sich der Argalibestand immer weiter, so daß Ende der 70er Jahre die Gesamtpopulation in der früheren Sowjetunion nicht über 400 Stück lag (SOPIN). Nach den winterlichen Flugzeugzählungen von 1980 (in den gleichen Gebieten wie 1973/74) betrug die Altai-Population nur noch 100 Stück (BONDAREW). In Tuwa war die Situation etwas besser und 1983 zählte man im tuwinischen Westen immerhin 200–250 Wildschafe (NIKOLAEW).

Der Altai-Argali ist der mächtigste aller Argalis und heißt deshalb der „König aller Wildschafe“. Da sein Bestand im GUS-Teil des Altai sehr gering ist, kann er heute nur noch in der Mongolei bejagt werden

Nach zwei Flugzeugzählungen 1983 und 1986 sowie einem Forschungsaufenthalt 1987 (SOBANSKI/FEDOSENKO) schätzt man den Gesamtbestand in der GUS auf 200 Stück (im Sommer; im Winter viel weniger) im äußersten Südosten von Gorno-Altaisk. Die Population ist auf zwei voneinander isolierte Gruppen bzw. Gebiete verteilt. Die eine (südliche Haupt)gruppe lebt im Osten des Sailjugem-Gebirge, auf beiden Seiten der russisch-mongolischen Grenze (Bestand etwa 100 Stück). Die zweite (östliche) Argaligruppe lebt auf den nordwestlichen Ausläufern des Tschichatschjowa-Gebirge nahe der Grenze zwischen Tuwa und Altai (Bestand 60–70 Stück, mit jenen aus Tuwa bis 100). 1992 gab es in Kasachstan 50–60 Altai-Argalis (persönliche Mitteilung von BAIDAWLETOW).

Artenschutz: Im „Roten Buch“ der GUS gehört Altai-Argali zur ersten Kategorie, also zu den Arten, die vom Aussterben bedroht sind. Deshalb fällt er auch unter den internationalen Artenschutz (Anhang II des WA). Schon seit 1934 gilt in Rußland eine ganzjährige Schonzeit für den Altai-Argali. Die Verringerung seines Bestandes haben die Vergrößerung der Viehherden gerade in den besten Argaligebieten, Wilderei, harte Winter, wildernde Hunde und immer größer werdende Beunruhigung verursacht.

Um erfolgreich Artenschutz zu praktizieren, will man in Rußland weitere Wildreservate mit Viehweideverbot in den Gegenden gründen, wo sich Argalis ganzjährig aufhalten. Das gilt besonders für die Population an der russisch-mongolischen Grenze im Sailjugem-Gebirge, die heutzutage von der mongolischen Hauptpopulation getrennt ist. Eine Ideallösung in diesem Fall wäre die Schaffung eines russisch-mongolischen Reservats im Grenzgebiet.

Bejagung: Da der Altai-Argali auf dem Gebiet der GUS vom Aussterben bedroht ist, gab es hier bisher keine Jagden für ausländische Jäger. Zur Zeit ist das nur in der Mongolei möglich.

Marco-Polo-Argali

(Ovis ammon polii)

E: *Marco Polo Argali*
R: *Pamirski archar*

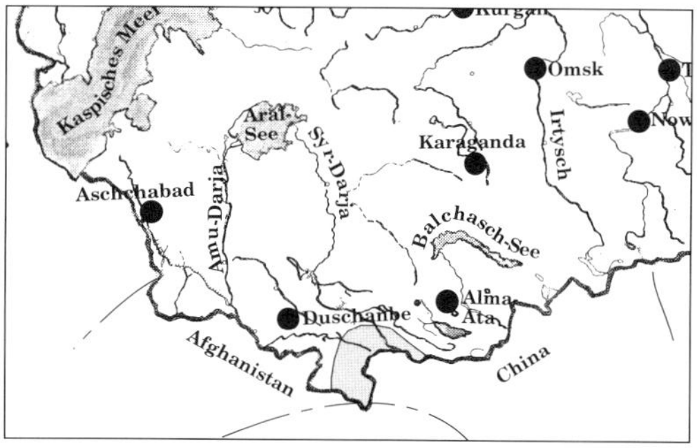

Dieser „begehrtesten Trophäe der Welt" kann man heutzutage nur noch in der GUS nachstellen. Der Bestand des Marco-Polo-Schafes gilt als stabil, weswegen eine begrenzte Bejagung durch ausländische Jagdgäste möglich und erwünscht ist, um den weiteren Schutz gewährleisten zu können. Er steht zwar nicht im „Roten Buch" der GUS, fällt aber als Argali trotzdem unter den internationalen Artenschutz (Anhang II des WA). Widerristhöhe der Widder bis 120 cm, Gewicht bis 150 kg.

Trophäe: Im Unterschied zu den massigen Hörnern mit großer Basis des Altai-Argali, hat der Marco-Polo-Widder zwar lange, aber schlankere Hörner mit kleinerem Basisumfang und gut ausgeprägten Hornrippen. Der Hornquerschnitt ist dreieckig mit spitzen Winkeln. Starke Widder besitzen Schläuche mit 130–170 cm Länge und einer Basis von 37–40 cm. Auf der Weltjagdausstellung in Plovdiv 1981 wurden zwei Spitzentrophäen aus der früheren Sowjetunion ausgestellt: die eine mit Hornlänge (Angaben links/rechts) 154,6/158,5 cm und einem Basisumfang von 39,0/39,0 cm stammte aus dem tadschikischen Pamir, die andere mit Hornlänge von 141,0/144,4 cm und Basisumfang von 39,0/39,5 aus Kirgisien.

Lebensraum: Sein typischer Lebensraum sind Hochgebirgslandschaften auf Höhen von über 3.000 m, tiefer steigt das Marco-Polo-Schaf kaum herab. Deshalb gilt es unter den Argali-Unterarten als einzige reine Hochgebirgsform. Da im östlichen Pamir wenig Schnee fällt, bleiben Wildschafe ganzjährig in großen Höhen und steigen im Winter nur ein paar hundert Meter tiefer. Auch hier halten sich ältere Widder im Unterschied zu den Schafen und Jungwild in höher gelegenen Regionen.

Verbreitung: Der mittlere und östliche Teil vom Pamir, Kakschaal-Too-Gebirge (genannt auch Kokschaal-Too oder Kokschaal-Tau) an der kirgisisch-chinesischen Grenze, der östliche Tienschan.

Außerhalb der GUS in den an den Pamir grenzenden Gebirgen Afghanistans (Wachan-Gebirge) und Chinas sowie im chinesischen Teil des Tienschan.

Bestand: Es wird angenommen, daß es früher allein auf dem Pamir 70.000 Wildschafe gab, der zu Beginn der 30er Jahre 4.000 Marco-Polo-Felle jährlich liefern konnte. Mitte der 80er Jahre sank aber der Bestand auf 18.000 Stück (SOPIN). Dazu kommen noch etwa 9.000 Marco-Polo-Schafe aus Kirgisien.

Marco-Polo-Schaf und seine Legende: Der berühmteste Reisende des Mittleren Ostens, der Venezianer MARCO

POLO (1254–1324), unternahm vor 700 Jahren eine lange Reise von Venedig nach China. Nach seiner Rückkehr war er in Gefangenschaft der Genuesen, wo er einem Mitgefangenen seinen Reisebericht diktierte, der heute bekannt ist unter dem Namen „Die Reisen des Venezianers MARCO POLO“.

Er beschrieb Landschaften, Menschen und Tiere der fernen Länder. Unter den Lebewesen, die er zum ersten Male erblickt hatte – und deren Beschreibung er als erster nach Westeuropa überlieferte –, gab es auch ein Riesenschaf, dem er im Hochland von Pamir begegnet war:

„In der Hochebene, die Pamir genannt wird“, so schrieb er, „gibt es eine Menge wilde Tiere, besonders Schafe von außerordentlicher Größe, welche Hörner von drei, vier und sogar sechs Spannen Länge tragen. Aus diesen verfertigen die Schäfer Schöpflöffel und allerlei Geschirr zu ihren Speisen; auch machen sie Zäune daraus, ihr Vieh darin zu hegen und es gegen die Wölfe zu schützen, die, wie sie erzählen, das Land heimsuchen und große Verheerungen unter Schafen und Ziegen anrichten. Hörner und Gebeine werden in großer Menge gefunden und daraus Haufen an den Seiten der Straße hergestellt, um die Reisenden sicher zu leiten, wenn der Schnee die Berge bedeckt.“ Die nächsten

Die Legende vom Marco-Polo-Schaf lebt weiter. Das Riesenschaf vom „Dach der Welt“ wurde in vielen Kunstwerken dargestellt wie auf dieser russischen Postkarte aus dem Jahre 1935 (nach einem Gemälde von W. A. WATAGIN)

500 Jahre wurde das Riesenschaf von MARCO POLO nur für eine Legende gehalten.

Als im Jahre 1838 der britische Marineoffizier, Leutnant WOOD, von einer diplomatischen Mission heimkehrte, hatte er ein Paar Schädel mit Hörnern von zwei Riesenschafen dabei, die er dem Britischen Museum schenkte.

1840 war dem Wildfachmann BLYTH klar, daß es sich bei den mitgebrachten Exemplaren vermutlich um eben das von

In der Hochebene des Pamir, auf dem „Dach der Welt“, lebt das sagenumwobene Marco-Polo-Schaf auf einer Höhe von 5.000 m und mehr. Wenn man dort ist, vergißt man schnell, daß sich bereits die breiten Täler des Plateaus schon auf 4.000 m befinden und die umliegende Bergspitzen eine Höhe von 6.000 m und 7.000 m erreichen

Marco Polo beschriebene Riesenschaf handeln mußte. Vor der Londoner Zoologischen Gesellschaft schlug er daher vor, diese bisher unbekannte Schafsart *ovis polii*, also Polos Schaf, zu nennen, um dem großen venezianischen Reisenden aus dem 13. Jahrhundert nachträglich eine Ehre zu erweisen.

Die spätere Forschung ergab jedoch, daß es sich dabei doch um keine eigenständige Art handelt, sondern lediglich um eine Unterart des Argali *(ovis ammon)*. Deshalb erhielt das Marco-Polo-Schaf oder Pamir-Argali, wie es auch genannt wird, einen neuen, den nun wissenschaftlich korrekten Namen *ovis ammon polii*.

Die sagenumwobene, hochgelegene und schwierig zu erreichende Pamir-Hochebene, wo dieses prächtige Wild mit seinen imposanten Hörner lebt, machen dieses Schaf zur begehrtesten Trophäe der Welt.

Jagdgebiete und Bejagung: Die Jagd auf Marco-Polo-Schaf ist heute in den beiden mittelasiatischen GUS-Republiken Tadschikistan und Kirgisien möglich. Die Jagd zählt zu den exklusivsten Abenteuern der heutigen Zeit. Der ganze organisatorische Aufwand ist so groß, daß es sich dabei mehr um eine Expedition als nur um eine Jagd handelt. Jedes Jahr kommen zu den bereits bejagten auch neue Jagdgebiete hinzu, die meistens entlang der Grenze zu Afghanistan und China liegen und früher nur für das Militär zugänglich waren.

In **Kirgisien** beträgt der Marco-Polo-Bestand etwa 9.000 Schafe. Die Trophäenqualität ist zwar etwas geringer als in Tadschikistan, aber auch hier wurden bisher 4 Widder über 60 Inches (also über 152 cm) zur Strecke gebracht. Durchschnittswidder erreichen Hornlängen von 130–135 cm, ganz starke bis 158 cm. Gejagt wird in den Bergen südlich des Naryn-Flusses bis zur chinesischen Grenze, vor allem im Kakschaal-Too-Gebirge (Gebiet Ak-Sai) im kirgisisch-chinesischen Grenzgebiet. Die Berge sind hier 3.000–4.500 m hoch, die Basislager liegen gewöhnlich auf 3.000 m.

In Kirgisien wird in der Regel nicht in solchen Höhen gejagt wie in Tadschikistan, so daß eine Akklimatisierung nicht nötig ist. Als Zusatztrophäe kann man sehr starke (Hörner auch über 130 cm!) Sibirische Steinböcke erlegen. Der Zielflughafen ist Alma Ata oder die Hauptstadt Bischkek, dann fliegt man mit dem Hubschrauber ein paar hundert Kilometer weiter ins Basislager. Gejagt wird mit Hilfe von Pferden oder Geländewagen, kombiniert mit der Fußpirsch.

Nicht weniger interessant für Schafsjäger – vor allem für diejenigen, die eine Jagd mit Bergpferden und spannendes Anpirschen lieben – ist auch Kirgisien, wo in den letzten Jahren bereits mehrere starke Widder zur Strecke kamen

Im November 1994 habe ich Marco-Polo-Argalis mit einer Gruppe deutscher Jäger im Süden Kirgisiens gejagt und war vom hohen Bestand, guter Jagdführung und der herrlichen Landschaft so tief beeindruckt, daß ich sie persönlich für die interessanteste und schönste Jagd halte, die in der GUS angeboten wird.

In **Tadschikistan** jagt man auf Marco-Polo-Widder im östlichen Teil des Pamir-Gebirges, wo die Gipfel Höhen von 4.000 bis 6.000 m erreichen. Das Basislager steht auf etwa 4.000 m. Da sich die Jagd auf über 4.000 Meter Höhe abspielt, werden auch Akklimatisierungstage eingeplant, und ein Arzt ist immer dabei. Die Trophäenqualität ist hervorragend, zusätzlich können auch hier starke Sibirische Steinböcke erlegt werden. Vom Zielflughafen der Hauptstadt Duschanbe (4

Die Marco-Polo-Trophäen aus Tadschikistan waren im Durchschnitt bisher stärker als die aus Kirgisien. Deshalb gilt der tadschikische Pamir unter Kennern immer noch als das Marco-Polo-Gebiet Nummer eins

Flugstunden von Moskau entfernt, 3 Stunden Zeitunterschied zu Moskauer Zeit) fliegt man weiter mit dem Hubschrauber noch ein paar hundert Kilometer ins Jagdgebiet. Widder werden auf der Pirsch gestreckt, für das Auskundschaften stehen aber neuerdings auch Geländewagen zur Verfügung.

In beiden Ländern sind die Camps sehr gut ausgestattet. Stabile Holzhütten oder geheizte Zelte mit isolierten Wänden (auch Jurten), Betten, Schlafsäcken, oft auch mit Funkgeräten usw. sind selbstverständlich. Pro Camp werden 2–3 Jäger betreut, jeder von ihnen bekommt ein eigenes Zelt, Fahrzeug, Führer und Träger. Jeden Tag wird getrennt in verschiedenen Gebieten gejagt.

Wer eine solche Jagdexpedition unternimmt, muß sich auf eine lange Reise in die mittelasiatische Bergheimat von Marco-Polo-Argali einstellen. Dabei gestaltet sich die mehrtägige Anreise selbst zum härtesten Teil der Jagd, wie das ein amerikanischer Schafjäger treffend formulierte: *„I couldn't get over this point, since I had recently traveled around the world to the Pamir-Mountains of Tadjikistan for Marco Polo Sheep where the trip itself is the hardest part of the hunt"* (Lee Anderson in „WILD SHEEP" vol. 17, 1994).

Wegen der schwierigen Logistik unterscheiden sich einzelne Jagden in Dauer und Charakter ein bißchen voneinander. Ein typischer Reiseverlauf könnte aber so aussehen: 1. Tag: Ankunft in Moskau, Übernachtung; 2. Tag: Flug nach Duschanbe oder Bischkek, Übernachtung; 3. Tag: Flug ins Camp; 4.–13. Tag: Jagd (10 Jagdtage); 14.Tag: Flug nach Duschanbe oder Bischkek, Flug nach Moskau, Übernachtung; 15. Tag: Ausstellung der Exportpapiere, Rückflug. Die Jagden werden vom September bis Ende November und im Februar oder März organisiert, was wetterabhängig (winterliche Bedingungen mit Temperaturen um minus 20 Grad) ist.

Bis Ende der 80er Jahre waren Marco-Polo-Jagden mit Preisen bis zu 40.000 Dollar die teuersten Schafsjagden überhaupt. Heute werden sie etwas günstiger angeboten, und wer sich ein solch exklusives Jagdabenteuer leisten will, hat er etwa 30.000 Dollar (inklusive Abschuß) hinzublättern.

In Kirgisien ist man mit klettergewandten Pferden den ganzen Tag den Marco-Polo-Widdern hinterher. Für die zähen kirgisischen Bergpferde gibt es in dieser gebirgigen Welt kaum ein Hindernis und kaum einen Berg, den sie nicht erklimmen und so dem Jäger und Guide zum Erfolg verhelfen können

Tienschan-Argali

(Ovis ammon karelini)

E: *Tian Shan Argali* oder *Karelini Argali*
R: *Tjanschanski gornyj baran*

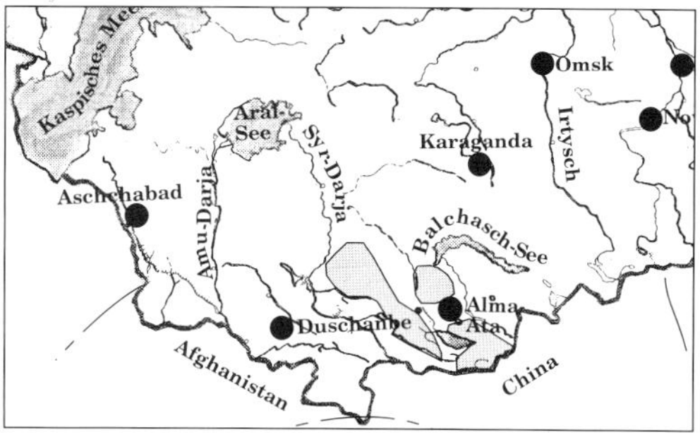

Großes Schaf, fast so stark wie Marco-Polo-Argali. Widerristhöhe der Widder 110 bis 115 cm (weitere Angaben hauptsächlich nach W. Prisjaschnjuk).

Trophäe: Dieser Argali hat ähnlich geformte Hörner wie der Altai-Argali, nur nicht so massiv. Hornlänge bis 132 cm, größte Hornbasis 36–40 cm. Die Spitzen der Hörner biegen sich etwas seitwärts ab. Die auf der Internationalen Jagdausstellung in Plovdiv 1981 gezeigte Spitzentrophäe aus Kirgisien hatte eine Hornlänge (Angaben links/rechts) von 122,8/132,7 cm und einen Basisumfang von 36,4/36,4 cm.

Lebensraum, Brunft: Gebirgsgegenden von einigen hundert bis 4.000 m. und mehr. Im westlichen Tienschan bevorzugt der Tienschan-Argali Gebirge mit sanften Bergen und Gebirgsplateaus. Abgedrängt durch Schafsherden im Sommer steigt er auf ebene Abschnitte des Berggipfels. In den zentralen Regionen des Tienschan bewohnt er sanfte Hänge und kleinhügelige Abschnitte auf den Hochgebirgsplateaus, auf den mit Gras bedeckten Gebirgshängen ist er dagegen seltener anzutreffen. In den besonders schneereichen Wintern im Norden des Tienschan steigt er hinab bis ins Flußtal des Ili.

In den meisten Gegenden des Tienschan bilden Tienschan-Argalis kleinere Rudel mit bis zu zehn Schafen. Die Brunft in den westlichen, nördlichen und östlichen Teilen des Tienschan findet von der zweiten Oktoberhälfte bis November statt, in seinen zentralen Hochgebirgsregionen (Terskei Alatau) aber im Dezember.

Im westlichen Teil seines Areals (Aksu-Dschabagly-Reservat) setzen Schafe ihre Lämmer im April, in den zentralen Regionen des Tienschan Ende Mai/Juni. 65 Prozent der Schafe setzen nur 1 Lamm, 33 Prozent 2 und 2 Prozent sogar 3 Lämmer.

Verbreitung: Tienschan im Südosten des Karatau-Gebirges, im ganzen Kirgisischen Gebirge und in der westlichen Hälfte des Talas-Alatau (hauptsächlich im Aksu-Dschabagly-Reservat), sowie im Karschantau-Gebirge. Verbreitet in den Bergen um den Song-Kjol-See und den Sussamyrtau-Bergen. Südlich und südöstlich vom Issyk-Kul-See auf dem ganzen Gebiet bis zur chinesischen Grenze (Kakschaal-Too-Gebirge), im Norden bis zum östlichen Terskei-Alatau einschließlich.

Nördlich vom Issyk-Kul im Osten und im Westen des Transili-Alatau-Gebirges. In den Tschu-Ilischen Bergen nur noch auf den Bergmassiven Dschambul und Baigora. Sein Areal grenzt im Südosten auf langer Strecke an das des Marco-Polo-Schafes, im Norden durch die Tschu-Ilische Berge (zwischen den Flüssen Tschu und Ili im Süden Kasachstans) an das des Karaganda-Argali, im Nordosten grenzt das Areal des Dschungarischen Argali und im Nordwesten das des Karatau-Argali an. Außerhalb der GUS nicht vorhanden.

Bestand: Im Tienschan verringerte sich unablässig der Bestand dieser Argali-Unterart, ebenso im Osten, wo es früher besonders viele Schafe gab. Dieses Wildschaf wird aus seinen optimalen Lebensräumen durch zahlreiche Hausschafherden verdrängt, dazu kommen Wilderei und starke Verluste während der schneereichen Winter.

Mitte der 80er Jahre gab es in der früheren Sowjetunion etwa 5.000 Stück, davon 1.000 im kasachischen Teil des Verbreitungsgebietes und 4.000 in Kirgisien.

Die Populationsdichte im Alma-Ata-Reservat (Transili-Alatau) beträgt 10, im Terskei-Alatau 1,1–2,1 Stück auf 1.000 ha. In einigen Populationen gibt es mehr Widder als Schafe. So z. B. kommen im Alma-Ata-Reservat 0,9 Schafe auf einen Widder, im Terskei-Alatau nur noch 0,5, dementsprechend gering ist der Anteil der Lämmer in den Rudeln.

Dieser junge Tienschan-Widder wurde als verwaistes Lamm von einem Hirten im Transili-Alatau-Gebirge über der Stadt Alma Ata gefunden und kann nun im dortigen Zoo bewundert werden

Ein prächtiger Tienschan-Widder aus den kirgisischen Bergen

Artenschutz: Gehört in die zweite Kategorie des „Roten Buches“ der GUS, fällt außerdem unter den internationalen Artenschutz (Anhang II des WA). Bedeutende Schutzmaßnahmen vorhanden in den Naturschutzgebieten des Tienschan, vor allem in den Reservaten Aksu-Dschabagly und Alma-Ata.

Bejagung: Einige wenige Lizenzen stehen von Jahr zu Jahr (nur in Ausnahmefällen) in Kirgisien zur Verfügung, allerdings in der Preisklasse einer Marco-Polo-Jagd. So werden z. B. Jagden in der Hochgebirgsregion (2.000 bis 5.000 m Höhe) zwischen dem Issyk-Kul-See und der chinesischen Grenze im Osten Kirgisiens angeboten. Die Anreise erfolgt beispielsweise von Frankfurt nach Alma Ata oder über Moskau nach Bischkek (Flugzeit Moskau-Bischkek 4 Stunden), dann weiter per Hubschrauber (etwa drei Stunden) ins Jagdgebiet. Gejagt wird vom September bis März (Brunft Oktober/November) mit Pferden, kombiniert mit Pirsch, in einer Höhe zwischen 2.500 und 4.000 m. Unterbringung in geheizten Zelten mit festen Fußböden, ausgezeichnete Verpflegung.

Als Zusatztrophäen können – ohne oder mit Revierwechsel – Sibirischer Steinbock, Wolf sowie kostenlos Schwarzwild und Luchs erbeutet werden.

Karatau-Argali

(Ovis ammon nigrimontana)

E: *Kara Tau Argali*
R: *Karatauski gornyj baran*

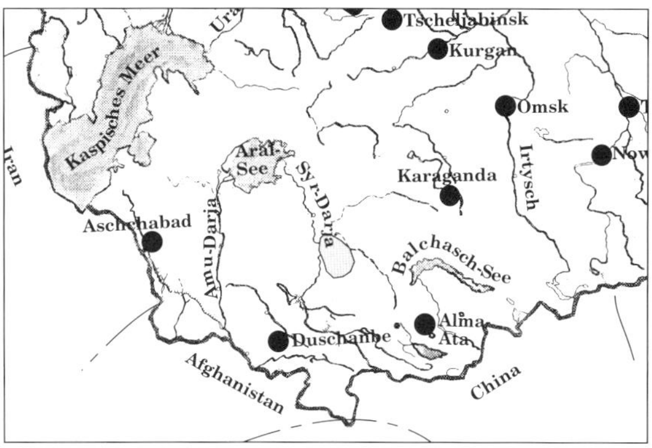

Gehört mit dem Sewerzow-Argali zu den kleinsten Argaliunterarten. Mit seiner mehr dunklen Grundfärbung und in einigen anderen Merkmalen unterscheidet er sich etwas von der typischen Argaliform.

Es gibt leider nur sehr wenig Angaben über diesen Argali, der zwar als Unterart neben Tienschan-Argali im „Roten Buch“ der früheren Sowjetunion erwähnt wird, ihm ist aber darin kein besonderer Artikel gewidmet, obwohl er im Bestand bedroht ist.

Trophäe: Stärker als beim Sewerzow-Argali, jedoch nicht so lang und massig wie beim Marco-Polo-Schaf oder Tienschan-Argali. Hornlänge bis 120 cm, größter Basisumfang 31 bis 33,5 cm. Die Durchschnittstrophäen der Karatau-Widder liegen bei 100 cm, stärkere erreichen eine Hornlänge von 110 cm, maximal 115-120 cm.

Verbreitung: Im gesamten Karatau-Gebirge zwischen den Flüssen Syr-Darja und Tschu im Süden Kasachstans. Außerhalb der GUS nicht vorhanden.

Bestand und Artenschutz: Der heutige Bestand wird auf ein paar hundert Schafe geschätzt. Deswegen steht dieser Argali zur Zeit unter Schutz und eine Bejagung findet nicht statt. Bei den wenigen bisher ausgestellten Karatau-Lizenzen für ausländische Jäger handelte es sich immer um wissentschaftliche Lizenzen. Im „Roten Buch“ Kasachstans gehört der Karatau-Argali zur ersten Kategorie, also zu den Arten, die vom Aussterben bedroht sind. Er fällt außerdem auch unter den internationalen Artenschutz (Anhang II des WA). Seit 1995 wird in den EU-Ländern keine Einfuhrgenehmigung mehr für den Karatau-Argali erteilt.

Für diese relativ kleine Argaliunterart werden nur selten einzelne Lizenzen für wissenschaftliche Zwecke ausgegeben, so daß von einer Bejagung keine Rede sein kann. Die Einfuhr von Karatau-Argali-Trophäen in die EU-Staaten ist außerdem seit 1995 verboten

Karaganda-Argali

(*Ovis ammon collium*)

E: *Karaganda Argali oder Kazakh Argali*
R: *Kasachstanski gornyj baran* oder *Karagandinski argali*

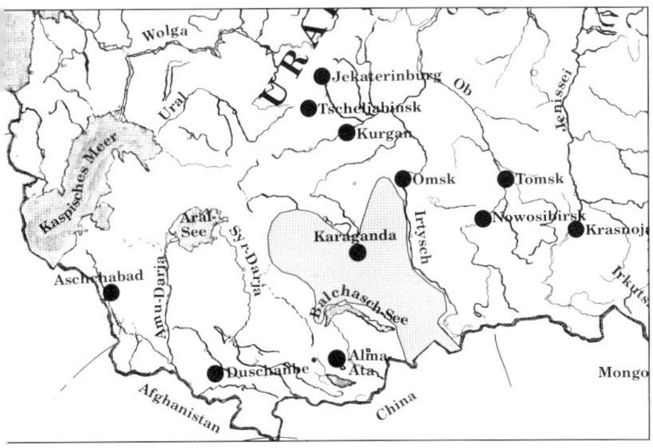

Dieses große Schaf – fast so stark wie Marco-Polo-Argali – ist in den letzten Jahren zum echten Wahrzeichen Kasachstans und zur begehrten Trophäe geworden. Bis vor wenigen Jahren war dieses Wildschaf im Westen kaum bekannt, geläufig außerdem nur unter dem Namen „Kasachischer Argali" (engl. *„Kazakh Argali"* oder bei Clark *„Semipalatinsk Argali"*). Dieser Name paßt gut, zumal diese Argali-Unterart – neben der es in Kasachstan allerdings noch fünf weitere gibt – von allen anderen das größte Verbreitungsgebiet einnimmt und am zahlreichsten ist, dadurch also am charakteristischsten für Kasachstan ist.

Nach Darstellung russischer Jagdveranstalter taufte der bekannte amerikanische Jagdvermittler Chris Klineburger diesen Argali nach dem Ausgangspunkt – der Stadt Karaganda – seiner ersten Testjagd im März 1990 auf „Karaganda-Argali" um. Dieser markante Name setzte sich fast widerstandslos in Amerika, Europa und in der GUS durch, so daß diese Argali-Unterart jetzt nur noch unter dieser Bezeichnung geführt wird.

Die Körpermaße entsprechen dem des Tienschan-Argali. Das größte Gewicht eines 1992 erlegten neunjährigen Widders betrug 157 kg.

Trophäe: Seit 1990 werden im Rahmen eines kasachischen Argali-Forschungsprojektes alle erlegten Widder vermessen (weitere Angaben nach persönlichen Mitteilungen von Baidawletow/Berber). Durchschnittstrophäen liegen um 120 cm (Basisumfang um 40 cm), alle die darüber sind, können als gut eingestuft werden, als kapital gelten alle Trophäen ab 127 cm (= 50 Inches). Hier zur Orientierung noch einige Beispiele der von Gästen erlegten Widder: Hornlänge 126/123 cm mit Basisumfang von 40/39,5 cm; weiter Hornlänge 128/123 cm und Basis 41/40,5 cm (Auslage 80 cm, Alter neun Jahre) und schließlich Hornlänge 135,5/130 cm mit einer Basis von 40/40 cm (Alter zehn Jahre).

Als der stärkste Karaganda-Argali galt lange Zeit der von Milan Sablich auf der Testjagd 1990 erlegte Widder (Hornlänge 137,5/134,0 cm). Dieser wurde dann aber durch den von Gerhard Blenk (Chef von Blaser Jagdwaffen, Isny) gestreckten Widder mit einer Hornlänge von sensationellen 150 cm bei einem Basisumfang von 41 cm und einer 103-cm-Auslage übertroffen. Größte bekannte Hornlänge (gewildertes Schaf) war 144 cm, der größte Basisumfang (beim zehnjährigen Widder, erlegt 1992 von Jesus Yuren/Mexiko), 43 cm.

Lebensraum, Brunft: In Zentralkasachstan lebt der Karaganda-Argali auf den mit Steppenbewuchs bedeckten Anhöhen des Kasachischen Kleinhügellandes. Im Tarbagatai-Gebirge bewohnt er die Halbwüste, wo er im Dickicht der Bergschluchten seinen Einstand sucht. Im Jermentau-Gebirge bieten ihm vor allem Gegenden mit Wasser normale Lebensbedingungen das ganze Jahr über. In der Betpak-Dala-Wüste hält er sich bevorzugt auf den steilen Hügelhängen auf und zieht

Der Karaganda-Argali ist hauptsächlich auf den mit Steppenbewuchs bedeckten Anhöhen des Kasachischen Kleinhügellandes zu finden. Die kleinen Wälder in den Tälern und Schluchten werden hier nur bei Gefahr aufgesucht

zum Äsen in die Wüste. In vielen Gebieten sind typische Argalibiotope durch intensives Abweiden der Viehherden vernichtet worden.

Mit zweieinhalb Jahren erreichen sie Geschlechtsreife, doch erst mit vier beteiligen sich Widder an der Brunft. Brunftzeit Oktober/November. Tragezeit 6 Monate, danach setzt das Schaf ein, seltener zwei Lämmer. Der Anteil der Lämmer am Schafsrudel beläuft sich im Spätsommer auf 20–33,8 Prozent.

Verbreitung: Das frühere Areal umfaßte weite Gebiete der Anhöhen des Kasachischen Kleinhügellandes (*Kasachski melkosopotschnik*) nördlich vom Balchasch-See und der Wüste Betpak-Dala. Im Westen erstreckte es sich bis zum Ulutau, im Norden bis zum Jermentau-Gebirge.

Sein Areal hat sich heute in den Randgebieten etwas verkleinert und umfaßt einzelne Populationen in den Gebirgen Saur, Dschair, Tarbagatai, Semintau, Tschingistau und auf einer Reihe nördlichen Anhöhen des Kasachischen Kleinhügellandes einschließlich Jermentau-Gebirge. Im Osten erstreckt es sich fast bis zum Fluß Irtysch, im Westen bis zum 65° östlicher Länge (Ulutau-Gebirge) und im Süden bis zu den Seen Balchasch, Sasykkol und Alakol (Angaben nach SCHIRNOW/CHACHIN).

Auf einer Testjagd im März 1990 taufte der bekannte amerikanische Jäger CHRIS KLINEBURGER (3. von rechts) den Kasachischen Argali auf Karaganda-Argali um. Während dieser ersten Jagd kamen vier alte Karaganda-Widder, darunter eine Spitzentrophäe von MILAN SABLICH (2. von rechts) mit 137,5/136,5 cm Hornlänge und Basis 42/43 cm) sowie zwei Keiler zur Strecke

Außerhalb der GUS in den mit Saur und Tarbagatai zusammenhängenden Bergen Chinas.

Bestand: Zu Beginn des 20. Jahrhunderts fast ausgerottet, erholte sich der Bestand wieder und betrug in den 50er Jahren 3.000 Schafe, in den 70er Jahren sogar 7.000. Zu Beginn der 90er Jahre gab es im Gebiet Karaganda (13 Mio. ha) 7.000 Schafe, im gesamten Kasachstan wird der Bestand auf 12.000 (nach BAIDAWLETOW/BERBER) geschätzt.

Den Argalibestand bedrohten bisher am stärksten schneereiche Winter, Glatteis, Wölfe (die in den Argali-Gebieten besonders zahlreich sind; jeder Wolf reißt jährlich durchschnittlich drei Wildschafe), wildernde Hunde, Wilderei und die Intensivierung der Schafzucht.

Artenschutz: Obwohl sich sein Bestand erholt hat und stabil geworden ist, stand der Karaganda-Argali im „Roten Buch“ der früheren Sowjetunion (Status: 3. Kategorie, denselben Status besitzt er auch im „Roten Buch“ Kasachstans) und fällt unter den internationalen Artenschutz (Anhang II des WA). Einen dauernden Schutz genießt er in 12 kasachischen Reservaten, weitere sind geplant. In den Jahren der Dürre wird besondere Aufmerksamkeit dem Schutz der Tränken gewidmet.

Wie in kaum einem anderen GUS-Land wird in Kasachstan sehr viel für den Artenschutz getan. Es läuft dort seit einigen Jahren z. B. auch ein großes Argali-Forschungsprojekt, an dem sich die Jagdspezialisten, Jagdinspektion und Mitarbeiter der Kasachischen Universität sowie des Zoologischen Instituts der Kasachischen Akademie der Wissenschaften beteiligen. Ziel dieses Projektes ist die Erforschung der Biologie und eine Bestandsaufnahme der gegenwärtigen Situation der Argalis auf dem kasachischen Gebiet.

Im Rahmen dieses Projektes werden jährlich etwa 20 Abschüsse an ausländische Jäger vergeben, wodurch die Projektarbeit und nötige Schutzmaßnahmen der Argalis größtenteils finanziert werden. Etwa die Hälfte der durch einen Argaliabschuß gewonnenen Devisen werden für diese Zwecke verwendet. Alle erlegten Wildschafe werden vermessen und ihre inneren Organe untersucht. Ich hatte bei meiner Jagd auf Karaganda-Argali im Herbst 1992 Gelegenheit, Projektmitarbeiter bei ihrer „Feldarbeit“ zu beobachten und war von ihrem Engagement und hartem Einsatz sehr beeindruckt.

Mitarbeiter des kasachischen Argali-Forschungsprojektes begleiten ausländische Jagdgäste und sammeln im Feld alle zur Erforschung der Argalis nötigen Daten. Etwa die Hälfte der durch die Abschüsse gewonnenen Devisen werden diesen Argaliforschern zur Verfügung gestellt

Bejagung: Trotz großer Erfolge und gutorganisierten Jagden auf Karaganda-Argali hat das Marco-Polo-Schaf unter den europäischen Auslandsjägern immer noch einen viel höheren Stellenwert. Das Marco-Polo-Schaf ist ohne Zweifel die bekannteste und begehrteste Argali-Trophäe der Welt. Viele europäische Jäger, die sonst keine teuren Schafsjagden machen, träumen jedoch davon, wenigstens einmal im Leben auf dem „Dach der Welt“ dem Marco-Polo-Widder nachzustellen. Anders aber amerikanische Auslandsjäger: Viele von ihnen sind traditionell passionierte Schafsjäger und Trophäensammler; daher gehört auch eine Karaganda-Argali-Jagd zu ihren obligatorischen Jagdzielen. In

Auch welterfahrene Schafsjäger waren verwundert, daß in einem so sanfthügeligen Gelände in Zentralkasachstan Wildschafe von der Größe eines hochgebirgigen Marco-Polo-Argali leben können

Europa ist – abgesehen von einer handvoll echter Schafsjäger – das Interesse für dieses kasachische Riesenschaf viel geringer als in Amerika und das Marco-Polo-Schaf wird dort wohl auch in Zukunft als Wunschtrophäe ganz oben rangieren.

Im März 1990 wurde die erste Testjagd auf Karaganda-Argali mit Hilfe erfahrener Moskauer Schafsjagdveranstalter erfolgreich durchgeführt, wobei vier starke Widder und zwei Keiler erlegt wurden. Seit dieser Zeit werden jedes Jahr wenige Lizenzen an ausländische Jäger vergeben und wirklich hervorragend organisierte Jagden veranstaltet. Nach den vorliegenden Informationen waren alle Gastjäger bisher erfolgreich. Im Herbst 1992 habe ich selbst diese Jagd im östlichen Teil des Karaganda-Gebiets getestet und kann das hohe Niveau in Hinblick auf Organisation und Trophäenqualität bestätigen.

Die Jagd findet in einem für Schafsjäger etwas ungewöhnlichen Gelände statt: im leichtem, problemlos begehbaren Hügelland – wo man auf fast jeden Berg mit dem Geländewagen hinauffahren könnte – zwischen 400 und 1.400 m stellt man den Wildschafen von der Größe eines Marco-Polo-Argali nach! Auch erfahrene internationale Schafsjäger waren verwundert, daß in einem solchen fast als sanft zu bezeichnenden Gelände so große Schafe leben können. Wer also aus welchem Grunde auch immer Argalis im schwer be-

Von den ersten Testjagden 1990 an sind die Jagden auf Karaganda-Widder erfolgreich verlaufen und gelten als vorbildlich organisiert. Der harte Einsatz einheimischer Berufsjäger hat wesentlich dazu beigetragen, daß in den letzten Jahren viele guten Trophäen zur Strecke kommen konnten

gehbaren Hochgebirge nicht bejagen und die Strapazen eines solchen Abenteuers nicht auf sich nehmen will, ist im Karaganda-Gebiet goldrichtig aufgehoben.

Mit dem Flugzeug kommt man in drei Stunden von Moskau nach Karaganda (Zeitunterschied zu Moskauer Zeit drei Stunden), von wo aus man dann (mit oder ohne Hotelübernachtung in Karaganda) mit einem Geländewagen oder Minibus ins Revier ein paar Stunden fährt. Unterkunft in geheizten kasachischen Steppenjurten, Zelten oder in Bauernhäusern. Verpflegung sehr gut. Beste Jagdzeit September bis November, Jagdausübung ist bis März möglich. Im November kann schon Schnee (bis zu einem Meter!) liegen. Dem Gast stehen zur Bewegung im Revier Geländewagen und Pferde zur Verfügung, bei Schnee auch schneegängige Kettenfahrzeuge.

Da die Reviere weitläufig sind und man praktisch fast überall mit dem Jeep hinkommt, können jeden Tag Erkundungsfahrten unternommen werden. Wird auf einem Hügelhang ein starker Widder gesichtet, wird er zu Fuß vorsichtig – die Widder sind wie alle Wildschafe sehr aufmerksam – angepirscht und aus der Nähe besichtigt. Die Schußdistanzen liegen zwischen 100 und 250 m.

Gerhard Blenk mit seinem Weltrekord-Karaganda-Argali von sensationellen 150 cm Schneckenlänge

Im gleichen Revier können als Zusatztrophäen Wolf (bereits mit Erfolg geschehen), Keiler oder seltener ein Sibirischer Rehbock anfallen.

Mit einem Revierwechsel – zum Beispiel nach Aktau ins Küstengebiet des Kaspischen Meeres – kann eine Jagd auf Transkaspischen Urial und Kropfgazelle kombiniert werden.

Da amerikanische Auslandsjäger als traditionell passionierte Schafsjäger und Trophäensammler auch das kasachische Riesenschaf bejagen möchten, ist das Interesse bei ihnen für Karaganda-Argali sehr groß. Anders aber in Europa, wo das Marco-Polo-Schaf immer noch viel bekannter ist und einen höheren Stellenwert unter den Auslandsjägern hat

Sewerzow-Argali

(Ovis ammon severtzovi)

E: *Severtzov Argali*
R: *Kysylkumski gornyj baran* oder *baran Sewerzowa*

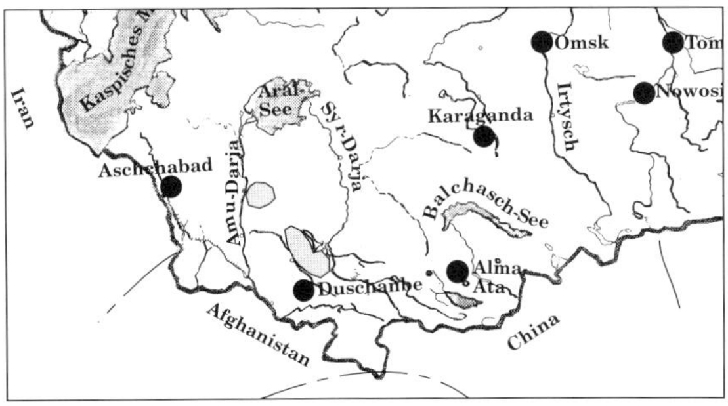

Dieser Argali erhielt seinen Namen nach dem bekannten russischen Zoologen, Zoogeographen und Forschungsreisenden NIKOLAI ALEXEEWITSCH SEWERZOW (1827–1885), der zwanzig Jahre lang die Tierwelt des zuvor unbekannten Mittelasien erforscht hat. Er bestimmte die Artenstruktur und geographische Verbreitung der mittelasiatischen Tiere, speziell des zentralen Tienschan und des Pamir.

Der Sewerzow-Argali (genannt auch „*Kysylkum-Argali*“) ist ein mittelgroßes Schaf und die kleinste aller Argali-Unterarten. Ihm wird (HEPTNER) eine Zwischenstellung zwischen den Wildschafsgruppen der mittelgroßen Uriale und der großen Argalis zuerkannt. Denn mit der ersten Gruppe hat er den Schädel- und Hörnerbau, mit der zweiten den schwach entwickelten Behang an Hals und Brust gemeinsam. Aber auch geographisch nimmt er eine Zwischenstellung zwischen den Verbreitungsgebieten beider Gruppen ein, dem Ustjurt (Uriale) und dem Pamir-Alaischen-Massiv (Argalis).

Aus diesem Grund wird er von manchen westlichen Wildbiologen für einen Urial gehalten, so z. B. nach VALDEZ oder nach der offiziellen SCI-Klassifikation. Doch sowohl im „Roten Buch“ der früheren Sowjetunion wie von dem russischen Wildschafexperten L. SOPIN wird er als Argali und nicht als Urial behandelt. SOPIN schreibt in einem Beitrag über die Wildschafe der UdSSR ausdrücklich, „daß auf den nördlichen Hängen des Turkestanischen Gebirges nicht der Urial, sondern das Kysylkum-Schaf vorkommt, das zu den Argalis gehört“ (OCHOTA 5/86, S. 20f.). Weitere Angaben nach W. E. PRISJASCHNJUK mit Ergänzungen.

Trophäe: Von mittlerer Stärke, ihrer Krümmung und Ausmaßen nach ähneln sie den Hörnern des turkmenischen Urials. Die durchschnittliche Hornlänge der Sewerzow-Widder liegt zwischen 70 und 80 cm (maximal 90 cm), ihr größter Basisumfang beträgt 24 bis 29 cm.

Lebensgemeinschaft, Brunft: Die Brunft findet im Oktober/November statt, Tragzeit etwa 5 Monate. April/ Anfang Mai setzen die Schafe 1–2 Lämmer. Im zweiten Lebensjahr sind Sewerzow-Schafe bereits geschlechtsreif.

Lebensraum: Der Sewerzow-Argali lebt recht territoralgebunden. In der Dürreperiode des Jahres kommt er mit minimalen Wassermengen aus und kann sich so auch in den praktisch wasserlosen Teilen von Erosionshöhen aufhalten. In den Gebirgen Aktau (Tamdytau) und Nuratau bewohnt er heute alle mittleren und höheren Gebiete. Abhängig von Jahreszeit und Wetter ist er auf den ebenen mit Steppenbewuchs bedeckten Berghängen anzutreffen, auf Gebirgsplateaus und steilen Hängen mit lichtem Bewuchs, sowie am Fuße der Bergschluchten und in den Waldstreifen. Er meidet jedoch dichtes Gebüsch.

Verbreitung: Früher kam er auf allen Bergen und Erosionshöhen der zentralen und westlichen Kysylkum-Wüste zwischen den Flüssen Amu-Darja und Syr-Darja vor. Die südliche Grenze seines Areals ist immer noch unklar. Heute trifft man ihn im zentralen Kysylkum, in den Gebirgen Bukantau, Aktau (Tamdytau)

Ein Sewerzow-Widder aus dem usbekischen Nuratau-Gebirge

und Nuratau, sowie auf den nördlichen Hängen des Turkestanischen Gebirges an. Außerhalb der GUS nicht vorhanden.

Bestand: Mitte dieses Jahrhunderts befand sich diese Argali-Unterart an der Grenze des Verschwindens, danach erholte sich jedoch allmählich ihr Bestand. Mit der Errichtung des Nuratau-Schongebietes für den Sewerzow-Argali im Jahre 1960 wurde sein Rückgang im Nuratau-Gebirge gestoppt. Schon 1978 gab es im Nuratau-Reservat (1972 wurde aus dem Schongebiet ein Reservat, dessen Fläche leider von früheren 22.000 ha auf die jetzt 18.000 ha verkleinert wurde) 600 bis 700 Schafe, der Gesamtbestand zu Beginn der 80er Jahre betrug 1.000 Stück. Mit etwa 1.300 Schafen hat sich der Bestand des Sewerzow-Argali heute stabilisiert.

Neben der Wilderei hat sich vor allem die intensive Beweidung durch Schafe negativ auf den Argalibestand ausgewirkt. Dadurch wurden Argalis nicht nur von den besten Äsungsplätzen verdrängt, auch ihre Nahrungsgrundlage wurde durch Überweidung und Erosion in Folge von Trittschäden vernichtet.

Artenschutz: Der Sewerzow-Argali hat den Status der ersten Kategorie im „Roten Buch“ der GUS als eine vom Verschwinden bedrohte Art mit kleinem Areal und fällt auch unter den internationalen Artenschutz (Anhang II des WA). Zum Schutz dieses Argalis wurde im zentralen Teil des Nuratau-Gebirges ein Reservat gegründet, geplant ist auch die Errichtung eines Reservats im Aktau-Gebirge (Tamdytau), vielleicht auch einer Aufzuchtstation. Wie in den anderen mittelasiatischen Ländern will man auch in Usbekistan diesen Argali nicht mehr sich selbst und damit auch den Wilderern überlassen, sondern den weiteren Artenschutz durch den Verkauf einiger ganz weniger Lizenzen an westliche Jäger sichern.

Bejagung: Erst im Herbst 1992 war es den westlichen Jägern zum erstenmal möglich, einige alte Sewerzow-Widder in Usbekistan zu erlegen. Anders als bei den erfolgreichen Jagden auf Karaganda-Argali in Kasachstan, die mit Hilfe erfahrener Moskauer Jagdveranstalter durchgeführt werden, gab es hier Probleme bei der Organisation dieser ersten Jagden. Daher mußten einige Gäste unverrichteter Dinge nach Hause zurückkehren, was vor allem auf die Unerfahrenheit der örtlichen Jagdorganisatoren zurückzuführen ist; denn Sewerzow-Schafe gab es genug.

Im Vergleich mit anderen Argalis, die zu Recht die Bezeichnung Riesenschafe verdienen, ist der Sewerzow-Argali nur ein mittelgroßes Schaf

Dschungarischer Argali

(Ovis ammon littledalei)

E: *Dzungar Argali*
oder *Littledale* bzw. *Kulja Argali*
R: *Dschungarski archar*

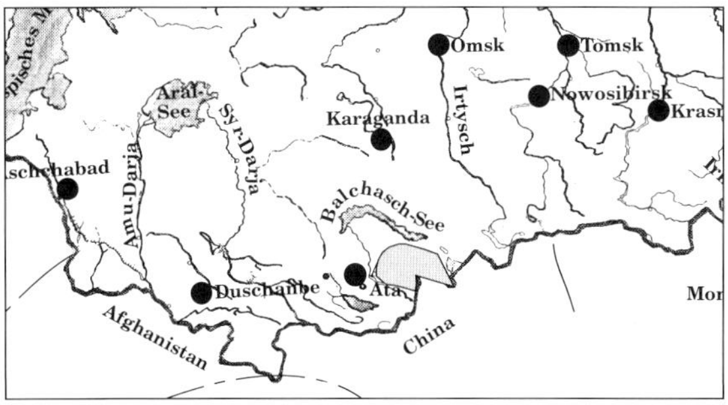

An das Areal des Karaganda-Argali *(Ovis ammon collium)* schließt sich im äußersten Süden scheinbar ohne Unterbrechung das des Tienschan-Argali *(O. a. karelini)* an. Russische und kasachische Wildbiologen behaupten, daß diese zwei Regionen doch geographisch durch das Dschungar-Alatau-Gebirge im Südosten Kasachstans getrennt sind, wo aber eine andere, besondere Unterart des Argali lebt: Der **Dschungarische Argali** *(O. a. littledalei).*

Nach ihren Angaben ist der Dschungarische Argali nur im Gebiet des Dschungarischen Alatau (die Gebirge Tarbagatai und Saur gehören bekanntlich zum Areal des Karaganda-Argali) zu finden, wo sein Verbreitungsgebiet durch die natürlichen Grenzen von dem des Karaganda-Argali im Norden und von dem Areal des Tienschan-Argali im Süden getrennt und somit praktisch isoliert ist.

Vom Areal des Karaganda-Argali ist sein Verbreitungsgebiet abgeschnitten durch den Balchasch-See, die Karakum-Wüste sowie zwei große Seen im Nordosten mit den dazugehörigen Flüssen. Andererseits trennen die Wüste Taukum im Westen, der Kaptschagaisk-Stausee und der breite Strom Ili sein Verbreitungsgebiet von dem des Tienschan-Argali im Süden.

Nicht nur aufgrund dieser geographischen Isolierung handelt es sich hier um eine echte Unterart des Argali. Die Wildbiologen glauben auch viele andere relevante Unterschiede (von der Hornstärke und Hornform bis zu den Köpermaßen) nachweisen zu können.

Das größte Lebendgewicht eines siebenjährigen Widders (erlegt im Herbst 1992) lag bei genau 152 kg, erwachsene Schafe bringen es auf etwa 60 kg.

Die größte bekannte Hornlänge eines elfjährigen gewilderten Widders aus dem Ostteil des Dschungarischen Alatau-Gebirges betrug 148 cm. Seine Hörner hatten eine Auslage von 109 cm und wogen zusammen mit dem Schädel 13 kg (alle diese Angaben nach A. K. FEDOSENKO)

Beim Gebietsjägermeister von Taldy-Kurgan habe ich im Herbst 1992 zwei starke Pick-up-Trophäen gesehen und vermessen. Die eine hatte eine Hornlänge (Angaben linkes/rechtes Horn) 135/143 Zentimeter, auf den beiden Hörnern einen Basisumfang von 39 Zentimetern und den Hornumfang 1/4= 38/38 Zentimeter, 2/4= 35/35, 3/4= 25/27 Zentimeter. Die andere, sehr elegante und dem Marco-Polo-Schaf sehr ähnliche Trophäe wies eine Länge von 143/139 Zentimeter auf, Basisumfang 39/38, und weiterer Hornumfang 1/4= 35,5/35 Zentimeter, 2/4= 32/33,5 und 3/4= 29/28 Zentimeter.

Den Lebensraum des Dschungarischen Argali bilden in erster Linie Hochplateaus auf 1.500 bis 2.500 Meter ü. M. Nach offiziellen Angaben – ermittelt durch Flugzeugzählungen – beläuft sich der Bestand des Dschungarischen Argali heute auf 800 Exemplare. In Wirklichkeit aber ist er höher und dürfte bei 1.300 Stück anzusetzen sein. Er wird als stabil gewertet, ob-

Der Lebensraum des Dschungarischen Argali im ostkasachischen Dschungar Alatau Gebirge umfaßt vornehmlich sanfte Berghänge und Hochebenen, die in einer Höhe zwischen 1500 m und 2500 m liegen

wohl es Wilderei und Verluste durch Wölfe gibt.

Ermutigt durch erfolgreiche Jagden auf Karaganda-Argali und großes internationales Interesse an Schafsjagden wollen kasachische Jagdbehörden einige wenige Lizenzen für den Dschungarischen Argali anbieten. Da man damit rechnet, daß die Nachfrage auch diesmal viel größer sein wird als die Anzahl der Permits, soll der Preis etwa die Höhe einer Marco-Polo-Jagd betragen. Die während meines Kasachstanbesuches dort weilenden internationalen Jäger zeigten sich zwar von den mächtigen Dschungar-Argali-Trophäen recht beeindruckt, schüttelten aber nur mit dem Kopf angesichts der kasachischen Preisvorstellungen.

In Taldy-Kurgan am Fuße des Dschungarischen Alatau Gebirges zeigt der Gebietsjägermeister Jessali Barlykbaew (links) zwei Spitzentropäen des Dschungarischen Argali mit 135/143 cm und 143/139 cm Hornlängen

Transkaspischer Urial

(Ovis orientalis arkal)

E: *Transcaspian Urial*
oder *Kopet Dagh Urial*
R: *Ustjurtski* bzw. *Kopetdagski muflon*
oder *Turkmenski gornyi baran*

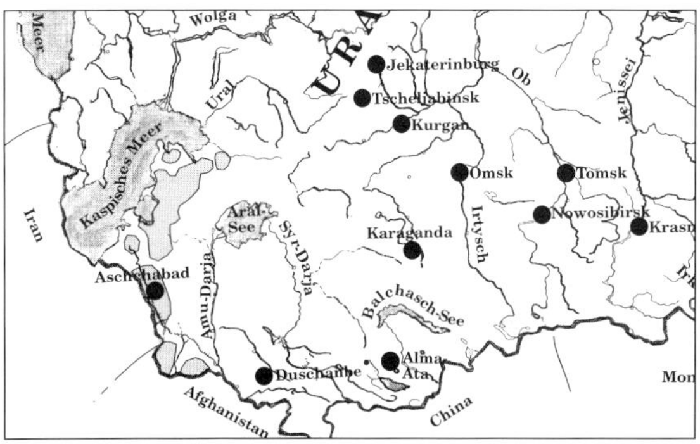

Das, was gewöhnlicherweise unter dem Transkaspischen Urialschaf (im „Roten Buch" der früheren Sowjetunion immer noch als *„Ovis ammon cycloceros"* bezeichnet) verstanden wird, zerfällt – ohne wirksame geographische Trennung – in zwei Hauptpopulationen: in eine nördliche (Mangyschlak und Ustjurt) und eine südliche (Kopetdag-Gebirge). Ältere russische Wildbiologen betrachteten aus verschiedenen Gründen diese zwei Populationen teilweise als zwei verschiedene Unterarten.

So wurde die nördliche „Ustjurt-Mufflon" *(Ovis orientalis arkal* nach EVERSMANN 1850, oder sogar *Ovis ammon arkal* wie bei ZALKIN 1951) und die südliche Population „Kopetdag- Mufflon" *(Ovis orientalis cycloceros* oder sogar *Ovis ammon cycloceros* genannt) bezeichnet. Heute aber werden sie allgemein – wie auch hier bei uns – als eine einzige Unterart angesehen.

Der Transkaspische Urial ist die größte aller Urialschafarten. Widerristhöhe der Widder bis 95 cm, Gewicht bis 90 kg. Weitere Angaben nach W. E. PRISJASCHNJUK mit Ergänzungen.

Trophäe: Typisch mufflonförmig, größte Hornlänge nach Angaben der russischen Wildbiologen bis 92 cm, größte Basis bis 30 cm. Schon während der Testjagden im Frühjahr 1992 im Kopetdag-Gebirge Turkmenistans wurden stärkere Widder erlegt. Der mächtigste brachte es auf die stolze Schlauchlänge von 97 cm. In Mangyschlak im Küstengebiet des Kaspischen Meeres in Kasachstan wurden auch stärkere Widder mit einer Hornlänge von 95 cm und Basis von 29 cm bei Testjagden zur Strecke gebracht. Aus dem gleichen Gebiet Kasachstans stammt auch die stärkste von mir persönlich vermessene Trophäe (Pick-up) mit einer Hornlänge von 101,5 cm und einem Basisumfang von 27 cm.

Lebensgemeinschaft, Brunft: Im Kopetdag-Gebirge lebt der Transkaspische Urial in Rudeln mit durchschnittlich 18 Schafen, es gibt aber auch größere mit bis zu 100 bis 130 Stück. Im Küstengebiet des Kaspischen Meeres sind die Rudel kleiner (3 bis 5 Schafe), seltener 40 bis 50 pro Gruppe. Die Uriale aus Ustjurt und Mangyschlak wandern kaum, während für die aus dem Kopetdag eine jahreszeitlich bedingte Migration charakteristisch ist. Im Kopetdag-Gebirge kommen auf einen Widder 2,9 Schafe, 22 Prozent der Population entfällt auf Lämmer. Die Brunftzeit fällt in die Monate November/Dezember, Setzzeit (Schafe setzen 1 bis 2 Lämmer) in der zweiten April-Hälfte/Mai. In Mangy-

Im Küstengebiet des Kaspischen Meeres – hier ein Rudel erwachsener Widder – leben Transkaspische Urialschafe in kleineren Rudeln als im Kopetdag-Gebirge

schlak und Ustjurt findet die Brunft einen halben Monat früher statt. Mit zweieinhalb Jahren wird das Transkaspische Urialschaf geschlechtsreif.

Lebensraum: Niedrige Erosionsberge und Anhöhen in den Wüsten und Halbwüsten. Im Kopetdag-Gebirge steigt der Urial bis 2.500 m ü. M. Beliebte Aufenthaltsorte das ganze Jahr über sind Randabhangsstreifen (sog. „tschink") der Hochebenen, die oft bis 200 m hoch sein können. In deren Nähe befinden sich auch häufig die Hauptäsungsplätze. In den durchschnittenen Gegenden (Bergschluchten u. ä.) findet es Äsung und Wasser während der Dürreperiode, sowie einen Zufluchtsort vor den Feinden.

Verbreitung: In der GUS befindet sich das nördliche Verbreitungsgebiet des Transkaspischen Urials. Früher war er im ganzen transkaspischen Gebiet vorhanden, im 20. Jahrhundert ging sein Bestand jedoch zurück und zerfiel in einzelne, voneinander getrennte Vorkommen. Heute bewohnt er Anhöhen und Hochebenen im Süden Turkmeniens (Badchys, Karabil), Kopetdag-Gebirge im Westen bis Chosardag und Großem Balchan, sowie

Urialtrophäen aus Westkasachstan können unterschiedliche Formen haben: Die Schnecken der Trophäe im Vordergrund sind enger gedreht und weisen eine feinere Rillung auf, während die im Hintergrund weit ausgelegt sind und eine gröbere Rillung haben

hochgelegene Gebiete der Küstenregion des Kaspischen Meeres, Mangyschlak und Ustjurt.

Außerhalb der GUS kommt er in Nordostiran und Afghanistan vor.

Bestand: Bis Mitte der 70er Jahre verringerte sich sein Bestand, danach erholte er sich aber und stabilisierte sich in den meisten Gebieten. Während in Kasachstan (Mangyschlak und Ustjurt) noch 1975 nur noch 2.000 Schafe lebten, kommen dort heute bereits wieder ganze 6.000 (BAIDAWLETOW) vor.

Mitte der 80er Jahre gab es einen bedeutenden Bestand nur in den Gegenden West-Ustjurt, im zentralen Kopetdag (etwa 2.000 Schafe lebten im Kopetdag-Reservat) und im Badchys (im Badchys-Reservat zählte man damals 2.000 Uriale). Die mittlere Bestandsdichte Ende der 70er Jahre belief sich im westlichen Ustjurt auf 20, im Kopetdag-Reservat auf 40, in den besseren Lebensräumen dieses Reservats sogar auf 150 Schafe pro 1.000 ha.

Der Gesamtbestand Mitte der 80er Jahre schwankte zwischen 8.000 und 10.000 Schafen, heute aber wird er auf etwa 15.000 geschätzt.

Negative Auswirkungen auf den Urial-Bestand kamen durch die wirtschaftliche Erschließung der transkaspischen Gebiete (Mangyschlak und Ustjurt), Intensivierung der Viehzucht und damit zusammenhängende Verdrängung der Wildschafe aus den optimalen Lebensräumen, sowie durch die Wilderei.

Artenschutz: Da sich sein Bestand immer mehr verringerte und auf einzelne isolierte Populationen zerfiel, bekam er den Status der zweiten Kategorie im „Roten Buch“ der früheren Sowjetunion; fällt außerdem auch unter den internationalen Artenschutz (Anhang II des WA). Wird in mehreren Reservaten Turkmeniens und Kasachstans geschützt, weitere sollen entstehen. Einige Uriale werden in den Zoos von Aschchabad (Turkmenistan) und Charkow (Ukraine) gehalten.

Bejagung: Früher wurde diese Urialunterart in Iran und in Afghanistan bejagt, wegen des Krieges werden dort jedoch seit über zehn Jahren keine Abschüsse mehr an ausländische Jäger vergeben. Seit den ersten Testjagden im März 1990 in Kasachstan wird im begrenzten Rahmen ihr nördliches Vorkommen auf dem Gebiet der GUS bejagt. In Turk-

Im turkmenischen Kopetdag-Gebirge kann im gleichen Gebiet neben einem Urial (auf dem Bild ist der während der Testjagd 1922 von HUBERT THUMMLER erlegte Transkaspische Widder zu sehen) auch der Bezoarbock bejagt werden

menien wurden die ersten Testjagden im Frühjahr 1992 erfolgreich absolviert.

In Kasachstan findet die Jagd auf den Transkaspischen Urialwidder im Westen des Landes, nahe der Stadt Aktau (früher Schewtschenko, gleichzeitig auch Zielflughafen) in Mangyschlak, in einem fast unberührten, leicht begehbaren Gebiet statt. Sie wird normalerweise mit der Jagd auf die Kropfgazelle kombiniert. Dort haben schon welterfahrene Schafsjäger gejagt, die diesem Schafsparadies („a hot spot for the sheep hunter", JESUS YUREN/Mexiko) eine große Zukunft prophezeihen.

Nach der Ankunft am Flughafen Aktau fährt man etwa zwei Stunden ins Jagdrevier. Unterkunft (Gruppen von 2–3 Jägern) in kasachischen Steppenjurten oder im Jagdhaus; sehr gute Verpflegung. Das Jagdcamp steht mitten im Revier. Die Jagd ist relativ leicht. Der Gast wird mit einem Geländewagen ins Revier gebracht, dann wird die Gegend nach reifen Widdern abgeglast. Wenn ein starker Urial bestätigt ist, wird er vorsichtig angepirscht. Schußdistanzen liegen zwischen 70 und 250 m. Jagdzeit Oktober bis März.

In Turkmenistan wird auf den Transkaspischen Urial im Kopetdag-Gebirge nahe der Hauptstadt Aschchbad (die auch Zielflughafen ist) gejagt. Unterkunft (Gruppen von 2–3 Jägern) bieten hier Blockhütten, und die Jagd wird mit Pferden (Berge zwischen 1.200 und 1.400 m) – kombiniert mit der Fußpirsch – ausgeübt. In den Rudeln sah man gewöhnlich 10 bis 50 Urialschafe, täglich hatte man den Anblick von mindestens 100–200 Stück, darunter viele starke, alte Widder. Schafe äugen ausgezeichnet (auch auf große Entfernungen von bis zu 2 km) und sind sehr scheu. Deshalb kommt es sehr auf die Fähigkeiten der Jagdführer an. Er muß das Gelände kennen und wissen, wie man ein Rudel anpirschen soll, um auf 100–200 m unbemerkt heranzukommen.

Als Zusatztrophähen können hier noch Kropfgazelle oder Bezoar erbeutet werden. Bezoarsteinböcke sind normalerweise im gleichen Gebiet mit den Urialschafen, nur stehen sie – wie alle Steinböcke – auf den steilen Felsen. Jagdzeit Oktober bis März.

Afghanischer Urial

(Ovis orientalis cycloceros
syn.: *Ovis orientalis bocharensis)*

E: *Afghan Urial*
R: *Bucharski gornyi baran*
oder *Tadschikski baran*

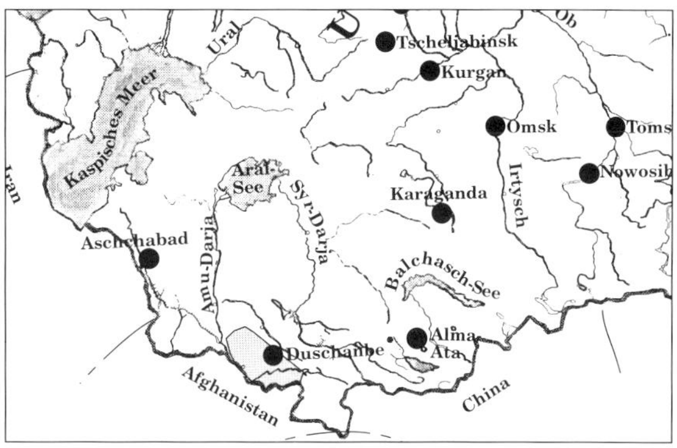

Russische und andere GUS-Wildbiologen benutzten normalerweise keine „fremden" Namen für die Wildarten auf ihrem Territorium. Deshalb heißt bei ihnen der Afghanische Urial „Buchara-Urial" oder „Tadschikischer Urial", für den sie normalerweise den lateinischen Namen *„Ovis orientalis bocharensis"* oder sogar *„Ovis ammon bocharensis"* benutzen und nicht den sonst üblichen *„Ovis orientalis cycloceros"*. Bei TRENSE (The Big Game of the World, Parey-Verlag 1989) ist diese anerkannte Unterart überhaupt nicht verzeichnet und sein Areal gar nicht

Blick in den recht kargen Lebensraum des Afghanischen Urial im turkmenischen Kugitangtau-Gebirge

berücksichtigt worden. Auch diese Art zeichnet der für Uriale typische Behang an Hals und Brust aus, an der Kehle ist eine Art Bart zu erkennen. Ein Sattelfleck ist nicht vorhanden.

Der Widder dieser kleinen Urialunterart hat eine Widerristhöhe bis 81 cm und ein Gewicht selten über 60 kg. Angaben nach W. E. PRISJASCHNJUK mit Ergänzungen.

Trophäe: Nach Angaben der russischen Wildbiologen soll die größte Hornlänge 75 cm betragen, seltener mehr, mit einer Basis bis zu 27 cm. Heute rechnet man aber in den Jagdgebieten Turkmenistans und Tadschikistans mit einer Hornlänge zwischen 70 und 85 cm, ganz starke Widder sollen auch etwas darüber liegen. Auch die Schafe tragen immer Hörner, die jedoch wesentlich kleiner ausfallen.

Lebensgemeinschaft, Brunft: Im Karatau-Gebirge (im Südosten Tadschikistans) besteht ein Schafsrudel (Schafe mit ihren Lämmern und Jungschafen) durchschnittlich aus 5 bis 10 Stück. Widder leben außerhalb der Brunftzeit einzeln oder in kleinen Gruppen. Im Herbst vergrößern sich die Rudel, jedoch nicht über 30 Wildschafe. Die Brunft findet Ende November/Dezember statt. In einem Brunftrudel findet man 8 bis 12 Schafe. Tragezeit etwa 5 Monate, Setzzeit im April/Mai. Schafe setzen 1–2, seltener 3 Lämmer. Die Geschlechtsreife tritt im zweiten Lebensjahr ein. Widder beteiligen sich an der Brunft mit vier, Schafe mit zwei Jahren.

Lebensraum: Berg- und Plateauhänge von 300 bis 3.000 m ü. M. mit einem ebenem Relief, bedeckt mit typischen Halbwüsten- und Steppenbewuchs, aber auch mit Schluchten durchschnittene Gebirgsketten mit Steilhängen, die rundliche Konturen aufweisen, werden gern aufgesucht.

Verbreitung: Auf dem Gebiet der GUS befindet sich der nördliche Teil seiner Population. Früher bewohnte er alle Gebirge, Anhöhen und Hochebenen am rechten Ufer des Amu-Darja und des unteren Pjandsch nach Osten bis zum Darwas-Gebirge und nach Norden bis zum Gissar-Gebirge, die südlichen Hänge eingeschlossen.

Heute ist das Areal des Afghanischen Urials auf einzelne voneinander isolierte Populationen zerfallen. Er lebt im gesamten Kugitangtau-Gebirge im äußersten Südosten Turkmeniens an der Grenze mit Usbekistan, auf den Gebirgen Baisuntau (Usbekistan), Babatag (an der usbekisch-tadschikischen Grenze), Tujuntau (im äußersten Südwesten Tadschikistans), Aruntau, Karatau (im Südwesten Tadschikistans), Surkchu, Wachsch (in Tadschikistan, östlich von Duschanbe) und Chasratischoch im Süden Tadschikistans. Außerhalb der GUS in Afghanistan weit verbreitet sowie in Pakistan.

Bestand: In den 30er Jahren kam er noch zahlreich im zentralen und südlichen Teil seines Areals vor, danach ging der Bestand dramatisch zurück und erholte sich erst in den letzten Jahrzehnten. Negative Auswirkungen auf die bisherige Bestandsentwicklung hatten Wilderei, Massensterben während schneereicher Winter, wirtschaftliche Erschließung der Vorberge und Hochebenen, sowie Intensivierung der Viehzucht, wodurch die Wildschafe in die äsungsarmen felsigen Gebirgsgegenden verdrängt wurden.

Die Schnecken des Afghanischen Urial sind schwächer als die des Transkaspischen Urialschafs und können sich nur in Ausnahmefällen der 90 cm-Marke nähern

In den Gebieten seines Hauptvorkommens in Tadschikistan zählte man Ende der 70er Jahre 1.400 Schafe. Dazu kommen noch Populationen in Turkmenien und Usbekistan, so daß heute der Gesamtbestand auf mehrere tausend Stück geschätzt wird.

Artenschutz: Da er eine Zeitlang vom Aussterben bedroht war, bekam er den Status der ersten Kategorie im „Roten Buch" der früheren Sowjetunion und genießt den internationalen Artenschutz (Anhang II des WA). In Turkmenien, Usbekistan und Tadschikistan wird er in mehreren Reservaten geschützt, weitere sind geplant. Wird gehalten in den Zoos von Moskau, Taschkent und Termes.

Bejagung: Erst 1992 ist bekannt geworden, daß sich die Regierungen Turkmeniens und Tadschikistans bereit erklärt hatten, einige ganz wenige Lizenzen für diese Urial-Unterart an westliche Jäger zu vergeben, um durch so erwirtschaftete Devisen ihren weiteren Schutz überhaupt gewährleisten zu können. Die ersten Testjagden fanden im Januar/Februar 1993 in Turkmenien statt.

Solange aber der Bürgerkrieg in Tadschikistan noch andauert, ist seine Bejagung nur in Turkmenien möglich. Man fliegt aus Istanbul oder Moskau nach Aschchabad, der Hauptstadt Turkmeniens, dann weiter per Hubschrauber nach Südosten ins Jagdgebiet. Unterkunft bieten Zelte oder Schäferbehausungen, Verpflegung ausreichend, es wird aber kein Luxus geboten. Es handelt sich um eine leichtere Jagd, bei der Geländewagen und Pferde eingesetzt werden. Jagdzeit September bis Februar.

Armenisches Muffelwild

(Ovis orientalis gmelini)

E: *Armenian Mouflon*
R: *Armenijski muflon* oder *Sakawkaski gornyi baran*

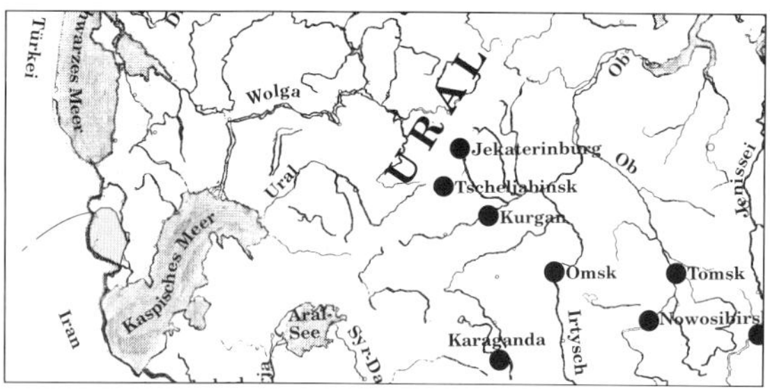

Nach der Karyosystematik (also nach der Chromosomenstruktur und –zahl) gehört nach L. SOPIN u. a. zur Gruppe des Asiatischen Muffelwildes als der einzige Vertreter das Armenische Muffelwild, in der Türkei auch das **Anatolische Muffelwild** (engl. *Anatolian Mouflon*) genannt.

Die Färbung von rötlich bis zimtbraun, bei den Widdern ist – wie für Muffelwild typisch – an den Flanken durch einen hellen Sattelfleck durchbrochen.

Widerristhöhe der Widder 88 bis 94 cm, Gewicht 45 bis 63 kg. Die Schafe sind etwas kleiner (weitere Angaben nach W. E. PRISJASCHNJUK mit Ergänzungen).

Trophäe: Nach russischen Angaben Hornlänge nur bis 70 cm, seltener mehr, der größte Hornumfang 24–27 cm. Schafe schieben teilweise auch Hörner.

Lebensgemeinschaft, Brunft: Die Rudel sind in Armenien klein, 3 bis 9 Schafe, seltener 10–15, während man in Nachitschewan auch Rudel bis zu 50 Wildschafe antreffen kann. Die Brunft beginnt Ende November. Ende April/Mai setzt das Schaf 1–3, gewöhnlich 2 Lämmer.

Lebensraum: Hänge und Hochebenen der subalpinen und alpinen Gebirgszonen sowie der Gebirgssteppenzone zwischen 800 und 3.900 m ü. M. Meidet Gegenden mit durchschnittenem und felsigem Relief. In den letzten zwanzig Jahren wird es durch die zahlreichen Hausschafherden immer mehr in untypische und ungünstige Lebensräume verdrängt.

Verbreitung: Sein Areal umfaßte früher große Gebiete an den beiden Ufern des Flusses Araks, heute hat sich der Lebensraum drastisch verringert und ist in zwei getrennte Teile zerfallen. Das Hauptvorkommen findet man in Transkaukasien auf dem Kleinen Kaukasus (in Armenien und in der Autonomen Republik Nachitschewan, die zu Aserbaidschan gehört, von dem sie aber durch armenisches Territorium getrennt ist).

Die Südgrenze verläuft entlang des

Im Westen fast unbekannt ist der seit 1936 geschützte Armenische Mufflon

Araks-Flusses etwas westlich des Ortes Artaschat bis zu den Ortschaften Ordubad und Megri im Südosten, während sich die Nordgrenze in einem flachen Bogen von diesen äußersten Punkten auf einer Entfernung zwischen 50 und 70 km vom Araks-Fluß erstreckt. In den letzten hundert Jahren hat sich seine Nordgrenze bedeutend nach Süden verschoben. Außerhalb der GUS kommt es noch in der Osttürkei und Nordwest-Iran vor.

Bestand: Bis 1955 bewohnte das Armenische Muffelwild alle geeignete Gebiete im Süden Armeniens, wo bis zu 200 Stück starke Rudel vorkamen. In der Folgezeit verringerte sich der Bestand sehr schnell. Mitte der 70er Jahre gab es in Armenien nur noch 100 Wildschafe, in der Autonomen Republik Nachitschewan jedoch etwas mehr – 1.000 bis 1.200 Stück. Die Wilddichte in Nachitschewan beträgt 6,6–20 Wildschafe pro 1.000 Hektar.

Negative Auswirkungen auf seinen Bestand hatten eine fast vollständige Erschließung seines Lebesraumes durch Viehhaltung, Wilderei, Fehlen von Tränken und ständige Beunruhigung in den höheren Regionen des Kleinen Kaukasus.

Artenschutz: Da es lange Zeit vom Aussterben bedroht war, gehört das Armenische Muffelwild zur ersten Kategorie im „Roten Buch" der früheren Sowjetunion und fällt unter den internationalen Artenschutz (Anhang II des WA). Seit 1936 ist die Jagd in Armenien verboten. Zu seinem Schutz wurde das Chossrow-Reservat errichtet, in Nachitschewan wird es im Ordubad-Schongebiet geschützt.

Um diese Art vom Aussterben zu bewahren, hat man am Zoologischen Institut der Armenischen Akademie der Wissenschaften ein Transkaukasisches Rettungszentrum gegründet, das sich erfolgreich um Aufzucht von Armenischem Muffelwild kümmert.

Bejagung: Bisher keine Bejagung für ausländische Jäger, nicht nur wegen des relativ kleinen Bestandes, sondern auch wegen der unsicheren politischen Lage in der Region infolge des bewaffneten Konflikts zwischen Armenien und Aserbaidschan um den Bergkarabach.

Europäisches Muffelwild

(Ovis musimon)

E: *European Mouflon*
R: *Ewropeiski muflon*

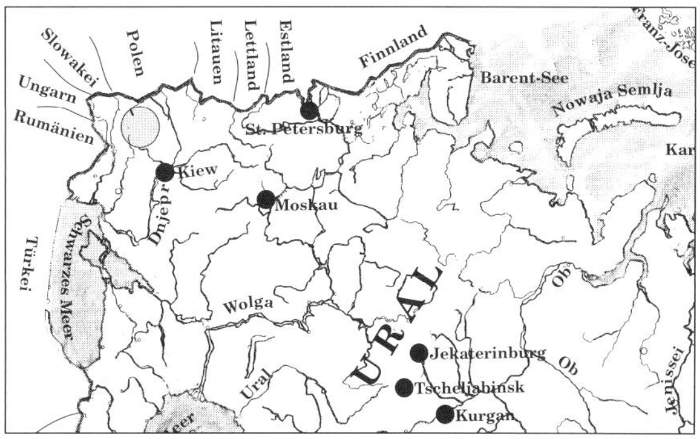

Das eingebürgerte Muffelwild der GUS hat keine Bedeutung für den Jagdtourismus (obwohl es seit ein paar Jahren auf der Krim im kleinen Rahmen bejagt werden kann), wird aber hier jedoch der Vollständigkeit halber kurz vorgestellt. Weitere Angaben nach L. Sopin mit Ergänzungen von N. Lobanow.

Im Pleistozän (Eiszeit) bewohnte das Muffelwild noch den südwestlichen Teil der GUS, verschwand aber an der Grenze zum Neolithikum (der Jungsteinzeit). Seine Einbürgerung (genauer gesagt seine Wiedereinbürgerung) begann im damaligen Rußland gegen Ende des vorigen Jahrhunderts: Im Jahre 1894 wurden drei Stück Muffelwild in Askania-Nowa ausgesetzt, 1898 kam noch ein Widder dazu.

Auf der südukrainischen Halbinsel Krim lebt die bekannteste Mufflon-Population der GUS, die in kleinem Rahmen auch bejagt werden kann

Ende der 80er Jahre gab es hier 90 Stück, nur sind nicht alle reinrassig.

1913 begann man mit den Arbeiten zur planmäßigen Aussetzung askanischer Mufflons auf der Krim. Dort wurden 13 Stück Mufflons aus Askania-Nowa erst eingezäunt gehalten, dann in die freie Wildbahn gelassen. 1923 wurde das Krim-Reservat errichtet, und damit wuchs auch diese Population. Im Jahre 1941 lebten dort bereits 490 Stück, nach 1945 jedoch gab es nur noch einen Restbestand von 30 bis 40, danach stieg der Muffelwildbestand wieder. Im gebirgigen Teil der Krim-Halbinsel haben Mufflons optimale Lebensbedingungen gefunden. Ende der 80er Jahre lebten dort 250–300 Stück, und ihr Bestand hat sich bis heute weiter vergrößert.

1971 wurden 6 Mufflons aus der früheren Tschechoslowakei im Transkarpaten-Gebiet (Jagdwirtschaft „Nowoje Selo“) eingebürgert. Zuerst waren sie bis zum Frühjahr 1972 eingezäunt, danach wurden sie ins Waldrevier entlassen. Im Jahre 1973 lebten hier 15, fünf Jahre danach schon 41 Mufflons. Vor einigen Jahren wurde Muffelwild auch im Kaukasus ausgesetzt. Der Gesamtbestand Ende der 80er Jahre belief sich auf 800 bis 900 Stück.

Bejagung: Das bekannteste Muffelwild der GUS – der südukrainische Krim-Mufflon – wird seit ein paar Jahren auf der Krim-Halbinsel durch ausländische Jäger in kleinem Umfang bejagt (Jagdzeit für den Widder: vom 1. September bis 31. Dezember, für Schaf und Lamm: 1. Oktober bis 31. Dezember). Zwar ist die Anreise unvergleichlich länger als zu den „Mufflon-Ländern“ Tschechien und Slowakei, jedoch locken die Agenturen mit anderen Angeboten. So kann z.B. eine solche Jagd mit einem Badeurlaub für die ganze Familie am Schwarzen Meer verbunden werden oder mit einer interessanten Jagd auf den Krim-Hirsch. Außerdem liegt die Trophäengebühr für den Krim-Muffelwidder im Vergleich zu der in Tschechien in allen Trophäenstärken deutlich niedriger. Anreise per Flugzeug mit Simferopol als Zielflughafen, von wo aus das Revier in 2 Autostunden zu erreichen ist (bis Jalta nur 50 km).

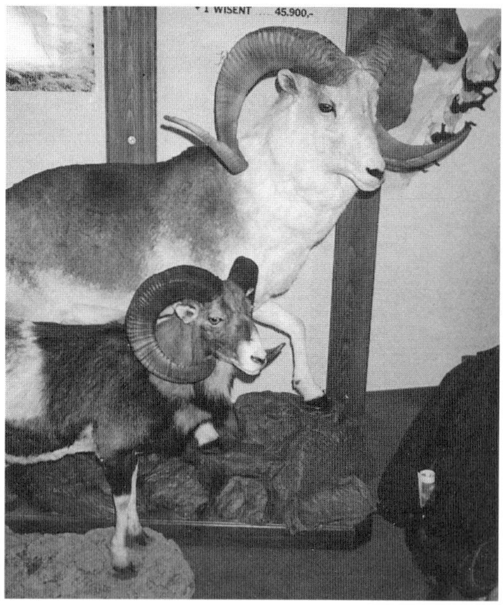

Ein Größenvergleich macht den enormen Unterschied zwischen den Wildschafarten in der GUS eindrucksvoll deutlich (Marco-Polo-Argali und europäischer Muffelwidder)

SCHNEESCHAFE

(Ovis nivicola)

Russische Wildbiologen unterscheiden folgende fünf Unterarten des Schneeschafes:

Kamtschatka-Schneeschaf
(Ovis nivicola nivicola)
Ochotskisches Schneeschaf
(O. nivicola alleni)
Jakutisches Schneeschaf
(O .nivicola lydekkeri)
Putorana-Schneeschaf
(O .nivicola borealis)
Tschukotka-Schneeschaf
(O. nivicola koriakorum)

Das für die internationalen Jäger maßgebliche amerikanische SCI-Rekordbuch (7.Auflage) hat die vorläufige Unterartenliste der C.I.C.-Arbeitsgruppe „Caprini" übernommen. Danach werden nur drei Unterarten unterschieden: **Sibirisches Schneeschaf** *(O. n. alleni,*wozu auch die Unterarten *lydekkeri* und *koriakorum* jetzt gehören), **Kamtschatka-Schneeschaf** *(O .n. nivicola)*, und **Putorana-Schneeschaf** *(O. n. borealis)*.

Trotz den unterschiedlichen Klassifikationen sollte der Schafsjäger alle fünf Unterarten kennen, da von ihnen auch in Zukunft die Rede sein wird und er sich beim Studium verschiedener Jagdangebote besser orientieren kann. Das sind auch Gründe, weshalb im folgenden alle diese Unterarten und deren Bejagungsmöglichkeiten gesondert vorgestellt werden.

Rußland ist unter den internationalen Jägern in erster Linie als ein Land der Bären und Wildschafe bekannt. Wenn man aber nach einem jagdlichen Wahrzeichen Rußlands suchen sollte, könnte man dafür meines Erachtens keine andere Wildart besser nehmen, als das Schneeschaf. Dieses begehrte Wild lebt nur in Sibirien, hat einen stabilen Bestand (es ist das einzige Wildschaf der GUS, das nicht unter den internationalen Artenschutz fällt und für das keine CITES-Bescheinigung erforderlich ist), ist jagdlich äußerst reizvoll und trotz der teueren, fast exklusiven Jagd für die meisten Schafsjäger noch erschwinglich.

Der Name selbst verleitet dazu, sich

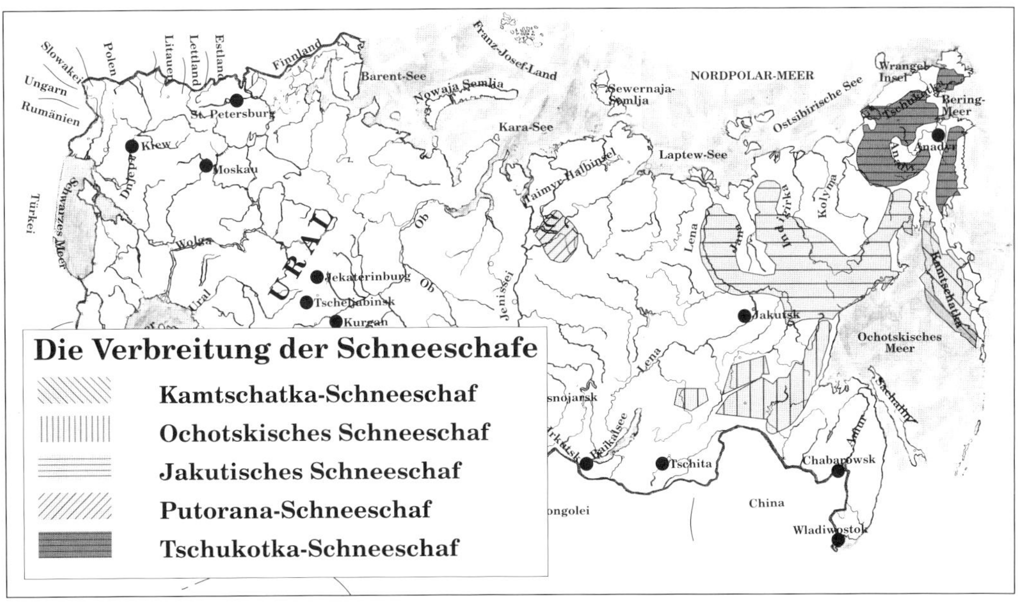

Auf einer Testjagd im Herbst 1991 im ochotskischen Dschugdschur-Gebirge wurden relativ wenig Schneeschafe gesehen, jedoch genug, daß auch einige Wildaufnahmen von dieser wenig bekannten Unterart gelangen

unter einem Schneeschaf ein schneeweißes Wildschaf ähnlich dem amerikanischen Dallschaf vorzustellen. Es gab sogar westliche Rußland-Vermittler, die in ihren Prospekten für das russische Schneeschaf aus Unkenntnis Fotos von Dallschafen benutzt haben. Wenn überhaupt, dann ist das bräunliche Schneeschaf eher mit dem amerikanischen Steinschaf aus British Columbia vergleichbar.

Das Schneeschaf (Beschreibung nach HEPTNER) ist verglichen mit den mächtigen Argalis eine Schafart von mittleren Ausmaßen, aber von schwerem und untersetztem Körperbau mit massigem Rumpf und dickem, kurzem Träger. Die Läufe sind kurz und dick, das Haupt nicht groß und mit kurzen Lauschern. Widerristhöhe der Widder 90–110 cm, Gewicht der ausgewachsenen Widder 80 bis 130 kg, das der Schafe 50 bis 65 kg.

Die Färbung ist zwar geographisch bedingt und somit unterschiedlich, am typischsten ist jedoch die einheitliche Färbung in bräunlichem oder zimtbräunlichen Tönen (das Fehlen der fuchsrötlichen und sandgelben Töne sowie des hellen Sattelflecks ist charakteristisch). Hinter den Schultern oder auf dem Haupt kann die Decke manchmal etwas heller ausfallen, Träger und Brust sind ohne Behang.

Die Hörner sind verglichen mit denen der Argalis jedoch nicht groß, dafür aber schwer und massig mit dicker Basis. Größte Hornlänge 90–114 cm, Basisumfang 30–36 cm.

Das Areal der Schneeschafe umfaßt Gebirgsregionen Ostsibiriens östlich von Lena-Fluß bis einschließlich der Halbinseln Tschukotka und Kamtschatka, im Süden bis einschließlich Stanowoi-Gebirge. Weiter westlich und getrennt von diesem Hauptareal befindet sich im Putorana-Gebirge die Population des Putorana-Schneeschafes. Außerhalb der GUS nicht vorhanden. Die Fläche seines Areals ist mit 50.000 km2 bedeutend größer als die anderer Schafsarten in der GUS, woraus auch ein größerer Bestand resultiert. Wenn man von dieser Fläche und einer durchschnittlichen Wilddichte von 1,2 Schafen pro 1.000 ha ausgeht, lebten Ende der 70er Jahre in Rußland etwa 60.000 Schneeschafe (nach A. S. RUDKOW 1979). L. SOPIN gibt für Mitte der 80er Jahre einen Gesamtbestand des Schneeschafes von 70.000 Stück an.

Der Lebensraum der Schneeschafe erinnert mit seinem schwer zugänglichen Felsen und steilen steinigen Hängen mehr an die Lebensstätten der Wildziegen als die der Argalis. Bewaldete Gegenden werden gemieden. Im Winter halten sie sich in etwas niedrigeren Regionen auf als im Sommer, wobei sie sich auf die baumlosen offenen Hänge in Felsnähe konzentrieren.

Schneeschafe leben in kleineren Rudeln, die gewöhnlich bis zu 10 Stück umfassen, selten 20–30, wobei der Winter Zusammenschlüsse fördert. Widder halten sich in Gruppen oder einzeln häufig getrennt von Schafen auf.

Die Brunftzeit spielt sich im November ab. Setzzeit Ende Mai/Juni, wobei ein Schaf gewöhnlich ein Lamm bekommt. Geschlechtsreife mit zwei Jahren.

Hauptfeinde Wolf und Vielfraß, seltener Braunbär.

Kamtschatka-Schneeschaf

(Ovis nivicola nivicola)

E: *Kamchatka Snow Sheep*
R: *Kamtschatski sneschnyj baran*

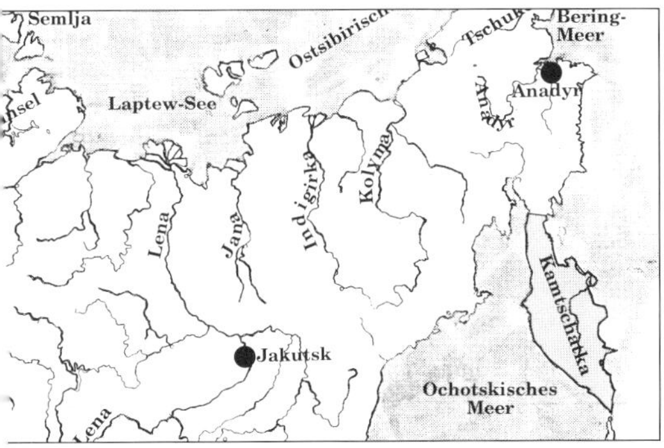

Hierbei handelt es sich um die stärkste und begehrteste Unterart des Schneeschafs. Die gleichmäßige, dunkle Färbung mit bräunlichen und zimtbräunlichen Tönen, ohne Aufhellungen an Flanken und Kopf des Kamtschatka-Schafes wird als die typischste der Art angesehen. Die Körperlänge beträgt bis zu 175 cm, Widerrist bis 110 cm, das Gewicht der Widder 80–30 kg, das der Schafe 60–65 kg.

Das Kamtschatka-Schneeschaf hat die mächtigste Trophäe aller Schneeschafe. Der neue Weltrekordwidder aus dem Süden der Kamtschatka-Halbinsel (Gebiet Milkowo) wurde im Herbst 1991 von einem bekannten spanischen Jäger erlegt und hatte eine Hornlänge von 114 cm. Im Süden der Halbinsel liegen Durchschnittstrophäen um 90 cm, stärkere aber zwischen 95 und 105 cm. Im Norden von Kamtschatka erreichen normale Widder eine Hornlänge wie im Süden um etwa 90 cm, stärkere liegen bei 95 bis 100 cm. Diese Trophäenangaben beziehen sich auf die von Jagdgästen erbeuteten Widder. Nach russischen Wildbiologen (REWIN/ SOPIN/ ZHELEZNOV 1988) erreicht diese Schneeschafunterart eine Hornlänge bis 111 cm und einen Basisumfang von 29 bis 36 cm (durchschnittlich 32,5 cm).

Das Areal dieser isolierten und wohl bekanntesten Schneeschafpopulation befindet sich auf der Kamtschatka-Halbinsel unterhalb des 60. Breitengrades, wo die Schafe alle Gebirge in einer Höhe zwischen 800 und 2.000 m ü. M. mit Ausnahme der Niederungen im Küstengebiet bewohnen. Aber auch hier hat sich ihr Areal verkleinert und ist auf einzelne isolierte Gebiete zerfallen. Außerhalb der GUS nicht vorhanden. Auf Kamtschatka leben heute rund 6.000 Schneeschafe, die Wilddichte beträgt 9–11 Stück pro 1.000 ha (GRIBKOW).

Bejagung: Der Norden von Kamtschatka wurde zum erstenmal 1990, der Süden der Halbinsel 1991 von ausländischen Jägern aufgesucht. Verglichen mit den Schafjagden in Nordamerika ist diese Jagd nicht so schwer, da die Gebirge nicht so steil und hoch sind (die Jagd findet in einer Höhe zwischen 500 und 2.000 m statt).

Die Anreise erfolgt per Flugzeug über Moskau oder über Anchorage/Alaska bis

ALEXANDER KHOKHLOV (links) nach erfolgreicher Jagd mit dem ehemaligen Präsidenten des SCI WAYNE POCIUS am gestreckten Kamtschatka-Widder

Soweit hier im Norden der Halbinsel Kamtschatka das Auge reicht, erstreckt sich der gebirgige Lebensraum des heimischen Schneeschafes

Petropawlowsk-Kamtschatski (wenn man im Süden jagen will; Flugzeit von Moskau achteinhalb Stunden, 9 Stunden Zeitverschiebung gegenüber der Moskauer Zeit) oder von Moskau bis Magadan in sieben Flugstunden und weiter per Flugzeug bis Korf oder Tigil im Norden Kamtschatkas (wenn man im Norden jagt), dann weiter – oft über 300 km von der nächsten Ansiedlung entfernt – per Hubschrauber bis zum Basiscamp.

Professionelle westliche Agenturen statten ihre Camps mit erstklassiger Ausrüstung (Zelte, Feldbetten, Schlafsäcke, Funkgeräte usw.) aus und sparen auch nicht beim Personal, so daß bis zu 4 Mann (Jagdführer, Taxidermisten, Köche, Dolmetscher und Helfer) pro Jagdgast zur Verfügung stehen.

Man kann vom Basislager im Tal aus jeden Tag per Fußpirsch (im russischen Fernen Osten gibt es keine Pferde) mit einem eigenen Führer und nach Bedarf mit einem Helfer unterwegs sein. In vielen Basislagern kann man schon aus dem La-

Kamtschatka beherbergt einen so guten Schneeschafbestand, daß bei professioneller Organisation die Jägergruppen bisher gute Strecke machen und mächtige Schnecken mitnehmen konnten

ger mit dem Spektiv Schneeschafe oder Braunbären auf den umliegenden Berghängen ausmachen.

Eine zweite Möglichkeit wäre, den Gastjäger mit seinem Führer, Dolmetscher und einem Helfer samt Zelt, Ausrüstung und Verpflegung mit dem Hubschrauber in die Berge in ein gutes Schafgebiet zu bringen, wo er auch weiter entferntes Hinterland bejagen und für 2–3 Tage in einem Zelt übernachten kann. Falls er dort keinen Widder bekommt, wird er in ein neues Gebiet für weitere 2–3 Tage umgesetzt. Die Jagdzeit erstreckt sich bei allen Schneeschaf-Unterarten von Mitte August bis Mitte Oktober, danach sind viele Gebiete wegen Wintereinbruch nicht mehr zugänglich.

Auf Kamtschatka kann man diese Jagd sehr gut mit der Jagd auf den starken Kamtschatka-Braunbären kombinieren. Als Zusatztrophäen kommen hier desweiteren noch der Ostsibirischer Elch, Karibu und Wolf in Frage. Wegen der größten Entfernung, komplizierter Logistik und des größten Aufwandes sind das die teuersten Schneeschafjagden.

Um die Schafe nicht zu stören, werden Jäger mit der ganzen Mannschaft und Campausrüstung ins Schafgebiet per Hubschrauber gebracht. In wenigen Tagen stellt sich dann der Erfolg ein

Ochotskisches Schneeschaf

(Ovis novicola alleni)

E: *Okhotsk Snow Sheep*
oder *Allen Snow Sheep*
R: *Ochotski tolstorogi baran*
oder *Baran Allena*

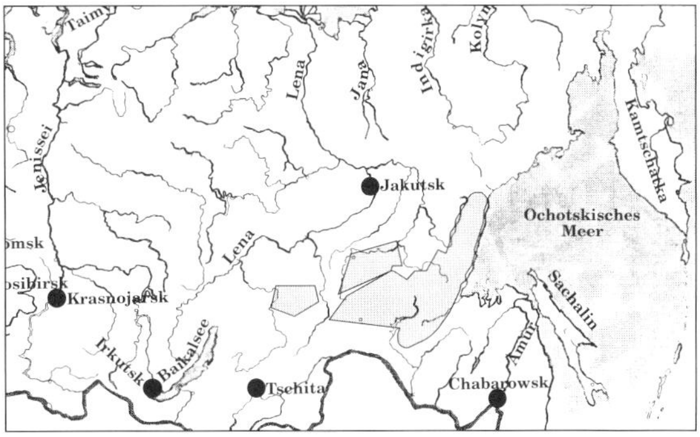

Das Ochotskische Schneeschaf der Gebirge Dschugdschur und Stanowoi im Norden des Gebietes Chabarowsk ist bisher wenig erforscht worden. Bis vor zwanzig Jahren hat es für dieses Gebiet gar keine Erkenntnisse über Schneeschafe gegeben.

Im Zuge einer Testjagd im Herbst 1991 hatte ich Gelegenheit, den Lebensraum dieser Unterart im Dschugdschur-Gebirge zu erleben, sie zu bejagen und mit dortigen Berufsjägern zu sprechen. Einheimische Berufsjäger (persönliche Mitteilung von A. RYBALSKI) und gute Kenner dieser Unterart unterscheiden in diesem Gebiet zwei Typen des ochotskischen Schneeschafes: das **Küsten-Schneeschaf** (russ. Morskoi baran) aus dem Küstengebiet des Ochotskischen Meeres, sehr stark im Wildpret, mit Körpergewichten über 100 kg und mit stärkeren Hörnern, die weit

Das Dschugdschur-Gebirge im Norden von Chabarowsk könnte mit verbesserten Hegemaßnahmen einen weit größeren Schneeschafbestand als zur Zeit vertragen

ausgelegt und weniger gekrümmt sind; und das **Dschugdschur-Schneeschaf** (russ. *Dschugdschurski baran*) aus dem Hinterland, mit schwächeren Hörnern, die schön kreisförmig verlaufen und in der Regel stark gekrümmt sind.

Nach Gesamtmaßen und Hörnerbau ist das Ochotskische Schneeschaf fast identisch mit dem Kamtschatka-Schneeschaf, nur sind seine Schnecken mit einer größten Länge zwischen 90 und 100 cm etwas schwächer.

Färbung dunkel; am Haupt, Träger und an der Brust braun, am Windfang weiß-

Schon auf der Testjagd durch erfahrene internationale Schafsjäger im Herbst 1991 erlegte Ludo Wurfbain einen kapitalen Widder des Ochotskischen Schneeschafes

lich, ebenso Stirn, der Raum zwischen den Hörnen und Nacken, auch die Flanken sind heller gefärbt.

Diese Schneeschafe bewohnen Gebirgsgegenden von 800 bis 1.700 m ü. M. Man begegnet oft kleineren Rudeln mit 3–5 Wildschafen, seltener größeren mit 15–20 Stück (diese und weitere Angaben nach A. P. METELSKI).

Das Ochotskische Schneeschaf ist heute in drei Hauptgebieten anzutreffen: in den Gebirgen Dschugdschur und Stanowoi sowie im Judoma-Maja-Hochland. Außerhalb der GUS nicht vorhanden. Der Gesamtbestand wird auf ein paar tausend Stück geschätzt, im Judoma-Maja-Hochland im Norden des Verbreitungsgebites leben etwa 1.000 Schafe. Auf den Bergen um den See Großer Toko (*Bolschoje Toko*) auf den nördlichen Hängen des Stanowoi-Gebirges ist – wenigstens zu Beginn der 70er Jahre (O. W. JEGOROW) – ein großer Bestand mit einer Wilddichte von 5–10 Stück pro 10 km2 vorhanden.

Bejagung: Im August 1991 wurde diese Unterart im Dschugdschur-Gebirge zum ersten Mal von Gästen aus dem Ausland bejagt, wobei Trophäen bis 96 cm erbeutet wurden.

Die Anreise erfolgt normalerweise über Moskau oder Anchorage bis Chabarowsk (8 Flugstunden von Moskau, 7 Stunden Zeitverschiebung gegenüber der Moskauer Zeit), dort Übernachtung im Hotel. Am nächsten Tag Weiterflug mit einem kleinem Flugzeug nach Nelkan am Maja-Fluß, dann mit Hubschrauber ins Basislager im Dschugdschur-Gebirge nahe der Küste oder südlich von Nelkan ins Berggebiet um den Fluß Tschumikan. Unterkunft, Verpflegung und Jagdarten wie beim Kamtschatka-Schneeschaf.

Jagdzeit von August bis Oktober. Als Zusatztrophäen können auch hier Braunbär, Elch, Karibu, Wolf und Moschustier erbeutet werden.

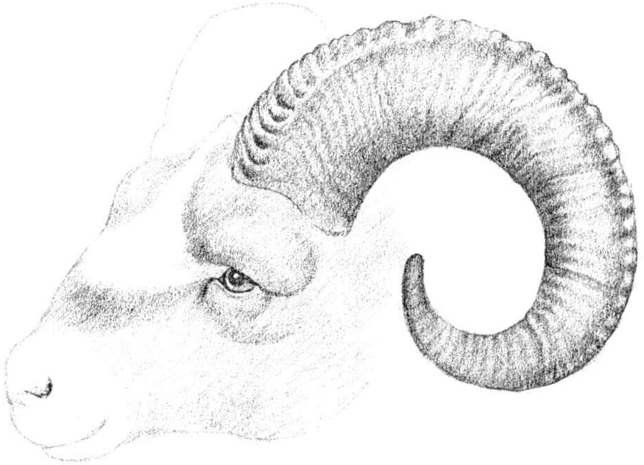

Jakutisches Schneeschaf

(Ovis novicola lydekkeri)

E: *Yakutia Snow Sheep* oder *Clifton Snow Sheep*
R: *Jakutski sneschnyj baran*

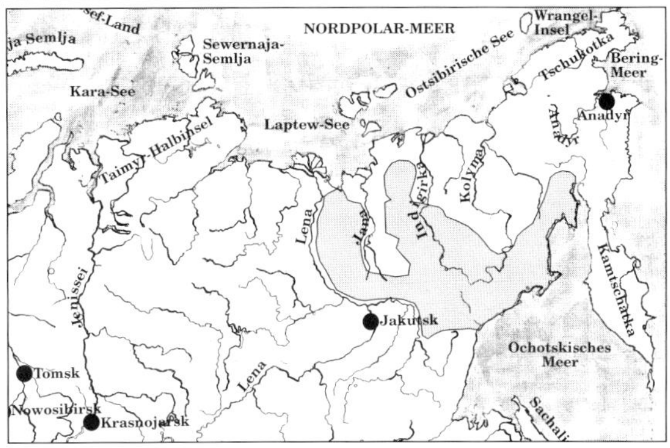

Diese Unterart verfügt über den größten Bestand und die weiteste Verbreitung und bietet nach dem Kamtschatka-Schaf wohl die begehrteste Schneeschaf-Trophäe. Unterscheidet sich von der typischen Art durch seine hellere Färbung. Normales Lebendgewicht der Widder 100–120 kg, ganz starke bringen es sogar auf 120–140 kg, also genauso viel wie Kamtschatka-Widder (diese und weitere Angaben nach TAVROVSKIJ/ EGOROV/ KRIVOSEEV 1971). Von der Form und den Außmaßen unterscheiden sich seine Schnecken nicht wesentlich von denen der Kamtschatka-Unterart, nur sind sie etwas schwächer. Die durchschnittliche Hornlänge beträgt 89 cm, die größte Hornlänge liegt bei 90–102 cm, der stärkste bei der

Jakutien bietet mit seiner wunderschönen Wildnis, größtem Schneeschafbestand und starken Trophäen vielleicht die besten Bedingungen für eine erfolgreiche Jagd

ersten Jagd 1989 erlegte Widder kam sogar auf 104 cm. Durchschnittlicher Basisumfang 33 cm, bis 36 cm möglich. Nach Erfahrungen russischer Berufsjäger, die seit Jahren ausländische Jagdgäste auf den jakutischen Widder führen, haben normal gekrümmte und bis zu den Lichtern reichende Hörner (genauer gesagt Hornspitzen) eine Länge zwischen 85 und 90 cm, und solche Widder werden geschont. Erst Widder mit stark gekrümmten Hörnern und Hornspitzen, die über die Lichter hinausgehen, gelten als reif und werden freigegeben, da sie in der Regel mindestens eine Hornlänge zwischen 91 und 96 cm und mehr erreicht haben.

Diese Unterart ist in Jakutien östlich vom Fluß Lena auf den Gebirgen Werchojansk, Tscherski, Moma und Kolyma weit verbreitet. Außerhalb der GUS nicht vorhanden. Ende der 70er Jahre betrug der Gesamtbestand des Schneeschafes in Jakutien 45.000–55.000 Stück (GRIBKOW/FIL 1978), während er nach JU. W. REWIN zu Beginn der 80er Jahre bei etwa 50.000 Stück lag.

Zusammen mit Kamtschatka zählt Jakutien zu den Hauptjagdgebieten für die starken Schneeschafwidder

Bejagung: Die ersten Jagden für ausländische Jäger fanden in Jakutien 1989 statt. Die Anreise erfolgt per Flugzeug von Moskau nach Jakutsk. Von dort aus Umsetzen per Hubschrauber in die Jagdgebiete Moma, Syrjanka, Tjoplyj Kljutsch oder andere. Von Jakutsk bis Tjoplyj Kljutsch z. B. fliegt man mit dem Flugzeug eine oder mit Hubschrauber zweieinhalb Stunden, dann weiter per Hubschrauber noch etwa eine Stunde ins Basislager. Die Basislager sind üblicherweise gut ausgestattet, jeder Jäger (Gruppen von 2–3 Jagdgästen) bekommt ein Extrazelt. Verpflegung sehr gut, mit frischen Waren vom Marktplatz und genügend Fleisch. Gejagt wird wie beim Kamtschatka-Schaf, also eine schwierige, teilweise sehr anstrengende Fußpirsch, die gute Kondition erfordert.

Die Jagdzeit liegt zwischen August und November. Am günstigsten ist es im Oktober, wenn bereit etwas Schnee liegt, so daß man die Schafe gut sehen und anpirschen kann. Jakutien ist sehr kalt, der Sommer dauert nur einen Monat, auch im August/September kann es schneien: der Schnee bleibt ein paar Tage, taut dann aber wieder auf.

Ab September/Oktober bleibt die weiße Pracht dann aber liegen, mit Frost und Temperaturen um –10°C bis –30°C. Da hier das Klima trocken ist, fühlt man den strengen Frost nicht so stark wie in Moskau, wo eine Temperatur von –30°C schon äußerst unangenehm ist. Im August können Mückenplagen auftreten, deshalb unbedingt Mückenspray mitnehmen.

Als Zusatztrophäen kann man in Jakutien starke Karibus, gute Ostsibirische Elche (sie sind zwar stark, jedoch schwächer als Penschina-Elch), Braunbären (Bären sind hier nicht so stark wie in Kamtschatka haben aber ein schönes dunkles Fell, fast schwarz, also nicht hell wie auf Kamtschatka) und Wolf erbeuten.

In Zentral- oder Ostjakutien jagt man normalerweise auf das Jakutische Schneeschaf, weiter südlich (eine Hubschrauber-Flugstunde entfernt) kann man aber auch dem Ochotskischen Schneeschaf nachstellen und so beide Jagden kombinieren.

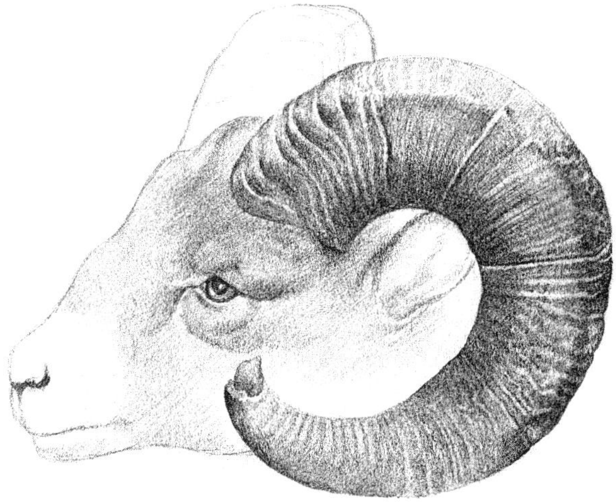

Putorana-Schneeschaf

(Ovis novicola borealis)

E: *Putorana Snow Sheep*
R: *Putoranski sneschnyj baran* oder *Norilski sneschnyj baran*

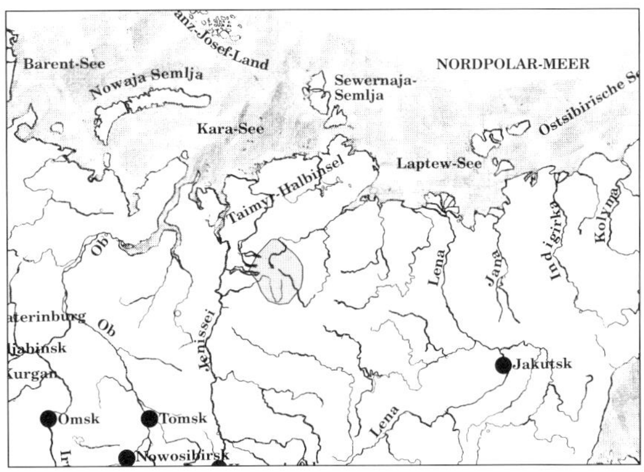

Die einzige Schneeschaf-Unterart, die geschützt ist (Jagdverbot in Rußland seit 1975) und im „Roten Buch“ der früheren Sowjetunion als „seltene Unterart mit kleinem, isolierten Areal“ geführt wird. Aus diesem Grunde wurde sie bisher den ausländischen Jägern nicht angeboten (weitere Angaben nach L. W. SCHIRNOW und W. W. PETRASCHOW sowie nach REWIN/ SOPIN/ ZHELEZNOV 1988).

Nach dem russischen Schneeschafexperten N. ZHELEZNOV (persönliche Mitteilung) gehört das Putorana-Schneeschaf körperlich und trophäenmäßig zur schwächsten Schneeschafunterart. Seine Körperlänge beträgt etwa 153 cm, seine Widerristhöhe ca. 100 cm, Gewicht der erwachsenen Widder 106–109 kg. Die Trophäen erreichen kaum 90 cm Länge (Hornlänge 75–90 cm), der Basisumfang liegt bei 29–38 cm.

Diese Schafsunterart bewohnt heute ein isoliertes Gebiet im Putorana-Gebirge zwischen den Flüssen Jenissei und Lena. Ihr Lebensraum wird von Gebirgstundren und felsigen Gegenden in den stark zerschnittenen Bergen auf einer Höhe zwischen 1.000 und 1.700 m geprägt.

Zu Beginn der 70er Jahre zählte man noch etwa 2.000 Schafe. Die Wildzählungen von 1976– 1978 haben gezeigt, daß im Hauptverbreitungsgebiet 1.400 bis 1.450 Stück leben. Die Population ist ziemlich zerstreut. Im Zentrum des Areals besteht eine Wilddichte von 3,3 und in den Randgebieten von nur 0,11 Stück pro 100 km2. Die Rudelgröße schwankt zwischen 5 und 20 Schafen.

Tiefer Schnee und Fehlen von genügenden Äsungsplätzen wirken sich negativ auf den Bestand aus.

Hauptfeinde: Wolf unf Vielfraß.

Im Sommer werden Schneeschafe nicht nur durch die Herden domestizierter Rentiere von den besten Äsungsplätzen verdrängt, es werden zur Zeit auch sehr viele von Hirten gewildert, worin man den Hauptgrund für ihren Bestandsrückgang sieht.

Tschukotka-Schneeschaf

(Ovis novicola koriakorum)

E: *Koriak Snow Sheep*
R: *Tschukotski sneschnyj baran* oder *Korjakski sneschnyj baran*

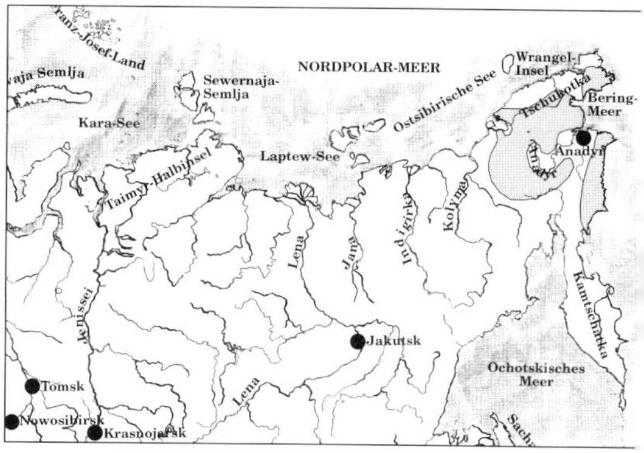

Wie schon erwähnt: Russische Wildbiologen unterschieden bisher normalerweise fünf Unterarten des Schneeschafes. Nach seinen über zwanzigjährigen Feldstudien hat der bekannte russische Wildbiologe und Direktor des internationalen Beringsee-Nationalparks, Dr. NIKOLAI ZHELEZNOV, kraniometrisch (nach Schädelabmessungen) jedoch nachgewiesen, daß auf Tschukotka eine besondere Schneeschaf-Unterart existiert.

Die bisherige Unterart "Tschukotka-Schneeschaf" besteht nach ZHELEZNOV eigentlich aus zwei voneinander isolierten Populationen, die auch zu verschiedenen Unterarten gehören. So nennt er das Vorkommen im Korjaken-Gebirge "Korjaken-Schneeschaf" (*Ovis nivicola koriakorum*);

lediglich die geschützte Population von der Tschukotka-Halbinsel verdient seiner Erkenntnis nach den Namen “Tschukotka-Schneeschaf”. ZHELEZNOV hat ihr daher den neuen wissenschaftlichen Namen *Ovis nivicola tschuktschorum* (ZHELEZNOV ssp. n.) gegeben.

Als bester Kenner der Tierwelt des russischen Nordens war Dr. ZHELEZNOV– mit dem ich das Vergnügen hatte, nicht nur über Schneeschafe zu reden, sondern auch mit ihm auf den Tschukotka-Elch zu jagen– Mitarbeiter am Projekt der Caprini-Gruppe des C.I.C. zur Erfassung der Wildschafe und Wildziegen Asiens, durch die diese neue Unterart auch anerkannt worden ist (siehe darüber meine Meldung in WILD UND HUND 15/1994, S. 32).

Da es sich hierbei um eine relativ neue Spezifizierung handelt, die noch keine allgemeine Anerkennung gefunden hat, blieben wir in diesem Buch bei den bisher anerkannten fünf Unterarten des Schneeschafes.

Von der typischen Art unterscheidet sich diese Unterart durch kleinere Außmaße und hellere Färbung, bei der graue und grau-braune Töne überwiegen. Ins „Rote Buch“ der früheren Sowjetunion nicht aufgenommen, steht aber in der zweiten Kategorie (als eine seltene Unterart, deren Bestand und Areal sich immer mehr verkleinern) im „Roten Buch Rußlands“ (Angaben nach I. I. SOKOLOW, B. SABLINA und L. SOPIN). Auf Tschukotka ist seine Jagd für einheimische Jäger verboten.

Heutiges Verbreitungsgebiet mehr mosaikartig, zerfallen auf etwa 100 Heimstätten: auf dem Anadyr-Plateau, in den Gebirgen Pikulnei (genannt auch Pekulnei) und Tschantal, im inneren und gebirgigen Teil von Tschukotka (also der Tschuktschen-Halbinsel), sowie im gesam-

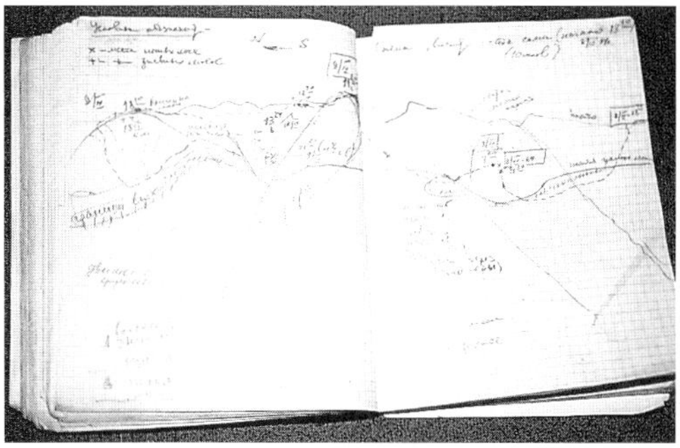

N. ZHELEZNOV erforscht seit über zwanzig Jahren dieses ostsibirische Wildschaf und ist 4–5 Mal jährlich bis zu 9 Monate lang auf Expeditionen. Dabei füllte er mit seinen Forschungsdaten und Skizzen 66 Hefte (auf dem Bild zu sehen sind Skizzen der Ruhe- und Äsungsplätze sowie der Tagesbewegungen mehrerer Rudel auf einem Berg)

Dr. NIKOLAI ZHELEZNOV in seinem Studienzimmer in Anadyr auf Tschukotka mit einer 90-Zentimeter-Trophäe des wenig bekannten Tschukotka-Schneeschafes. Die weit ausgelegten Hörner sind ähnlich wie beim Marco-Polo-Argali geschwungen

Bei der Erforschung der Schneeschafe hat Dr. Zheleznov viele neuen Methoden entwickelt. An sein Zelt angelehnt sind zwei farbige Holzsilhouetten von Widder und Schaf zu sehen, mit denen er vom Oktober 1976 bis Februar 1977 das Brunftverhalten der Schneeschafe im Suntar-Chajata-Gebirge untersucht hat

ten Korjaken-Gebirge. Außerhalb der GUS nicht vorhanden. Auf Tschukotka lebt dieses Schaf im Hügelland oder im Mittelgebirge auf einer Höhe von 400 bis 1.700 m ü. M.

Zu Beginn der 80er Jahre gab es in den

Ein für Forschungszwecke erlegter achtjähriger Tschukotka-Widder aus dem zentralen Teil der Tschuktschen-Halbinsel. Deutlich zu sehen ist sein typischer weißer Streifen am Haupt, der fast bis zum Windfang reicht

Gebirgen der Tschuktschen-Halbinsel etwa 500 Schneeschafe, im Pikulnei-Gebirge 600– 700. Die Wilddichte betrug 0,3 bis 3,5 Stück pro 1.000 ha, im Korjaken-Gebirge sogar 9– 18 Schafe pro 1.000 ha (Tschernjawski). Hauptfeinde: Wolf und Vielfraß. Als Hauptursache für den Bestandsrückgang wird die Wilderei angenommen.

Bejagung: Wenige Jagdangebote gibt es immer wieder fürs Korjaken-Gebirge, wo der Bestand stabil und die Wilddichte am größten ist. Anreise mit Flugzeug (8 Flugstunden) von Moskau nach Magadan, dann Weiterflug per Hubschrauber ins Jagdgebiet im Korjaken-Gebirge. Unterbringung der Gruppen von 2– 4 Jägern in der Jagdhütte oder im Zeltlager. Jagdarten wie bei Kamtschatka-Schneeschaf. Jagdzeit August bis Oktober. Mögliche Zusatztrophäen in diesem Gebiet: Braunbär, Ostsibirischer Elch, Karibu und Wolf.

Wisent

(Bison bonasus)

E: *European Bison*
R: *Subr*

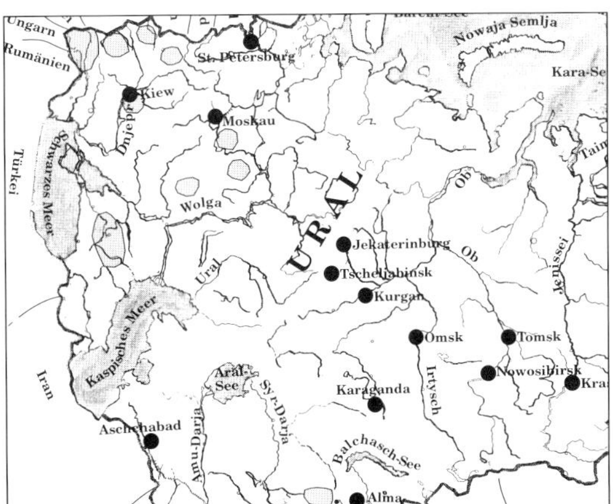

Nach dem Ersten Weltkrieg in freier Wildbahn in Eurasien ausgerottet, brachten Wiedereinbürgerungsbemühungen nach dem Zweiten Weltkrieg so große Erfolge, daß die Art gerettet und eine geregelte Bejagung auch in der GUS wieder möglich wurde.

Zu Beginn des 20. Jahrhunderts gab es auf dem Gebiet der früheren Sowjetunion zwei Unterarten des Wisents: den **Europäischen Wisent** (*Bison bonasus bonasus*), verbreitet im europäischen Teil der ehemaligen UdSSR (vor allem im Bjelowescher Urwald), und den **Kaukasischen Wisent** (*B. b. caucasicus*) im Nordwesten Kaukasiens.

Dieses große Rind von massigem und schwerem Körperbau hat eine Widerristhöhe von 158 bis 195 cm, und wiegt ausgewachsen zwischen 450 und 1.000 kg.

Trophäe: Beide Geschlechter tragen kurze Hörner (die bei den Bullen stärker sind), auch „Holme“ genannt. Im Verhältnis zum riesigen Körper fallen die Hörner aber eher klein aus. Starke Bullen erreichen eine Hornlänge von über 45 cm (ganz starke auch 50 cm und mehr) und eine Basis von über 35 cm. In der 7. Auflage des SCI-Rekordbuches (1991) sind noch keine Wisenttrophäen aus der GUS aufgeführt worden, und erst die nächste Auflage wird zeigen, was für eine Trophäenqualität der Gastjäger hier erwarten kann.

Lebensraum: Im Bjelowescher Urwald hat sich der Wisent, der auch gern “Waldbüffel” genannt wird, am längsten erhalten. Aber nicht, weil hier für ihn etwa ideale Lebensbedingungen zu finden wären, sondern weil der Waldmassiv nicht eingeschlagen und der Wisent als Jagdobjekt des Adels jahrhundertelang geschützt wurde. Der Bjelowescher Urwald ist ein großes versumpftes Laubwaldmassiv, das immer wieder von kleinen Hügeln unterbrochen wird.

In den Bergen des Westkaukasus hielten sich Wisente auf einer Höhe von 900 bis 2.100 m auf, heute im Kaukasischen Naturschutzgebiet zwischen 700 und 2.400 m. Im Sommer bevorzugen sie Laubholzstreifen der oberen Waldgrenze, den Winter verbringen sie im unteren Gebirgsgürtel.

Verbreitung, Bestand: Ihr früheres Areal umfaßte den westlichen und südwestlichen Teil der heutigen GUS sowie den Kaukasus. Erfolgreiche Aufzuchtarbeiten, Haltung der Wisentherden in Gattern und im halbfreien Zustand erlaubten

Der Wisent lebt heute in mehreren Reservaten und Jagdwirtschaften, die eine nachhaltige Hege dieses Wildes betreiben

1961 den Übergang zur Gründung der freilebenden Herden. Solche Herden gibt es heute nur in der GUS und in Polen: im Bjelowescher Urwald (GUS, Polen), Karpaten (GUS, Polen), Polessje (auch Polesien genannt), auf der Wolhynisch-Podolischen Platte, im Kaukasus und Tienschan.

Die letzten Bjelowescher und kaukasischen Wisente wurden in freier Wildbahn zwischen 1919 und 1927 ausgerottet. In der Zeit von 1961 bis 1980 wurden in der früheren Sowjetunion in geeigneten Biotopen 323 Wisente wiedereingebürgert. Im Jahre 1988 betrug der Weltbestand 3.200 Stück, wovon 1.345 (davon 1.145 in 20 verschiedenen Vorkommen der freien Wildbahn, die in den 90er Jahren auf 1.500 Stück erhöht werden sollen) in der Sowjetunion lebten.

Artenschutz: 1923 wurde die Wisentjagd in der früheren Sowjetunion verboten, im Jahr danach wurde zum Schutz des Wisents das Kaukasische Naturschutzgebiet eingerichtet. Heute ist sein Schutz in mehreren Reservaten und in über 13 Jagdwirtschaften gewährleistet. Es existieren auch drei Wisentaufzuchtstationen.

Der Wisent ist in das „Rote Buch" der ehemaligen Sowjetunion aufgenommen worden (allerdings nur als 5. Kategorie, als eine Art also, deren Bestand sich immer mehr stabilisiert), fällt außerdem auch unter den internationalen Artenschutz (fünfte Kategorie des WA).

Bejagung: Seit ein paar Jahren ist es möglich, auch in mehreren GUS-Staaten (Weißrußland, Ukraine und Rußland) auf dieses stärkste Hochwild Europas zu waidwerken. Für Weißrußland und Ukraine ist der urige Waldbüffel in den letzten Jahren zum eigentlichen jagdlichen Wahrzeichen geworden.

In der **Ukraine**, wo ein gesicherter Bestand vorhanden ist, wird in freier Wildbahn auf den Wisent gejagt. Die Trophäenqualität ist sehr gut, Medaillenstiere sind keine Seltenheit. Die Anreise erfolgt normalerweise per Flugzeug, mit anschließendem Transfer ins Revier, sie kann aber auch mit dem eigenem Auto vorgenommen werden. Komfortable Jagd-

Nach der völligen Ausrottung in freier Wildbahn brachte die Wiedereinbürgerung des „Waldbüffels" nach dem Zweiten Weltkrieg so große Erfolge, daß er heute in mehreren GUS-Republiken wieder bejagt werden kann

und Gästehäuser mit guter Verpflegung beherbergen die Gastjäger.

Auf den Wisent wird gepirscht, oder es wird die Fährte eines starken Bullen bei Schnee ausgegangen (als Mindestkaliber werden starke 8-mm-Kaliber oder darüber empfohlen). Als Zusatztrophäen können, je nach Revier, auch Rot-, Schwarz- oder Sikawild erbeutet werden.

Die Jagdzeit erstreckt sich vom 1.November bis zum 31.Januar. Als Trophäe gelten das Haupt mit Hörnern und die ungegerbte Decke. Die Bewertung erfolgt nach der CIC-Formel, die auch die Grundlage für den Abschußpreis bildet.

In **Weißrußland** werden Wisentjagden ähnlich wie in der Ukraine organisiert. Hier befindet sich auch das berühmte Wisentrevier im Bjelowescher Urwald (Bjeloweschskaja Puschtscha) an der polnisch-weißrussischen Grenze. Anreise entweder mit dem Flugzeug bis Warschau oder Minsk (dann mit dem Auto ins Revier) oder mit eigenem Wagen. Unterkunft in Gäste- oder Jagdhäusern mit guter Verpflegung.

Gejagt wird vorwiegend auf der Pirsch, oder es wird der Wisentfährte im Schnee gefolgt. Zusatztrophäen: Elch-, Rot- und Schwarzwild. Jagdzeit vom 1. September bis 31.März. Madaillenbullen kommen auch hier häufig vor.

Im **Kaukasus** (z. B. in Naltschik) werden heute wohl die interessantesten Jagden auf den Wisent in freier Wildbahn geboten, dem man hier – im Unterschied zu anderen Wisentvorkommen – vorwiegend im bergigen Gelände nachstellt. Das macht diese Jagd zwar schwierig, dafür aber wird der Jäger mit beeindruckenden Erlebnissen und Eindrücken für seine Mühen belohnt.

Anreise mit Flugzeug von Frankfurt, München oder Wien über Moskau nach Naltschik, danach Transfer ins Revier. Unterkunft in ehemaliger Regierungsdatscha mit guter Verpflegung. Gejagt wird zu Fuß oder Pferde, es werden aber auch Fährten ausgegangen. Zusätzlich können Braunbär, Rot-, Sika- und Schwarzwild bejagt werden. Die beste Jagdzeit liegt zwischen November und Februar.

Amurtiger

(Panthera tigris altaica)

E: *Siberian Tiger*
R: *Amurskij tigr*

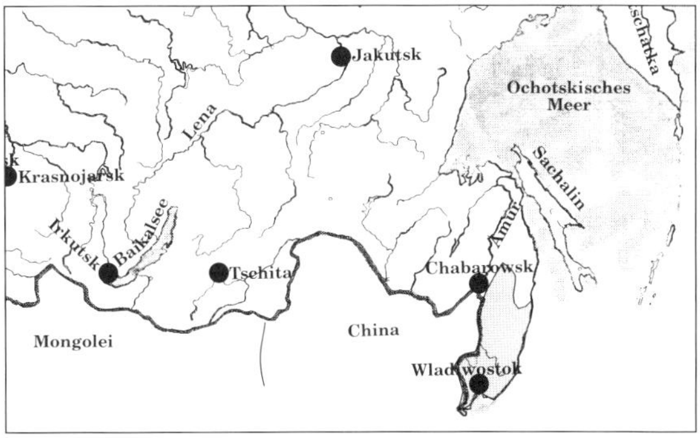

Wer sich auf der Schwarzwild- oder Isubrahirsch-Jagd im Süden des russischen Fernen Osten zwischen Chabarowsk und Wladiwostok aufhält, der wird durch ehrfürchtige Ermahnungen zur Vorsicht und frische Fährten daran erinnert, daß er sich im Reich des Amurtigers befindet. Der Jagdgast wird viele Geschichten vom eigentlichen „Zaren der Taiga" hören, der sich manchmal auch in die Städte verirrt, so daß man Ende der 80er Jahre auf den Stadtparkschildern an der Peripherie von Wladiwostok „Warnung vor dem Tiger" lesen konnte.

Hier im äußersten Süden des russischen Fernen Osten lebt unter strengem Schutz ein Restbestand des Amurtigers (auch **Sibirischer Tiger** genannt), der größten und stärksten Raubkatze der Welt. Sein schwerer und massiver Körperbau (Gewicht bis 384 kg – also zweimal mehr als ein Sumatra-Tiger –, Schulterhöhe bis 115 cm und mehr und eine Körperlänge von der Schnauze bis zur

Schwanzspitze bis zu 410 cm) kommt durch sein dickes Fell noch stärker zum Ausdruck.

An den langen und kalten Winter (mit Temperaturen bis zu 30 Grad Frost) hier im Norden hat sich der Amurtiger durch eine dicke Fettschicht und die Ausbildung einer dichten Unterwolle sowie einer 5-11 cm langen Deckbehaarung hervorragend angepaßt.

Lebensraum,Verhalten: Der Amurtiger ist die meiste Zeit seines Lebens Einzelgänger; als großes Raubtier durchstreift er bei der Beutesuche riesige Gebiete (200-400 Quadratkilometer bei den Tigerinnen und 800-1000 Quadratkilometer bei den Tigern). Seine Jagdausflüge können sich im Laufe eines Tages auf 80-100 km erstrecken. Wenn das Beutetier gerissen ist, bleibt der Tiger bis zu drei Tagen in seiner Nähe. Danach verläßt er es normalerweise, auch dann, wenn es nur zur Hälfte gefressen sein sollte. Im Unterschied zum Wolf tötet der Tiger niemals mehr als er braucht, um seinen Hunger zu stillen.

Den bevorzugten Lebensraum des Amurtigers bildet im Norden die immer noch fast menschenleere Taiga: dichte Wälder und unwegsame Vegetation in der Nähe von Gewässern, teilweise aber auch offene Landschaft. Das Ussuri-Gebiet mit seinem reichen Wald- und Strauchbewuchs sowie Gräsern bei relativ niedrigen Schneelagen ist für seine Wildartenvielfalt und den großen Bestand an Schalen- und Raubwild bekannt. Hier leben u.a. Isubra- und Sika-Hirsch, Sibirisches Rehwild, Elch- und Schwarzwild, Braun- und Kragenbär, sowie Moschustier und Goral. Eine solche Artenvielfalt des Schalenwildes ist nirgendwo sonst in der GUS anzutreffen.

In diesem fernöstlichen Wildparadies jagt der Amurtieger vor allem Wildschweine (weshalb er auch „Wildschweinhirt" genannt wird) sowie Isubra- und Sika-Hirsche, seltener auch Braun- und Kragenbären. „Ein Tiger", berichtete der erste Direktor des Sichote-Alin-Reservats K. G. Abramow, „hält mitunter ein Wildschwein oder einen Hirsch in seinen Fängen wie die Katze eine Maus und vermag mit dieser Last sogar Berge zu erklimmen". In der Brunft des Isubra-Hirsches bedient sich der Amurtiger einer ganz eigenartigen Kriegslist: er ahmt sehr geschickt den Brunftschrei des Isubra-Hirsches nach und lockt so die Hirsche zum „Kampf".

Nur wenn Beutetiere knapp sind, reißt der Amurtiger zum Ärger der Bauern und Dorfbewohner auch Vieh und Hunde. Trotz seiner Größe greift er Menschen nur in äußerster Not und sehr selten an. Wie andere Raubtiere ist auch der Amurtiger äußerst vorsichtig, so daß man ihn kaum zu sehen bekommt. Oft merkt man erst an der frischen Fährte, daß der Tiger in unserer Nähe war. So wurden z.B. im Sichote-Alin-Reservat zwischen 1973 und 1975 ganze 545 mal Tigerfährten registriert, aber nur 21 mal wurde der Amurtiger beobachtet. Den Tiger im Ussuri-Land zu Gesicht zu bekommen, dazu gehört also sehr viel Glück.

Verbreitung, Bestand: Auf dem Gebiet der heutigen GUS (in Mittelasien, Südkasachstan und im Südosten Transkaukasiens) lebte früher noch eine weitere Tigerunterart: der **Kaspische** oder **Turantiger** (*Panthera tigris virgata*; engl. Caspian Tiger, russ. Turanskij tigr), der aber in den 50er Jahren unseres Jahrhunderts durch die Umwandlung seines Biotopes in Baumwollfelder und durch Überbejagung ausgerottet wurde.

Heute lebt der Sibirische Tiger noch in den Gebieten Ussuri und Amur im Fernen Osten; es sind dies die nördlichsten Tigervorkommen überhaupt. Ende der 30er Jahre lebten im russischen Fernen Osten nur noch 20–30 Amurtiger. Danach erholte sich sein Bestand, so daß es zu Beginn der 60er Jahre bereits 90-100 Stück gab, zu Beginn der 80er Jahre erhöhte sich die Zahl auf 200, zu Beginn der 90er Jahre zogen dort etwa 400 Tiger ihre Fährten.

Artenschutz: Der Amurtiger wird in der zweiten Kategorie des „Roten Buches" der früheren Sowjetunion aufgeführt und fällt – wie alle Großkatzen – auch unter den internationalen Artenschutz (Anhang

Die meiste Zeit seines Lebens ist der Tiger Einzelgänger, dessen Jagdausflüge sich im Laufe des Tages auf bis zu 80-100 km erstrecken können; sein Anblick in freier Wildbahn (hier ein Tiger aus dem Laso-Reservat) ist äußerst selten

I des WA). Er war bis zum Zerfall der Sowjetunion zwar nicht vom Aussterben bedroht, infolge seines kleinen Areals und steigender wirtschaftlichen Nutzung der Wälder in der Region Primorje war sein Bestand jedoch immer noch nicht restlos gesichert.

Seit 1946 ist die Tigerjagd verboten, auch der Lebendfang für Zoos und Zirkusse ist streng limitiert. Sein Schutz soll heute vor allem in den Reservaten Sichote-Alin (347.000 ha) und Laso (116.000 ha) gewährleistet werden.

Nach offiziellen Angaben wurden bis zu Beginn der 90er Jahre in der Region Primorje jährlich drei bis fünf „Schadtiger“ geschossen, dazu kamen noch ein paar gewilderte Exemplare.

Seit dem Zusammenbruch der Sowjetunion 1991 hat sich aber die Lage des Amurtigers in der Region Primorje dramatisch verschlechtert. Diese Großkatze droht ein Opfer der chaotischen Übergangszeit zur Demokratie und geregelten Marktwirtschaft zu werden. Denn Lokalregierungen im russischen Fernen Osten sind wegen ihrer leeren Kassen dabei, Einschlagrechte für die Tigerwälder an die ausländischen Holzkonzerne vorschnell zu verkaufen. Dadurch kann der größte Teil des Rückzugsgebietes des Amurtigers dem Kahlschlag zum Opfer fallen. Außerdem könnte eine solche Erschließung seines Lebensraumes den Wilderern ermöglichen, mit Geländefahrzeugen und modernen Waffen dem „Herrscher der Taiga“ nur umso leichter nachzustellen.

Fast alle Körperteile des Tigers werden traditionell in der chinesischen Medizin verwendet, weshalb Wilderer seit dem Zerfall der UdSSR und der Öffnung der Grenze zu China die seltene Raubkatze verstärkt illegal bejagen, mit allen seinen Körperteilen handeln und dadurch große Gewinne erzielen.

Durch diese Entwicklung droht dem Amurtiger heute das gleiche Schicksal wie das seines kaspischen Bruders. Deshalb wollen mehrere internationale Artenschutzorganisationen um das amerikanische Hornocker Institut für Wildtierfor-

Wildschweine sind die Lieblingsbeute des fernöstlichen Amurtigers. Der Amurtiger schließt sich, so wird berichtet, einer Rotte Schwarzkittel an, die er soweit dezimiert, bis lediglich die größten und stärksten Keiler übrig geblieben sind. Dies hat in Ussurien offensichtlich zu einer natürlichen Selektion der Sauen zugunsten ganz unglaublicher Waffenträger geführt

schung und den WWF-Deutschland gemeinsam mit russischen Naturschutzbehörden und der Bevölkerung vor Ort ein Projekt zum Schutz des Amurtigers starten. Dieses Projekt sieht vor, durch eine bessere Ausrüstung und Bezahlung russischer Wildhüter die Wilderei direkt zu bekämpfen sowie durch einen neuen Schutzgebietsplan für diese Region den Lebensraum des Tigers langfristig zu sichern.

Außerdem sollen auch Konzepte für eine naturverträgliche Wirtschaft im Süden des Fernen Osten ausgearbeitet werden, die den Einheimischen Alternativen zu den derzeitigen Kahlschlag- methoden der ausländischen Holzkonzerne bieten. Damit gemeint sind vor allem eine langfristig geplante Forstwirtschaft und ein „sanfter" Tourismus.

Da es sich beim russischen Fernen Osten um eine dünn besiedelte Region handelt, stehen die Chancen für den geplanten Tigerschutz nicht schlecht. Positiv wird sich auch der Umstand auswirken, daß die fernöstlichen Bauern und Jäger seit Urzeiten im Einklang mit der Natur leben; ihnen selbst ist es ein Anliegen, den Amurtiger als „Zierde und Stolz der Ussuriwälder" zu schützen und sie sehen in den profitgierigen Holzkonzernen bereits eine weit größere Bedrohung ihres Lebens als sie der Tiger je dargestellt hat.

Es muß also alles getan werden, um Ussurien mit seinen Flußtälern und dicht bewaldeten Hügeln als den Lebensraum des Tigers und zudemals eine der wohl interessantesten Naturregionen der Erde zu erhalten.

Leopard
(Panthera pardus)

E: *Leopard*
R: *Leopard* oder *bars*

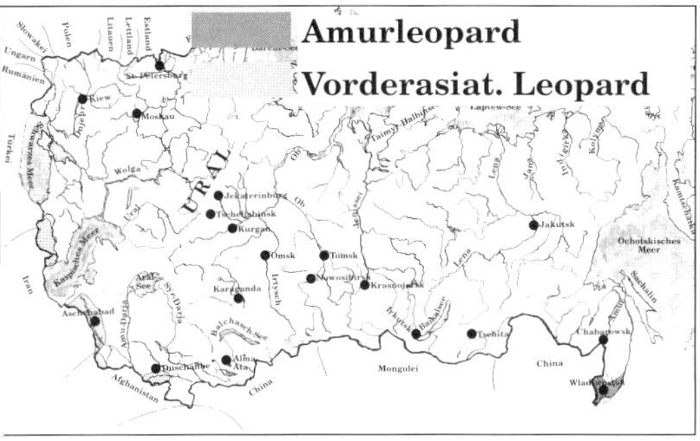

Diese große Katze, die westlich vom Pamir und in der Region Primorje lebt, unterscheidet sich vom Schneeleoparden (lebt vom Pamir einschließlich bis zum Baikalsee) durch die rötliche Färbung des Fells und die leuchtend schwarzen, rosettenförmig über den ganzen Körper verteilten Ringelflecken. Auf dem Gebiet der GUS unterscheidet man zwei Unterarten (nach dem SCI-Rekordbuch gibt es in Asien nur eine Unterart: Asian Leopard, *Panthera pardus fusca*) des Leoparden: den **Amurleoparden** und den **Vorderasiatischen Leoparden**.

Der **Amurleopard** oder der **Fernöstliche Leopard** (*Panthera pardus orientalis*; russ. *"Amurskij leopard"* oder *"bars"*) lebt im Süden der fernöstlichen Region Primorje (in den Gebieten Amur und Ussuri) und ist gut vom Vorderasiatischen Leoparden zu unterscheiden. Wie alle Leoparden ist auch er sehr gut an seine kalte fernöstliche Heimat angepaßt und hat ein an Unterwolle reiches, dickes Fell. Dieser russische Leopard besitzt mittelgroße Körpermaße, Schulterhöhe 64–78 cm, Lebendgewicht 32–60 kg und mehr.

Mitte der 70er Jahre gab es in der Region Primorje nur noch 20–25 Amurleoparden. Heute hat sich daran wenig geändert. Wenn man aber auch die Tiere rechnet, die über die chinesische Grenze einwandern, darf man für Rußland von 40–50 Stück als Gesamtbestand ausgehen.

Im Jahre 1956 ist die Jagd auf den Amurleoparden verboten worden. Geschützt wird er im 179 Quadratkilometer großen Kedrowaja-Pad-Reservat im äußersten Süden des Ussuri-Gebietes. Als eine vom Aussterben bedrohte Art hat der Amurleopard den Status der 1. Kategorie im „Roten Buch“ der früheren Sowjetunion, fällt ebenso unter den internationalen Artenschutz (Anhang I des WA). Unter diesen

Wegen seiner heimlichen Lebensweise kann diese Wildaufnahme eines freilebenden Amurleoparden nachts in der fernöstlichen Taiga als einmalig bezeichnet werden

Vorzeichen wird wohl auch in naher Zukunft keine Jagd auf diese elegante Großkatze möglich sein.

Der **Vorderasiatische** oder **Kleinasiatische Leopard** (*Panthera pardus ciscaucasica*, syn. *P. p. tulliana*; russ. *"Peredneasiatskij leopard"* oder *"bars"*) ist nach seinen allgemeinen Körpermaßen im Mittel etwas größer als der Amurleopard. Sein angestammtes Verbreitungsgebiet erstreckte sich früher vom Großen Kaukasus, Transkaukasien, den Gebirgen des südlichen Turkmenien bis zu den tadschikischen Gebirgen Babatag und Aktau im Osten. Mit dem Pamir und weiter östlich beginnt bereits das Areal des Schneeleoparden. Auf dem Großen Kaukasus ist er heute praktisch verschwunden, in Kaukasien aber immer noch im südlichen Teil Armeniens und in den Grenzgebieten Aserbaidschans einschließlich des Talysch-Gebirges anzutreffen. Sein heutiges Hauptvorkommen umfaßt Kopetdag und Badchys im Süden Turkmeniens.

Im Frühjahr 1992 wurden während der Urialjagd im Kopetdag-Gebirge zwei Leoparden von ausländischen Jägern und Dolmetschern gesehen. Im dortigen Jagdgebiet (Hauptwildarten: Urialschafe und Bezoarziegen) leben auf einer Fläche von etwa 900 Quadratkilometern nach Angaben einheimischer Berufsjäger 10 Leoparden. Überall waren ihre Fährten festzustellen. Einheimische beklagten sich vor den Jagdgästen, daß ein Leopard bereits fünf Pferde gerissen habe, trotzdem durften sie ihn nicht schießen.

Heute kann man kaum noch glauben, daß noch in den 60er Jahren im Süden Turkmeniens in sieben Jahren 70 Leoparden erlegt wurden, in Armenien zwischen 1952 und 1973 ganze 73 Stück. Sein Gesamtbestand wird heute aber in der GUS auf nur 100 Exemplare geschätzt.

Der Vorderasiatische Leopard wird in mehreren Reservaten geschützt. Da er vom Aussterben bedroht ist, hat er den Status der 1. Kategorie im „Roten Buch" der ehemaligen Sowjetunion, gehört wie alle Leoparden auch unter den internationalen Artenschutz (Anhang I des WA). Deshalb gab es bisher keine Bejagung.

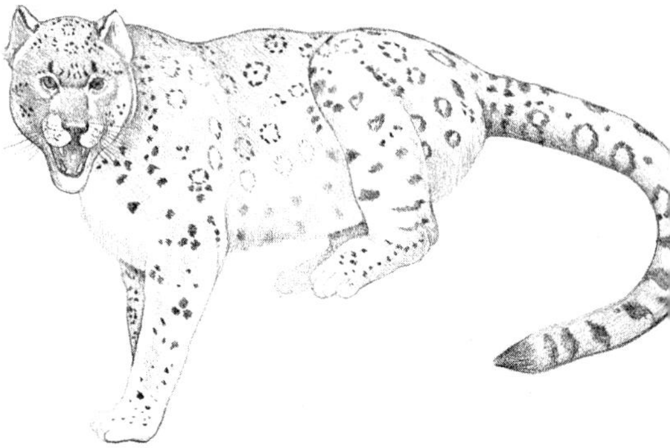

Schneeleopard

(Unica unica)

E: *Snow Leopard*
R: *Sneschneyj bars* oder *Ibris*

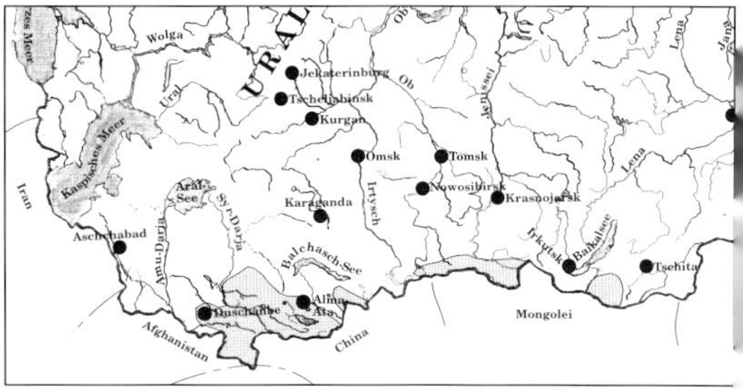

Der Schneeleopard oder Irbis ist ein ausgesprochenes Hochgebirgswild der zentralasiatischen Gebirgsmassive zwischen Pamir und Baikalsee, wo er in den letzten Jahren immer öfter bei Schafs- und Steinbockjagden auch von Gastjägern beobachtet wurde. Die Fleckung und die etwa gleiche Größe wie der Leopard haben

Der Schneeleopard (hier auf einer russischen Postkarte um 1928) ist etwas kleiner als der Leopard. Sein Fell kennzeichnen ringförmige dunkelbraune Flecken

dem Irbis den Namen Schneeleopard gegeben.

Da der Schneeleopard in einem relativ kleinen Artareal lebt, wo überall völlig gleiche Lebensbedingungen herrschen, ist bei ihm die geographische Variabilität nicht ausgeprägt. Er ist die einzige Art der Gattung. Obwohl er bereits vor mehr als zweihundert Jahren beschrieben wurde, ist er bis heute immer noch relativ wenig erforscht.

Der Irbis hat eine rauchfarben-bräunlich-graue Färbung (also keine rötliche wie der Leopard), einen lange und dicke, dicht behaarte Rute sowie ein mit ringförmigen dunkelbraunen Flecken geschmücktes Fell. Nach seinem Äußeren erinnert er an den Leoparden, ist aber etwas kleiner. Widerristhöhe erwachsener Tiere um 50 cm, Kreuzhöhe um 60 cm, Gewicht 22–40 kg.

Auf der Weltjagdausstellung in Plovdiv 1981 wurden zwei Schneeleopardenbälge aus Kirgisien gezeigt. Der eine hatte eine Balgenlänge von 140,0 cm und Balgbreite von 57,0 cm, der andere 141,7 cm und 54,1 cm.

Sein Verbreitungsgebiet umfaßt Gebirgsregionen im Süden der GUS vom Pamir und Westlichen Tienschan über Altai bis zum Östlichen Sajan. Auf den kasachischen Gebirgen Saur und Tarbagatai ist er allerdings wahrscheinlich bereits verschwunden. Mitte der 80er Jahre wurde der Gesamtbestand in der früheren So wjetunion auf etwa 2.000 Exemplare geschätzt, wovon allein in Kirgisien 1.400 Stück lebten.

Sehr charakteristisch für den Schneeleoparden ist seine auffällig lange und dicht behaarte Rute, wie man das hier bei einem Schneeleoparden aus dem Zoo von Alma Ata deutlich sieht

Als eine seltene Art mit relativ kleinem Areal hat der Schneeleopard den Status der 3. Kategorie im „Roten Buch“ der früheren Sowjetunion, fällt auch unter den internationalen Artenschutz (Anhang I des WA). Sein Schutz wird heute auch in vielen Reservaten der GUS gewährleistet. Bisher keine Bejagung für ausländische Jäger.

Luchs

(Felis lynx)

E: *Eurasian Lynx*

R: *Rys*

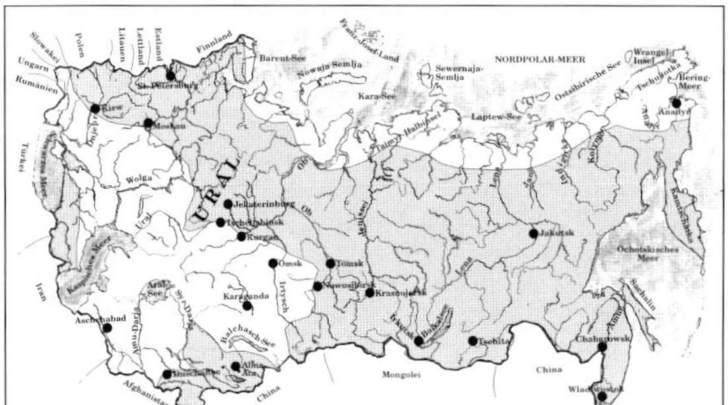

In der GUS ist der Luchs die größte Art der Gattung Felis (Kleinkatzen), und nur ein starker Karakal kann die Größe eines kleineren Luchses erreichen.

Während das SCI-Rekordbuch für das gesamte GUS-Gebiet keine Unterarten unterscheidet und einfach vom „*Eurasian Lynx*“ (*Felis lynx*) spricht, führt HEPTNER dafür 8 Unterarten an:

Europäischer Luchs (*F. l. lynx*), verbreitet im europäischen Teil der GUS (ohne Karpaten), Ural, Westsibirien und Jenissei-Becken; **Altai-Luchs** (*F. l. wardi*) aus dem Altai und Chakassien; **Baikal-Luchs** (*F. l. kozlovi*) lebt in Südsibirien vom Jenissei bis zur Selenga in Transbaikalien; **Amur-Luchs** (*F. l. stroganovi*) aus den fernöstlichen Gebieten Amur und Ussuri; **Jakutischer Luchs** (*F. l. wrangeli*) verbreitet in Ostsibirien, Jakutien, im Westen bis zum oberen Wiljuj und Olenek, im Süden bis Bargusin und zum Stanowoi-Gebirge;**Turkestan-Luchs** (*F. l. isabellina*) aus den Gebirgen Mittelasiens (Turkestans) wahrscheinlich mit Ausnahme des Kopetdag; **Karpaten-Luchs** (*F. l. carpathica*) beschränkt auf die Karpaten; **Kaukasus-Luchs** (*F. l. dinniki*), verbreitet im Kaukasus und wahrscheinlich im Kopetdag-Gebirge.

Der hochläufige Luchs erreicht etwa die Größe eines starken Hundes, wiegt 16–30 kg, und sine Widerristhöhe liegt zwischen 55 und 64 cm.

Sein Verbreitungsgebiet umfaßt den größten Teil der GUS und gliedert sich in drei Teilareale: das europäisch-sibirische, das kaukasische und das mittelasiatische.

Obwohl sein Bestand in der GUS groß und stabil ist, bekommt man den heimlich lebenden Luchs nur selten zu sehen. Nur im Winter verraten tiefe Spuren im Schnee seine Anwesenheit

Ein typisches Luchsrevier in der russischen Taiga am Oberlauf der Wolga

Sein Bestand war einst so hoch, daß ihm nicht einmal eine Schonzeit zugestanden wurde und für seinen Abschuß sogar Prämien gezahlt wurden. Zwar ist er heute in einigen Gebieten selten geworden, aus anderen sogar verschwunden, doch seine Population (der Gesamtbestand beträgt etwa 20.000 bis 30.000 Stück) in der GUS gilt immer noch als stabil.

In der GUS hat das Pinselohr heute eine begrenzte Jagdzeit, in einigen Gebieten steht er aber auch unter ganzjährigem Schutz. Nur eine einzige geographische Form – der Turkestan-Luchs (*F. l. isabellina*) – ist als seltene Unterart (Status: 3. Kategorie) im „Roten Buch" der ehemaligen Sowjetunion aufgenommen worden.

Wie alle Kleinkatzen fällt auch der Luchs unter den internationalen Artenschutz (Anhang II des WA). Die Einfuhr in EU-Länder muß beantragt und genehmigt werden, ist aber praktisch kaum möglich.

Westliche Vermittler bieten deshalb keine spezielle Jagden auf diesen Räuber mit leisen Sohlen. Der Luchs ist eher eine Zufallstrophäe bei den Jagden auf Auer- und Birkhahn, Elch, Keiler, Maral usw. Die Abschußgebühren sind sehr unterschiedlich.

In West- und Mitteleuropa stark gefährdert, wird Pinselohr in vielen Teilen Rußlands noch gejagt. Moskauer Kürschner bekommen jedes Jahr viele Luchsfelle zur Verarbeitung

Wolf

(Canis lupus)

E: *Gray Wolf*
R: *Wolk*

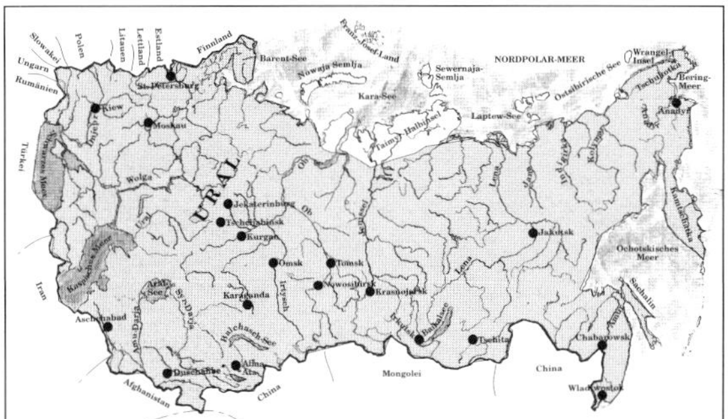

Eine echte Wolfsjagd wie in alten Zeiten ist heute nur noch in Rußland und anderen GUS-Staaten möglich. Denn nur aus diesen Ländern ist die Einfuhr von Isegrim in die EU-Staaten erlaubt (sogar aus Osteuropa ist das nicht möglich) und mit etwa 100.000 Stück stellen sie „Europas Wolfsreservoir“ dar.

Körpergröße und Färbung des Wolfes fallen in den verschiedenen Teilen seines großen Verbreitunsgebietes recht unterschiedlich aus. Das Gewicht erwachsener Grauhunde beträgt 40 – 65 kg, bei ganz starken Exemplaren auch bis 90 kg. Die Balglänge kann über 2 Meter erreichen. Wie stark die Wölfe in Rußland wirklich werden können, wird die nächste Auflage des SCI- Rekordbuches zeigen, wo bisher nur Wölfe aus der Mongolei und Türkei – und kein einziger aus Rußland – aufgelistet wurden.

Verbreitung, Bestand: Isegrim ist fast in der gesamten GUS verbreitet. Er fehlt nur auf einigen Inseln des Nordpolarmeeres und des Nordpazifik. Zu Beginn des 20. Jahrhunderts betrug die Jahresstrecke in Rußland etwa 15.000 Stück bei einem Bestand von nicht mehr als 50.000 Stück (weitere Angaben nach D. I. BIBIKOW).

Die größte Population von 150.000 Tieren gab es in den 40er Jahren, den absoluten Tiefstand aber Ende der 60er- bzw. zu Beginn der 70er Jahre. Im Jahre 1972 ging die Populationskurve im europäischen Teil der ehemaligen Sowjetunion wieder steil nach oben. Ende der 70er Jahre betrug der Gesamtbestand 67.000 Wölfe, zu Beginn der 90er Jahre taxiert man ihn auf 80.000-120.000 Stück, wovon auf den europäischen Teil der GUS etwa 15.000 entfallen.

Als ein echtes Wolfsparadies mit großer Populationsdichte gilt Kasachstan (Gesamtbestand über 30.000, Populationsdichte bis zu 7 Stück pro 1.000 km2), wo man bei der Maral- und Steinbockjagd öfters als irgendwo sonst Gelegenheit hat, auf Isegrim zum Schuß zu kommen.

Artenschutz: Der Wolfsbestand in der GUS ist groß und stabil, deshalb sind dort verständlicherweise keine Schutzmaßnahmen eingeleitet worden. Der Wolf ist aber in vielen anderen Ländern selten geworden oder sogar vom Aussterben bedroht, so daß er unter den internationalen Artenschutz fällt (Anhang II des WA). Die Einfuhr der Wolfstrophäe (Schädel und Balg) ist zur Zeit nur aus Rußland und anderen GUS-Ländern erlaubt.

Bei der Einfuhr reicht eine CITES-Ausfuhrgenehmigung des Ursprungslandes aber nicht aus, sondern sie muß in eine deutsche (EU) CITES-Bescheinigung umgewandelt werden. Um bei der Einfuhr einer Wolfstrophäe keine Probleme zu bekommen, empfiehlt es sich, sich vor der Jagdreise von einer Fachspedition, einem Jagdvermittler oder einem erfahrenen Präparator in dieser Frage beraten zu lassen.

Bejagung: Die Allgegenwart des Grauhundes merkt der Gastjäger sehr bald im Revier, egal ob er in Smolensk, Pereslawskoje, in Tuwa oder in Kasachstan jagt: Er kann Isegrim in freier Wildbahn beobachten, hört ihn nachts in Lagernähe heulen und sieht oft seine Fährten. Auch an der Reaktionen des Wildes – das sehr scheu ist und größere Fluchtdistanzen als in heimischen Revieren hält – bemerkt er, daß es die Wolfsgefahr sehr gut kennt. Das macht das Anpirschen z. B. eines Sibirischen Rehbocks oder Marals viel schwieriger, dafür aber auch umso ursprünglicher und spannender.

Der Wolf ist eine *Glückssache und Gelegenheitsbeute*, die man sich nicht entgehen lassen sollte, weil man in einem Jägerleben nicht so oft Gelegenheit hat, auf ihn zu Schuß zu kommen. In der GUS werden aber auch sehr interessante spezielle Pirsch-, Drück- und Lappjagden auf den Wolf organisiert, die alle – wie das in Rußland üblich und einzig sinnvoll ist – im Winter bei Schnee stattfinden.

Es werden leider immer noch „Garantiejagden“ auf den Wolf in der ostsibirischen Tundra oder in Kasachstan von einigen westlichen Jagdagenturen angeboten, die ganz offen in ihrem Prospekt schreiben, daß diese „sichersten Wolfsjagden“ mit dem Hubschrauber (!?) durchgeführt werden. Die *Hubschrauberjagd* ist aber keine waidgerechte Jagdmethode. Auch in Rußland zählt sie nicht zur „sportlichen Jagd“ (wie man dort ähnlich wie in Großbritannien die waidgerechte Jagd nennt), wäre also auch im Falle der Auslandsjagd – die zur „sportlichen Jagd“ gehört – keine legale Jagdmethode.

Hubschrauberjagd, bei der das Wild keine Chance hat, kann für den empfindlichen sibirischen Wildbestand verheerende Folgen haben und soll deshalb in keinem Fall wegen des schnellen und sicheren "Erfolges" von Jagdgästen akzeptiert oder sogar gefördert werden. Denn Wölfe sollen nicht bekämpft, sondern auch in Zukunft fair bejagt werden können!

Eine winterliche Hubschrauberjagd auf

Ob in der russischen Taiga und Tundra oder in den mittelasiatischen Gebirgen, die Allgegenwart des Wolfes ist dort überall spürbar; ihn kann man auch öfter zu Gesicht bekommen als etwa den sehr scheuen Luchs oder gar den Schneeleoparden

Öfters als wo anders in der GUS kann dem Grauhund in Kasachstan begegnen, wo er im Herbst und Winter eine nicht seltene Zusatztrophäe auf Maral-, Steinbock und Argalijagden darstellt

Wolf im offenen Gelände ist in Rußland zwar erlaubt, man braucht dafür aber eine spezielle Genehmigung. Diese bekommt man nur in den Gegenden, in denen Wölfe zu einer Plage für Mensch und Tier geworden sind. Dabei handelt sich aber nicht um Jagd, sondern um die „Reduzierung des überhöhten Raubwildbestandes“, vergleichbar mit den Culling-Aktionen in Afrika auf Elefanten. Seriöse Jagdagenturen wissen das ganz genau und werden wegen ein paar schwarzer Schafe nicht ihren Ruf riskieren. Deshalb haben sie normalerweise in ihren Prospekten als zusätzlichen Hinweis stehen: „Helikopterjagden auf Wolf werden von uns nicht angeboten.“

Wie in ganz Osteuropa ist auch in Rußland die winterliche **Lappjagd** (russ. „ochota s flaschkami“) eine traditionelle und häufige Jagdmethode auf Wolf, die oft auch in der Literatur von westlichen Jagdklassikern geschildert wurde. Da sie sehr interessant und unter Auslandsjägern populär ist, von russischen Jägern normalerweise auch gut organisiert werden kann, wird sie heute oft angeboten. Darüber sind in der Jagdpresse bereits mehrere Erlebnisberichte erschienen.

Diese Jagdmethode basiert darauf, daß der Isegrim als Raubtier sehr vorsichtig ist und sich vor allen Gegenständen fürchtet, die in seiner gewohnten Umgebung fremd sind, vor allem aber vor solchen, die Menschenwittrung ausströmen. So kann man ihn einlappen und teilweise sogar mehrere Tage in diesem „künstlichen Gefängnis“ halten.

Zum Einlappen (russ. „*oklada*“) des Wolfes benutzt man kleine rote Stofflappen (russ. „*flaschki*“) oder rote Plastikstreifen (Größe ca. 15 x 35 cm), die in einem Abstand von 75–90 cm voneinander an einer langen Schnur oder Leine genäht oder angeknotet sind. Dieses Lappzeug mit einer Länge von 400–600 m ist auf Trommeln (russ. „*motka*“ oder „*katuschka*“) aufgerollt. Für eine Lappstatt –

so heißt ein mit Lappen umschlossener Waldteil – braucht man bis zu 4 km Lappen.Damit die Lappen Wölfe besser „halten“, werden sie mit stark stinkenden Mitteln (Kerosin, Kreosot oder menschlichem Urin) getränkt.

Im Winter bei Schnee wird in Wolfsgebieten oder in der Nähe der speziell dafür angelegten Luderplätze (denen man sich höchstens auf 200 – 300 m nähern sollte) gekreist, bis ein Wolf oder ein ganzes Rudel bestätigt und fest ist. Sofort werden dann unter gutem Wind um den Einstand die Lappen (zu Fuß oder mit den Motorschlitten) gezogen und Schützen an den bewußt gelassenen Lücken abgestellt.

Ein stilles Treiben (mit nur 3–4 Treibern) beginnt, wobei es oft auch ausreicht, wenn nur ein Treiber der Spur nachgeht,

Der Moskauer Taxidermist und Berufsjäger ALEXANDER KORSAKOW, unter dessen professioneller Leitung viele erfolgreiche Jagden in Jakutien und Kasachstan durchgeführt wurden, zeigt eine über 2 Meter starke Wolfstrophäe aus Rußland, die dort keine Seltenheit ist

um die Wölfe rege zu machen. Der Schütze muß, gut getarnt, unbeweglich stehen und beim meist plötzlichen lautlosen Erscheinen des Wolfes schnell reagieren. Je nach Stand und Schußfeld kann man auf der Lappjagd sowohl Flinte wie Büchse benutzen. Am besten eignet sich für diese traditionelle Jasgdart immer noch eine kombinierte Waffe.

Solche Lappjagden werden vornehmlich im europäischen Teil Rußlands (z. B. in der Nähe von St. Petersburg, Kirow usw.) angeboten. Anreise mit Flugzeug bis Moskau, dann weiter mit der Bahn oder dem Auto ins Revier. Unterkunft in einfachen Jagdhäusern mit guter Verpflegung. Bis zur Lappstatt fährt man mit Geländewagen oder Motorschlitten, streckenweise auch auf Skiern.

Die beste Jagdzeit liegt zwischen Januar und März. Wenn die Witterung mitspielt, liegen die Chancen, einen Wolf zu erlegen, bei etwa 70 – 80 Prozent. Da es zu dieser Jahreszeit sehr kalt sein kann (Temperaturen bis -30°C sind möglich, wobei allerdings diese Kälte, da sie sehr trocken ist, subjektiv gar nicht als so unangenehm empfunden wird), man aber auf dem Stand unter Umständen längere Zeit ruhig stehen muß, sollte man entsprechend warme Kleidung mitnehmen, was aber bei den heutigen Materialien kein Problem ist.

Wölfe kann man im Winter bei Schnee mit mehr oder weniger Erfolg auch ohne Ablappen bejagen, indem man kleinere Treibjagden unter Verwendung von Motorschlitten oder Skiern arrangiert. Auch diese Jagden werden in erster Linie im europäischen Teil Rußlands (in der Nähe von Woronesch, Kirow, St. Petersburg usw.) organisiert. Beste Jagdzeit, Anreise und Unterkunft wie bei Lappjagd.

Auerwild

(Tetrao urogallus)

E: *Capercaillie*
R: *Gluchar*

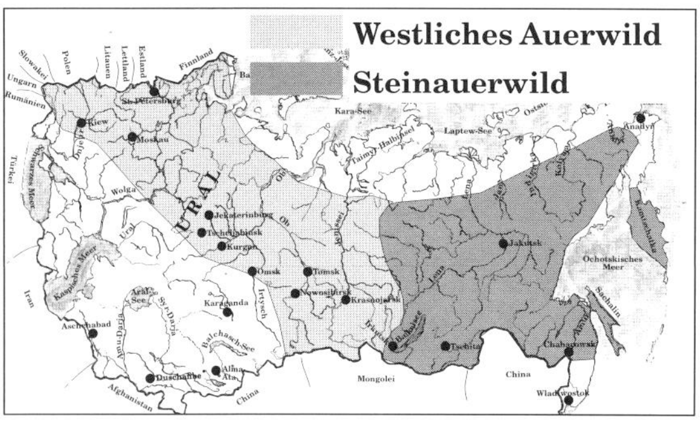

Rußland hat immer noch einen sehr großen Bestand an Auerwild, besonders in seinem europäischen Teil, wo man im Frühjahr während der Hahnenbalz auf ganz kapitale Auerhähne (die größer sind als Alpenhahnen) waidwerken kann.

In der GUS leben zwei Arten Auerwild: das westliche **Auerwild** (*Tetrao urogallus*) ist verbreitet in Wäldern von den ukrainischen Ostkarpaten bis zum Baikalsee, während vom Baikalsee bis Kamtschatka und Sachalin das Areal des **Steinauerwildes** (*Tetrao parvirostris*) reicht. Das Verbreitungsgebiet des letzteren umfaßt 340 Millionen Hektar. Den Bestand des Steinauerwildes schätzte man in den 80er Jahren auf 2–3 Millionen , den des Auerwildes auf etwa 6–7 Millionen.

Der etwas kleinere Steinauerhahn (Hahn 3–4, Henne 2–2,7 kg) unterscheidet sich vom westlichen Auerhahn (Hahn 4–5,5 kg) durch seine dunklere Färbung, einen schwarzen Schnabel und einen längeren Stoß.

Zudem ist der Balzgesang des Steinauerhahns weniger vielfältig und enthält kein abschließendes Schleifen, so daß der Hahn die ganze Zeit sehr gut vernimmt und äugt. Daher ist das Anspringen im Frühjahr während der Balz praktisch aussichtslos und seine Bejagung (Kamtschatka ausgenommen, wo er seit einigen Jahren geschützt ist) nur im Herbst mit Laikahunden oder bei der Isubrahirschjagd möglich.

Bejagung: Schon seit ein paar Jahren werden vornehmlich im europäischen Teil der GUS (in Rußland, Weißrußland und in der Ukraine) sehr erfolgreiche Auerhahnjagden organisiert. Manche Jagdagenturen haben sich auf diese Reisen spezialisiert und sprechen von „absolut sicheren" Jagden. Ihre Jägergruppen haben in den letzten Jahren immerhin bis zu 98 Prozent (!) Erfolg auf den Hahn gehabt. Jeder Gast bekommt deshalb eine Rückzahlungsgarantie für den Fall des Mißerfolges.

In der Regel handelt es sich dabei um Frühjahrsjagden auf den balzenden Hahn, der während des Schleifens angesprungen und erlegt wird. Bei seriösen Angeboten jagt man also nur dort, wo die Hähne gerade balzen, was sich aber jedes Jahr witterungsbedingt ändern kann. Deshalb ist die Jagdsaison von Revier zu Revier verschieden und erstreckt sich vom 15.April bis zum 10.Mai. Für eine erfolgreiche Auerhahnjagd sollte man etwa eine Woche (mit 4–5 Jagdtagen) einplanen, mindestens aber 4 Reisetage (mit 3 Jagdtagen).

In den weitläufigen Revieren mit ruhigen Urwäldern und vielen Sümpfen ist die Wilddichte oft so hoch, daß mancherorts 5–6 (!) Hähne auf nur einem Hektar gleichzeitig balzen.

Als Idealwaffe für den Auerhahn in der Frühjahrsbalz gilt eine Bockbüchsflinte im Büchsenkaliber .222 Rem., 5,6x50 R Mag. oder .22 Hornet (mit einem Vollman-

Der etwas kleinere Steinauerhahn aus Ostsibirien ist eine echte Herausforderung für Hahnjäger, weil er während seines Balzgesangs gut hören kann

telgeschoß) in Kombination mit einem 12er oder 16er Schrotlauf mit 4-mm-Schrot.

Sehr oft kombiniert man diese Reisen mit der Birkhahnjagd. Außerdem können in einigen Revieren zusätzlich Haselhahn, Schnepfe, Schneehühner, Wildenten und Wildgänse erbeutet werden.

Unterbringung erfolgt meistens in einfachen bis komfortablen Jagdhäusern, Landhotels oder privat beim Jagdführer.

Die meisten dieser Jagden werden in der Nähe (für russische Verhältnisse heißt das: im Umkreis bis zu 400 km) von **Moskau** und **St. Petersburg** organisiert, aber auch am **Ural**, in **Kemerowo** usw. Die Anreise erfolgt per Flugzeug bis Moskau oder St. Petersburg, dann weiter in 3 – 6stündiger Fahrt mit dem Auto oder mit der Bahn ins Revier. Wer wirklich einmal schöne Jagdtage und sicheren Erfolg auf Auer- und Birkhahn haben will, der wählt ein einwöchiges „Standardprogramm".

Die einfache und schnelle Anreise in die Reviere um Moskau macht es möglich, für Jäger mit wenig Zeit auch eine „Weekend-Spezialjagd" (Freitag bis Montag, in der zweiten Aprilhälfte) auf den Auerhahn – eventuell auch auf einen zweiten Hahn oder zusätzlich auf Birkhahn – zu organisieren.

Erfolgreiche Jagden auf den Auerhahn werden auch in **Weißrußland** (Jagdzeit für Auer- und Birkhahn vom 1.April bis 20.Mai) angeboten. Anreise entweder mit dem eigenen Auto oder per Flugzeug bis Minsk oder Warschau; von dort aus wird der Transfer ins Revier organisiert.

Interessante, typisch russische Auerhahnjagden mit dem Vogelhund (Laika) werden in **Westsibirien** (in der Nähe von Nowyj Urengoj, was einen Hubschraubertransfer erforderlich macht) veranstaltet. Die Laikahunde stöbern die Rauhfußhühner auf, bringen sie zum Aufbaumen und verbellen sie dann ausdauernd, so daß sich der Jäger vorsichtig auf Schußentfernung nähern kann. Der Jagdvermittler garantiert mindestens zwei Schußgelegenheiten auf Auerhahn und fünf auf Schneehuhn. Birkhähne sind auch vorhanden, nur wird der Erfolg auf sie nicht fest zugesagt. Jagdzeit März/ April.

Die guten Bestände des Auerwildes verschaffen beste Voraussetzungen für eine erfolgreiche Jagd

Birkwild

(Tetrao tetrix)

E: *Black Grouse*
R: *Teterew*

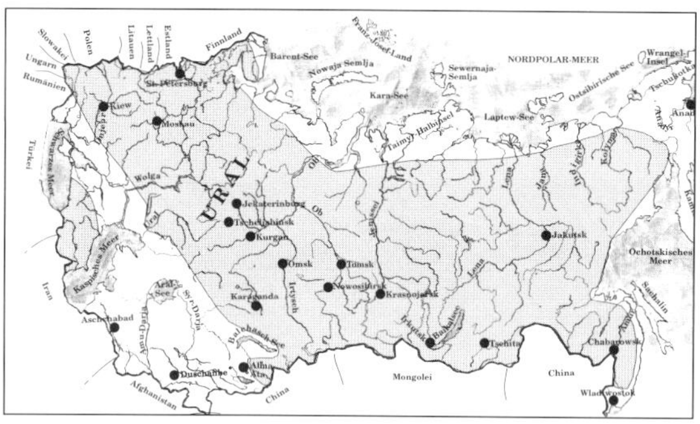

Wie das Auerwild ist auch das Birkwild in der GUS weit verbreitet und sein Bestand gilt als stabil. Seit Jahren werden in Rußland sehr erfolgreiche Balzjagden auf den Birkhahn organisiert, die von manchen Jagdagenturen sogar als „absolut sicher" bezeichnet und mit Abschußgarantien angeboten werden.

Das Birkwild (*Tetrao tetrix*) ist weit verbreitet im gesamten Waldgürtel und in der Waldsteppe nach Osten bis zur Region Primorje, ausgenommen Krim, Kaukasus, Kamtschatka und Sachalin. Seinen Bestand zu Beginn der 80er Jahre schätzte man auf 20–24 Millionen Vögel. Zu Beginn des 20. Jahrhunderts betrug die Jahresstrecke um 500.000 Vögel, im letzten Jahrzehnt noch immer durchschnittlich 20.000 Stück.

Im Kaukasus lebt noch eine Art der Rauhfußhühner, die dem Birkhuhn sehr ähnlich ist, nämlich das **Kaukasische Birkhuhn** (*Tetrao mlokosiewiczi*). Der Hahn ist etwas kleiner, hat dafür einen längeren Stoß, jedoch keine Sicheln und weiße Gefiedermerkmale. Das Kaukasische Birkhuhn lebt nur im Großen und Kleinen Kaukasus. Es ist als seltene endemische Art streng geschützt (genießt ganzjährige Schonzeit) und hat den Status der 5. Kategorie im „Roten Buch" der früheren Sowjetunion, fällt außerdem auch unter den internationalen Artenschutz (Anhang II des WA). Sein Bestand erholt sich wieder, so daß Mitte der 80er Jahre auf dem Großen Kaukasus etwa 70.000, und auf dem Kleinen Kaukasus 500 Vögel lebten.

Wie in Skandinavien wird auch in einigen Gegenden Rußlands das Birkwild mit einem Hund gejagt. Zwar wird hier der Birkhahn oft auch vom Schirm am Balzplatz bejagt, der Schirm ist jedoch nicht in allen Gebieten bekannt

Bejagung: Der Birkhahn wird vom Schirm (Ansitzjagd) am Balzplatz bejagt, weit entfernte Hahnen können aber auch durch Nachahmung der Balzlaute angelockt werden. In manchen Gegenden wird er auch mit einem Vogelhund (Laika in Rußland) gesucht, zum Aufbaumen gebracht und erlegt.

Normalerweise wird der Birkhahn im Rahmen einer Auerhahnjagd bejagt, so daß man darüber den Abschnitt „Bejagung" im Kapitel über das Auerwild nachlesen soll. Alles was dort über den Auerhahn gesagt wird (Jagdgebiete, Programme, Preise, Waffen, Kaliber usw.), gilt auch für seinen kleinen Vetter.

Es werden auch günstige spezielle Jagden nur auf den Birkhahn angeboten. In der Zeit zwischen dem 15. März und dem 30. April kann eine solche Balzjagd in Weißrußland organisiert werden.

Wie beim Auerwild sorgen auch die sehr guten Bestände beim Birkwild dafür, daß fast alle Gastjäger an vielen verschiedenen Plätzen eine lebhafte Balz erleben und damit allerbeste Chancen haben, zu ihrem Hahn kommen

Wildenten & Wildgänse

E: *Wild duck & Wild goose*
R: *Utka & Gus*

Die GUS mit ihren unzähligen Flüssen, Seen und Sumpfgebieten ist als Paradies des Wasserwildes bekannt, indem noch zu Beginn der 80er Jahre 25 – 30 Millionen Stück Wasserwild jährlich erlegt wurden. Den größten Besatz des Wasserwildes hat Westsibirien, das mit seinen 20 Millionen Wildenten und Wildgänsen als Hauptjagdgebiet für Wassergeflügel gilt. Aber auch hier ist der Besatz in den letzten 30 Jahren erheblich zurückgegangen und umfaßt noch 1/10 bis 1/20 der früheren Besätze.

Fast in der gesamten GUS können hervorragende Wasserjagden – vor allem natürlich auf Enten und Gänse – organisiert werden. Auf dem Strich wird von Schirmen oder aus Erdlöchern mit Hilfe von Lockvögeln gejagt, oder aber per Boot. Bei seriösen Angeboten müßte in guten Gebieten eine Jägergruppe (4–6 Schützen) eine Tagesstrecke von 25 bis 30 Gänsen auf dem Strich erreichen können, bei den Wildenten weit darüber. Die Schrotpatronen und eventuell Flinten können auch vom Jagdveranstalter gestellt werden.

Bejagung: Interessante Enten- und Gänsejagden werden im Hauptjagdgebiet Westsibirien z. B. am Fluß Tas, etwa 200 km von der Stadt Nowyj Urengoj angeboten. Anreise mit Flugzeug nach Moskau und Weiterflug nach Nowyj Urengoj, dann Hubschraubertransfer ins Revier. Unterkunft in Jagdhütten, die meistens auch mit einer Sauna ausgestattet sind. Abschuß von Enten und Gänsen unbegrenzt. Jagdzeit 20. Mai bis 20. Juni.

Dem passionierten Wasserwildjäger ist es heute möglich, auch im "besten Flugwildrevier der Welt"- so der Werbeslogan westlicher Agenturen – am **Manytsch-See** auf Enten und Gänse zu jagen. Dieser See mit einer Staulänge von 180 km und einem Besatz von über 100.000 Wildenten und Wildgänsen befindet sich im Süden des europäischen Teils Rußlands, zwischen Rostow am Don und Wolga-Delta. Unterkunft im Hotel direkt am See. Gejagt wird von Ständen oder vom Boot aus.

In ganz Rußland und den Staaten der GUS können zusätzlich zu anderen Unternehmungen meistens auch Jagden auf Wassergeflügel organisiert werden. Nach einer erfolgreichen Jagd auf Sibirische Böcke hat man zum Beispiel oft genug Zeit (wie hier in Kurgan), um an Seeufern auch Enten zu bejagen

Jagdzeit ab dem 20.September. Für diese Jagd sollten 5–6 Jagdtage (7–8 Reisetage) eingeplant werden. Zusätzlich können auch Sikahirsche und Schwarzwild bejagt werden.

Als Land mit unzähligen Gewässern bietet **Kasachstan** hervorragende Möglichkeiten für Wasserjagden. Speziell auf Wildgänse und Wildenten kann mit viel Erfolg im Norden des Landes, in einem Seengebiet etwa 250 km von Koktschetaw entfernt, gejagt werden. Anreise per Flugzeug über Moskau nach Koktschetaw, dann Transfer ins Revier. Unterkunft im Zeltcamp. Da hier die Gänse auf ihrem Weg nach Süden Station machen, herrscht den ganzen Tag ein ständiges Kommen und Gehen von einer unübersehbaren Menge Gänsen. Gejagt wird auf dem Morgen- und Abendstrich. Pro Tag rechnet man mit circa 100 Schuß. Nach Wunsch können Patronen (10 Stück = 2–3 Mark) gestellt werden. Jagdzeit Oktober.

Gute Wasserjagden werden auch in **Tadschikistan** veranstaltet. Im Norden des Landes, etwa 70 km östlich von der Stadt Chodschent (früher Leninabad) liegt ein großer See (1.600 km^2), auf dem Enten und Gänse von Oktober bis Mitte Januar bejagt werden können. Pro Strich (Ansitzjagd von Schirmen aus) kan man mit 100 Schuß rechnen. Zünftige Unterkunft im Jurtenlager direkt am See. Anreise per Flugzeug über Moskau bis Chodschent, danach Transfer ins Revier.

Interessante Wasserjagden werden neuerdings auch in **Usbekistan** angeboten. Hier wird am Aidarkulsee und im Arnassai-Überschwemmungsgebiet (ca. 250-350 km von Taschkent entfernt) auf Wildenten und Wildgänse gejagt. Unterkunft im Jagdgebiet in Zelten oder Jagdhäusern, in Taschkent in guten Hotels. Die Anreise mit einem Direktflug (Lufthansa oder Usbekistan Airways) von Frankfurt nach Taschkent, danach Transfer ins Jagdgebiet mit Jeep oder Hubschrauber.

III

Vor, während und nach der Jagd:

Tips für die Reise

Macht oder Ohnmacht des Jagdgastes:

Organisation und Betreuung

Jedes Jagdland kann nur mit erfolgreichen Jagden werben, so auch Rußland und die übrigen GUS-Staaten. Darum bemüht man sich hier nach Kräften. Kehren Jäger als Schneider heim, beklagen sie sich meistens über die schlechte Organisation der Jagd.

Andererseits werden so gute Jagden veranstaltet, wie man sie in dieser Qualität (was Service und Jagderfolg betrifft) wohl kaum woanders auf der Welt bekommen kann. Ich erinnere mich nur an die Worte des weltbekannten und erfahrenen Großwildjägers Dr. ROBERT SPEEGLE aus Texas, mit dem ich auf Schneeschafjagd in Chabarowsk zusammen weilte.

Er, der schon überall auf der Welt gejagt hat, dessen Wände zu Hause mehr als 50 Schaftrophäen aus aller Herren Länder schmücken, mußte anerkennen, daß er eine so perfekt funktionierende, flexibel reagierende Jagdorganisation, ein so komfortabel eingerichtetes Jagdlager und so kompetente und hilfsbereite Leute wie bei dieser Jagd im tiefen Osten Rußlands noch nicht erlebt hatte.

Gerade während dieser Reise Ende August 1991 hatten wir ein paar Tage schlechtes Wetter, saßen – zur Tatenlosigkeit verurteilt – im Camp und tauschten Jagderlebnisse aus. Dr. SPEEGLE schaute in den grauen Himmel und meinte: „Wenn es mit dem Unwetter so weiter geht, will ich wenigstens eines: zu Weihnachten wieder zu Hause sein." Wenn man einigermaßen erfahren ist, kann man sein „Schicksal" in der russischen Wildnis auch gelassen und mit ein bißchen Humor ertragen. Natürlich ist der Amerikaner noch vor Weihnachten zurückgekehrt – mit einem Schneewidder im Handgepäck.

Vom Vermittler zum Jagdführer

Westliche Jagdvermittler: Der Weg in die GUS führt, zumindest für Jäger, über drei Stufen der Jagdorganisation. Die erste ist der westliche Jagdvermittler. Er sorgt für Informationen, bringt die Jagdgäste ins Land, stellt technische Hilfsmittel und die Ausrüstung für Jagdcamps und Personal zur Verfügung etc.

Ein wirklich professionell arbeitender Vermittler übernimmt außerdem bei den teuren Argalijagden auch die persönliche Begleitung, besucht die Jäger im Camp und testet vorab die angebotenen Jagden; er entdeckt und beseitigt organisatorische

Der texanische Auslandsjäger Dr. ROBERT E. SPEEGLE (hier beim Einschießen mit Pfeil und Bogen auf seiner Schneeschafjagd in Chabarowsk im August 1991) war voll des Lobes für die Jagdorganisation der aufwendigen Schafjagden im russischen Fernen Osten

Der russische Wildbiloge Dr. NIKOLAI ZHELEZNOV (rechts) erklärt dem schwedischen Jäger HUBERTUS SIEBMANNS (links) und mir vor einer Elchjagd in Tschukotka den Jagdablauf und Besonderheiten einer Spätsaison-Elchjagd in der winterlichen Tundra

Schwierigkeiten (vor allem im Bereich der immer äußerst knappen zeitlichen Planung), was alles zusammen schon fast einer Garantie für eine erfolgreiche Jagdreise gleichkommt.

GUS-Veranstalter: Als zweites Glied in der Kette erscheint der GUS-Partner, im besten Falle eine zuverlässige Jagdagentur, die in der Regel von Moskau oder von den Hauptstädten der einzelnen GUS-Staaten aus zentral operiert.

Sie verschickt die Jagdeinladungen an die westliche Agentur für die Visumanträge der Gastjäger, besorgt Jagdgebiete, bereitet die Jagdlager vor, sie übernimmt den sogenannten „Begrüßungsdienst", den Empfang und die jeweiligen Übernachtungen der Gäste in Moskau oder den anderen Zielflughäfen der GUS, stellt Dolmetscher für die gesamte Reisedauer zur Verfügung, organisiert Stadtbesichtigungen, besorgt die Tickets für Inlandflüge, kümmert sich nach getaner Arbeit um die nötigen Ausfuhrpapiere für die Jagdtrophäen wie auch um deren fachgerechte Behandlung vor Ort usw., usw.

Sie nimmt dem Jäger also all die unumgänglichen Arbeiten ab, die er selbst unter großem Zeitdruck und mangels ausreichender Orts- und Sprachkenntnisse niemals selbst erledigen könnte. Allerdings ist auch der beste russische oder GUS-Jagdveranstalter nicht allmächtig. Rußland ist eben ein riesiges Land, was das einwandfreie Funktionieren der Jagdorganisation sehr erschwert.

Da die Entfernungen immens groß sind, ist es praktisch unmöglich, jedes einzelne Revier ständig selbst zu besuchen. Man telefoniert mit den Jagdorganisatoren vor Ort oder verständigt sich per Fax. Manchmal genügt das aber dennoch nicht und die Organisation bleibt hinter dem zurück, was man aufgrund vorheriger guter Erfahrungen nicht erwarten konnte.

Außerdem sind Infrastruktur wie Dienstleistungsbetriebe in der GUS immer noch so schlecht entwickelt, daß man oft bei der Jagdorganisation vor fast unlösbaren Problemen steht. Davon erfahren die Gäste normalerweise wenig und können sich daher schlecht vorstellen, welche Kopfstände ihre Betreuer vor Ort gelegentlich machen müssen, um ihnen eine angenehme und erfolgreiche Jagd zu ermöglichen (die in ihrem Standard z. B. von Ausrüstung und Verpflegung den russischen Durchschnitt bei weitem übersteigt).

In den letzten vier Jahren haben sich mehrere private russische und andere GUS-Jagdveranstalter (mit modernen Büroräumen, einigen Dutzend Festangestellten und großen Wagenparks) etabliert, die sich besonders auf die teuren Schaf-, Bären- und Elchjagden spezialisiert haben. Wer diese – oft erstklassig! – organisierten Jagden in der GUS nicht

Der erfolgreiche Start des Jagdtourismus in der früheren Sowjetunion Ende der 80er und zu Beginn der 90er Jahre wäre ohne den Einsatz hochqualifizierter Berufsjäger gar nicht möglich gewesen. In russischem Selbstverständnis ist Berufsjäger (russ. „*ochotowed*") zu sein kein Beruf, sondern eine Lebensweise, worauf sie sehr stolz sind

kennt und sie nur mit dem Maßstab des bisherigen osteuropäischen Jagdtourismus mißt, dem mag dieser Kontinent vielleicht als „jagdliches Entwicklungsland" erscheinen; objektiv gesehen ist er es nicht.

Denn gerade was die jagdlichen Expeditionen betrifft, ganz gleich ob auf Wildschafe oder Wildziegen, auf starke Küstenbären, ostsibirische Riesenelche oder Marale, da lassen sich gegenüber den „klassischen" osteuropäischen Jagdländern keine ernsthaften Vergleiche mit der GUS ziehen, weil der Aufwand in diesem riesigen, teilweise noch unerschlossenen Land unvergleichlich höher ist.

Jagdorganisatoren vor Ort: Vieles in der Jagdorganisation hängt vom dritten Glied ab, von den einheimischen Organisatoren, die die Betreuung der Gäste vor Ort übernehmen. Meistens handelt es sich dabei um zwei bis drei Berufsjäger und mehrere ortskundige Jagdführer und Helfer (Köche, Fahrer, Lagerhelfer, von eventuellen Treibern ganz abgesehen). Wenn es sich um Jagdlager in der Wildnis handelt, kommen etwa drei bis vier Mann Personal auf jeden Gast.

Es wäre den Jagdgästen sicherlich viel Ärger erspart geblieben und es gäbe viel weniger Beschwerden von ihrer Seite, wenn sie wüßten, mit was für Problemen Jagdleiter und Jagdführer vor Ort eigentlich zu kämpfen haben. Wie ein guter Gast daheim erfährt der reisende Gast gar nicht, daß beispielsweise wieder einmal Kerosin oder Benzin überhaupt nicht zu bekommen sind oder daß neben den angemeldeten Gruppen auch noch zwei erfolglose Jäger aus einem anderen Gebiet dazwischengeschoben und ebenso intensiv betreut werden müssen.

Der Gast weiß auch nicht, daß der im Jagdtourismus erfahrene Moskauer oder ein anderer GUS-Berufsjäger als eigentlicher Jagdorganisator z. B. in Kasachstan oder auf Kamtschatka schon seit Monaten Frau und Kinder nicht gesehen hat, und die ganze Jagdsaison über getrennt von ihnen leben wird, einige Tausend Kilometer entfernt, Woche für Woche Jagden und Camps vorbereitend.

Rußland ist eben riesig und die hiesigen Berufsjäger sind mit ganz anderen Problemen konfrontiert als ihre Kollegen in Osteuropa. Ohne sie würde aber, weit weg von jeder Zivilisation, wo die Zeit anders geht und die Leute anders denken, kaum eine Jagd erfolgreich abgewickelt werden. Nur der Berufsjäger paßt darauf auf, daß Termine eingehalten werden, daß Lebensmittel rechtzeitig eingekauft und richtig gelagert werden, daß Hubschrauber und Camphelfer organisiert und bezahlt werden usw.

Häufig wird aus falschem Stolz nicht die Wahrheit gesagt, wenn es organisatorische Probleme gegeben hat. Der Veranstalter vor Ort weiß nicht, daß der Gast für auftretende Schwierigkeiten durchaus Verständnis zeigen kann, hält ihn in Unwissen oft hin, woraus am Ende nur Beschwerden folgen.

Abenteuer ohne Risiko?

In der GUS ist der Wildbestand nicht so dicht ist wie z. B. in Osteuropa, deshalb bleibt die Jagd dort ein Abenteuer mit Risiko, dessen Größe nur durch gute Jagdorganisation auf ein vertretbares Maß reduziert werden kann.

Die GUS-Jagdveranstalter sind sich immer mehr dessen bewußt, was für einen Riesenmarkt Rußland und die übrigen GUS-Länder im internationalen Jagdtourismus einnehmen kann. Das Land ist so groß, der Wildbestand so mannigfaltig und reich, daß es noch lange Zeit in Anspruch nehmen wird, bis alle Möglichkeiten erkannt und ausgewertet sind.. Natürlich muß auch in diesen riesigen Revieren das Prinzip der Nachhaltigkeit gewahrt bleiben, und mit unfairen Mitteln (Stichwort: Hubschrauberjagd) zerstört man nicht nur das Sozialgefüge des Wildes, sondern auch das Ansehen des ganzen Landes auf dem internationalen Markt. Denn wer will sich bei solchen Machenschaften schon ungerechtfertigterweise mit in so einen Topf werfen lassen.

Die nächsten Jahre werden zeigen, woher die stärksten Trophäen kommen und wo die beste Jagdorganisation gewährleistet ist. Nur diese Gebiete mit seriösen örtlichen Organisatoren werden den immer stärker werdenden Konkurrenzkampf unter den vielen Anbietern überstehen können.

Zeltlager oder Luxusdatscha:

Die Unterkunft

Moskau ist im Normalfall die erste Station einer Jagdreise in die GUS. Wenn man am Abend auf dem Flughafen landet und nicht gleich ins Jagdgebiet oder ein anderes GUS-Land weiterfliegt oder -fährt, übernachtet man in einem komfortablen Moskauer Hotel oder aber in einer Luxusdatscha an der Peripherie.

In der Nähe Moskaus gibt es viele wildreiche Diplomaten- und Militärreviere mit teilweise exzellenten Unterkünften, die jetzt den Gastjägern zur Verfügung stehen. Die Jagdgesellschaften dagegen können keinen Luxus anbieten, man kommt bei ihnen in etwas bescheideneren Jagdhäusern oder Wohnwaggons unter.

Während der Wildnis- und Bergjagden spürt man auf Schritt und Tritt, daß man als „Forscher der Neuzeit“ auf einer Jagdexpedition ist. Den Umständen entsprechend ist aber auch dabei eine gute Unterkunft gewährleistet: in Zeltcamps, Jurten, Blockhäusern (sogenannte „*Isbi*“) oder Hirtenhütten, im Extremfall auch im Schlafsack unter den Sternen.

Zur Verfügung stehen entweder erstklassige westeuropäische und amerikanische Zelte, die wind- und wasserdicht sind, oder geheizte Militärzelte. Geschla-

Vor allem in der Nähe Moskaus sind Unterkünfte wie in einer solchen Luxusdatscha durchaus keine Seltenheit

fen wird auf Feldbetten, auf denen aufblasbare Matratzen liegen. Auch Toiletten sind sozusagen in den Zelten untergebracht. Als Waschgelegenheit baut man entweder in einem Zelt eine *„Banja“* (russische Sauna) auf oder man benutzt eine tragbare Felddusche mit warmem Wasser. Die Einheimischen verzichten allerdings auf diesen „Luxus“: Kerngesund waschen sie sich jeden Abend nach der Jagd im eiskalten Wasser: im nahen Bach, Fluß oder See.

Je nach Wildart und Jagdgebiet kann der Jagdgast in der GUS sehr unterschiedlich untergebracht werden. So kann ihm in Moskau eine komfortabel eingerichtete Datscha wie auf der Vorseite zur Verfügung stehen, im Hochgebirge bei Marco-Polo- oder Steinbockjagden eine kirgisische Jurte (Foto oben) oder als Außencamp ein Zelt (Foto darunter), im Extremfall muß der Jäger bei der Gebirgsjagd auch darauf eingerichtet sein, im Schlafsack unter freiem Himmel zu übernachten

Pilze, Tschaj und Fisch:

Die Verpflegung

Wer noch niemals in der GUS war, kann sich schwer vorstellen, was man dortzulande normalerweise ißt und trinkt, wenn auch so das eine oder andere Gerücht umgeht (vor allem in Bezug auf letztgenanntes). Deshalb hier gleich zu Beginn dieses Kapitels zur Illustration meines ersten Jagdtages im Zeltcamp auf der Schneeschafjagd im russischen Fernen Osten die Speisekarte: Barbarie-Enten-Brust in Calvados-Sauce mit Schnecken-Ravioli, Wildkaninchen mit Abalone und ein geeistes Passionsfrucht-Soufflé.

Eine solche haute cuisine gibt es in der GUS natürlich (noch) nicht, das weiß heute jeder, der die Zeitungen liest. Im Gegenteil, überall im Lande herrschen immer noch Schwierigkeiten mit der Lebensmittelversorgung. Die Jagdveranstalter bemühen sich aber stets darum, wenigstens dem Jagdgast Entbehrungen zu ersparen.

Gelegentlich ist die Verpflegung wirklich schlecht. Ein Gast erzählte mir begeistert von seiner Marco-Polo-Jagd in Kirgisien vor zwei Jahren; nur am Rande fallen ein paar Worte über das miserable Essen, die Jagd selbst war jedoch überwältigend. Es kommt eben auch ein bißchen auf die richtige Einstellung an. Und wenn die Jagd gut und erfolgreich verläuft, spielen solche Dinge meist eine untergeordnete Rolle, doch wehe, wenn auch die Jagd schief läuft...

Wenn ich jetzt an das russische Essen zurückdenke, dann erscheinen ganz anregend vor meinen Augen: gebratener oder geräucherter Fisch, vor allem Stör und seine Unterarten, und – als eine Art „Hausmannskost“ – Lachs en masse; roter Kaviar, verschiedene Pilzgerichte und natürlich russischer *Tschaj* (Tee). In den Hotels war die kalte Vorspeise (russ. *Sakusska*) – wie in der gesamten GUS auch in Familien üblich – mit viel Wurst,

In fast allen Hauptstädten einzelner GUS-Republiken (die normalerweise als Zielflughafen dienen) werden die Jagdgäste in guten Hotels untergebracht und hervorragend verpflegt. Draußen in der Taiga oder im Hochgebirge wird mindestens abends eine warme Mahlzeit im Speisezelt serviert

Auf der Jagd selbst wird meistens nach einem ergiebigen Frühstück in der Hauptunterkunft unterwegs eine Lunchpause eingelegt

Kaviar und Käse meist so üppig, daß wir Gäste immer mit diesem Gang das Mahl beschließen wollten. Doch dann erst kamen Suppe und die Hauptspeisen, Salat, Desserts... Für nicht ganz so leidenschaftliche Teetrinker wird auch russischer Pulverkaffee angeboten, daneben Mineralwasser, Sekt, Bier, Weinbrand und natürlich Wodka.

Unbedingt mitnehmen sollte man von zu Hause als eiserne, oder, besser gesagt, süße Reserve, schnelle Energiespender wie Honig, Müsli, Vollkornriegel, Marmelade, Nutella und Schokolade.

Böse Überraschungen sind vermeidbar:

Wichtige Reise-Infos

„Reisen sollte nur ein Mensch, der sich überraschen lassen will" sagte einmal Oskar Maria Graf, was in besonderem Maße für den Rußlandjäger als echten Abenteuertouristen gilt. Gleich zu Beginn muß gesagt werden, daß trotz vieler schlechter Nachrichten, die uns nach dem Zusammenbruch der Sowjetunion fast täglich erreichen, Jagdreisen ohne unüberwindbare Schwierigkeiten durchgeführt werden und die Versorgung der Jagdgäste gesichert ist.

Die Anreise nach Rußland und in die übrigen GUS-Staaten – mit Ausnahme von Weißrußland und der Ukraine, die man über Polen auch mit eigenem Auto erreichen kann – erfolgt gewöhnlich per Flugzeug über Moskau oder eine andere Hauptstadt der GUS-Republiken. Wer es ganz bequem will, fliegt mit Lufthansa, sonst kann man die gleiche Strecke zum halben Preis bei Aeroflot oder einer anderen GUS-Fluggesellschaft buchen. In Moskau und den anderen Zielflughäfen übernimmt der Partner der westlichen Jagdagentur „Begrüßungsdienst"; Dolmetscher und Mitarbeiter des Jagdbüros helfen bei den Zollformalitäten. Der Gast übernachtet gewöhnlich zunächst in Moskau oder in einer anderen Stadt der GUS und fliegt oder fährt am nächsten Tag ins Revier, oder aber es geht gleich weiter, meistens von einem der vielen Inland-Flughäfen.

Einreise: Für die Einreise in die GUS braucht man ein Touristenvisum, das im Regelfall vom Jagdvermittler besorgt wird. Wenn eine Jagd gebucht ist und der genaue Reiseplan mit allen Orten und dem Ein- und Ausreisedatum fest steht, schickt der GUS-Partner der westlichen Agentur eine offizielle Einladung mit einer Registrierungsnummer.

Mit dieser Einladung, dem ausgefüllten und unterschriebenen Visumsantrag (in zweifacher Ausführung), drei aktuellen Paßfotos, einer Kopie des Flugtickets (mit dem Ankunfts- und Abreisetag) und einer Kopie der wichtigsten Seiten des Reisepasses (der noch mindestens 6 Monate nach der geplanten Rückkehr gültig sein muß) kann dann die Jagdagentur das Visum beantragen. Alle diese Unterlagen müssen 4 Wochen vor Reisebeginn beim Vermittler vorliegen. Für die Jagdreisen, die durch mehrere GUS-Staaten führen, ist – je nachdem, um welche GUS-Republiken es sich dabei handelt – nur ein einziges Visum nötig, oder man muß ein Visum für jede einzelne Republik besorgen.

Zoll: Bei der Ein- und Ausreise hat jeder Jäger eine Zollerklärung auszufüllen, in der man die genaue Anzahl des Reisegepäcks einschließlich Handgepäck, mitgeführten Devisen und Wertgegenständen angeben muß. Deviseneinfuhr ist mit entsprechender Deklaration an der Grenze in unbegrenzter Höhe möglich. Am Flughafen oder auf Banken kann Geld problemlos gewechselt werden. Rubel oder andere heimische Währungen dürfen bei der Ein- und Ausreise nicht mitgeführt werden.

Am Zoll deklarierte Geräte des persönlichen Bedarfs, wie etwa Radios, Video- und Fotokameras, sowie Jagdartikel (Waffe, Munition, Zielfernrohr, Fernglas, Spektiv etc.) dürfen in der GUS eingeführt und benutzt werden, müssen aber wieder mit zurückgenommen werden.

Waffeneinfuhr: Waffen und Munition dürfen nur bei offiziell gebuchten Jagdreisen eingeführt werden. Dokumente dafür besorgt der Jagdvermittler. Doch die Waffeneinfuhrgenehmigung der westlichen Jagdagentur allein genügt nicht, der Gast muß am Zoll auch von einem Vertreter des Jagdveranstalters empfangen werden, der eine entsprechende Einfuhrgenehmigung des betreffenden GUS-Landes vorzuzeigen hat. Ohne diese werden Waffen und Munition bis auf weiteres vom Zoll beschlagnahmt. Wenn aber alle Unterlagen vorliegen, wird z. B. in Moskau zur Zeit viel schneller abgefertigt als in manchen anderen Ländern Europas.

Bei der Anreise nach Weißrußland oder in die Ukraine mit eigenem Auto durch Polen oder per Flugzeug bis Warschau, ist außerdem eine polnische Transitwaffengenehmigung erforderlich, die der Vermittler besorgt.

Auch große Jagdexpeditionen in entlegene Gebiete des russischen Fernen Ostens oder Mittelasiens wurden bisher erfolgreich durchgeführt. Sie sind – besonders wenn mehrere Personen daran teilnehmen und viel Gepäck und Ausrüstung mitgenommen werden müssen – logistisch sehr aufwendig. Ein professionelles Outfitterteam sollte jedoch alle Probleme von der Waffeneinfuhr bis zur vorbildlichen Jagdorganisation meistern können

Was der Jäger so braucht:

Waffen, Kaliber, Optik

Wer öfter im Ausland – etwa in Osteuropa oder Nordamerika – auf Jagd geht und bisher nicht über eine .30-06-Büchse hinausgekommen ist, der sollte die Anschaffung eines stärkeren Kalibers anläßlich einer Jagd in der GUS ernsthaft erwägen. Ohne einen richtigen „Bärentöter" im Gepäck die Rußlandjagd auf starkes Wild zu wagen, heißt entweder seinem Mut oder seinem Glück allzu sehr zu vertrauen. Man soll aber lieber auf Nummer Sicher gehen.

Eine Büchse für alle Fälle

Die meisten Jäger führen heute fast ausschließlich Büchsen auf der Jagd im Ausland. Was man im heimischen Revier für eine Waffe benutzt, mag Geschmackssache sein, in der rauhen Wildnis jedoch, wo man auch auf starkes, wehrhaftes Wild gefaßt sein muß und wo auf unbequemen Pirschfahrten mit den russischen Geländewagen mit Waffe, Zielfernrohr und Montage nicht zimperlich umgegangen wird, ist in jedem Fall einer robusten Büchse der Vorzug zu geben.

Ob man eine Waffe mit Kunststoffschaft wählt oder Holz bevorzugt, ist nicht so entscheidend, allerdings haben sich die Kunststoffschäfte in den letzten Jahren wegen ihrer Unempfindlichkeit bestens bewährt.

Den Büchsenverschluß sollte man außerhalb des Waffenkoffers transportieren. Sollte es doch einmal geschehen, daß die Waffe abhanden kommt, ist sie auf diese Weise unbrauchbar gemacht und taucht erfahrungsgemäß bald wieder auf.

Da die Anreise in der GUS oft sehr lang dauert, und man dabei mehrere Flugzeuge, Hubschrauber und Geländewagen bis zum Revier wechseln muß (wobei mit dem Gepäck ziemlich unsaft umgegangen wird), ist der beste und stabilste Gewehrkoffer gerade gut genug. Wenn man nur eine Waffe mitnimmt, sollte man nicht unnötig einen großen und unhandlichen Doppelgewehrkoffer tragen, sondern einen

Besonders bei einer Steinbock- oder Argalijagd bedarf es wegen oft vorkommenden weiten Schüsse guter Vorbereitung. Um sicher zu sein, wie groß der Tiefschuß bei der gewählten Laborierung auf 300 m ist, ist es ratsam, auch auf eine naturgetreue Wildscheibe in Originalgröße auf 300 m einen Probeschuß zu machen

Auf vielen Jagdreisen in der ganzen GUS hat sich auf das Wild von Saiga bis Marco-Polo-Schaf das Kaliber .300 Weath. Mag. bei RALF SCHNEIDER (hier in einem Außencamp im tadschikischen Hohen Pamir) bestens bewährt und kann als „Universalkaliber“ für die GUS empfohlen werden

leichten und abschließbaren aus Aluminium oder Kunststoff. Die Munition darf nur getrennt von der Waffe im Gepäck transportiert werden.

Von entscheidender Bedeutung ist die Vertrautheit mit der Waffe. Deshalb sollte man rechtzeitig vor der Reise auf dem Schießstand (mit und ohne Zielfernrohr) auf den laufenden Keiler oder aufgelegt und angestrichen auf eine Wildscheibe (stehender Rehbock oder Überläufer) trainieren. Freihändig muß man wenigstens bis auf eine Entfernung von 100 m gut schießen können. Es wäre höchst bedauerlich, wenn durch Fehler beim Umgang mit der Waffe die möglichen Chancen vertan werden.

Erfahrene Auslands- und besonders Bergjäger schießen ihre Gewehre mit Kalibern, die eine gestreckte Flugbahn gewährleisten, auf 220–250 m ein und haben somit auf 100 m 10 cm und mehr Hochschuß. Dies ist deutlich beim Kontrollschießen (was selbstverständlich gleich nach der Ankunft geschehen sollte) im Revier zu sehen.

Damit das nicht bloße Theorie bleibt, sollte man das Einschießen zu Hause wirklich auf 220–250 m vornehmen und dann Kontrollschüsse auf eine 100-Meter-Scheibe abgeben, um den wirklichen Hochschuß bei gewähltem Kaliber und Geschoßart zu ermitteln. Wer vor einer herbstlichen Schaf-, Steinbock- oder Maraljagd steht und die Möglichkeit hat, vorher in den Alpen auf Gams zu jagen, kann in Bezug auf Kondition und Schießen keinen besseren Test für die bevorstehende Bergjagd absolvieren.

Starke Kaliber schaffen Reserven

Die .300er-Kalibergruppe sollte man wirklich als Mindestkaliber für starkes und wehrhaftes Wild der GUS betrachten. Wer auf seiner 7 x 64 oder .30-06 beharrt, handelt leichtsinnig und riskiert, daß sein angeschweißter Maral oder Bär nicht gefunden wird.

Als Universalkaliber (wenn es so etwas überhaupt geben kann) für die GUS kann ohne Einschränkung die .300 Weatherby Magnum bzw. die .300 Win. Mag. mit dem Nosler-Geschoß von 180 gr (= 11,6 g) angesehen werden. Damit kann man, auch auf große Distanzen bis 300 m, alles Wild vom Sibirischen Rehbock bis zum Maral und Elch mit Erfolg bejagen, und auch auf der Bergjagd ist man bestens damit ausgerüstet.

RALF SCHNEIDER, ein international erfahrener Großwildjäger, schrieb in einem Jagdbericht über dieses Kaliber folgendes: „Für das meiste Bergwild ist das Kaliber .300 Weath. Mag. mit einem 180 gr Nosler-Geschoß sicherlich zu stark, jedoch bei einem schlecht sitzenden Schuß, der unter extremen Bedingungen einer Auslandsjagd jedem passieren kann, ist man froh, die etwas übertriebene Energie und ein hohes Geschoßgewicht als Reserve zu haben."

Bewährt haben sich außerdem 7 mm Rem. Mag., .338 Win. Mag., die 9,3-Kaliber (außer 9,3 x 62) und die .375 H & H, wenn es speziell um Bär, Maral, Elch oder Wisent geht.

Sehr gute Erfahrungen machte ich auf meinen mehrmonatigen jagdlichen GUS-Expeditionen in den letzten Jahren mit einer robusten Büchse im für Europa noch „neuen" Hochwildkaliber .338 Winchester Magnum (in der Leistungsbreite zwischen der 8 x 68 S und der 9,3 x 64 anzusiedeln) und einem 200 gr (= 13 g) Winchester-Soft-Point-Geschoß.

Vielen meiner Jagdfreunde war dieses Kaliber – in Nordamerika und Kanada schon seit Jahren auf Bären und Elche bestens bewährt – unbekannt, nicht jedoch den erfahrenen Auslandsjägern. Auch in Deutschland wird es für starkes Wild hier sowie in Osteuropa oder Nordamerika immer beliebter.

In Rußland braucht man ganz andere Schießfertigkeiten als im heimischen Revier, die man nicht auf die Schnelle in den letzten zwei Wochen vor der Abreise erwerben kann. Deshalb gehört auch freihändiges Schießen auf die 100-Meter-Scheibe zur Pflichtübung. Dabei fiel mir sofort auf, daß die .338 – auch angestrichen oder aufgelegt – doch viel empfindlicher auf etwaige Schießfehler oder mangelnde Konzentration reagiert als Büchsen in Standardkalibern.

Als überraschend und erfreulich erwies sich der Umstand, daß der Rückstoß meiner englisch geschäfteten (gerader Schaftrücken und eine Querverschraubung des Vorderschaftes sind bei einer Waffe in diesem Kaliber unabdingbar) .338-Heym-Büchse durchaus mit dem einer .30-06 oder 7 x 64 gleichzusetzen ist. Das bestätigten mir voller Erstaunen sogar die Jäger, die sich vorher auf dem Schießstand überhaupt geweigert hatten, mit so einer „Kanone" einen Schuß abzugeben.

Mit dieser .338-Büchse erlegte ich einen 200-Kilo-Keiler (mit einem Blattschuß auf 120 m, Fluchtstrecke 20 m), drei schwere Marale, einen Ostsibirischen Elch (nach einem Hochblattschuß auf 120 m sofort zusammengebrochen), einen Sibirischen Steinbock in kasachischem Hochgebirge auf 250 m (mit einem Tiefblattschuß, Fluchtstrecke 10 m), mehrere Sibirische Rehböcke usw. Auch der Ausschuß beim heimischen Rehwild hielt sich im üblichen Rahmen, nicht anders also als bei vergleichbaren Treffern mit einem Standardkaliber.

Das Kaliber .338 Win. Mag. wurde also von mir als ein echtes Universalkaliber – vom Sibirischen Rehbock im Flachland bis zum Sibirischen Steinbock im Hochgebirge – eingesetzt und bewies, daß es sich durchaus mit .300 Weath. Mag., .300 Win. Mag oder 8 x 68 S messen kann.

Wer nicht experimentieren will, verläßt sich wie die meisten international erfahrenen Jäger auf ein Nosler-Geschoß ab 180 gr. Gut sind auch andere „harte" Geschosse, so z. B. PPC, ABC, TIG und TUG sowie das H-Mantel. Und nicht an Munition sparen bei solchen Reisen, denn aushelfen wird vor Ort kaum jemand können.

Jagdoptik

Wer starke Trophäen erbeuten will, schießt nicht bei schlechten Lichtverhältnissen, wie man überhaupt in der GUS fast ausschließlich bei Tageslicht jagdlich unterwegs ist. Deshalb braucht man keine Zielfernrohre mit großem Objektivdurchmesser (Ausnahmen: Bär im Haferfeld und Schwarzwild).

Für oft vorkommende weite Schüsse eignen sich am besten variable Zielfernrohre mit feinem Duplex-Absehen. Es kommen alle Markenfabrikate 2,2–9 x 42, 3,5–10 x 42, 4–12 x 42, 3–9 x 36 oder als Kompromiß auch 1,5–6 x 42 in Frage. Hier, wie überhaupt bei Auslandsjagdreisen, darf ein Reserveglas – für den Fall, daß das Zielfernrohr verloren- oder kaputtgeht – im Waffenkoffer nicht fehlen.

Da man praktisch nur reine Tagesgläser braucht, kann man auch eine niedrige Festmontage wählen, die weniger empfindlich im harten Einsatz ist als eine Einhak- oder Schwenkmontage.

Ein Spektiv (30 x 80 oder ein vergleichbares) mit einem Dreibeinstativ leistet bei der Bergjagd oder in riesigen Flachlandrevieren gute Dienste. Man spart sich häufig viel Kraft und Zeit, wenn man schon vom Tal oder von der gegenüberliegenden Bergseite aus das hoch am Berghang äsende Wild (wie hier auf einer Karaganda-Argali-Jagd in Zentralkasachstan) ansprechen kann

Als Universalfernglas für die GUS hat sich ein gummiarmiertes Hochleistungsglas 10 x 40, wenn möglich mit Innenfokussierung, bestens bewährt. Als Zweitglas (eventuell für den Jagdführer) steckt man das gewohnte 8 x 56 oder ein solides Tagesglas ins Gepäck. Für die Bergjagd ist ein Spektiv mit einem kleinen Stativ unentbehrlich, aber auch auf den Sibirischen Rehbock oder bei der Maraljagd ist es beim Ansprechen auf größere Entfernungen sehr nützlich.

Warm und haltbar

Sonstige Ausrüstung

Schon bei der Vorbereitung einer Jagdreise in die GUS, besonders, wenn man mehrere Wildarten kombinieren und mehrfach das Jagdgebiet wechseln will, merkt man am doch recht großen Aufwand und der umfangreichen Ausrüstung für mehrere Klimazonen, daß man sich eigentlich auf eine Art Jagdexpedition begibt. Im Vergleich damit erscheinen einem die gelegentlichen Jagden in Rumänien, Tschechien, Polen oder Ungarn wie kleine Abstecher, die einen immer nur für kurze Frist aus der gewohnten Welt herausreißen. Der lange Aufenthalt bei diesem Unternehmen jedoch, die Aussicht auf seltene Trophäen lassen eher an eine Safari denken.

Ausrüstungstips

Die beste Qualität und Menge der Ausrüstungsgegenstände und Jagdbekleidung für den jeweiligen Zweck und Wetterbedingungen richtig auszuwählen, dazu bedarf es viel Erfahrung. Nur darüber könnte man ein Extrabuch schreiben. Da ich mich aber auf das Wichtigste begrenzen möchte, nenne ich hier einige Ausrüstungsgegenstände, die sich in der GUS bereits bestens bewährt haben.

Wer sich eine Woche und länger in einem Camp aufhält und morgens und abends auf die Jagd geht, muß sich nicht auch während der Ruhezeit im Camp mit den am Hosengürtel hängenden Patronenetui, Messer u. a. belasten. Er kann nach

Art der „Professional Hunters“ alle auf der Jagd benötigten Gegenstände wie Jagdmesser, Patronenetui, Mini-Mag-Lite Taschenlampe und Leatherman Tool an einen speziellen, breiten Jagdgürtel hängen und diesen einfach über die Hose nur während der Jagd umschnallen. Wenn man von der Jagd wieder zurück ist, nimmt man zur Entlastung diesen Gürtel ab und stellt ihn zusammen mit dem Gewehr und Fernglas ab.

Auf einer Bergtour sollte eine wasserdichte und stoßfeste Sportarmbanduhr – die man auch sonst als universelle Jagduhr verwenden kann – mit einem Höhenmesser bis 6.000 m, Spezialdisplay mit Thermometer von -20 bis +60°C (wie z. B. „Mountain-Timer“ von Casio oder eine andere) nicht fehlen.

Das gleiche gilt auch für eine Kopflampe, die im steilen Gelände das Absteigen mit freien Händen ermöglicht und beim nächtlichen Capeabziehen und anderen Arbeiten im Lager sehr hilfreich ist.

Als eine wohl geniale Erfindung muß sicherlich das amerikanische Mehrzweck-Werkzeug „Leatherman Tool“ angesehen werden, das sich jetzt auch in Europa durchgesetzt hat und bei keinem Jäger fehlen sollte. Dieser „Werkzeugkasten“ im Taschenmesserformat enthält fast alles (von einer Kombizange, über Maßstab, Dosen/Flaschenöffner, Schraubenzieher, Kreuzschlitzdreher, Säge, Feile usw. bis zu einer scharfen Klinge – und das alles aus dem besten rostfreien Werkzeugstahl), was man unterwegs auf der Jagd braucht.

Als gute Alternative oder Ergänzung zum Leatherman Tool kann das schweizerische Meisterstück für den Gürtel „Survival Kit“ (SOS-Set) von Victorinox – mit einem universellen Schweizer Offiziersmesser und einer Maglite-Taschenlampe - betrachtet werden.

Wem eine Goretex-Jacke zu teuer ist, der kann auch seine normale Baumwolle/Polyester- oder Lodenjacke mitnehmen und sich gegen Regen mit einer wasserdichten Regenkotze schützen. Ohne eine diese und Regenüberhose im Tourenrucksack sollte man keine Pirsch machen, besonders wenn man z. B. auf einer Maraljagd im Herbst den ganzen Tag bei Regen auf dem Pferd verbringen muß.

Das Baumwollhemd und der schwere Wollpullover werden heute immer mehr durch leichte und funktionelle Materialien aus Chemie-Fasern verdrängt. Aus dem Textilwunder „Fleece“ werden heute fast alle Bekleidungsstücke für Jagd und Trekking gemacht, von Mützen und Handschuhen bis zu Pullovern, Jacken, Hosen und Unterwäsche. Kleiderstücke aus diesem Material sind leicht, elastisch, formbeständig und trocknen sehr schnell. Bei normaler Kälte reicht eine leichtere Qualität wie beispielsweise Polartec 100, 200 oder Microfleece aus, bei starker Kälte wählt man besser dickere Qualität, eventuell mit zusätzlicher Windschutz-Ausstattung.

Da man in allen Gebieten der GUS oft nur auf sich selbst gestellt ist, sollte man für den Notfall unbedingt eine gut sortierte Reiseapotheke dabeihaben. Welche Medikamente und Mittel (siehe Kasten „Reise-Checkliste“) sich dafür empfehlen, darüber läßt man sich am besten vom Hausarzt beraten. Die Medikamente und Verbandsstoffe soll man sicher verstauen, am besten in einem durchsichtigen Schraubzylinder aus Plastik. Außer den Schutz gegen Tetanus – den jeder Auslandsjäger besitzen und rechtzeitig auffrischen sollte – ist keine weitere Impfung nötig.

Auswählen und Packen

Jagden in Weißrußland und in der Ukraine, sowie im europäischen Teil Rußlands sind, was die Ausrüstung betrifft, mit Jagden in heimischen Revieren durchaus vergleichbar. Wer aber in Sibirien oder im mittelasiatischen bzw. russischen Hochgebirge im Frühjahr oder Herbst jagdlich unterwegs ist, der muß sich dabei auf hochwertige Ausrüstung und warme Bekleidung verlassen können. Da davon oft das Leben und Wohlbefinden, nicht selten auch der Jagderfolg abhängig sind, wäre es sicherlich falsch, hier zu sparen und schlechte Qualität zu wählen.

Im Kasten auf der nächsten Seite folgt eine ausführliche Reise-Checkliste, die

Reise-Checkliste

Jagdtechnische Ausrüstung

- Waffe mit Gewehrriemen, Ersatzmagazin und Zielfernrohr (mit Schutzkappen)
- Kleines Putzzeug
- Ersatzzielfernrohr
- Flugtauglicher Gewehrkoffer
- 40–60 Büchsenpatronen, Patronen-Etui
- Fernglas 10 x 40, Reserve-Fernglas, Lederköcher
- Spektiv mit Mini-Stativ

Allgemeine Ausrüstung

- Mini-Mag-Lite Taschenlampe, 2 Ersatz-Batterien, 2 Ersatzbirnchen und Gürteletui
- 2 Jagdmesser mit Taschenschärfer
- Leatherman-Tool-Mehrzweckwerkzeug
- Wasch-, Rasier- und Zahnputzzeug
- Fotoapparat, Filme, Blitzgerät, Ersatzbatterien
- Videokamera, Kassetten
- Ersatz-Brille (falls nötig), Sonnenbrille
- Tourenrucksack (für Tagestouren im Revier)
- Feldflasche
- Schlafsack mit Liegematte (falls im Camp nicht vorhanden)
- Identifikationsanhänger für Trophäen, dünner Draht zur Befestigung der Anhänger, wasserfester Folienstift
- Zusammenlegbarer Pirsch- und Zielstock
- Breites Verpackungsband
- Plastiksäcke für Trophäen
- Mittelstarke Nylonschnur (50 m)
- Meßband aus Stahl
- Jagd- oder Sportarmbanduhr
- Reisewecker
- Nähzeug

Jagdbekleidung

- Pirschjacke, Daunenjacke (bei starker Kälte)
- 2 Pirschhosen
- Normale Unterwäsche, lange Unterwäsche, Thermo-Unterwäsche (bei starker Kälte)
- Jagdhemden
- Schlafanzug
- Leichte und dicke Socken
- Leichter und dicker Pullover
- Gummistiefel
- Goretex-Pirschstiefel, gut eingelaufene Bergstiefel mit starker Profilsohle (für Bergjagd)
- Turnschuhe (für Camp), Hüttenschuhe
- Handschuhe (dicke Handschuhe bei starker Kälte)
- Jagdhut, gefütterte Mütze mit herunterklappbaren Ohrenschützern, Regenhut
- Wasserdichte Regenkotze, wasserdichte Überhose
- Weißer Schneeumhang (für Winterjagd und im Hochgebirge)

Reiseapotheke

- Medikamente gegen Durchfall, Verstopfung, Magenverstimmungen, Sodbrennen, Augenentzündung, Ohrenschmerzen, Grippe, Erkältung, Fieber, Schmerzen, Angina usw.
- Aspirin
- Brand- und Wundgel
- Rheumasalbe, Rheumatabletten
- Antibiotikum (für den Notfall)
- Salbe gegen Prellungen
- Mückenmittel (Spray oder Öl)
- 2 Mullbinden, 2 sterile Kompressen, 2 elastische Binden, Hansaplast, Leukoplast, Jod, Einmalspritzen mit Kanülen, Schere, alubeschichtete Rettungsdecke

Impfungen (wenn nötig)

Verschiedenes

- Kleine Geschenke
- Schreibzeug, Jagdtagebuch (oder Heft für Notizen), Adressenbuch
- Kleines persönliches Jagdfotoalbum
- Reiselektüre
- Zusätzliche Verpflegung (Tee, löslicher Kaffee, Trockenmilch, Tütensuppe, Trockenobst, Vollkornriegel, Schokolade u. a. Süßigkeiten, Müsli, Marmelade, eventuell Wurst und Käse)

Wer mehrere Wildarten kombinieren will und wochenlang in Steppe, Taiga und Hochgebirge unterwegs ist, muß für eine solche Safari gut ausgerüstet sein. Viele Jäger machen immer noch den Fehler, an der Ausrüstung zu sparen, wodurch sie neben dem Jagderfolg oft auch die eigene Gesundheit gefährden

dem Jäger als Orientierung bei der Vorbereitung seiner Reise helfen soll. Was er in welchem Gebiet und zu welcher Jahreszeit mitnehmen soll, darüber muß ihn in allen Details sein Vermittler bzw. Veranstalter beraten. Schon Monate vor dem Reisebeginn soll man damit anfangen, die nötigen Ausrüstungs- und Bekleidungsstücke nach und nach zu besorgen, da man einiges von den Jagdausrüstern bestimmt nicht kurzfristig bekommen kann. So kann man die Sachen vorher testen, um eventuelle Schwachstellen noch hier auszumerzen bzw. um die Sachen anzupassen, wie z. B. das Einlaufen von neuen Schuhen.

Die beste Ausrüstung auszusuchen und nur so viel mitzunehmen, wie tatsächlich nötig ist, dazu bedarf es viel Erfahrung. Dann aber kann man – bei gleichzeitiger guter körperlicher Vorbereitung – seine Wildnisjagd bis zur letzten Minute wirklich genießen

Wenn dann vor der Reise einmal alles steht, wählt man nach dem Motto „So viel wie nötig, so wenig wie möglich“ aus und verteilt die Sachen übersichtlich in einem Raum. Danach werden die Dinge vor dem Packen nochmals reduziert, damit man nur das mitnimmt, was wirklich notwendig ist. Dabei muß man vor allem an das Gewicht denken, da die Jagdausrüstung als Fluggepäck oder im Tourenrucksack mitgenommen wird. Wer aber eine mehrwöchige Abenteuerjagd in Sibirien oder in den mittelasiatischen Bergen macht, wird mit seinem Gewehrkoffer und Gepäck sicherlich über 20 kg liegen. Doch ist in jedem Fall besser, Übergepäck zu bezahlen, als sich schlecht ausgerüstet auf einen solchen Trip zu begeben.

Alles wird in strapazierfähigen Reisetaschen oder Seesäcken (überall ein kleines Schloß und einen Anhänger mit Heimat- und Veranstalteranschrift sowie Telefonnummer anbringen!), da sich Koffer für Transport zu Pferde, mit Geländewagen oder Hubschrauber nicht eignen. Wertvolle und notwendige Gegenstände trägt man am besten im Handgepäck.

Heikel wird's erst nach der Jagd:

Trophäenbehandlung, Transport und Ausfuhr

Maral, Saiga, Braunbär oder Schneeschaf – das sind keine alltäglichen Beutestücke; ihr Seltenheitswert verlangt sowohl bei der Behandlung im Revier wie beim Heimtransport besondere Sorgfalt, soll eine gute Trophäe auch gut „ankommen".

Bei so seltenen und wertvollen Trophäen wie zum Beispiel Saiga, Sibirischer Rehbock, Maral, Sika, Argali oder Kaukasus-Tur sollte man sich also vorher überlegen, ob es nicht angebracht wäre, auch das Cape (engl. *„cape"* = Kopf- und Trägerdecke) für ein Kopf-Schulter-Präparat oder sogar die vollständige Decke für ein Ganzpräparat mitzunehmen.

Das muß vor der Reise entschieden und mit einem erfahrenen Präparator besprochen werden. Es empfiehlt sich, ein Cape auch dann mitzunehmen, wenn man sich nicht sicher ist, oder wenn die Trophäe nicht ganz stark ist; man kann es auch später noch für eine stärkere verwenden.

Jeder großer russische und GUS-Jagdveranstalter macht normalerweise auch Trophäendienste (Rohpräparation), die im Preis enthalten sind. Zu diesen Zwecken unterhält er ein Präparationsatelier (russ. *„Majstorskaja"*) und stellt mehrere Experten ein, die z. B. in Moskau während der Jagdsaison rund um die Uhr arbeiten. Ich habe mehrere Ateliers dort besucht, auch unmittelbar nach meiner Rückkehr aus einem Jagdrevier gegen Mitternacht, um meine Trophäen gleich „frisch" abzuliefern. Tatsächlich fanden wir den Taxidermisten schlafend in seinem Geschäft; am nächsten Morgen waren die Capes trocken, die Schädel abgekocht und fertig für den Heimtransport.

Bei Jagdgruppen ist oft ein einheimischer Präparator oder einer aus Moskau dabei, der die Feldpräparation der Trophäen und ihre Vorbereitung für den Transport macht und gleichzeitig die betreffende Agentur vertritt.

Feldpräparation

Eine andere Frage ist es, ob sich auch kleinere russische und andere GUS-Jagdanbieter einen solchen Dienst leisten können. Nicht nur deshalb muß sich auch der Jäger selbst um seine Trophäe kümmern können. Was er alles dabei vor allem in Hinblick auf den Transport in verschiedene Jagdgebiete zu berücksichtigen hat,

Viele erfahrene Auslandsjäger haben in den letzten Jahren heimische Guides in das „Geheimnis" des Capeabziehens oder Schädelabkochens zwar eingeweiht, trotzdem sollte man selbst ein Auge darauf haben und die Arbeit des Guides überwachen

sagt ihm meist sein westlicher Vermittler vor der Abreise (manche verschicken diesbezüglich sogar Info-Blätter). Da man sich vor der Jagd oft gar nicht vorstellen kann, was für Arbeiten um eine – oft durch Zufall erbeutete und dementsprechend gar nicht erwartete – Trophäe auf einen zukommen werden, gebe ich hier kurze Anleitungen dazu, was man bei der Rohpräparation von Trophäen als Jäger wissen sollte.

Vor dem Schuß: Wenn man als Trophäe nur das Geweih oder die Hörner mit kurzem Schädel mitnehmen will, bereitet das den örtlichen Jagdführern keine großen Probleme. Die Sache sieht aber anders aus, wenn der Gast eine Teil- oder Ganzmontage machen lassen möchte, wofür er zusätzlich Capes und ganze Decken braucht. Diese muß man richtig abziehen, salzen und transportieren, was nicht jeder örtlicher Guide beherrscht.

Zwar sind heute große russische Jagdveranstalter gut ausgerüstet, der Jagdgast sollte aber trotzdem davon ausgehen, daß er in entlegenen Gegenden keine Säcke zum Trophäentransport bekommt. Deshalb nimmt man genügend große und robuste Plastikabfallsäcke (für frische Capes oder Schädel) sowie große Segeltuch- oder Leinensäcke mit, in denen man Trophäen tragen und sogar verschicken kann. Wenn sie verpackt sind, werden diese Säcke – um Verwechslungen auszuschließen – mit Namens- und Adressanhängern versehen.

Bevor man die letzte Ortschaft Richtung Revier verlassen hat, muß man sich vergewissern, ob im Camp genügend Salz zum Behandeln von Capes und Schädel vorhanden ist. Zu diesem Zweck benutzt man nur das feine Speisesalz, und kein Steinsalz! Wenn nur Steinsalz vorhanden ist, sollte man es vor Gebrauch zermahlen lassen.

Vor dem ersten Pirschgang im Revier empfiehlt es sich, mit dem Jagdführer und Lagerpersonal darüber zu verständigen, wie das erlegte Stück aus der Decke geschlagen werden soll. Dabei soll der Gast unmißverständlich klar machen, was er alles als Trophäe (Cape oder ganze Decke) haben will und wie diese Trophäenteile im Feld behandelt werden sollen. Ausdrücklich soll man davor warnen, das geschossene Stück Wild zu rollen, zu schleifen oder es durch einen Trägerstich ausschweißen zu lassen, sonst wird die Decke unnötig entwertet.

Kopf-Schulter-Präparat: Obwohl in vielen Gebieten der GUS amerikanische und europäische Gastjäger heimische Berufsjäger und Jagdführer in die Geheimnisse der Feldpräparation eingeweiht haben, kann es vorkommen, daß ein örtlicher Guide keine Kenntnisse vom richtigen Capeabziehen, Abbalgen und Einsalzen hat. Deshalb muß man in der Lage sein, die ganze Rohpräparation selbst zu machen oder bei der Arbeit die nötigen Anweisungen zu geben. Jeden Auslandsjäger kosten Großwildtrophäen viel Geld, Zeit und Mühe; man muß sich deshalb wirklich auch selbst darum kümmern, daß so hart gewonnene Erinnerungsstücke im bestmöglichen Zustand das Präparationsatelier zu Hause erreichen.

Wenn also vor uns ein erlegter Maral, Sibirischer Steinbock oder Schneeschaf liegt, muß man beim Capeablösen darauf achten, genügend Decke dranzulassen, sonst ist bei zu kurzem Cape der Taxidermist gezwungen, das Wild mit weitausladenden Hörnern oder Geweihstangen in

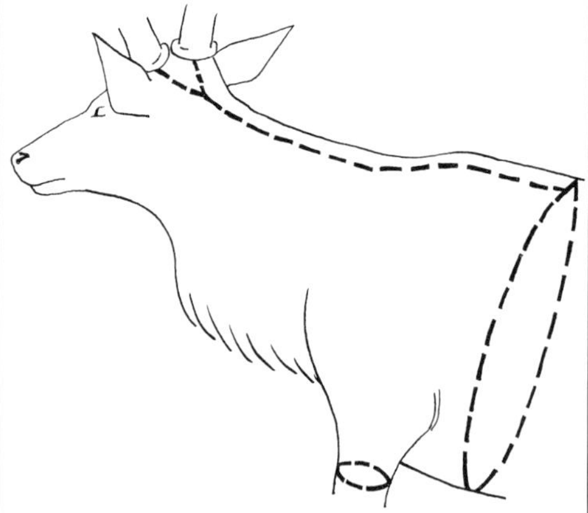

Kopf-Schulter-Präparat: Die hier am Hirsch dargestellte Schnittführung kann bei allen Geweih- und Hornträgern angewandt werden

***Vor* der Abreise soll man sich mit seinem Präparator darüber unterhalten, wie man welche Trophäen gerne präpariert sehen möchte und welche Wildteile man in welchem Zustand heimführen soll. Denn nachträglich ein Cape zu besorgen oder ein zu kurz geschnittenes auszubessern, ist oft sehr schwer oder überhaupt nicht mehr möglich**

einer unnatürlichen Stellung zu montieren, damit diese nicht die Wand berühren.

Deshalb den Rundschnitt um den Rumpf deutlich hinter den Vorderläufen machen. Danach keinen Drosselschnitt versuchen, sondern einen Nackenschnitt – immer von innen nach außen in Haarrichtung schneiden! – von der Mitte des Hinterhauptes (etwa 10 cm hinter den Rosen bzw. Hornbasen) nach hinten bis zum ersten Schnitt machen. Die Decke um die beiden Vorderläufe durchschärfen, abziehen und die Läufe durch die Beinrundschnitte durchstecken. Das Cape bis zum Nacken lösen und das Haupt abtrennen. Der Kopf mit Kopfschmuck und Cape kann so ins Lager transportiert werden.

Im Camp hat man dann normalerweise genügend Zeit, sich weiter mit der Rohpräparation der Trophäe zu beschäftigen. Jetzt sollte auch der Schädel aus der Decke gelöst werden. Deshalb verlängert man den Nackenschnitt V-förmig von hinten auf die beiden Rosenstöcke bzw. Hornbasen zu und schärft die Decke rundum von diesen ab.

Die Lauscher durchtrennt man dicht am Schädel, danach auch – dabei immer von außen nach innen schneiden – Lefzen, Nasenknorpel und Lichter, wobei man darauf achten muß, daß Wimpern und Drüsenmulden an der Decke bleiben. Zum Schluß werden Lefzen, Nasenknorpel und Augenlider gespalten und die Lauscher umgestülpt.

Die Fleischseite vom Cape wird nun gesalzen. Es ist wichtig, daß vor allem die Kopfdecke mit feinem Salz überall gründlich eingerieben wird, während man für die Trägerpartie notfalls auch grobes Salz verwenden kann. Der Schädel wird abgekocht, gesäubert, und abschließend werden alle seine Höhlen mit Salz gefüllt.

Seit Ende 1994 gelten neue EU-Veterinärbestimmungen für die Einfuhr von rohen Trophäen der Huftiere und Vögel. Danach müssen alle Schädel nicht nur wie bisher gekocht, frei von Gewebeteilchen und desinfiziert sein, sondern zusätzlich noch mit Wasserstoffperoxyd desinfiziert, gut getrocknet und in klarsichtige Plastiksäcke verpackt sein. Alle diese Vorgehen müssen in der Veterinärbescheinigung des Ursprungslandes aufgeführt werden, sonst wird keine veterinärrechtliche Einfuhrgehmigung im Bestimmungsland erteilt!

Das mit Salz gut eingeriebene Cape darf nicht der direkten Sonneneinstrahlung ausgesetzt werden, sondern muß langsam – z.. B. in einem Extrazelt – mit der Fleischseite nach oben trocknen. Die Cape-Unterlage soll trocken sein, am besten nimmt man dafür Stroh oder ein Brett. Wenn die Capes draußen liegen, kann man sie mit Stroh bedecken, damit sie nicht zu schnell trocknen. Wenn es anfängt zu regnen, rollt man sie ein und legt sie so ins Trockene.

Vor dem Transport nach Moskau, schüttelt man das Salz von den Capes ab, rollt sie zusammen und verstaut sie in Plastikabfalltüten, danach auch in Segeltuchsäcken. Der Moskauer Taxidermist übernimmt die Weiterverarbeitung für den Heimtransport, reibt Capes nochmals mit

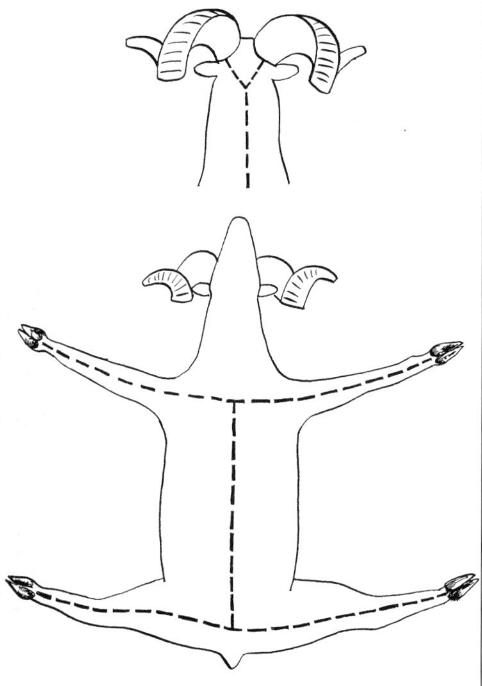

Ganzpräparat: Keinen Rundschnitt um den Rumpf machen, sondern nur Schnitte auf der Körperunterseite und einen kurzen auf der Trägeroberseite

Salz ein, trocknet (falls erforderlich auch über Nacht) und verpackt sie. Die zuvor bereits erwähnten neuen EU-Veterinärbestimmungen für die Einfuhr von rohen Trophäen beziehen sich auch auf die Decken, die wie bisher gesalzen und getrocknet sein müssen, zusätzlich muß aber auch jede Decke in einen durchsichtigen Plastiksack verpackt sein.

Falls z. B. ein Maral gerade am Abend vor der Abreise geschossen wurde, und man keine Zeit hat, die Feldpräparation der Trophäe im Revier zu leisten, wird alles in Moskau erledigt. Man nimmt das Geweih mit unabgekochtem und gutverpacktem Schädel mit, das gesalzene Cape rollt man ein und verpackt es trocken, um es dann gleich nach der Ankunft in Moskau an die entsprechenden Spezialisten weiterzuleiten.

Ganzpräparat: Das erlegte Stück Wild, aus dem man eine Ganzmontage angefertigt haben möchte, wird vor dem Aufbrechen komplett aus der Decke geschlagen.

Am Träger macht man den gleichen Schnitt wie beim bereits beschriebenen Kopf-Schulter-Präparat, nur ohne den Rundschnitt um den Rumpf. Der Schnitt auf der Trägeroberseite soll nur so kurz erfolgen, daß man gerade den Kopf vom Träger trennen und abziehen kann.

Die Schnittführung für die Körperunterseite verläuft von der Wedelspitze (oder vom Weidloch, falls kein Wedel vorhanden ist) über die Bauch- und Brustmitte bis kurz vor den Stich.

Der andere Schnitt gilt den Hinterläufen und beginnt von den Schalen, läuft über das Sprunggelenk auf der Hinterseite bis zum Mittelschnitt auf der Schloßhöhe. Schließlich widmet man sich den Vorderläufen: Wieder beginnt man von den Lauf-Enden und schärft, immer nach innen gehend, bis zum Ende des Brustschnittes auf und zieht das ganze Stück ab. Die Schalen müssen dabei an der Decke bleiben.

Bären-, Wolfs- und Luchsfell: Bär, Wolf und Luchs sind eine typische und be-

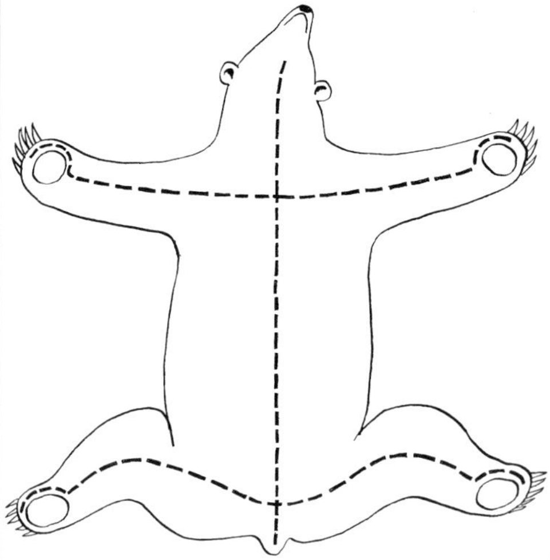

Bärenfell: Die richtige Schnittführung (die im übrigen genauso für Wolf oder Luchs gilt) ist relativ einfach. Nur darf kein Schnitt durch die Sohlen führen, und das Auslösen am Kopf erfolgt ohne Nackenschnitt

Ob als Ganzmontage oder Fellteppich, der Bär ist immer eine eindrucksvolle Trophäe, die aber im Feld besonders sorgfältig für die Reise vorbereitet werden muß

gehrte Beute der Rußlandjäger. Sie können als Ganzpräparat oder als Fellteppich mit Kopfpräparation (auf Filzunterlage) montiert werden. In beiden Fällen ist die Schnittführung beim Abziehen gleich. Wenn man eine Ganzmontage machen will, sollen vor dem Abziehen als Hilfe für den Taxidermisten einige Maße (wie Körper- und Trägerlänge, Brust- und Trägerumfang usw.) ermittelt und aufgeschrieben werden.

Die Schnitte verlaufen von der Bürzelspitze über Bauch-, Brust- und Halsmitte bis kurz vor die Unterlippen; bei den Läufen schärft man auf der Unterseite um die Sohlenballen herum (also kein Schnitt durch die Sohlen, besonders wenn man eine Ganzmontage will oder der Filz die Unterseite der Pranken nicht verdecken soll) und dann weiter bis zum Mittelschnitt in der Brustmitte bzw. in der Schloßgegend. Der Kopf wird, wie zuvor beschrieben, abgezogen, nur ohne Nackenschnitt. Der Penisknochen des Bären gilt im übrigen als ein „Glücksbringer" und wird deshalb von einigen Jägern ebenfalls als Trophäe mit nach Hause genommen.

Das Einsalzen, Trocknen und Transportieren dieser Felle erfolgt wie zuvor für das Cape beschrieben.

Aus- und Einfuhr von Trophäen

Dauert die Reise länger und werden mehrere Jagden mit verschiedenen Wildarten kombiniert (was der Großteil der Jäger praktiziert), hat man – wenn keine Spedition eingeschaltet worden ist – viel Gepäck dabei und bei der Ausreise zusammen mit den Trophäen auch in der Regel mehr Übergepäck als erwartet, wofür oft einige Hundert Dollar fällig sind. Trotzdem empfiehlt sich in einem solchen Fall oder bei geringer Anzahl von Trophäen die sofortige Mitnahme als Übergepäck im Flugzeug, weil man sie so am schnellsten sicher zu Hause hat.

Alle nötigen Ausfuhrpapiere (Veterinär- und Lizenzbestätigung, Trophäenblatt und Ausfuhrgenehmigung oder CITES-Bescheinigung) für mitgenommene Jagdtrophäen werden dem Jagdgast vor der Abreise vom russischen Jagdveranstalter in die Hand gedrückt. Wegen der verschärften Veterinärbestimmungen für die Einfuhr von rohen Trophäen wird es wahr-

Schwer erbeutete Jagdtrophäen möchte man als ganz persönliche Erinnerungsstücke an bestimmte Menschen, Wildarten sowie Länder und Landschaften haben. Um so weit zu sein, muß man sich auch um eine korrekte Aus- bzw. Einfuhr von Trophäen kümmern

scheinlich nötig sein, in Moskau oder woanders eine zusätzliche Übernachtung einzuplanen, um dem Jagdveranstalter genug Zeit zu lassen, alle nötigen Ausfuhrpapiere zu besorgen.

Werden aber die Trophäen über eine Spedition nachgeschickt, erledigt sie alles von Aus- und Einfuhr bis zur Zustellung ins Haus für den Jäger. In diesem Fall (wenn man von einer größeren Menge von Trophäen ausgeht oder besondere Einfuhrgenehmigungen erforderlich sind) sollte man sich schon vor der Reise mit der Trophäenspedition in Verbindung setzen und alle Einzelheiten klären.

Da es in der GUS immer noch üblich ist, erbeutete Trophäen gleich nach der Jagd als Übergepäck im Flugzeug mitzunehmen, ist eine korrekte Einfuhr besonders von denjenigen Trophäen wichtig, die (wie z. B. Braunbär, Wolf, Luchs und asiatische Wildschafe) unter die internationalen Bestimmungen des Washingtoner Artenschutzabkommens (WA) fallen. Beim Braunbären aus der GUS ist eine CITES-Ausfuhrgenehmigung des Ursprungslandes erforderlich, die bei der Einfuhr in eine deutsche (EU-)CITES-Bescheinigung umgewandelt werden muß. Ohne diese Bescheinigung darf der Präparator in Deutschland keine Bärentrophäe zur Präparation annehmen.

Für Wolf, Luchs, Eisbär oder asiatische Wildschafe muß anstatt einer CITES-Bescheinigung eine CITES-Einfuhrgenehmigung vom Bundesamt für Naturschutz in Bonn vorgelegt werden. Um Komplikationen zu vermeiden, soll man sich in diesem Fall unbedingt von einer Fachspedition (wie z. B. Trinkaus, Fachspedition für Jagdtrophäen, Ringstraße 17, D - 35 641 Laufdorf, Tel. 0 64 45 / 55 37, Fax 0 64 45 / 50 87), einem erfahrenen Präparator oder am besten direkt vom Bundesamt für Naturschutz (Konstantinstraße 110, 53 179 Bonn, Tel. 02 28 / 954 34 46, Fax 02 28 / 954 34 70) beraten lassen.

Die Trophäen müssen außerdem auch verzollt werden, weshalb sie bei der Einfuhr der Zollstelle auf dem Heimatflughafen vorgezeigt werden müssen. Dort wird der Zollwert der Trophäen (Geweihe, Hörner, Decken, Fellen usw.) festgestellt, wovon in Deutschland 15 Prozent (in Österreich 20 Prozent) als Einfuhrumsatzsteuer vor Ort zu bezahlen sind. Darüber informiert ein spezielles Merkblatt der Zollbehörden, in dem Trophäenwerte bestimmt sind (die Abschußgebühren haben also mit der Errechnung der Einfuhrumsatzsteuer nichts zu tun!). Erst dann dürfen die Trophäen nach Hause mitgenommen und den Freunden gezeigt werden.

Am Rande:

Sehenswürdigkeiten auf der Jagdreise

Die GUS ist für westliche Touristen und Gastjäger immer noch ein unbekanntes und fast exotisches Land, über das sehr viele „normale“ (also nicht-jagdliche) Reiseführer und Bildbände mehr oder weniger kundig Auskunft geben. Das gilt besonders für die großen Städte wie Moskau und St. Petersburg (früher Leningrad), so daß man sich Sehenswürdigkeiten nach seinem persönlichen Interesse auswählen und sich darüber informieren kann.

Da fast alle Jagden in der GUS noch immer über Moskau abgewickelt werden, hat man in der Regel etwas Zeit, auch die Stadt zu besichtigen und Geschenke einzukaufen. Bei dieser Gelegenheit ein Hinweis auf zwei Museen, die speziell für den Jäger von Interesse sind.

Zoologisches Museum der Moskauer Universität

Die endlose russische Taiga birgt in sich einen unglaublichen Reichtum an Flora und Fauna. Viele der Tierarten dieses sich um den halben Erdball spannenden ehemaligen Weltreichs sind dem Mitteleuropäer unbekannt. Wer sich schnell informieren will, bevor er den Riesensprung in eines der entlegenen Jagdgebiete wagt, der kann schon im Zentrum von Moskau in ein, zwei Stunden eine Reise durch die Artenvielfalt des erst jüngst wieder neu entdeckten Jagdlandes machen – im Zoologischen Museum.

Gegründet 1791 als naturgeschichtliche Sammlung, wurde das Zoologische Mu-

Über die Sehenswürdigkeiten von Moskau, St. Petersburg, Alma Ata und anderer großer GUS-Städte informieren ausführlich zahlreiche Reiseführer, so daß man sich sein eigenes Touristikprogramm leicht zusammenstellen kann. Die farbenprächtige Basilius-Kathedrale – das Wahrzeichen Moskaus – am Roten Platz gehört allerdings zum Pflichtprogramm eines jeden Moskaubesuchers

seum der Moskauer Universität im Jahre 1805 auch für das Publikum geöffnet. Sein gegenwärtiges Gebäude in der Herzen-Straße Nr. 6 (*ulica Gercena*) in unmittelbarer Nähe des Kreml wurde in den Jahren 1896 bis 1902 vom renommierten Architekten K. M. BYKOWSKIJ eigens dafür gebaut.

Die Sammlung des Museums umfaßt heute etwa 4,5 Millionen Exemplare verschiedenster Tierarten, von denen wegen des akuten Raummangels nur ca. 12.000 in drei Sälen ausgestellt sind. Im großen Foyer kann man neben einem Mammutskelett auch Wandmalereien mit den typischsten Tieren der GUS bewundern, so das Marco-Polo-Schaf, den Amur-Tiger auf Isubrahirschjagd oder aber den Bären, der im russischen Volksleben eine so wichtige Bedeutung hat, daß er zuweilen sogar als Symbol dieses Riesenreiches verwendet wird.

In den eigentlichen Ausstellungsräumen hat der Rußland-Jäger dann ausreichend Gelegenheit zum Anschauen und „Anfassen“: Er findet hier alles, was sein Herz begehrt – von der Saiga über Marco-Polo-Argali bis hin zum Sibirischen Steinbock alles Großwild aus den verschiedensten GUS-Ländern – einmalig zusammengeführt an einem einzigen Ort.

In den öffentlichen Ausstellungsräumen des Zoologischen Museums in Moskau können viele seltene Wildarten aus den mittelasiatischen Hochgebirgen bestaunt werden. Aus der für das Publikum unzugänglichen reichen Trophäensammlung zeigt der Verfasser kapitale Marco-Polo-Schnecken aus dem tadschikischen Pamir

Daneben sind als Ganzpräparate außerdem viele Wildarten aus dem „Roten Buch der GUS“ zu bestaunen: uns so unbekannte Arten wie der Markhor oder Exoten wie Schneeleopard, Mähnenwolf und Kragenbär.

Für echte Naturfreunde sind darüber hinaus natürlich auch die reichhaltigen Reptilien-, Schmetterlings-, sowie Sing- und Greifvogelsammlungen interessant, die die Vielfalt im Riesenreich, das die Sowjetunion einmal war, anschaulich dokumentieren.

Sicherlich sehr zum Bedauern vieler Jäger ist ein Teil der jagdlich besonders interessanten Exponate nicht in der ständigen Ausstellung zu sehen. Die freundliche Erlaubnis und sachkundige Führung der Direktorin des Museums, Frau ROSSOLIMO, hat es mir bei meinem Besuch ermöglicht, einige für uns Jäger sehr instruktive Trophäen- und Balgräume zu besichtigen und viele Trophäen der für Rußland typischen Wildarten zu fotografieren und eigens zu vermessen.

Gerade wer aus jagdlichem Interesse in der GUS weilt, sollte die paar Stunden Zeit finden, um sich anhand der Bestände des Museums anschaulich über die dem westlichen Jäger zum großen Teil nicht geläufigen Wildarten zu informieren. Kein Bild, keine Erzählung kann eine *reale* Vorstellung zum Beispiel der Größenverhältnisse des Wildes vermitteln. Die richtige Einschätzung in Sekundenschnelle und vielleicht auf ungewohnt große Entfernung kann später aber oft ausschlaggebend sein für den jagdlichen Erfolg, für den ansonsten doch einiges an Geld und Zeit investiert wurde.

Das Zoologische Museum der Moskauer Universität (ulica Gercena Nr. 6, beim Kreml), ist für das Publikum geöffnet am Dienstag, Donnerstag und Samstag von 10 bis 17 Uhr; Mittwoch und Freitag von 12 bis 19 Uhr, Montags geschlossen.

Die reiche Trophäensammlung im Sitzungssaal des Russischen Jagdverbandes in Moskau gibt dem Gastjäger einen Einblick in die Trophäenstärken der Wildarten aus verschiedenen Jagdgebieten sowie gute Vergleichsmöglichkeiten

Museum des russischen Jagdverbandes

Auch dieses befindet sich in Moskau. Das 1988 begründete „Jagd- und Fischereimuseum" beim Russischen Jagd- und Fischereiverband war das erste Jagdmuseum in der früheren Sowjetunion.

Die Ausstellung ist in mehrere Abschnitte unterteilt, in denen neben der russischen Jagdgeschichte, den historischen Jagdwaffen, auch moderne Bemühungen um Jagd und Naturschutz sowie Einblicke in das Jagdhundewesen gewährt werden. Im Sitzungssaal des Verbandes sind vor allem 76 starke Trophäen von 14 Wildarten zu bewundern: kapitale Maralgeweihe aus dem Altai und Tuwa, Isubrageweihe aus der fernöstlichen Region Primorje, riesige Schaufler der Ostsibirischen Elche, sowie einmaliger Kopfschmuck des Karibus, Sibirischen Rehbockes, der Kropfgazelle usw. Besonders beeindruckend sind natürlich auch Keilerwaffen der weltstärksten Keilerpopulation aus der Region Primorje mit Waffenlängen von über 30 cm und vieles mehr.

„Jagd- und Fischereimuseum" des Russischen Jagdverbandes, Moskau, Golowinskoje schosse, Haus 1a, U-Bahn-Station *„Wodnyj stadion"*, Tel. 459-09-78 (Voranmeldung erforderlich).

Auch in den Hauptstädten der anderen russischen Republiken, Gebiete und GUS-Länder (z.B. in Chabarowsk, Kysyl, Alma-Ata, Bischkek etc.) befinden sich häufig Jagdmuseen, so daß sich ein Besuch auch in den regionalen Einrichtungen unbedingt lohnt, um gerade die dortige Tierwelt anschaulich kennenzulernen.

Perlen Kasachstans

Wer die Naturschönheiten liebt, kann sie in allen GUS-Staaten genießen. Besonders reizvoll sind einige Naturschönheiten Kasachstans, von denen deshalb einige hier kurz vorgestellt werden sollen.

Wer einmal Kasachstan jagdlich besucht, braucht kein spezielles „Kulturprogramm". Er lernt ein Land und ein Volk kennen, das voller Kontraste und unterschiedlichster Landschaftsformen ist. Wo immer man sich befindet, machen die Bilder um einen herum einen so starken Eindruck, daß man keine besonderen „Sehenswürdigkeiten" vorgeführt zu bekommen braucht. Es gibt jedoch einige besonders beliebte und nach ihrer Schönheit und Einmaligkeit berühmte Landesteile, die gern als „Perlen Kasachstans" bezeichnet und hier beschrieben werden sollen.

Über der Hauptstadt Alma-Ata im äußersten Südosten des Landes erstrecken sich die Gebirgszüge des Transili-Alatau, in dem sich auch das 1931 eingerichtete Alma-Ata-Reservat befindet. In diesem 916 Quadratkilometer großen Naturschutzgebiet leben 64 Säugetier- und

200 Vogelarten sowie über 900 Pflanzenarten. Auf den Vorbergen und in den Tälern findet man Sibirisches Rehwild und Kropfgazellen, in den höheren Lagen Tienschan-Braunbären, Schneeleoparden und den Sibirischen Steinbock. Das Transili-Alatau-Gebirge ist das prägende Element des Alma-Ata-Naturreservates und gilt allgemein als die schönste Bergregion Kasachstans.

Mitten in der endlosen Steppe im Norden des Landes findet man ein Bergwunder: Borowoje (kas. *Burabai*), eine einzigartige Bergwald-Oase genannt „Sibirische Schweiz". *Borowoje* (frei übersetzt „Kiefernberg") heißt diese Bergregion nicht umsonst, wird doch über 70 Prozent ihrer Fläche von Kiefernwald bestockt.

Es gibt eine schöne Legende über die Entstehung von *Burabai* (bzw. *Borowoje*): Der barmherzige Allah schenkte den Kasachen eine Steppe, hatte danach jedoch Mitleid mit ihnen, sammelte vom Boden seines Korbes Überreste der Naturschätze auf und warf sie auf das öde Land.

In diesem kleinen Paradies auf Erden mit unzähligen Seen wurde schon 1925 das Naturreservat „Borowoje" gegründet. Eine Zeitlang (bis 1983) arbeitete dann auf dem 65.000 Hektar großem Territorium eine Forstjagdwirtschaft, heute eine Forstwirtschaft.

Mit mehr oder weniger Erfolg wurden in den letzten Jahrzehnten hier mehrere Wildarten (Maral aus Ostkasachstan, Argali, Sibirischer Steinbock und Bär aus Kirgisien, Auerwild aus dem Kirowo-Gebiet usw.) eingeführt, die man nun auch bejagen kann.

Im westlichen Tienschan im Süden Kasachstans befindet sich auf der Höhe zwischen 1.000 und 4.000 Meter das nach seiner Schönheit und dem Tier- und Pflanzenreichtum weltbekannte Aksu-Dschabagly-Reservat. Durch das 744 Quadratkilometer große Gebiet schlängeln sich die Flüsse Aksu und Dschabagly. Hier ist auch der berühmte bis zu 500 Meter tiefe und bis 800 Meter breite Aksu-Canyon zu bewundern.

Während in anderen Gebieten manche Greifvögel wie etwa der riesige Bartgeier

Da die meisten Jagdgebiete in Mittelasien mit einem Direktflug Frankfurt-Alma Ata erreicht werden können, ist die kasachische Hauptstadt für die meisten dort jagenden Waidmänner zur obligatorischen Zwischenstation geworden. Wer aber in Alma Ata weilt, darf nicht unterlassen, den farbenfrohen und nun mit Waren aus aller Welt überfüllten Basar zu besuchen

Das in der Abendsonne goldleuchtende Karkaraly-Gebirge im Herzen des Landes – die Heimat des Karaganda-Argali – zählt zu den schönsten Perlen Kasachstans

vom Aussterben bedroht sind, ist er hier ein ganz selbstverständlicher Vertreter der Fauna. Auch Argalis sind hier – besonders in der Nordhälfte, wo es mehr schaffreundliche Hochebenen und weniger schroffe Felsen gibt – zu Hause und manchmal in Rudeln von bis zu hundert Stück zu beobachten. Das Hauptwild ist aber der Sibirische Steinbock. Vom Raubwild ziehen vor allem Schneeleopard und Tienschan-Braunbär hier ihre Spuren.

Es würde zu weit führen, alle kasachische Naturjuwelen hier vorzustellen, was aber nicht bedeutet, daß die hier nicht ausführlicher dargestellten weniger interessant und schön wären.

Erwähnt werden sollen hier aber noch der Barssakelmes, die „Wildesel-Insel" im Aral-See, dann der 45.000 Hektar große, wunderbare Bajnaul-Nationalpark im Norden, das Kurgaldschino-Reservat im zentralen Teil Kasachstans, weiter das für kasachische Verhältnisse „etwas andere" Gebiet entlang des Flusses Irtysch im Nordosten des Landes. Nicht zu vergessen natürlich das einmalige Karkaraly-Gebirge – das Reich des Karaganda-Argali im Kasachischen Kleinhügelland, und schließlich auch das Markakol-Reservat im kasachischen Altai im äußersten Osten, ein wahres Maralparadies.

Anhang

Russisch für die Taiga

Ein „Kleines Jagdlexikon“ bietet sich im Falle Russlands (auch in den übrigen GUS-Ländern verstehen alle Guides Russisch) besonders an, damit es die Jagdgäste in der Taiga nicht allzu schwer mit der russischen Sprache und dem kyrillischen Alphabet haben; glücklicherweise sind Wegweiser in der Taiga selten.

Obwohl im Normalfall die Jagdgäste während der gesamten Reise von einem Dolmetscher betreut werden, ist es ratsam, einen kleinen Sprachführer in der Tasche zu haben. Denjenigen, die an dem Alphabet verzweifeln, empfiehlt sich ein Reisewörterbuch in Lautschrift, wie z.B. Langenscheidts Sprachwörterbuch „Russisch“ mit einem deutsch-russischen Reisewörterbuch.

Um die Wiedergabe des russischen Alphabets zu erleichtern, habe ich im folgenden die populäre DUDEN-Umschrift gewählt, die die Aussprache erleichtert. Russische Jagdausdrücke sind hier also nur in allgemeinverständlicher (nichtwissenschaftlicher) Lautschrift wiedergegeben, damit man sie überhaupt lesen und sich mit seinem Jagdführer vor Ort verständigen kann.

Wildarten:

Bär = *medwed*
Schwarzwild = *kaban, dikaja swinja*
Keiler = *kaban, sekatsch*
Bache = *samka (kabana)*
Frischling = *parassjonok*
Elchwild = *los, sochatyj*
Elchbulle = *byk, los*
Elchkuh = *karowa, lossicha*
Elchkalb = *teljonok*
Rotwild = *(blagarodnyj) alen*
Rothirsch = *alen, byk*
Rottier = *samka*
Rotkalb = *teljonok*
Maral(hirsch) = *maral*
Maraltier = *maralucha, samka*
Maralkalb = *maraljonok, teljonok*
Isubra-Hirsch = *isjubr*
Buchara-Hirsch = *bucharskyj alen*
Damwild = *lan*
Sikawild = *pjatnistyj alen*
Karibu = *sewernyj alen*
Rehwild = *kassulja*
Sibirisches Rehwild = *sibirskaja kassulja*
Rehbock = *samez*
Rehgeiß = *samka*
Moschustier = *kabarga*
Wildschaf = *baran, archar*
Argali = *gornyj baran, archar*
Schneeschaf = *sneschnyj baran*
Urial = *urial*
Steinbock = *(gornyj) kasjol, kaserog*
Steingeiß = *samka, kasa*
Steinkitz = *kasljonok*
Sibirischer Steinbock = *sibirskyj gornyj kasjol*
Tur = *tur*
Bezoarbock = *besoarowyj kasjol*
Markhor = *marchur, wintorogyj kasjol*
Saiga = *sajgak, sajga*
Goral = *goral*
Gams = *serna, tschernyj kasjol*
Kropfgazelle = *dscheiran*
Wisent = *subr*
Wolf = *wolk*
Luchs = *rys*

Wildkatze = *dikaja koschka*
Fuchs = *lissiza*
Auerhahn = *gluchar*
Birkhahn = *teterew*
Haselhuhn = *rjabtschik*
Schnepfe = *waldschnep*
Steinhuhn = *keklik*
Rebhuhn = *seraja kuropatka*
Schneehuhn = *belaja kuropatka*
Wildgans = *gus*
Wildente = *utka*
Hase = *sajaz*

Jagdbegriffe:

Jagd = *achota*
Fußpirsch = *(achota) s padchoda*
Pirschfahrt (mit Auto) = *(achota) s padjesda, na maschine*
Treibjagd = *achota sagonom*
Treiber = *sagontschik*
Lappen = *flaschki*
Lappjagd = *achota s flaschkami*
Trommel, Rolle (für Lappzeug) = *motka, katuschka*
Jäger = *achotnik*
Förster = *lesnik*
Jagdhelfer = *jeger*
Helfer (allgemein) = *pamoschtschnik*
Berufsjäger = *achotowjed*
Jagdführer = *prawodnik*
Dolmetscher = *perewodtschik*
Jagdgast = *klijent*
Trinkgeld = *tschajiwye*
Jagdcamp = *lager*
Zelt = *palatka*
Zeltlager = *palatotschnyj lager*
Messer = *nosch*
Fernglas = *binokl*
Gewehr = *ruschjo*
Patrone = *patron*
Geschoß = *pulja*
schießen! = *streljaj!*
nicht schießen! = *ne streljaj!*
weit = *daleko*
nah = *blisko*
getroffen = *papal*
gefehlt = *promach, mimo, ne papal (pramasal)*
Schnitthaar = *walasski, wolos*
Schweiß = *krow*
angeschweißt = *podranjen, ranjen*
Geweih, Hörner = *raga*
Geweihstange = *stwol*
Ende, Sprosse = *atrostok (Pl. atrostki)*
Perlung = *schemtschuschnost*
Krone = *karona*
Auslage = *raswal*
Geweihgewicht = *wes*
Keilerwaffen = *klyki*
Decke = *schkura*
Cape = *schkura, kejp*
Fell = *mech, schkura*
stark (vom Wild) = *charoschij*
schwach = *plachoj*
alt = *staryj*
jung = *maladoj*
männliches Wild (allgemein) = *samez*
weibliches Wild (allgemein) = *samka*
Jungwild (allgemein) = *malodnjak*
Rudel = *stado, tabun*
Fährte = *sled*
Brunftzeit = *gon, rjow*
Rauschzeit = *tetschka*
Balz = *tok*
Reservat, Naturschutzgebiet = *sapowednik*
Schongebiet = *sakasnik*

Allgemeine Ausdrücke:

Hallo! = *priwjet! (sdrawstwujtje!)*
Wie geht's? = *kak dela?*
Gut! = *charascho! narmalno!*
Guten Morgen! = *dobroj utro!*
Guten Tag! = *dobryj den!*
Guten Abend! = *dobryj wetscher!*
Auf geht's = *pajechali*
Tschüß! = *paka!*
Auf Wiedersehen! = *do swidanija!*
Danke! = *spassiba!*
Bitte (sehr)! = *paschalujsta!*
Entschuldigung! = *iswinitje!*
Guten Appetit! = *prijatnawa apetita!*
Prost! = *na sdarowje*!
Es reicht! = *chwatit!*
Was ist das? = *schto eta?*
Was kostet das? = *skolka stoit?*
Zu viel = *mnoga*
Das gefällt mir = *mnje nrawitsa*
Wie heißen Sie? = *kak was sawut?*
Ich verstehe nicht = *ja ne panimaju*
Ich weiß nicht = *ne snaju*

Literaturverzeichnis

AKKLIMATIZACIJA OCHOTNICICH ZIVOTNYCH V SSSR (1978): Sbornik stat., Minsk

BIBIKOV, D. I. (1985): Volk. Proischozdenie, sistematika, morfologija, ekologija, red. D. I. BIBIKOV, Moskva

BOBRINSKIJ, N. A. / GLADKOV, N. A. (1961): Geografija zivotnych, kurs zoogeografii, izd. 2-e, Moskva

BOBRINSKIJ, N. A. / KUZNECOV, B. A. / KUZJAKIN, A. P. (1965): Opredelitel mlekopitajusich SSSR, izd. 2-e, Moskva

BRANDT, J. H. (1989): Asian Hunter, Mesilla/USA (S. 80–104 über Wild und Jagd in der früheren Sowjetunion)

CICIKIN, JU. N. (1967): Ochotnice chozjajstvo Kirgizii. Ochotekonomiceskij ocerk, Frunze

CLARK, J. L.(1994): The Great Arc of the Wild Sheep, reprinted by Safari Press, Long Beach

DËZKIN, V. V. (1992): Ochota v Rossii, sost. V. V. Dëzkin, Moskva

DËZKIN, V. V. (1981): Sportivnaja ochota v SSSR, sost. V. V. DËZKIN, izd. 2-e, Moskva

EVSIKOV, V. I. (1990): Resursy zivotnogo mira Sibiri Ochotnice-promyslovye zveri i ptici, Sb. nauc. tr., redaktor V. I. Eviskov, Novosibirsk

FADEEV, E. (1987): „Kaban“, OCHOTA Nr. 1/1987, S. 18–19 und Nr. 2/87, S. 10–13

FADEEV, E. (1984): „Pjatnistyj olen v SSSR“, OCHOTA Nr. 5/1984, S. 18–21

FEDOSENKO, A. K. (1983): Archar, Alma-Ata

FIL, V. (1975): „Penzinskyj los“, OCHOTA Nr. 3/1975, S. 12–13

FILONOV, K. P. (1983): Los, Moskva

FILONOV, K. (1988): „Sochatyj“, OCHOTA Nr. 1/1988, S. 6–8

FLINT, V. E. / PERELADOVA, O. B. / MIRUTENKO, M. V. (1990): „Bucharskyj olen“, in: Redkie i iscezajuscie vidy mlekopitajuscich SSSR, Sbornik trudov, Moskva, S. 65–81

GELDER, R. G. VAN (1957): „The sheep that was a legend“, ANIMAL KINGDOM Nr. 60 (1)/1957, S. 2–5

GEPTNER, V. G. / CALKIN, V. I. (1947): Oleni SSSR. Sistematika i zoogeografija, Moskva

GILJAROW, M. S. (1986): Biologiceskij enciklopediceskij slovar, gl. red., Moskva

GÖTZ, R. / HALBACH, U. (1992): Politisches Lexikon GUS, München

GUBANOV, B. A. (1989): V kraju semi rek (In the Land of the Seven Rivers), Fotoalbom, Alma-Ata

HEPTNER, V. G. / NAUMOV, N. P. (1980): Die Säugetiere der Sowjetunion, Bde. I– III, Jena

IVANOVIC, T. (1992): „Eine Büchse für alle Fälle (.338 Win. Mag. in Rußland getestet)“, DIE PIRSCH Nr. 16/1992, S. 36– 37

IVANOVIC, T. (1993): „Elche von Weißrußland bis Ostsibirien“, JAGEN WELTWEIT Nr. 1/1993, S. 36–41

IVANOVIC, T. (1993): „Jagdland Kasachstan“ JAGEN WELTWEIT Nr. 1/1993, S. 54–65

IVANOVIC, T. (1992): „Jagdland Sowjetunion“, JAGEN WELTWEIT Nr. 6, Dez. 1991/Jan. 1992, S. 8–23

IVANOVIC, T. /PAUL, J. (1993): „Jagdland Turkmenistan“, JAGEN WELTWEIT Nr. 3/1993, S. 50–57

IVANOVIC, T. (1992): „Maraljagd in der GUS“, JAGEN WELTWEIT Nr. 5/1992, S. 26–39

IVANOVIC, T. (1992): „Jagen in Rußland“, JAGEN WELTWEIT Nr. 1/1992, S. 17–20

IVANOVIC, T. (1992): „Jagen in der GUS“, JAGEN WELTWEIT Nr. 2/1992, S. 12–19

IVANOVIC, T. / YUREN, J. / BERBER, A. (1993): „Karaganda-Argali. Biologie und Bejagung“, JAGEN WELTWEIT Nr. 3/1993, S. 58–65

IVANOVIC, T. (1993): „Rußlandjagd heute: Waidwerk oder Schießerei?“, WILD UND HUND Nr. 13/1993, S. 28–33

IVANOVIC, T. (1992): „Rußland: Riesenkeiler im Fernen Osten“, WILD UND HUND Nr. 20/1992, S. 37

IVANOVIC, T. (1992): „Sibirische Böcke“, JAGEN WELTWEIT Nr. 4/1992, S. 34–44

IVANOVIC, T. (1992): „Sind das noch Rehböcke? Jagd auf den Sibirischen Rehbock in Kurgan“, WILD UND HUND Nr. 8/1992, S. 38–42

IVANOVIC, T. (1993): „Usbekistan: Sewerzow-Argali“, WILD UND HUND Nr. 8/1993, S. 44

IVANOVIC, T. (1992): „Wie der Wind – mit Windhunden auf Fuchs und Wolf im alten Rußland“, WILD UND HUND Nr. 21/1992, S. 74–77

IVANOVIC, T. (1994): „Abenteuer Mittelasien“, DIE PIRSCH Nr. 17/1994, S.34–38

IVANOVIC, T. (1993): „Jagen um Moskau“, JAGEN WELTWEIT Nr. 6/1993-94, S. 46–51

Knystautas, A. (1988): Naturparadies UdSSR. Tiere, Pflanzen, Landschaften, München

KOLOSOV, A. M. / LAVROV, N. P. / NAUMOV, S. P.

(1979): Biologija promyslovo-ochotnicich zverej SSSR, izd. 3-e, Moskva
KOLYCEV, V. (1991): „Skolko dobyvajut gluch-arej?“, OCHOTA Nr. 10/1991, S. 10 –11
KOPYTNYE FAUNY SSSR (1975): Ekologija, morfologija, ispolzovanie i ochrana, Sbornik stat., Moskva
KRASNAJA KNIGA KAZACHSKOJ SSR (1978): cast I, izd. 1-e, Alma-Ata
KRASNAJA KNIGA KAZACHSKOJ SSR (1991): t. I, izd. 2-e, Alma-Ata
KRASNAJA KNIGA RSFSR (1983): (zivotnye), Moskva
KRASNAJA KNIGA SSSR (1984): t. 1, izd. 2-e, Moskva
LINN, S. (1990): „Sibirisches Rehwild“, DIE PIRSCH Nr. 23/1990, S. 44–47
LINN, S. (1989): C.I.C.-Symposiumsbericht „Die Wildschafe der Erde“ Prag, Edition S. LINN, München
MAKAS EV, A. T. (1983): Zemcuziny Kasachstana. Kniga-albom, sost. A. T. MAKASEV, Alma-Ata
MEDVEDI V SSSR (1991): sbornik naucnych trudov, Novosibirsk
MOLJUKOV, M. I. / ROSSOLIMO, O. L. (1989): Zveri Krasnoj knigi SSSR, Moskva
NARODNOE CHOZJAJSTVO SSSR V 1990 G (1991): Statisticeskij ezegodnik, Moskva
NEEF, E. (1981): Das Gesicht der Erde, Nachschlagewerk der physischen Geographie, hrsg. von E. NEEF, 5. Aufl., Thun/Frankfurt a. M.
NIEDIECK, P. (1927): „Kreuzfahrten im Beringmeer“. Neue Jagden und Reisen (über Kamtschatka und Alaska), 3. Aufl., Berlin
PANDER, K. (1990): Sowjetischer Orient. Kunst und Kultur, Geschichte und Gegenwart der Völker Mittelasiens (Usbekistan, Kirgisien, Tadschikistan, Turkmenistan, Kasachstan), 6. Aufl., Köln
PAZETNOV, V. S. (1990): Buryj medved, Moskva
REDKIE MLEKOPITAJUSCIE FAUNY SSSR (1977): Sbornik stat., Moskva
REDKIE VIDY MLEKOPITAJUSCICH FAUNI SSSR I ICH OCHRANA (1973): Sbornik materialov, Moskva
SAPOZNIKOV, G. N. (1976): Dikie barany (ovis) Tadzikistana, Dusanbe
SCHILLING, H.-D. (1990): Sowjetunion. Die südlichen Republiken (Armenien, Aserbaidschan, Georgien, Kasachstan, Kirgisien, Tadschikistan, Turkmenien, Usbekistan), ein Reisebuch, hrsg. von H.-D. SCHILLING, 2. Aufl., Hamburg
SCHILLING, H.-D. (1989): Sowjetunion. Die zentralen Republiken (Rußland, Ukraine, Weißrußland, Moldawien), ein Reisebuch, hrsg. von H.-D. SCHILLING, Hamburg
SCI RECORD BOOK OF TROPHY ANIMALS (1991): ed. VII, vol. 2, Tucson
SICKO, A. (1983): „Buryj medved: resursy, racionalnyj promysel“, OCHOTA Nr. 11/1983, S. 6–7
SMIRNOV, M. (1984): „Maral v Burjatii“, OCHOTA Nr. 12/1984, S. 10–12
SOBANSKIJ, G. (1984): „V zascitu altajskogo archara“, OCHOTA Nr. 6/1984, S. 6 –7
SOKOLOV, I. I. (1963): Mlekopitajuscie fauny SSSR cast 2, red. I. I. SOKOLOV, Moskva/Leningrad
SOKOLOV, V. E./DANILKIN, A. A. (1981): Sibirskaja kosulja. Ekologiceskie aspekty povedenija, Moskva
SOKOLOV, V. E. (1979): Sistematika mlekopitajuscich, Moskva
SOPIN, L. (1986): „Gornye barany: problemy ochrany i racionalnogo ispolzovanija“, OCHOTA Nr. 5/1986, S. 20–22
SOPIN, L. (1974): „Roga archarov“, OCHOTA Nr. 7/1974, S. 20–21
SPARKS, J. (1993): Im Reich des russischen Bären. Eine Naturgeschichte Rußlands und der zentralasiatischen Republiken, Köln
STRÄUBIG, H. (1969): „Jagd in Steppe, Wald und Eis“. Sowjetische Jäger erzählen... Übertragen und ausgewählt von H. STRÄUBIG, Leipzig
TAVROVSKIJ, V. A. / EGOROV, O. V. / KRIVOSEEV, V. G. u. a. (1971): Mlekopitajuscie Jakutii, Moskva
TIMOFEEVA, E. K. (1985): Kosulja, Leningrad
TIPOVYE PRAVILA OCHOTY V RSFSR (1988): Moskva
TOCENOV, V. V. (1986): Atlas SSSR, pred. red. koll. V. V. TOCENOV, Moskva
TRENSE, W. (1989): The Big Game of the World, Hamburg/Berlin
USTINOV, S. (1991): „Kabarga. Ekzoticeskij zver“, OCHOTA Nr. 3/1991, S. 16–17
VALDEZ, R. (1985): Lords of the Pinnacles. Wild Goats of the World, Mesilla /USA
VALDEZ, R. (1982): The Wild Sheep of the World, Mesilla/USA
WHITEHEAD, K. (1982): Hunting & Stalking Deer throughout the World, New York
WHITEHEAD, K. (1993): The Whitehead Encyclopedia of Deer, Shrewsbury
ZELEZNOV, N. K. (1990): Dikie kopytne severo-vostoka SSSR, Vladivostok
ZELEZNOV, N. K. / REVIN J. V. / SOPIN, L. V. (1988): Sneznyj baran, Novosibirsk

Bildquellenverzeichnis

Fotonachweis nach Seiten und der Plazierung auf den jeweiligen Seiten: r. = rechts, l. = links, o. = oben, u. = unten

AIUNC, KAREN: 26 o., 151 o., 164 o., 166 0.
BERBER, ALEXANDER: 34, 36, 190 u., 193 u.r.
BERTAGNOLI, JOSEF: 55 u.r., 119 u., 131, 137 o.r.
BEY, CHRISTIAN: 74
BLENK, GERHARD: 193 o.
BODDINGTON, CRAIG: 88 u.
BÜKI, LASZLO: 21 r., 22 o., 30 r., 161 o., 161 u.
CUELLAR, HECTOR: 116 u.
ELLRINGMANN, ULRICH: 22 u., 103 u., 235 u., 236
ERVIG, SØREN: 9, 17, 58 u., 142 u.
GABRIEL, RONALD: 44, 181
GIL, PATRICIO ROBLES/SIERRA MADRE: 14 o., 39 o., 39 u., 43, 50, 52, 53, 148 o., 157, 169, 172, 185 u., 195 o., 195 u., 199 o., 202, 203
GOTTFRIED, JOHANN: 232
GRUBAC, BRATISLAV: 38
JEREWANER-ZOO: 204
GÜNTHER, KARIN: 19 o., 19 u., 20 o.r., 87, 130 o., 130 u., 132, 133, 237, 259
HADZI-PAVLOVIC, MIHAILO: 206 o.
HERZOG, KARL: 57, 58 o., 260
HORNER & SCHILCHER: 106 l., 106 r., 107 o.l., 107 o.r., 107 u.l., 107 u.r., 108 u.l., 108 o.r., 108 u.r., 139 o.r.
IVANOVIC, TOMA: Titel, 11, 14 u., 15, 20 l., 20 u.r., 21 l., 23 l., 29 o., 30 l., 31, 51, 55 o.l., 55 o.r., 56, 59, 60 o., 60 u., 61, 63 o., 63 u., 72, 75, 91, 92 u., 96, 100, 101, 108, 111, 112, 113, 115, 116, 117 o., 117 u., 121, 125 o., 125 u., 126, 127 l., 127 r., 134, 136, 137 u.r., 139 u., 145, 159 r., 162 u., 171, 178 o., 187 u., 191, 192 o., 192 u., 197 o., 197 u., 206 u., 208, 212 o., 217 0., 217 u., 224, 227, 229 o.,229 u., 233, 239, 240, 241, 242, 243, 247, 251, 262, 263, 264, 265, Rückseite
IVANOVIC, VASO: 104, 254 o.
KARAGEM FOTOAGENTUR: 146
KAU, MARIA: 40, 41, 160,
KERN, BOB: 32 u., 48, 69 u.r., 71, 73, 119, 139 u.r., 190 o.
KHOKHLOV, ALEXANDER: 69 o.l., 69 o.r., 77 u., 78, 97, 175 u., 209
KORSAKOW, ALEXANDER: 64, 66 u., 80, 92 l., 151 u., 153, 214 u.r., 220 u., 228, 231
KUSENKOW, WALERA: 70 o., 109, 173, 210 u.
MÖLLER, ERICH: 123
MOSER, HANS: 27
OSTANIN, WLADIMIR: 103 o., 137 u.l., 138, 140, 141 l., 238
OZMEC, GUSTAV: 141 r.
PAPAC, PETE: 122, 255
PAUL, JURIJ: 187 o.
PFISTER, ERWIN: 29 u., 33, 51, 85 l., 88 o., 143
POËLL, JAN: 45, 46 o., 183 u.
RAKOW, FRANK: 142 o., 220 o., 246, 261
RYBALSKI, ALEXEI: 79 o., 79 u.
SCHENK, WOLFGANG: 85 r., 257
SCHIBNEW, J./OCHOTA: 225
SCHNEIDER, RALF: 46 u., 152, 154, 164 u., 244 u., 249, 254 u.
SCHOLTES, FRIEDRICH: 25, 94
SIEBMANNS, HUBERTUS: 66 o.
STEPANCHENKO, SERGEI: 35u.
STRICKER, C.: 65, 99
THUMMLER, HUBERT: 50 u., 200
TISCHKEWITSCH, SERGEI BILDARCHIV: 23 r., 62, 68, 76, 77 o., 84, 168, 223, 235 o.
TRESCHOV, WLADIMIR: 32 o., 35 o., 45, 68, 69 u.l., 70 u., 81, 158, 159 l., 162 o., 175 o., 178 u., 185 o., 193 u.l., 199 u., 210 o., 211, 214 u.l., 244 o., 245,
WURFBAIN, LUDO/SAFARI PRESS: 55 u.l., 137 o.l., 212 u.
WOLTER, PETER: 26 u.
ZAPFE, GEORG: 42, 248
ZHELEZNOV, NIKOLAI: 218 o., 218 u.

Anzeigen

Erfolgreich mit Büchse, Flinte u. Falle
Raubwild
bejagen
Wolfram Osgyan
nimrod
5.
Auflage